"十二五"
国家重点图书出版规划项目

人口老龄化社会法制建设

老年人社会救助制度研究

肖金明 主编

山东大学出版社

图书在版编目(CIP)数据

老年人社会救助制度研究/肖金明主编.—济南:山东大学出版社,2015.10
(人口老龄化社会法制建设)
ISBN 978-7-5607-5393-5

Ⅰ.①老… Ⅱ.①肖… Ⅲ.①老年人—社会救济—福利制度—研究—中国 Ⅳ.①D632.1

中国版本图书馆 CIP 数据核字(2015)第 263359 号

责任策划 尹凤桐
责任编辑 尹凤桐
封面设计 牛 钧

出版发行:山东大学出版社
社 址 山东省济南市山大南路 20 号
邮 编 250100
电 话 市场部(0531)88364466
经 销:山东省新华书店
印 刷:山东新华印务有限责任公司
规 格:720 毫米×1000 毫米 1/16
23 印张 401 千字
版 次:2015 年 10 月第 1 版
印 次:2015 年 10 月第 1 次印刷
定 价:30.00 元

目 录

导 论

一、老年人社会救助的基本理论

社会救助是社会保障体系中最基本、最悠久的制度安排，是保障社会安全的最后一道防线。社会救助与社会保险、社会福利并列，为由于各种原因陷入困境而无法维持最低生活水平的人提供最底线的保障。社会救助在中西方都有着悠久的历史。现代意义上的社会救助制度始于英国1948年通过的《国民救助法》。关于社会救助的内涵，尽管中外学者、相关机构的表述不完全一致，但在社会救助的主体、对象、条件、形式、标准、程序等方面存在着基本共识。一般说来，社会救助主体为国家和社会；社会救助对象则是处于社会弱势地位的公民个体或群体；社会救助条件则是社会弱者处于"没有工作又不能享受国家社会保险"，或者遭遇"生存危机""陷入贫困"等境况；等等。概言之，社会救助是指以国家和社会责任与社会弱者权利为主线，面向处于法定弱势境况的公民或群体，由政府和社会依法提供帮助以维持和保障其最低生活水平的行为和制度。它是国家社会保障政策和社会保障法律制度的重要组成部分。

老年人是一个庞大的群体，这个群体的组成部分因为职业、家庭等方面的原因而具有不同的情况和特征，但这个群体共通的特征是非常明显的，比如生理上的衰老、疾病高发。随着年龄的增长，首先出现的问题就是体力衰退，这意味着老年人的活动范围是有限的，生活自理能力也是有限的。老年群体特征与弱势群体特征的契合表明老年人属于弱势群体，那么，社会救助的对象自然也包括老年人。可以这样讲，老年人通常被视为社会弱势群体，因而成为社会救助的主要对象。老年人社会救助作为社会救助的重要组成部分，就是将救助对象指向老年人的特定类型的社会救助；或者可以说，老年人社会救助就是以国家和政府责任与老年人权利的关系为主线，对由于各种原因难以维持最低生活水平的老年人，由国家和社会依法给予款物接济和服务，以保障其基本生活水平的行为和制度。老年人社会救助的主体是政府和社会，老年人社会救助的对象是老年人中的弱者，老年人社会救助的目标是保障老年人的最低生活水平。老年人社会救助是国家社会保障政策和社会保障法律制度的重要内容，是社会救助制度的重要组成部分。老年人社会救助制度也包括了长期生活类救助、专项分类救助和临时应急类救助等三大类制度。

与老年人社会救助相关的理论有贫困理论、积极老龄化理论、治理理论、风险社会理论等。加强相关理论研究，可以为老年人社会救助制度建设提供理论支撑。为适应经济和社会发展的需要，老年人社会救助制度化水平需要进一步提高，以保证老年人社会救助能够规范、高效地进行，合理运用社会救助资源，充分保障老年人基本生活。老年人社会救助制度建设要围绕着保障老年人的社会救助权这一核心展开，出台《社会救助法》为其提供根本保障，并作出老年人社会救助制度建设的详细规划和设计。中央和地方政府责任划分、城乡统筹发展、监督管理体制科学化、社会参与制度化是老年人社会救助制度化较为宏观的方面，资金筹措机制、信息管理机制、程序保障机制、责任追究机制建设则是老年人社会救助制度化较为具体的方面。

第一，关于老年人社会救助的目标、特点和功能。老年人社会救助的目标是保障老年人的基本生活，促进社会公平正义，维护社会和谐稳定。老年人社会救助针对的目标群体为生活陷入困境的老年人，他们由于各种原因不能维持最低生活水平，需要从政府和社会获得救助才能走出困境。老年人社会救助具备一般社会救助的基本特征，如主要资金来源于政府财政；对受助者的资格审核十分严格；受助者无偿享受救助待遇；社会救助保障水平较低、救助对象是处于贫困状态的特定公民等。同时,因为是针对老年人的救助,会带有一些特殊性。以贫困为例,同样是贫困,但老年人的贫困和年轻人的贫困是不同的,中高龄老年人重返工作岗位的可能性较年轻人大大降低,甚至完全没有重返工作岗位的可能性,特别是那些身体健康状况不佳的老年人,他们通过自我努力再增加收入、摆脱困境的可能性很小。因此,对老年人的社会救助更具艰巨性,也更具长期性。老年人社会救助的功能在于保障老年人的生存权,维护其平等发展权;维护社会和谐稳定,促进经济进步;均衡社会利益关系,协调社会资源配置;促进城乡统筹发展,打破城乡二元格局;弘扬尊老文化,推进公民道德建设。

第二,关于老年人社会救助的相关理论。老年人社会救助制度化需要以相关理论为指导,如贫困理论、积极老龄化理论、治理理论、风险社会理论,以及一系列社会救助思想等。马克思、亚当·斯密等学者以及世界银行、联合国计划开发署等机构都对贫困问题进行研究,全方位地对"贫困"进行解读,构成对老年人贫困进行解读的理论基础。积极老龄化理论摒弃了消极老龄化将老年人作为社会负担的看法,充分挖掘老年人的价值,为我国老年人社会救助转型、老年人社会救助制度完善作出了很好的理论指导。治理理论的多中心思想与老年人社会救助主体多元化一致,应用到老年人社会救助中能够提升社会救助的成效。风险社会理论主张后工业社会有多种潜在风险,要提前做好计划,以有效应对风险,其中社会救助就是一个重要的方面。社会救助思想包含了广泛的内容:如马尔萨斯的社会救助思想、福利经济学的社会救助思想、凯恩斯的社会救助思想、新剑桥学派的社会救助思想等。尽管各派思想并不一致,甚至有的还是互相冲突的,却为我们全面分析老年人社会救助问题提供了理论工具。

第三,关于老年人社会救助制度化的核心、根本保障和关键点。包括老年人社会救助在内的社会救助发展的基本方向是实现制度化,以制度化来明确权责,保障救助规范进行。社会救助制度化的根本目的在于保障公民的社会救助权,这是由政府的职能和社会救助的性质决定的。制度化建设要紧紧围绕着老年人社会救助权这一核心展开。老年人社会救助制度化的根本保障还是要通过《社会救助法》实现,以法律形式确认公民的社会救助权。老年人社会救助的关键点在于系统的制度规划和设计,厘清社会救助的发展方向,制定社会救助的阶段性发展目标,并根据这些目标订立制度、出台政策，推进社会救助稳步发展。系统的制度规划和设计可以克服我国社会救助的“问题导向”模式造成的制度分散、衔接不力、制度交叉等问题。

第四，关于老年人社会救助制度化宏观方面的工作。要实现中央和地方政府责任划分的制度化、老年人社会救助城乡统筹的制度化、老年人社会救助监督管理体制科学化、社会力量参与老年人社会救助的制度化。1994年分税制改革后，我国社会救助事实上是中央与地方共同负责救助支出、以中央政府为主的模式，但并没有以法规或者正式文件形式规定下来。老年人社会救助要实现中央和地方财政负担的合理分配，以中央财政为主，在稳定中央政府支付总额的同时，将中央政府社会救助专项转移支付科学化、规范化。在城乡统筹方面，先从老年人最低生活保障入手，逐步推向其他救助项目。老年人社会救助城乡统筹，在农村肯定还要涉及农村五保供养制度和最低生活保障制度整合的问题。先进行这两个制度的整合，才能进行城乡最低生活保障制度的整合，从而形成统一、协调、相互衔接的制度体系。在监督管理体制方面，我国整体的社会救助管理体制是“碎片化”的，增加了协调成本，弱化了救助效果，还有可能出现重复救助、救助不公等问题。要在统一老年人社会救助管理的基础上，再将老年人社会救助管理工作纳入统一的社会保障监管机构中。在社会参与制度方面，老年人社会救助迫切需要社会工作机构等社会力量的参与，下一步的工作就是积极培育社会工作机构，并制定社会力量参与老年人社会救助的措施和办法，促进政府和社会力量的良性互动。

第五，关于老年人社会救助制度化微观方面的工作。资金筹措机制、信息管理机制、程序保障机制、责任追究机制都需要进一步的建设。在资金筹措机制方面，首先是合理确定中央政府和地方政府对老年人社会救助的财政投入比例，其次是调动市场机制和社会机制的积极性。针对老年人口社会救助，可以积极吸纳社会捐赠，健全社会捐助接收站点和社会捐助网络。信息化是我国社会救助发展的必然趋势，老年人社会救助信息化是一个重点，建立一个统一的社会救助服务平台，所有的救助项目最终都要经过这一系统。此外，这一系统还要和银行、税务、劳动保障、工商行政管理、公安等相关部门的系统联网，实现信息共享。程序的正当、合理对社会救助的正当、合法具有重要意义，这一点对于老年人社会救助来说更为重要。在制度建设中，将老年人社会救助启动程序、审核程序、说明理由程序、听证程序、监督程序等作为程序建设的重点。最后，老年人社会救助责任追究制度建设要以现有规范为基础，将老年人社会救助全程都纳入监管和追责范围，以全方位的追责安排堵住漏洞，以惩罚机制增强制度的威慑力，确保老年人社会救助制度的规范运行。

第六，关于老年人社会救助制度化的背景和意义。老年人社会救助制度化是在特定背景下的战略选择。首先，人口老龄化对经济和社会发展带来挑战。我国在1999年就已经成为老年型国家，老年人绝对数和占总人口比重较大，老龄化速度快，老年人高龄化。庞大的老年人需要供养，对家庭、社区、社会形成挑战，老年人供养压力及维持老年人健康所需要的一系列支持体系都对政府和社会提出了新的要求。其次，转型期社会风险高发。我国的社会转型是经济、政治、文化、社会等领域的全面转型，转型期的剧烈变革可能引发社会风险，对政府的治理能力提出了新的要求，比如弱势群体的问题。我们还需要严格按照法律、法规的要求，逐步实现社会保障制度的科学化，社会保障各个组成部分之间的协调化，共同为老年人的生活提供保障。最后，社会主义和谐社会建设和社会主义新农村建设。实现老年人社会救助的制度化，可以通过可预期的途径保障老年人的最低生活水平，使老年弱势群体真正从社会发展中获益，共享改革发展成果。这也是社会主义和谐社会建设、社会主义新农村建设的重要内容。老年人社会救助制度化对于老年人社会救助主体的多元化、老年人社会救助制度的完善、老年人社会救助行为的规范化都起到积极的推动作用。

二、我国老年人社会救助制度的历史发展

我国老年人救助的历史十分久远，由古至今大致可以分为先秦时期、封建时期、民国时期和新中国时期四个历史阶段，在不同的历史阶段，老年人社会救助呈现出不尽相同的制度特点。我国历史发展过程中逐渐形成的家族本位、民本思想、人道主义和宗教信念，成为贯穿传统文化始终的老年人救助的思想根源，直到新中国成立，这些传统思想观念的影响才逐渐式微或有新的变化。尊老敬老和养老助老在上述思想观念的指引下，成为我国传统社会生活的重要组成部分，并在新社会呈现出不同的实践样态和制度形式。

作为一个农耕民族，老年人在掌握和传授生活经验和农业技术方面担

负着重要使命，也是农业社会生存和发展的必然需要。因此，中华民族具有十分悠久的尊老敬老、养老助老的文化传统，延绵数千年，未曾中断。当血缘家族这一人类社会最早也是最为稳固的社会组织出现以后，对老年人的尊敬与赡养成为家族或者家庭不可推卸的责任。中国进入父系氏族后期，氏族内部就实行家属与家长不平等的父权家长制，老年人因班辈排序从一种自然弱势、需要供养的被动境地转变为一种制度强势、全权控制的主动状态。不过，这种强势地位的确立，当然不是单纯制度强制的结果，而是尊老敬老的风俗习惯和晚辈对长辈源于血缘的亲亲之情自然而然衍生出的社会规则。血缘家族中晚辈对长辈、祖辈的崇敬、尊仰之情便是“孝”的最初起源。儒家学说对孝的理论阐释最为系统，并将其作为儒家学说的一个核心概念，积极倡导。汉武帝时期，“罢黜百家，独尊儒术”，儒家学说成为显学，孝道也成为治国的基本方略，“孝道”这一礼制中的基本规则也随着“礼法合流”之势最终进入法律制度中去，并与“忠”相互融合，成为封建国家崇尚的终极精神信仰。从此以后，家族本位既作为我国尊老敬老和养老助老的基本文化定位造就了相应的封建礼法制度，同时又因制度的发展和完善成为我国立法制度旨在全力维持的社会形态。因此，家庭和个人责任是中国古代老年人供养的主要责任形式，只有在家庭责任无法实现等特殊情况下，部分老年人才需要外部的救助以资补充。

国家无疑是最有能力进行老年人救助的主体，而我国自有史料记载以来，“养民”一直是普通大众对统治者的最低要求和社会评价的关键指标。夏商周时期，“神本位”思想逐渐向“民本位”思想过渡；春秋时期，“以民为本”的思想在统治阶级中已经得到普及。先秦诸子皆主张统治者要“以民为本”，儒家更系统地提出“仁政”“德治”思想，宣扬“民为贵，社稷次之，君为轻”的政治观点，老年人尤其是亟须救助的老年人，便成为统治者重点关怀的对象。而救助老年人的施政措施对于稳定社会、获取民心的性价比显然是最高的，也是历朝历代的统治者都热衷于实施的安民、惠民政策的原因所在。当然，在中国古代，国家是否有能力以及统治者是否有意愿去救助老年人，是会让人质疑的。当国家力有不逮时，则需要民间社会的力量支持。在我国传统观念中，人道主义思想和宗教慈悲观念都是促使普通大众向需要救助的老年人伸出援手的精神动力。“重生贵命”是我国人民的传统观念，集体主义则是中华文化的文化类型，通过集体互助的方式对弱势群体生存的维系成为我国古代老年人救助的重要方式。“老吾老，以及人之老；幼吾幼，以及人之幼”是贯穿我国社会发展过程的传统美德，将这种对他人的爱扩展至全社会，便是中华民族上下求索的终极目标——大同社会。对于道德意识尚有局限的一般民众，中国古代最具影响力的宗教——佛教和道教倡导的慈悲观、善恶有报观的教化和传播，也产生了重要的影响，促使其对社会弱势群体提供力所能及的帮助。

在上述思想观念、文化传统的指引下，我国古代逐渐形成了有着浓厚民族特色的敬老、养老、助老的制度和实践。先秦时期是我国有文字可考的最古时期，在生产力极为低下的时代，家庭在面临天灾人祸时，常常难以独自担负养老责任，国家在此时当然责无旁贷。这一时期，国家敬老制度、养老制度和助老制度开始出现。礼制明确提出了老年人的年龄界限以及与不同年龄段老年人相对应的国家敬老、养老礼仪。老年人以年龄为标准被划分为不同的生理阶段，年龄越长，生理功能越弱，经验越丰富，就会获得国家越多的物质资助和精神奖励；同时国家对高龄老人在刑罚处分上还有优待。先秦时期依然由家庭承担养老责任，为了让家庭能够更好地实现养老责任，国家还制定了相应的扶持家庭赡养老年人的政策，一直传习后世。这些扶持政策主要是免除高龄老人一个或两个子孙的徭役和定期给予高龄老人一定的生活物资。前者是为了使老年人得到更好的照顾，后者则是为了让老年人的饮食健康得到保障。此外，对于“鳏”“寡”“独”这三类丧失全部或者部分家庭赡养的老年人，国家和社会则进行非常态化的救助。

封建时期是我国古代尊老敬老、养老助老思想和制度的快速发展和巩固时期。秦代便已通过立法确立了父权制的绝对地位；从西汉开始，“以孝治天下”的治国方略也已确定，进而延续近两千年。父权制和孝道奠定了家庭养老的核心地位，其他制度都是以此为基础构建的。秦朝法律规定男子成年应与父母分家别居，开始确立了限于赡养直系血亲的长辈的核心家庭赡养制度，并通过刑律对孝道的维护将其转化为法律责任，由此也建立了封建时代养老制度的基座。两汉时代，统治者“以孝治天下”，法律制度对“孝”的要求更加严格，父权制得到强化，并一改秦代的做法，开始限制成年子女脱离父母，另立门户。汉代统治者接受秦二世而亡的教训，逐渐形成了努力维护国家统一和安定的治国理念，高度重视对社会弱势群体的国家救助，尤其是对孤寡和高龄老年人的关爱和救助。荣养“三老五更”、赐高龄老人“王杖”等尊老敬老礼制几成常制，向鳏寡、高龄老人赐物也成为统治者经常颁布的诏令。魏晋南北朝时期，由于战争频仍，国力衰弱，尊老敬老和养老助老的政策虽然延续前朝，但具体实施的情况则不够理想，多有装点道德仁义、粉饰政权的合法性之嫌。而南朝梁王朝武帝时期在京城设置孤独园，既收养“孤幼”，也供养“华发”，成为这一时期的最大亮点，是封建王朝官方设立独立的养老机构的开端。

唐代养老制度在继承唐之前各代制度的基础上进一步发展完善，且对唐代之后各朝代产生了重要而积极的影响，具有承上启下的作用。唐律确立了子女不得“别籍异财”的制度，并将“不孝”之罪列为不赦大罪；同时完善了北魏孝文帝时期初创的“存留养亲”制度，家庭养老制度愈发规范化、制度化。唐代的“给侍”制度重点强调了子女侍奉的重要性，通过国家法律的形式予以保障，明确“侍丁”人选且免除“侍丁”的赋役。唐代在老年人救助方面的另一重要举措是“悲田养病坊”的设立。佛教在隋唐时代十分兴盛。佛教寺院以寺产设“悲田”以敬老养病，实为民间养老机构。武则天时期改由政府统一管理，唐武宗废佛后，这一做法并未荒废，而是全交由政府举办。宋代经济繁荣发达，朝廷也有更多的财力物力用于发展老年人救助事业。宋代先后设立了福田院、广惠仓、居养院、养济院等救助机构和制度，救助贫病无依、不能自存的老年人，取得了一定的社会效果。北宋初年沿袭唐代“悲田养病院”，朝廷在京城开封设置东、西福田院，以收养“老疾孤穷丐者”。[①] 同时在地方设置“广惠仓”，在冬季发放救助物资救助老幼贫民。宋哲宗时，把京师福田院对老疾的收容方式与地方广惠仓的救助方式结合起来建立居养制度，主要收养无亲属供养的孤寡老人，是在全国范围内收容救助老疾贫民的一种制度。南宋时期，官方又设立物质救助与医疗救助相结合的救助机构——养济院。明代承袭前朝通过物质赏赐的方式救助老年人的救助方式，但与前朝赐物通常与节日、庆典相伴随，缺乏稳定性相比，明朝赐物则基本成为国家救助老年人的常态化政策。除了提供物质救助外，明代还继承了宋元时期的养济制度，并通过刑律规定了主管官员渎职、滥权的刑事责任。明代中期，民间慈善救助开始变得相当普遍。尤其是当以功过格为主的善书盛行于世之后，极大地推动了民间慈善活动的兴起。在老年

---

① 《宋史》卷一七八《食货上》，中华书局 1977 年版，第 4338 页。

人救助方面,有三种民间力量发挥了重要作用:一是宗族,二是同乡,三是社会。民间救助在清代又获得了较快的发展。鸦片战争后,西方教会的传教士大量涌入我国,也兴办了一些以养老为主要职能的慈善机构,成为老年人社会救助的一种新形式。

中华民国建立,宣告中国封建帝制结束。因受到西方社会救助思想和制度的影响,这一历史时期,老年人社会救助在救助理念、救助制度、救助实践方面也逐渐走出了中国传统的救助模式,吸收了许多国际上先进的救助理念与经验。尤其是在社会救助制度化、法制化方面进步明显,相较于封建时代取得较为突出的成就。但在民国初期,国家的民事制度和社会制度依然沿袭清代,没有实质变化。直到 1936 年,《亲属法》的实施基本确立了现代的亲属法制度,父权制宣告结束。但该法仍然依法明确了"家"的组织结构和"家长"的法定地位,且亲属之间皆负有扶养义务,养老的责任依然主要由家庭全体成员共同承担。[①] 同时,中国孝文化传统在民众心中依然难以动摇,家庭养老依然起着决定性的作用。由于中华民国国力十分衰弱,国家在老年人救助方面难有建树。不过,国家对社会管理能力的虚弱反而促进了民间慈善组织的发展,民间慈善组织成为这一时期老年人社会救助的关键力量。同时,为了规范民间慈善组织的活动,民国政府出台了一系列法律法规予以管理和支持,在制度建设上取得了较大成就。

新中国成立后,旧有的老年人救助制度和做法逐渐被废除。传统的"孝道"被新的建立在"人人平等"观念基础上的伦理道德所取代,家庭养老的能力和效果逐渐下降。在计划经济时代,国家包揽一切的做法也适用于老年人救助工作。由于计划经济以家庭为单位,因此,老年人全部回归家庭,只有"无生活来源、无劳动能力、无法定抚养义务人"的"三无"老人才由国家收养,农村则通过"五保"制度来解决。"大跃进"时期的大锅饭和"文革"时期的社会动荡,都直接导致国家的老年人救助制度陷入停滞。改革开放后,计划经济时代建立的老年人社会救助制度快速恢复。1984 年,全国社会福利事业单位改革整顿工作经验交流会之后,我国社会福利事业开始由国家包办向国家、集体、个人一起办的体制转变。目前,我国的老年人社会救助事业依然处于转型和快速发展阶段。

---

① 参见徐百齐编:《中华民国法规大全》第 1 册,商务印书馆 1937 年版,第 84～85 页。

三、我国老年人社会救助制度的现状与存在的问题

改革开放以来，我国社会救助立法不断跟进，制度体系逐步完善，老年人社会救助也随之不断成熟。

在国家立法层面上：一是在宪法层面上。我国宪法第 45 条关于物质帮助权的规定、第 14 条建立社会保障制度的规定、第 33 条国家尊重和保障人权的规定、第 49 条仅指虐待老人的规定等，均为我国老年人社会救助制度提供了宪法依据。二是在全国人大立法层面上。虽没有统一的老年人社会救助立法，但《劳动法》第 70 条关于劳动者在年老时获得帮助和补偿的规定、《劳动合同法》第 41 条关于家庭有需要扶养老人的优先留用的规定、《妇女权益保障法》第 38 条关于禁止虐待老年妇女的规定等，都为老年人社会救助制度提供了法律依据。而《老年人权益保障法》第 4 条也明确规定："老年人有从国家和社会获得物质帮助的权利，有享受社会发展成果的权利。"三是在行政立法层面上。《社会救助暂行办法》《城市居民最低生活保障条例》《农村五保供养工作条例》《城市生活无着的流浪乞讨人员救助管理办法》《诉讼费用缴纳办法》等，均有关于老年人社会救助的规定。例如，《社会救助暂行办法》第 12 条第 2 款明确规定："对获得最低生活保障后生活仍有困难的老年人、未成年人、重度残疾人和重病患者，县级以上地方人民政府应当采取必要措施给予生活保障。"《农村五保供养工作条例》第 6 条规定："老年、残疾或者未满 16 周岁的村民，无劳动能力、无生活来源又无法定赡养、抚养、扶养义务人，或者其法定赡养、抚养、扶养义务人无赡养、抚养、扶养能力的，享受农村五保供养待遇。"可见孤寡老年人是农村五保供养的重要供养对象。《城市生活无着的流浪乞讨人员救助管理办法》第 5 条规定："公安机关和其他有关行政机关的工作人员在执行职务时发现流浪乞讨人员的，应当告知其向救助站求助；对其中的残疾人、未成年人、老年人和行动不便的其他人员，还应当引导、护送到救助站。"

在地方立法层面上：一是在地方性法规方面上。我国社会救助的综合立法仅有《广东省社会救济条例》和《浙江省社会救助条例》两部。《广东省社会救济条例》第 5 条第 1 款规定："符合下列条件之一的人员有权申请社会救济：(一)无劳动能力，无生活来源，无法定赡养、抚养义务人或者法定赡养、抚养义务人是没有赡养、抚养能力的老年人、残疾人、未成年人……"《浙

江省社会救助条例》则将老年人纳入“特困人员救助”的范围中予以救助。其第 14 条规定:“对无劳动能力、无生活来源且无法定赡养、抚养、扶养义务人,或者其法定赡养、抚养、扶养义务人无赡养、抚养、扶养能力的老年人、残疾人以及未满十六周岁的未成年人,按照国家和省的有关规定给予特困人员供养。”除了社会救助综合立法外,很多地方专门针对特定困难群体制定了地方性法规,其救助对象也覆盖了特定的老年群体。如刑事被害人困难救助方面有:《宁夏回族自治区刑事被害人救助条例》(2009)、《无锡市刑事被害人特困救助条例》(2009)、《包头市刑事被害人困难救助条例》(2011)。此外,许多地方还制定了老年人权益保障的地方性法规,如《江苏省老年人权益保障条例》(2011)、《上海市老年人权益保障条例》(2010)等法规中也包含了老年人社会救助的内容。二是在地方政府规章层面上。第一,各地的社会救助立法均将老年人纳入社会救助对象范围内。如《山东省社会救助办法》第 23 条规定:“各级人民政府应当建立特困人员供养制度,对符合条件的老年人、残疾人、未成年人以及其他特殊困难人员,由特困人员供养机构给予供养。”第二,各地关于老年人权益保障的立法中也有关于老年人社会救助的规定。如《广东省老年人优待办法》第 10 条关于老年人医疗救助的规定等。第三,城乡居民最低生活保障的地方政府规章中也包含老年人社会救助的内容。第四,老年人也是农村五保供养地方政府规章的重要救助对象。第五,在一些专项救助领域,如交通事故救助、法律援助等方面,各地方制定的地方政府规章也存在对老年人社会救助的内容。

在制度体系方面上:我国老年人社会救助制度主要包括三个方面:

第一,老年人长期生活类救助制度,主要包括最低生活保障制度和农村五保供养制度。首先是城镇最低生活保障方面。《城镇居民最低生活保障条例》中的救助对象虽以家庭为单位,但许多规定都体现了对贫困家庭中老年人的特别照顾。比如,在最低生活保障标准方面,一般还要提出对某些对象上浮若干比例。如针对“三无”对象、社会福利机构中由国家供养的鳏寡孤独人员等,一般上浮 10%～20%。又如,在家庭收入的计算方面,《条例》中规定:所称收入“是指共同生活的家庭成员的全部货币收入和实物收入,包括法定赡养人、扶养人或者抚养人应当给付的赡养费、扶养费或者抚养费,不包括优抚对象按照国家规定享受的抚恤金、补助金”。随着城市最低生活保障制度的顺利实施,农村最低生活保障制度也逐步建立和完善起来。

根据国务院《关于在全国建立农村最低生活保障制度的通知》，农村最低生活保障的保障对象为：农村最低生活保障对象是家庭年人均收入低于当地最低生活保障标准的农村居民，主要是因病残、年老体弱、丧失劳动能力以及生存条件恶劣等原因造成生活常年困难的农村居民。其次是农村五保供养方面。《农村五保供养工作条例》明确规定，老年、残疾或者未满 16 周岁的村民，无劳动能力、无生活来源又无法定赡养、抚养、扶养义务人，或者其法定赡养、抚养、抚养义务人无赡养、抚养、扶养能力的，享受农村五保供养待遇。供养内容包括：供给粮油、副食品和生活燃料；提供符合基本居住条件的住房；供给服装、被褥等生活用品和零用钱；提供疾病治疗，对生活不能自理的给予照料；办理丧葬事宜。供养标准不得低于当地村民的平均生活水平，并根据当地平均水平的提高适时调整。

第二，老年人专项分类救助，包括老年人医疗救助、住房救助、法律援助等方面。首先是医疗救助方面。2002 年，中共中央和国务院作出了《关于进一步加强农村卫生工作的决定》，在全国农村建立新型农村合作医疗制度和农村贫困人口的医疗救助制度，这是中国历史上第一次由政府对全国农村贫困家庭实行医疗救助制度，主要对象为农村五保户和贫困家庭。其次是住房救助方面。2014 年 11 月 13 日，住房城乡建设部、民政部、财政部三部门联合印发了《关于做好住房救助有关工作的通知》，对解决最低生活保障家庭、分散供养的特困人员做了相应制度安排，其中就包括需要重点扶助的特困老年群体。《通知》规范了住房救助的方式，对城镇住房救助对象，采取优先配租公共租赁住房、发放低收入家庭租赁补贴实施住房救助，其中对配租公共租赁住房的，应给予租金减免，对农村住房救助对象，优先纳入当地农村危房改造计划，优先实施改造。此外，为解决孤寡老年人养老问题，我国还引入了以房养老制度。2014 年 6 月 23 日，中国保监会发布了《中国保监会关于开展老年人住房反向抵押养老保险试点的指导意见》，自 2014 年 7 月 1 日起至 2016 年 6 月 30 日，在北京、上海、广州、武汉试点实施老年人住房反向抵押养老保险。最后是法律援助方面。我国《老年人权益保障法》《法律援助条例》都明确规定对老年人提供法律援助。2015 年 4 月，司法部、全国老龄办又印发了《关于深入开展老年人法律服务和法律援助工作的通知》，要求着力解决医疗、保险、救助、赡养、婚姻、财产继承和监护等老年人最关心、最直接、最现实的法律问题；要加大服务力度，进一步降低老年人法律援助的门槛，引导律师、公证、基层法律服务工作者和法律援助人员深入开展老年人法律服务和法律援助工作，不断提升做好老年人法律服务工作的能力。

第三，老年人临时应急类救助，包括城镇流浪乞讨救助、老年生活照料等方面。随着流浪乞讨老年人的逐步增加，城市生活无着的流浪乞讨人员救助制度，在老年人社会救助方面也发挥了越来越重要的作用，可以为他们提供的救助内容有：(1)提供符合食品卫生要求的食物；(2)提供符合基本条件的住处；(3)对在站内突发急病的，及时送医院救治；(4)帮助与其亲属或所在单位联系；(5)向没有交通费返回其住所地或所在单位的人员提供乘车凭证。此外，《老年人权益保障法》还设专章规定了老年人"社会照料"制度，分别为总括规定、居家养老服务、配套设施、老年用品、社区为老服务、养老服务机构建设，以及社会组织培育、从业人员培养、政府监督等。临时救助方面，《城市生活无着的流浪乞讨人员救助管理办法》和《社会救助暂行办法》都规定对于流浪、乞讨的老年人，应当引导、护送到救助管理机构；对突发急病的，应当立即通知急救机构进行救治。

第四，开发式助老扶贫还提倡巩固现有成功的助老扶贫经验，对低龄、健康、具有一定劳动能力的贫困老人尤其是农村贫困老人，采取发展式扶贫救助的办法，建立起政府主导和协调的非政府组织、私人机构和社区组织等多方参与的扶贫网络。具备条件的地区，应积极扶持发展老年经济实体，优先吸收贫困老年人就业，并为贫困老年人提供就业介绍和创业辅导等服务。

总体上看，由于老年人社会救助理念滞后，致使我国现行老年人社会救助制度存在不少问题。梳理我国老年人社会救助制度的发展过程，我们发现，在救助理念方面与传统封建社会时期的救助相比，理念已经大为改进，政府不再将社会救助作为控制民众的手段，社会救助也不再是基于阶级统治的需要而实施，社会救助不是统治者高高在上的恩赐。但是，我们当前的老年人社会救助理念仍然存在着问题，依法救助、效益救助、人本救助、责任救助、科学救助等理念有待确立。由于社会救助理念不到位，老年人社会救助存在以下几个方面的突出问题：

一是政府救助责任意识有待进一步加强。中国社会福利制度转型要从工业主义范式转向公民权利范式，建立组合式普惠型社会福利制度。我国作为一个传统上的管理型政府以及长期推行补缺型福利的国家，转型不是短期内能够完成并在各个领域得以真正体现的。面临巨大的老龄化压力，应进一步推动政府转型以有效保护老年人的权利，构建老龄化社会中的善治政府。善治政府应当是一个责任型的政府，职权应当服务于职责，职责源自于职能，政府应当服务于老年人的物质文化生活需要，有效回应老年人在收入安全、住房、医疗、照护等领域的需求，融管理于服务之中，同时以服务实现对老龄化社会的管理，以社会资源支持中低收入老年人，贯彻权责统一原则。

二是老年救助法律法规体系仍需进一步完善。现有的老年法律只是一部综合性的《老年人权益保障法》，缺乏细化的法律依据，多数条款都是概括性和原则性的规定，尽管明确了老年救助的政府责任，但还缺乏明确规范的法律制度。国务院 2014 年通过了《社会救助暂行办法》，于当年 5 月 1 日起实施。办法虽然对救助条件、救助范围、救助方式、救助组织、救助责任进行了规定，但目前来看，该办法仍然存在政府责任不充分、救助权利体系不完善、救助相关救济途径不通畅、救助监督不全面等问题。许多救助更多依靠行政部门的规定或政策执行，且各地出台的实施办法在救助调查、机构审批、救助实施、监督审查等方面缺乏规范性和专业性。

三是老年人社会救助项目体系有待协调和优化。具体表现在：第一，老年人社会救助的基本原则尚不明确，影响了救助功能的发挥。第二，老年人社会救助资金保障不充足，经费分担不合理，导致一些农村和经济欠发达城区救助水平偏低、部分应救助的困难老年人未能纳入社会救助的范围。第三，现行各项老年人社会救助制度救助标准过于原则，各地制定具体救助标准时缺乏统一的依据，随意性过大。第四，对老年人社会救助申请的审查程序不严格，申请人骗取社会救助待遇的现象时有发生。

四是老年人社会救助格局需要革新和改善。我国老年人社会救助法律制度同样受制于基本国情的实际，也呈城乡二元分制的基本格局，相关条例都明确地冠以“城市”或“农村”的定语，表达出因地域和对象不同，国家干预这种形式财富再分配程度的差异。城镇居民有两部社会救助法律制度相关法规，农村也有一部法规和大规模的“八七”扶贫攻坚运动以及零星的最低生活保障试点。而特殊群体社会救助以及灾害救助也可以根据具体对象和事件的发生，分别归入到城镇和农村社会救助的范畴。当然后两者的城镇和农村区分则几乎不存在，实行的是一种所谓统一的制度运作模式。这种城乡分治的制度结构模式将会随着社会经济的发展而趋于融合和统一，最终实现农民也同样享受“国民待遇”。

五是老年人社会救助机制有待健全和完善。社会救助程序不科学、监督无效问题突出、筹资机制不规范、信息管理水平低、违规违法责任追究机制存在缺陷等，直接影响了社会救助的公平和效率，这些方面的问题亟须立法予以应对。

另外，老年人社会救助的社会组织参与程度低。考察目前我国政府与社会组织的合作救助方式，尤其是社会组织老年服务性救助机制，主要存在以下问题：一是政府对社会组织参与老年救助的补充性优势重视不足；二是社会组织的发展是新公共服务主义和福利多元主义的要求，应当给予社会组织更自由的发展空间；三是在处理与社会组织关系的过程中，政府定位不清。

四、老年人社会救助制度域外以及我国台湾地区的经验借鉴

老年救助法律的发展通常分为四个阶段：孕育阶段、形成阶段、扩展阶段和完善阶段。美国、加拿大、日本以及我国台湾地区都较早地进入老龄化社会，老年救助的法律处于扩展阶段或完善阶段。而我国大陆基本是在没有充分准备的情况下进入老龄化社会，老年救助的立法仅处于形成阶段。有效地学习和借鉴其他国家和地区老年救助的先进法制经验，对于我国做好老年人权利保护工作有着重要意义。

美国通过社会安全法建立了基本的社会保障制度，政府所构建的基本养老保障制度、补充收入保障制度、住房计划、医疗计划和食品计划等为减少老年贫困提供了制度依据。美国政府重视老年福利，1965 年制定的老年人法规定政府有责任协助老年人获得福利平等的机会。美国基本的保险制度——养老、遗属及残疾保险（OASDI）能够为老年人提供最基本的养老金保障。它施行强制性的参保方案，普通劳动者均需加入，不仅保障被保险人退休后的基本生活，还保障其老年配偶、遗属的基本生活。目前，该计划覆盖了全国 98%的就业人口，是最为基础性的养老保障制度，也是美国最为重要的社会安全制度。补充收入保障制度（SSI）是非缴费型的社会保障制度，能够为老年人中的低收入群体提供补偿性收入。与基本社会保障制度的资金来源和发放依据不同，补充收入保障制度由美国财政部通过一般税收（个

人所得税、营业税或其他税收)进行支付,以家庭资产调查(means-test)为依据提供必要的保障,被视为底线性的保障制度。Medicare(老年人健康保险)是针对老年人开展的医疗保险,它包括住院保险(Part A)和门诊保险(Part B)两部分,住院保险使老年人可获得住院服务、专业护理服务、安宁医疗服务和居家健康照护,门诊保险是选择性保险项目,由被保险人自愿选择加保,主要用以支付医生医疗费用和辅助性医疗服务费用。Medicaid(低收入群体医疗救助)是针对包括老年人在内的贫困群体开展的医疗保险,包括免费诊治疾病、提供药品、住院、看护以及免费接送服务等。Medicare和Medicaid二者形成良性互动,共同为低收入老年群体提供公共医疗保障。补充营养援助项目(SNAP)是对社会低收入群体的实物援助,其中针对60岁及以上老年人的低收入家庭也作出了特别规定,主要体现为在收入和财产审查方面对老年人作出更为宽松的限制。美国的公共老人公寓项目和住房法案202节项目都为低收入老年人实现住有所居提供了保障,其中公共老人公寓是介于老人住宅与养老院之间的为退休老人提供的低廉住所,主要由联邦政府出资,并由美国住房和城市发展局(HUD)负责开发管理,服务对象主要是65岁以上的老年人;202节项目立法规定,政府向私立非营利机构提供免息贷款或补贴,鼓励他们为低收入老年人房屋提供建设、改建或购买服务,要求所开发的老年住房具备相关的养老服务支持。另外,入住202节项目住房的老年人还可获得租金补贴,以保证低收入老年人能够向私立合作机构支付经HUD批准的成本租金。

加拿大政府既有作为老年经济安全基石的养老金计划,也有补充收入保障制度保证低收入老年人的基本生活,同时积极开展老年住房救助和医疗救助项目,实现对老年人的保障。加拿大政府以消除老年贫困为社会保障制度的设计理念,运用法律和一系列行政命令,形成了良好的顶层设计。加拿大/魁北克养老金计划(CPP/QPP)是加拿大老年经济安全的基石,保证即使没有或者只有很少收入的老年人,也能取得一定的养老金以维持基本的生活水准,它的实施对于加拿大减少老年贫困率发挥了重要的作用。CPP/QPP筹资模式先进,运用完全积累式和现收现付式相结合的混合模式,一方面可以保证资金在一个较长时期内供应充足,另一方面又可以有效缓解资金贬值的压力。由老年保障计划(OAS)、保证收入补贴计划(GIS)和联邦配偶津贴等构成的补充收入保障制度能够有效保证低收入老年人基本生活。其中,OAS为所有符合资格的加拿大人每月发放老年福利金。基于该项目的老年救助性质,将个人所得税缴纳额较高的高收入老人排除在外。GIS是一种年度保障收入,主要面向低收入和中等收入老年人,发放依据是收入调查,与退休前工作类型和缴费额无关。如果配偶一方正在享受GIS津贴,而其配偶或同居伴侣年龄介于60～64岁之间,则另外一方可领取配偶津贴。在老年住房方面,政府积极开展老年住房修缮项目、支持型生活住房项目、经济适用房项目,同时大力建设廉租老年公寓,为低收入老年人提供救助。除联邦救助项目外,联邦与州政府合作救助项目以及州政府针对老年住房开展的救助项目更为低收入老年人住房提供了多样化的解决方案。政府还兴建了许多为老年人服务的养老机构,对老年公寓的开发和建设各地方政府机构也制定了一系列鼓励政策。在老年医疗方面,医疗救助体系主要为65岁以上的老年人和低收入群体提供包括免费药品、家庭护理和长期护理在内的医疗救助性质服务。通常老年人和低收入群体在门诊购买药品可获得财政补助,而如果住院治疗则费用由公共医疗体系和医疗救助体系全额承担。各州政府为使低收入老年人门诊用药获得更多的补助,通常会针对低收入老年人提供处方药物补助项目。为鼓励家人居家护理有照顾需求的老年人,加拿大的多数地方立法规定为照顾者提供一定的免税额。

日本低收入老年人的生活受到公共年金制度、现金援助制度、医疗保险制度、长期护理保险制度、就业救助机制的保障,这些制度也构成日本老年基本生活保障的核心内容。日本现行的公共养老金制度在覆盖范围上已经相当完备,其中的国民年金制度能够帮助老年人在年老时可以获得稳定的收入。国民年金计划属于强制社会保险,居住在日本的20～60岁之间的人士包括外国人士,均应加入国民年金并缴纳保费。保费原则上由被保险对象和政府分担,各自承担50%。日本国民年金计划建立在全社会相互支持的代际间互相抚养基础上,领取年金类别包括老年基础年金、残疾基础年金和遗属基础年金,领取的额度取决于交费时间的长短。缴保期限内收入较低的低收入户或个人,可申请免除全部或一半的缴费义务。现金援助制度以保证公民基本生活的公共援助制度为主,其中的“生活福祉金贷付制度”能为老年人家庭提供低息或免息贷款,以确保他们生活安稳,促进经济独立。为老年人家庭提供的贷款种类主要包括生活保障、住房改造、长期护理以及其他紧急开支所需要的费用。为应对加速老龄化的问题，日本还通过完善相关法律促进老年就业，增加老年人的收入。医疗救助方面，日本在2008年特别推出后期高龄者医疗保险制度，该制度体现了日本的医疗保险理念从以生存权保障为理念向以社会连带理念的转变，能保证老年人获得充分的医疗资源。后期高龄者保险保费由两部分组成：被保险人交付的固定金额；根据个人收入计算的缴费金额。该项规定充分考虑了中低收入老年人的经济承受能力，有利于降低中低收入老年人的经济负担。根据该保险计划，一般老年人就医时自负部分不超过10%，收入超过一定额度的老年人就医时自负比例最高不超过30%。日本的介护保险制度以老年人的自立援助为出发点，其中规定了多项针对低收入老年人的特别优惠措施。在保费的收取方面，规定65岁及以上老年人的保费依照个人及家庭收入区别征收。在接受保险服务方面，被保险人接受保险服务时需自付服务价格的10%。鉴于介护保险支出压力增大，日本政府修正立法规定，自2015年8月1日起年收入超过一定比例的老年人[①]自付比例为20%，但中低收入老年人自付比例不变。在住房方面，能够根据老年人身心机能和个人需求差异提供不同的服务与居住设施，综合运用政府、市场和社会组织的力量共同为老年人构建良好的晚年居住环境。目前，日本老年人的居住安排大致分为三种形式：医疗养护——源自医疗体系，由厚生劳动省主管，包括以介护为主要功能的“特别养护老人院”和以康复为主要功能的“介护疗养型医疗机构”等；特定设施机构——由厚生劳动省主管，包括养老院、智障老人之家等；老年住宅——由国土交通省主管，包括高龄者专用住宅、高龄者顺利入住租赁住宅等。除老年人自有住宅外，日本多数居住安养设施以中低收入或低收入老年人为服务对象。

我国台湾地区人口结构呈现少子化和高龄化，老年人口迅速增长，政府积极运用基本经济安全、特别生活保障、安养照护和医疗保障等手段开展老年救助。台湾在2008年推出的“国民年金”制度主要服务于在其他社会保险计划如劳工计划、农民保险、政府雇员保险和军人保险中未能获得社会保障的公民，为这些公民在年老或出现残疾时提供最基本的经济保障和生活

① 根据规定，65岁以上老年人年收入所得在160万日元以上者，40～64岁中老年人单身所得280万日元以上者、夫妇所得359万日元以上者，保险对象负担费用自付比例调升至20%。

保障。在台湾，由于“国民年金”主要以老年人为保障对象，因而“国民年金”也常被称为“敬老年金”“老人年金”，其保险给付主要包括老年年金、身心障碍年金和遗属年金三部分。政府为贫困老年人提供的经济保障主要包括中低收入老年人生活津贴、不以缴费为基础的基本养老金、不动产逆向抵押贷款等。中低收入老年人生活津贴属于“残补式”补助金；不以缴费为基础的基本养老金主要为那些在其他社会保险计划（例如强制推行的劳工保险计划及劳工退休金计划）下未获得妥善保障的老年人提供基本的经济保障，无须缴费，以收入调查为发放条件；不动产逆向抵押贷款能够为拥有不动产的老年人提供固定的养老收入。为增加老年人收入，政府采取积极措施推动老年就业，通过提高老年人就业能力、鼓励企业雇佣中高龄老年人、加强社会立法和建立银发就业中心等方式鼓励老年人延迟退休。台湾现行的老年人居住安养服务主要包括居家养老服务、社区养老服务和机构养老服务。居家养老服务方面，政府为老年人提供救助主要包括居家服务、设置居家服务支援中心、改善中低收入老年人住宅环境以及提供中低收入老年人特别照顾津贴。社区养老服务方面，社区通常为老年人提供安全保护、日间照顾、餐饮服务及短期照顾等。机构养老服务方面，政府通过公私合作补助或奖励私人设立各类老人福利机构。在医疗救助方面，政府为中低收入老年人保险费和医疗费均提供特别补助。补助对象包括：符合《社会救助法》规定的低收入户老年人，其本人和法定抚养义务人均无力负担保险费用；领取中低收入老年人生活津贴的中低收入老年人，其本人和法定抚养义务人均无力负担保险费用。鉴于老年人装置假牙并不属于医疗保险项目，为保障老年人更好地饮食和健康生活，降低老年人经济负担，政府为老年人安置假牙提供专项补助。

五、我国老年人社会救助制度的完善

在人口老龄化进程快速发展的今天，老年人社会救助制度的完善与否直接关系每一个人的生活态度、每一个家庭的生活质量以及整个社会秩序的稳定与社会的顺利发展。现代社会老年人救助制度是建立在国家责任和公民人权保障的基础之上的，与我国传统的消极、单向、恩赐式的“救济”内涵已大不相同。因此，我国老年人社会救助立法理念的选择应当以对老年人生存发展的保障、维护社会公平、促进社会发展、稳定社会秩序等为逻辑出发点,以体现现代老年人社会救助制度发展的特性。

对老年人社会救助除应遵循上述一般社会救助基本理念之外,还要针对老年人自身的特殊情况,从不同角度具体解读老年人社会救助理念。比如,从老年人社会救助功能角度讲,应为救助与保险协调。一般来说,各国社会救助金的标准都比社会保险金低,救助金只能满足基本生活需求,所以,在完善老年人社会救助法律体系的同时,也要完善我国养老、医疗等老年人社会保险制度。再比如,从老年人社会救助实现角度讲,应为实体与程序配套。老年人社会救助法律制度的建构必然是实体法与程序法的融合,只有这样,老年人社会救助法律制度才能体现其对生存、发展、安全、公正、秩序等特定价值的追求。纵观各国老年人社会救助立法,程序法制的建构不可或缺。这些程序的设置为实体性的权利规定转化为真实的、公平的权利提供了可能和保障。在此意义上,老年人社会救助程序法成为实体法价值——老年人权益保障和实现的必不可少的工具。又比如,从老年人救助责任角度来说,应为国家责任与社会责任并重。保障老年人基本生活是国家和政府的义务,这种义务是法定义务,也就是说,国家应从大到制度建设、小到具体保障措施,都应肩负起自己的责任。现代社会为贫困老年人提供社会救助是政府不可推卸的责任,除此之外,社会组织等提供的服务也起到不可或缺的作用。社会组织等民间团体和组织往往比政府机构提供的养老服务具有更好的灵活性和适应性,应鼓励他们积极地投入到老龄事业服务之中,为老年人提供资金和物质方面的帮助服务,发挥其对老年人社会救助制度的补充作用。还比如,从老年人社会救助公平角度讲,应推进老年人救助城乡一体化。老年人社会救助城乡一体化,既是一个长期的过程,也是社会、经济发展的必然结果。但是,老年人社会救助一体化并不等于城市和农村救助标准简单的、无任何差别的统一化,而主要是体现在制度设计、管理运作、资金筹集等方面,以防止城乡两种制度体制、两个运行机制长期并存,造成城乡居民在身份上的对立、待遇上的差别和心理上的落差。除此之外,还必须从老年人社会救助方式和救助类型的角度创新发展老年人社会救助及其制度的理念。

从老年人社会救助方式角度看,必须坚持"造血"与"输血"同步。就老年人社会救助而言,最完善的社会救助方式无疑是最大限度地保障被救助老年人的权益,增进最大多数老年人的幸福,实现有限社会救助资源最优配置。现代社会最基本的救助手段可分为输血式和造血式两种类型。输血式救助主要指直接性和暂时性措施,造血式救助则强调救助的长期性和再生性。老年人社会救助必须正确处理输血与造血两种救助方式间的复杂关系,协调好二者的共生性与互补性,以提高老年人社会救助立法的有效性。纵观各国救助立法,追求造血式的救助理念是社会救助立法渐趋成熟的必经之路。随着老龄化程度的提高,我国劳动者数量在急剧下降,老年人服务、护理人员大量需求,这将导致我国劳动者数量奇缺。在这样一种情况下,我们应加大对老年人劳动的需求,加大他们自身的造血功能。同时,随着生活条件的逐步提高以及医疗卫生条件的改善,人们的身体状况也将不断增强,许多70多岁的老年人无论体力还是脑力都很旺盛,他们有能力也有劳动的愿望,应鼓励老年人做一些他们力所能及的劳动,并为他们的劳动提供法律上的支持和保障。

从老年人社会救助类型角度看,必须坚持常规与应急结合。老年人社会救助制度是国家为了应对老年人遭遇风险而建构的一种机制。应急措施与常规措施则是国家在老年人社会救助中采取的基本内容。前者指国家在突发性急难救助中为了维护老年人的人格尊严、生命及安全等权益而采取的救助手段或措施,或者是指国家为了应对特殊的社会、政治、经济情形,实现社会稳定、经济协调发展而对特定主体所采取的临时性的应急策略,具有特定性、临时性、应急性和被动性。后者指国家在一般性老年救助中为了维护老年人人格尊严、生存及安全等权益而采取的救助手段或措施,具有一般性、普适性、主动性和激励性。常规措施和应急措施作为老年人社会救助法价值的实现和承载机制,贯穿于老年人社会救助立法理念的变迁、发展和成熟之中,具有互补性。常规措施制度上的优点使其比应急措施能更好地表达社会救助法的价值,增大其效力。当然,社会救助立法的过程是各方主体力量比较的过程,是不同法律价值抉择的过程,是对社会救助整体运行机制的审慎甄别与归纳的过程,更是常规措施与应急措施的建构和组合的过程。只有在坚持常规措施与应急措施相结合、充分发挥各自优势的基础上,当代老年人社会救助立法才能更好地承载与实现社会救助的价值目标。但是,在老年人社会救助中,应突出常规救助,以保障贫困老年人老有所养。

从立法理念上把握整个老年人社会救助法律制度,虽然可以指导并影响具体法律规范和法律制度的建构甚至实施,但却不能代替法律规范、法律制度本身。老年人社会救助立法理念与法律制度不能混同，我们应以相应的立法理念作指导，充分考虑老年人社会救助立法与其他相关法律制度（理念）的衔接（如社会保险法等），改变以往与其他法律之间存在的错位、矛盾和脱节现象，从而增强未来老年人社会救助法律制度适用过程中的可操作性和可实用性。

目前，我国还没有建立专门的针对贫困老年人口的社会救助法律制度，对于贫困老年人的社会救助依据，零散规定在《城市居民最低生活保障条例》《农村五保供养工作条例》《社会救助暂行办法》等单行法规中。由于老年人社会救助制度关系到整个社会秩序的稳定与社会的顺利发展，有必要在完善《社会救助暂行办法》的基础上加快社会救助立法，在社会救助法中对老年人社会救助制度作出相对集中和独立的规定；或者制定专门的老年人社会救助单行法律、法规，尽快完善老年人社会救助的原则和制度。老年人社会救助立法和制度建设应当遵循保障基本生活，维护个人尊严，与经济社会发展水平相适应，与其他社会保障制度相衔接以及公平、公正、公开、及时的原则。

长期以来，我国社会救助制度发展缓慢，老年社会救助法律规范明显不足。近些年来，尤其是新的老年人权益保障法颁布实施以来，老年人社会救助在制度建设方面有了较大突破，但在人口老龄化快速发展的今天，我国老年人社会救助法制建设总体上还比较落后。完善我国老年人社会救助法律制度，除了革新立法观念外，必须完善法律体系，坚持两个方面并重。就立法观念来讲，我国对老年人社会救助的立法理念是跟随社会发展而不断变迁的，从家庭养老、国家恩赐到国家义务、公民权利，表现出人类文明的进步与老年人社会救助立法理念的更新。我国老年人社会救助立法理念的选择应包含生存权保障理念、物质精神共同保障理念、国家义务理念和社会化管理理念。立法理念的确立可以为具体老年救助制度的建构提供一个大的方向，只有坚持正确的方向，才能制定出符合老年人等弱势群体利益的社会救助法。就法律体系来讲，建构比较完善的符合我国发展水平的全方位的老年人社会救助法律体系，应当着力于以下几个方面：

第一，在实施《社会救助暂行办法》过程中，进一步优化相关政策措施。为进一步的社会救助立法积累经验，应在此基础上尽快制定社会救助法，使老年人社会救助工作法制化、规范化。

第二，可以考虑专门为老年人社会救助立法。目前，我国已经有了一部统筹性的社会救助行政法规，即《社会救助暂行办法》，已经为社会救助法律体系的发展指明了方向。其实我国的民政等部门已经就最低生活保障、农村五保供养、城镇廉租住房等出台了相关的法规或文件。目前需要根据《社会救助暂行办法》对现有的文件、制度加以整合与整理，在现有《老年人权益保障法》《城市居民最低生活保障条例》《农村五保供养工作条例》《农村敬老院管理暂行办法》等老年人救助法规的基础上尽快制定《老年人社会救助法》，无疑具有一定可行性。

第三，尽快出台地方性的老年人社会救助法规。地方立法在社会立法方面作用很大，一方面可以依法推进本地老年人社会救助工作的开展，另一方面也可以为全国老年人社会救助立法提供经验。

第四，通过立法激励社会各方面参与老年人社会救助工作，使慈善组织、志愿服务组织等成为老年人社会救助的重要力量，逐步实现老年社会救助的多元化和社会化。

第五，建立健全老年人社会救助机构。根据老年人社会救助工作的需要，在符合机构精简、效率提高的前提下，合理增加社会救助机构的人员编制和运转经费，保证老年人社会救助工作的顺利实施。

完善和发展我国老年人社会救助制度，应着重于以下几个方面：

一是建立健全资金筹措制度。健全的财政保障体系是社会救助运行良好的物质保障，我国必须通过加强立法强化社会救助中政府的责任观念，将财政对社会救助的保障制度化、规范化。将地方和中央按比例承担的制度确立下来，并把老年社会救助保障资金的内容通过法律加以明确，在保证困难地区的困难老人得到救助的前提下，充分调动民间力量的积极性，通过制定相关的鼓励政策，大力推动慈善事业的发展，解决更多老年群体的救助问题；可以开展福利彩票工作，为老年社会救助制度贡献更多的力量；建立各类救助基金，拓宽资金来源，整合资金投入，保证财政稳定。政府机构与民间组织之间应该加强合作，互相促进，在不干涉彼此的独立性的同时充分发挥各自作用，使贫困老年人能够同样享受经济社会发展成果。

二是建立健全程序保障制度。规范的程序设置是防止政府救助资源配置异化的有效手段，应贯穿于老年人社会救助制度实施的各个阶段。结合其他国家的立法经验，我国老年社会救助的程序应当包括老年社会救助标准制定程序、老年社会救助申请、审核程序以及老年社会救助的监督程序。

三是完善社会互助制度。老年社会互助是指以社会互助的形式，即部分有条件的社会成员（包括老年人）对部分处于贫困境遇的老年人给予服务，以提供物质等多样化的帮助。社会成员互助意识的提高、互助意愿的增强都有助于完善我国老年社会救助体系，提高救助水平和效率。当然，提高社会成员的互助意识和互助意愿，可以通过一定的措施和制度进行辅助。

四是完善老年人社会救助监督制度。公平、公正是老年人社会救助工作的生命。要想使老年人社会救助工作做到公平、公正，就要有完善的监督制度。老年人社会救助，应当建立包括群众监督、行政监督、人大政协监督和媒体监督在内的多元化、全方位的监督体系，最大限度地防止暗箱操作。

五是通过实现老年人社会救助信息系统全国联网、基层逐步实现城乡低保网上审核审批、全面推行医疗救助“一站式”结算以及全面建立城市居民经济状况核对信息系统来健全信息管理制度。

六是建立健全法律责任制度。法律责任制度的设计主要是促使各方履行自己的义务，使有限的救助资源发挥其最大价值，以切实维护老年人的合法权益。

总之，希望通过老年人社会救助理念、原则和制度建设，能够使我国老年人社会救助制度不断发展完善，为应对老龄化社会各种老年人风险，为保障老年人无忧地度过晚年生活发挥更大的作用。

第一章

老年人社会救助的基本理论

社会救助是社会保障体系中最基本、最悠久的制度安排，是保障社会安全的最后一道防线。社会救助与社会保险、社会福利并列，为那些由于各种原因而陷入困境无法维持最低生活水平的人们提供最底线的保障。老年人受生理条件等的限制，属于弱势群体，也成为社会救助的对象。老年人社会救助制度的内容由长期生活类救助、专项分类救助、临时应急类救助三大类组成，其目标在于保障老年人的基本生活。与老年人社会救助相关的理论有贫困理论、积极老龄化理论、治理理论、风险社会理论以及多种社会救助思想等，加强相关理论研究，可以为老年人社会救助制度建设提供理论支撑。为适应经济和社会发展的需要，老年人社会救助制度化水平需要进一步提高，以保证老年人社会救助能够规范、高效地进行，合理运用社会救助资源，保障老年人基本生活。老年人社会救助制度建设要围绕着保障老年人的社会救助权这一核心展开，出台《社会救助法》为其提供根本保障，并作出老年人社会救助制度建设的详细规划和设计。中央和地方政府责任划分、城乡统筹发展、监督管理体制科学化、社会参与制度化是老年人社会救助制度化较为宏观的层面，资金筹措机制、信息管理机制、程序保障机制、责任追究机制建设则是老年人社会救助制度化较为具体的层面。

第一节 老年人社会救助的基本内涵

社会救助在中西方都有悠久的历史，我国早在《周礼》中就有相关记载，西方国家在古巴比伦时期也有相关记载。发展到现代社会，社会救助已经成为社会保障体系的重要组成部分，而老年人社会救助是社会救助的当然组成部分。社会救助是对人们最低生活水平的一种保障，当人们遭遇各种原因导致困境、最低生活水平无法保障时，可以依规定向政府申请救助。因为社会转型或者自身在收入、身体健康状况等方面的原因，部分老年人成为弱势群体，其最低生活水平无法保障。老年人通过自身努力走出困境的可能性相比年轻人而言更小，更需要国家和社会的救助。老年人社会救助的基本内容包括生活类救助、安养居住等专项类救助以及流浪乞讨等临时类救助。生活类救助保障其最低收入；住房救助、医疗救助、法律援助能够满足其具体方面的最低需求；流浪乞讨类救助则是临时类救助，应对各种突发情况。

一、社会救助的含义

社会救助有着悠久的历史，早在奴隶社会向封建社会转型的时期，我国就已经出现了社会救助制度。记载于《周礼》的“十二荒政”和六条“保息”制度是当时的实际做法，“奠定了后世救灾的基本格局”[①]。《管子》将当时的社会救助思想概括为“行九惠之教”和“德有六兴”[②]。封建时代的荒政制度围绕着生活救济、住房救济、安置流民、恤死难、蠲缓赋役、放贷、以工代赈等展开，在中央政府层面有自汉代以来设立的“常平仓”和南宋设立的“社仓”等；在地方政府层面有隋朝设立的“义仓”，明朝时期民间出现的“同善会”等。到了民国时期，救助逐步走上了法制化的轨道。在几千年的封建社会中，人们经历着诸多的天灾人祸。无论是“十二荒政”，还是设立“常平仓”，都是统治者基于古代社会民本思想而采取的应对举措。这些举措具备现代社会救

---

① 李向军：《清代救灾的制度建设与社会效果》，载《历史研究》1995年第5期。

② 参见杨立雄、刘喜堂主编：《当代中国社会救助制度回顾与展望》“序”，人民出版社2012年版，第1页。

助的雏形，客观上使处于生活困境的人们得到了帮助，但因为其本质上是为了巩固统治、笼络人心而与现代社会救助有着根本的区别。从始至终，其中的父权主义情愫都存在着。

在西方社会，社会救助也是早已有之。原始社会出于恻隐之心而有人们之间的互助，进入阶级社会后为缓和阶级矛盾统治者也会进行救助。公元前1750年，巴比伦汉谟拉比国王发布的公平法典中，包括了要求人们在困难时互相帮助的条款。[①] 希腊城邦国家在公元前500年，已经将慈善事业制度化。罗马帝国在公元前100年，已经有了遭遇贫困的罗马公民可以得到贵族分发的谷物的传统。当然，这些都仅仅是社会救助的雏形。到了16世纪，西方出现了国家济贫制度，被认为是现代社会救助的前身。在1601年，英国以贫民和无依无靠的孤儿为救济对象出台了《伊丽莎白济贫法》，尽管这是统治者出于施舍和怜悯而采取的行为，但却“奠定了英国乃至欧美各国现代社会救助立法的基础，开创了国家立法推动社会救助事业的先例”[②]。到了1935年，美国通过了《社会保障法案》，“把对老人、孤儿、盲人、伤残者和病人的‘社会救助’列为社会保障的三大部分之一”[③]。英国在1943年通过了《贝弗里奇报告》，其中包括了一个公共救助方案，主要是弥补社会保险的不足。在此报告影响下，英国在1948年通过了《国民救助法》，废除了《济贫法》，开创了现代意义上的社会救助制度。

无论是在东方还是在西方，社会救助的思想和实践都古已有之。但是，救助在原始社会是基于人们的恻隐之心而产生的，而在封建社会等阶级社会中又是基于统治者统治的需要而产生的。当时一般采用“社会救济”“贫民救济”等称谓。“社会救助”一词最早出现在英国1909年的一个针对救助的专门委员会报告中，这个报告要求“废除惩戒性的济贫法，取而代之以合乎人道主义精神的社会救助”[④]。真正意义上的现代社会救助出现于20世纪30年代。在西方社会，“几乎所有国家都有社会救助计划，各国都寻求制定相应成文法规范来满足公民的需求”[⑤]，但关于“社会救助”的内涵却众说纷纭。

---

① 参见冯英、聂文倩：《外国的社会救助》，中国社会出版社2008年版，第5页。

② 冯英、聂文倩：《外国的社会救助》，中国社会出版社2008年版，第5页。

③ 俞德鹏等：《社会救助专项立法研究》，中国社会科学出版社2014年版，第4页。

④ 俞德鹏等：《社会救助专项立法研究》，中国社会科学出版社2014年版，第4页。

⑤ John Ditch, et al, *Comparative Social Assistance: Localisation and Discretion*, Ashgate, 1997, p. 3.

《贝弗里奇报告》提出了英国的社会保障计划，“在该计划之下，所有处于工作年龄段的公民都需要根据自己的保障需求缴纳相应的费用，已婚的妇女则由其丈夫替其缴费。……主要的现金福利待遇——失业、伤残和退休等都是由社会保险基金支付，而且只要需求存在，待遇就会一直支付下去，不需要经过任何经济状况调查”①。《贝弗里奇报告》还提到，无论多么完美和复杂的保险计划，都会有些人因为体弱等原因而无法缴费，从而得不到保险，对这些人要在经过经济状况调查证实后为其提供政府救助，由国家来提供救助养老金。“国民救助必须满足人们基本生活的需要，但标准必须比社会保险待遇要低……发放救助时必须经经济状况调查，且要有需要救助的证据……救助费用由国家财政直接负担。”②

较早对社会救助（social assistance）进行研究的英国学者卡洛·沃克（Carol Walker）有个概括性的描述：“社会救助一般包括社会保障政策中所有需要经过家计调查才能给付利益的内容，主要是指收入支持保障，即对那些没有工作又不能享受国家社会保险的人，经过家计调查之后，给予相应的帮助。”③家计调查是获得社会救助的前提条件，且获得社会救助的对象仅限于没有工作又不能享受国家社会保险的人。这时的界定与《贝弗里奇报告》的陈述基本一致，限于“收入支持”。社会救助的内容也有一个发展和完善的过程，在1986年《社会保障法》颁布后，救助的内容也由“收入支持”扩展为收入支持、家庭贷款和住房津贴。这样，政府可以为生活贫困者提供更为有力的、与经济社会发展相适应的帮助。

另外，经济合作与发展组织[简称“经合组织”(OECD)]委托的一项关于24个发达国家社会救助制度的研究，将社会救助描述为以家计调查为基础，以现金或实物为支付形式，通过资格条件审查将给付定位于那些处于低收入阶层或低于类似收入门槛线的个人或家庭的援助。④ 社会救助提供了一

---

① [英]W. H. 贝弗里奇:《贝弗里奇报告——社会保险和相关服务》，劳动和社会保障部社会保险研究所译，中国劳动社会保障出版社2004年版，第9页。

② [英]W. H. 贝弗里奇:《贝弗里奇报告——社会保险和相关服务》，劳动和社会保障部社会保险研究所译，中国劳动社会保障出版社2004年版，第160页。

③ Carol Walker, *Managing Poverty: The Limits of Social Assistance*, London & New York: Routledge, 1993, p. 2.

④ OECD, The Battle against Exclusion, Paris: Organization for Economic Cooperation and Development, 1998, p. 3.

个安全网，为那些缺少足够收入的公民或居民提供有保障的最低资源，这些资源包括现金或服务。大部分经合组织国家都需要无法谋生的当事人自己申请，并且政府需要对申请人拥有的资源进行评估。这种以社会救助形式呈现的安全网，旨在防止收入不足的人陷入进一步的贫困。

此外，亚洲发展银行根据亚洲国家社会救助实践进行的界定也具有代表性。“社会救助计划是用来援助最弱势的个人、家庭和社区，并使他们达到生存水平和改善生活标准的。……社会救助通常被定义为由政府（中央或地方）提供资金、以家计或收入调查为基础的现金或实物援助。社会救助也包括全民的福利计划——那些由政府税收提供资金，但不进行家计调查的计划，如家庭津贴。它还可能包括各式各样的补贴，如住房、能源、食品、教育和健康。此外，它也适用于由私营部门，如慈善团体、宗教机构和非政府组织等，提供的其他形式的服务和救济。”①这是一种较为宽泛的定义，关于家计调查的规定以及关于救助内容的规定，都比其他定义更为宽泛。

随着我国经济和社会的发展，特别是我国政治体制改革的深入进行，“社会救助”一词越来越多地进入政府工作报告，进入人们的视野。与此同时，学术界也对这一问题进行了研究，尽管“与社会救助制度肩负使命的重要性和城乡困难群体对社会救助制度的呼声相比，理论学术界对社会救助却一直较为忽略”②，但还是对“社会救助”形成了一定的认识。目前，国内比较有代表性是曹明睿、王卫平、郑功成、乐章、杨思斌等人的观点。曹明睿认为，社会救助是“国家和社会对长期或者临时陷入贫困的公民，通过动员国民收入的再分配，给予其最低生活保障并适当考虑其发展的一种对策和行动”③。此观点将社会救助纳入国民收入再分配序列，救助要达到的标准则在于保障最低生活水平，救助的对象则是陷入贫困的公民。王卫平、郭强等人则认为：“社会救助是现代国家中得到立法保障的基本公民权利之一，是当公民难以维持最低生活水平时，由国家和社会按照法定的程序和标准向其提供保证其最低生活需求的物质援助的社会保障制度。”④这一界定从基

① Howell, Social Assistance: Theoretical Background. In Isabel Ortiz (Ed1), Social Protection in Asia and the Pacific, Asian Development Bank. 2001, p. 257.

② 姚建平：《中美社会救助制度比较》“序”，中国社会出版社 2007 年版，第 1 页。

③ 曹明睿：《社会救助法律制度研究》，厦门大学出版社 2005 年版，第 28 页。

④ 王卫平等：《社会救助学》，群言出版社 2007 年版，第 6 页。

本公民权利角度来理解社会救助,并明确了社会救助的主体、程序、标准、目标等内容。

乐章认为,现代意义上的社会救助"多指由国家和有关社会机构,按照规定的标准,向无收入、无生活来源也无家庭依靠并失去工作能力者,以及向生活在'贫困线'或最低生活标准以下的个人或家庭,向遭受严重自然灾害和不幸事故遇难者及其家属实施的一种低标准的救济和帮助"①。这一界定相对宽泛,将遭受严重自然灾害和不幸事故遇难者及其家属纳入救助范畴,也点明了社会救助是一种低标准的帮助。杨思斌认为,社会救助是指"国家和社会对依靠自身努力难以满足其生存发展基本需求的公民给予的物质帮助和服务"②。此界定将国家和社会作为救助主体,对象则是通过自身努力难以满足生存发展基本需求的公民,救助形式是物质帮助和服务。

郑功成认为,社会救助是指:"国家与社会面向由贫困人口与不幸者组成的社会脆弱群体提供款物接济和扶助的一种生活保障政策,它通常被视为政府的当然责任或义务,采取的也是非供款制与无偿救助的方式,目标是帮助社会弱势群体摆脱生存危机,以维护社会秩序的稳定。"③2008 年国务院法制办公室公布的《中华人民共和国社会救助法(征求意见稿)》和 2009 年《中华人民共和国社会救助法(草案)》(2009 年 4 月 3 日修改稿)规定:"本法所称社会救助,是指国家和社会对依靠自身努力难以维持基本生活的公民给予的物质帮助和服务。"2014 年 5 月 1 日起施行的《社会救助暂行办法》并没有对社会救助本身作出描述。

由此可见,中外政府规范性文件、学者都对社会救助有各自的界定,并且尚未形成严谨、一致的概念。但从这些文件规定、学者界定,仍然可以观察到,尽管表述并不完全一致,但社会救助基本的方面是确定的,并在社会救助的主体、对象、条件、形式、标准、程序等方面达成了基本的一致,或者分歧并不是很大。社会救助的主体为国家和社会。救助的对象则是处于弱势地位的公民,其弱势地位或者是因为失去劳动能力造成的,或者是努力了但仍无法满足基本需求造成的,再或者是天灾人祸造成的。社会救助的条件

---

① 乐章:《社会救助学》,北京大学出版社 2008 年版,第 7 页。

② 杨思斌:《中国社会救助立法研究》,中国工人出版社 2009 年版,第 8 页。

③ 郑功成:《社会保障学——理念、制度、实践与思辨》,商务印书馆 2000 年版,第 13～14 页。

则是“弱势地位”，表现为“没有工作又不能享受国家社会保险”“生存危机”“陷入贫困”等。社会救助的方式包括物质和服务两种，这一点仍存在争议。社会救助程序则是指是否需要进行必要的调查，比如家计调查。

我们认同郑功成对社会救助的界定，社会救助是政府的当然责任和公民的应有权利，是国家社会保障政策的一部分，是在公民由于各种原因难以维持最低生活水平时由国家和社会按照法定程序通过调整国民收入再分配等措施给予款物接济和服务，以使其生活得到基本保障的措施和行为。

郑功成教授将社会救助视为政府的当然责任和公民的应有权利，那么，社会救助就成为常态化的工作，而不是可有可无的工作。社会救助权是公民应有的基本权利，不是政府的施舍和恩惠。这是对社会救助本身的一个定位，在此基础上再对社会救助与社会保障之间的关系、社会救助的条件、社会救助的程序、社会救助的形式以及社会救助的目标等进行界定。社会救助是国家社会保障政策的一部分，属于社会保障中最低等级的保障形式，社会救助工作的开展要与其他保障形式良性互动。社会救助针对的是由于各种原因难以维持最低生活水平的公民，遭遇此困境的公民可以获得政府和社会通过法定程序以款物接济和服务形式呈现的救助。社会救助要达成的目标与社会救助在整个社会保障体系中所处的位置相关，旨在保障人们的最低生活水平。这里的最低生活水平涵盖衣、食、住等基本生存条件，此外还包括健康、教育、法律等内容，并且技术培训、法律援助等日益发展为弱势群体社会救助的重要内容。

二、社会救助相关概念辨析

社会救助是“现代社会保障体系的第一块基石”[①]，是社会保障体系的重要组成部分，与社会保障、社会保险、社会救济等密切相关，但又有着显著的区别。社会救助是社会保障的重要组成部分，并扮演着社会稳定最后一道安全网的角色；社会救助与社会保险具有很强的替代性，但保障层次又不同；与社会救济的被动性相比，社会救助具有主动性。辨析社会救助与这些概念之间的联系与区别，有助于更加全面、客观地认识社会救助，也有助于进一步明确社会救助的内涵和外延。

① 郑功成主编：《中国社会保障改革与发展战略》（救助与福利卷），人民出版社 2011 年版，第 1 页。

(一)社会救助与社会保障

社会保障行为古已有之,但"社会保障"一词的出现最早是在美国1935年颁布的《社会保障法》中,随即被作为福利保障制度的统称。具体来看,受到政治、经济、文化等多种因素的影响,各国对社会保障的界定并不完全一致。社会保障是"国家依法强制建立的、具有经济福利性的国民生活保障和社会稳定系统;在中国,社会保障应该是各种社会保险、社会救助、社会福利、军人保障、医疗保障、福利服务以及各种政府或企业补助、社会互助保障等社会措施的总称"[①]。社会保障的形式多样,养老保险、医疗保险、失业保险、工伤保险、社会救助、社会福利、员工福利等都包括在内。社会保障的目标在于"满足人的基本生活需求,实施的条件是相应的社会立法"[②]。我国采用的是大社会保障概念,将社会保障视为政府和社会对全体社会成员的社会生活提供基本保障的制度安排。[③] 社会保障既有经济保障,也有服务保障、精神保障等,既包括社会救助,也包括社会保险、社会福利等。社会救助是社会保障的一种形式,"它解除的是困难群体的生存危机,从而是维护社会底线公平的制度安排,并具体体现着政府的公共责任和社会的道德良心"[④]。由此可见,社会保障具有不同等级,社会救助处于其中的最低等级,保障的是公民的最低生活水平。理清社会救助和社会保障的关系,客观看待社会救助在整个社会保障体系中的位置,辨明社会救助的独特目标所在,方能布好社会稳定的最后一道安全网,在社会救助和社会保险、社会福利之间形成良性的互动。

(二)社会救助与社会救济

社会救助和社会救济都是对处于弱势地位人群的一种帮助,但是,二者具有很大的区别。"救济是消极性的济贫措施,带有个人的、慈善的、施舍的、随意的、临时的特点;但是,救助是以受助者为本并努力尊重受助者的制度性安排,具有积极性的特点。"[⑤]现代意义上的社会救助是从传统社会的社会救济发展而来的,社会救济体现的是救苦救难的慈善情怀,不是政府的当

---

① 郑功成:《中国社会保障论》,湖北人民出版社1994年版,第6页。

② 郑功成主编:《社会保障学》,中央广播电视大学出版社2004年版,第5页。

③ 参见郑功成主编:《社会保障学》,中国广播电视大学出版社2004年版,第5页。

④ 郑功成主编:《中国社会保障改革与发展战略》(救助与福利卷),人民出版社2011年版,第1页。

⑤ 张新生:《我国弱势群体社会救助研究》,经济科学出版社2013年版,第41页。

然责任，凭借的是施救者的主观意志而无法律依据，受救济者也不需要进行申请，且传统社会的救济范围较窄，更多的是取决于施救者本身的个人倾向。但是，社会救助和社会救济的区别不仅仅是历史时段上的差别，根本的是体现在内容和理念方面。[①] 从内容上看，社会救济也主要限于衣、食、住等基本生存条件上，是问题发生之后的被动应对，救济以发放现金、实物等形式进行，社会救助除了发放现金、实物之外，还可以通过技术培训、人力等形式进行。从理念上看，与社会救济相比，社会救助则将社会救助权视为现代国家公民的基本权利，而社会救助也是国家和社会的当然责任，遭遇困境的人可以主动申请，政府和社会也有救助的义务。这样，被救助者申请和获得社会救助就不是政府高高在上的恩赐。社会救助的范围也较宽，除了衣、食、住等基本生存条件之外，"还包括教育、就业、法律、健康等方面的内容"[②]。从社会救济到社会救助，体现了处于弱势地位的群体从消极应对到积极应对的转变。社会救济通常是在贫困已经发生时采取的行为；而社会救助则积极地通过职业培训、技术提供等方式来提升被救助者的生存能力，消除其处于弱势地位的根源。

（三）社会救助与社会保险

从功能上看，社会救助与社会保险具有很强的替代性。社会保险起源于19世纪末的俾斯麦政府，主要是为了预防社会风险，很快欧洲各主要工业国都建立了社会保险制度。在社会救助出现之前，社会救助是主要的保障形式，而社会保险出现之后，社会救助被推到社会保障的边缘地位。当时，曾有人预言，社会救助可能退出历史舞台。但实践证明，社会救助不仅没有退出历史，而且在当今的社会保障中仍然发挥着重要的作用。当然，这是由社会救助和社会保险的区别决定的，社会救助的社会稳定安全网作用决定了其在当代社会中具有的安全保障作用是不可或缺的。社会保险是现代社会保障体系中最为核心的部分，但是社会保险与人们的收入水平直接相关，缴纳费用是获得收益的前提，要想获得保障功能必须先进行缴费。社会救助则不同，贫困的国民可以通过申请而获得救济，无须缴纳费用，只要申请后获得认定就能够享受救助。社会保险的功能主要在于预防，以年老、

---

① 参见姚建平：《中美社会救助制度比较》，中国社会出版社2007年版，第10页。

② 姚建平：《中美社会救助制度比较》，中国社会出版社2007年版，第11页。

疾病、伤残、失业、死亡等特殊事件为保障内容。当这些事件发生时，获得保障，以避免参保人员陷入贫困。社会救助则是社会的最后一道安全网，人们在遭遇困境时依申请可以获得保护，保障其最低生活水平，当然，这需要贫困事实的认定。此外，社会救助的对象是社会中的弱势群体，他们的生活水平低于最低生活保障线，需要向国家和社会求助。他们或者是没有收入，或者是有收入但收入过低。而社会保险的对象“可以是任何社会成员，只要能够缴纳相关的保险费用，就能够享受权利”[①]。由此可见，社会保险为绝大多数国民提供了保障，社会救助则是最后一道安全网，为那些处于弱势地位的国民提供最低生活保障。

三、老年人社会救助的含义

老年人是社会群体的组成部分，老年人社会救助也是社会救助的重要组成部分。社会救助针对的是弱势群体，即陷入贫困而无法保障最低生活水平的人群。“弱势群体”是社会学、法学、政治学等一系列学科都涉及的一个概念，在国外是“社会脆弱群体(Social Vulnerable Group)”和“社会不利群体(Social Disadvantaged Group)”[②]。社会脆弱群体是指由于缺乏生活机会而造成的依赖性的人群，他们包括身体或精神残疾的人、年老体弱的人、丧亲或父母丧失资格的儿童。[③] 社会不利群体，主要指长期、普遍存在于就业和社会生活各领域不利环境的群体，而这种不利环境是由结构性因素和制度性安排造成的。[④] 这两种情况下，人们的生活水平都低于普通民众，需要国家和社会采取适当的救助措施。国际上对社会弱势群体尚未形成权威性界定，但“经济利益的贫困性、生活质量的低层次性和承受力的脆弱性”[⑤]等是弱势群体的特征，这一点还是比较明确的。这样，艾滋病人、无收入或者收入非常低的人、家庭暴力牺牲者等都属于社会弱势群体。

2002 年的《政府工作报告》首次以官方文件的形式提到“弱势群体”，政

---

① 姚建平：《中美社会救助制度比较》，中国社会出版社 2007 年版，第 12 页。

② 徐少祥：《法律语境中弱势群体概念构建分析》，载《中国法学》2009 年第 3 期。

③ Rothman, *Practice with Highly Vulnerable Clients: Case Management and Community-Based Service*, New Jersey: Prentice Hall, 1995, pp. 3-4.

④ 徐少祥：《法律语境中弱势群体概念构建分析》，载《中国法学》2009 年第 3 期。

⑤ 万闻华：《NGO 社会支持的公共政策分析——以弱势群体为论域》，载《中国行政管理》2004 年第 3 期。

府提出要对弱势群体给予特殊的就业援助。国内学者对“弱势群体”的研究也开展起来。高强认为，弱势群体“是由于社会结构急剧转型和社会关系失调或由于一部分社会成员自身的某些原因（如竞争失败、失业、年老体弱、残疾等），而造成对于社会现实的不适应，并且出现了生活障碍和生活困难的人群共同体”[①]。弱势群体的出现，既可能是个人的原因，也可能是社会的原因，当生活困难发生时，他们就成为弱势群体。郑杭生等认为，弱势群体是指“那些依靠自身的力量或能力无法保持个人及其家庭成员最基本的生活水准、需要国家和社会给予支持和帮助的社会群体”[②]。当人们或者一个家庭最基本的生活需求无法被满足时，他们就成为弱势群体。弱势群体与人类社会发展相始终，但是在社会发生剧烈变革的时候，问题会更加严重。比如，在我国国企改革时出现大量的下岗工人，他们突然失去生活来源，又尚未找到新的工作机会。再比如，在城市化进程中出现的大量在城市工作但在城市居无定所的农民工，这些人离开了农村，为城市建设做出了贡献，但未能充分享受城镇居民待遇。

尽管中外学者的界定并不完全一致，但是弱势群体低收入、抵抗风险能力弱、低社会影响力等特征是确定的。经济上的低收入使其最低生活需求得不到满足，除非求助于国家和社会。抵抗风险能力与经济上的低收入相关，弱势群体抗风险能力较弱，适应变化的能力弱。政治上的弱势地位、话语权的缺失等又造成了弱势群体的低社会影响力。弱势群体不仅当前处于弱势地位，因为抗风险能力弱、社会影响力低，他们通过自身努力改变境遇的难度也很大。“在社会的发展中，社会代价往往是由社会弱势群体来承担的，没有对弱势群体的特别关心和帮助，就不可能形成安定有序的社会。”[③]我国处于社会转型期，弱势群体对社会稳定的影响更加突出。因此，不管是为了维护社会的稳定，还是为了保障弱势群体的合法权益，都要关照到弱势群体的利益。老年人属于弱势群体，因为弱势群体的特征在老年群体中得到普遍印证，老年人群体无论是在经济收入上，还是在社会影响力、抗风险能力方面都处于不利位置。

---

① 高强：《断裂的社会结构与弱势群体构架的分析及其社会支持》，载《天府新论》2004 年第1 期。

② 郑杭生、李迎生：《全面建设小康社会与弱势群体的社会救助》，载《中国人民大学学报》2003 年第 1 期。

③ 张晓玲：《社会稳定与弱势群体权利保障研究》，载《政治学研究》2014 年第 5 期。

老年人是一个庞大的群体，这个群体的组成部分因职业、家庭等方面的原因而具有不同的情况和特征。比如有的老年人在退休之后有着可观的退休金，这部分人群在经济上没有问题。但有的老年人之前没有正式工作，步入老年阶段之后，随着体力衰退，几乎没有收入，经济上的压力就会很大。尽管存在差异，但这个群体共通的特征是非常明显的。比如，大部分人收入低下、生理上衰老、疾病高发。就经济收入而言，“从生命周期理论来看，人到老年意味着消费大于生产，若无青壮年时代的积累，也没有转移性支付时，老年消费就成为无源之水与无本之木”①。老年人的经济状况不容乐观，特别是农村的老年人，“与西方国家不同，中国贫困主要发生在农村”②。

老年群体也是健康容易出现问题的群体。在缺乏完善的医疗保障的情况下，有些老人在生病时会选择自己“扛”，不愿再增加家庭负担，这一点在农村尤为突出。小病有时“扛”着能克服，但大病不就医，后果则可能是毁灭性的。除经济收入有限、健康容易出问题之外，体力衰退也是一个大问题。体力衰退意味着老年人的活动范围是有限的，生活自理能力也是有限的。在生理条件限制下，老年人只能在特定的空间范围内活动，接触的信息量有限，精神需求得不到满足，心理上的孤独难以克服。在城市，文化生活相对丰富，但老年人能够参加的活动有限。如果是高龄老人、空巢老人、失能老人，问题就会更加严重。在农村，本身文化生活就很单调，老年人在强大的经济压力之下，也很少有“闲情逸致”来参加文化活动，从而形成一种恶性循环。特别是当年轻人外出务工或者在异地工作时，老年人被迫独居，生活状况堪忧。

梳理了老年群体特征与弱势群体特征的契合点，老年人属于弱势群体毋庸置疑。那么，社会救助的对象自然也包括老年人。老年人社会救助是社会救助的重要组成部分，是将救助对象指向老年人的特定类型的社会救助。那么，借鉴郑功成对“社会救助”的界定，我们可以将老年人社会救助定义如下：老年人社会救助是政府的当然责任和老年人的应有权利，是国家社会保障政策的重要组成部分。在老年人由于各种原因难以维持最低生活水平时，由国家和社会按照法定程序通过调整国民收入再分配等措施给予款

---

① 陈友华、苗国：《老年贫困与社会救助》，载《山东社会科学》2015年第7期。

② 陈友华、苗国：《老年贫困与社会救助》，载《山东社会科学》2015年第7期。

物接济和服务，以使其生活得到基本保障的措施和行为。老年人社会救助的主体是政府和社会，对象是老年弱势群体，目标是保障老年人最低生活水平，形式是给予款物接济和服务。“老年人社会救助应针对不同救助对象的需求而有不同的表现形式，应当包括生活救助、医疗救助、住房救助以及费用减免等制度。”①

四、老年人社会救助制度的内容

老年人社会救助是社会救助的一部分。20 世纪 80 年代，我国社会救助的重点在救灾、救济、五保和扶贫等方面；90 年代，重点在城市国有企业改革后出现的城市贫困方面。1999 年，我国建立了最低生活保障制度来保障城镇贫困人口基本生活。经过多年发展，“我国已基本上形成了以城乡最低生活保障制度为基础，以农村五保供养制度、灾害救济制度、医疗救助、流浪乞讨人员救助为主要内容，以住房救助、教育救助、法律援助制度相配套，以临时救助制度为补充，与慈善事业相衔接的社会救助体系框架”②。社会救助体系框架如图 1-1 所示。

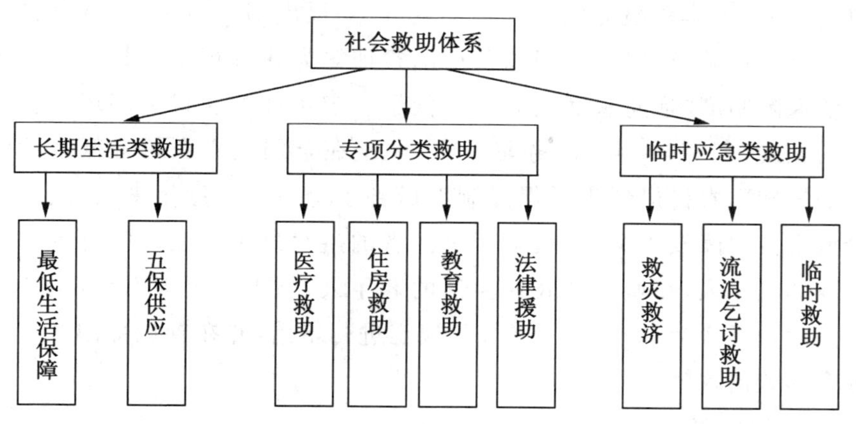

图 1-1 中国社会救助体系框架图

资料来源：郑功成主编：《中国社会保障改革与发展战略》（救助与福利卷），人民出版社 2011 年版，第 22 页。略作改动。

社会救助的内容逐步完善和发展，作为社会救助的一部分，老年人社会

① 肖金明主编：《老年人权益保障法律制度研究》，山东大学出版社 2013 年版，第 151 页。

② 郑功成主编：《中国社会保障改革与发展战略》（救助与福利卷），人民出版社 2011 年版，第 2 页。

救助也具有相应的内容，包括了长期生活类救助、专项分类救助和临时应急类救助。考虑到一些救助类项目与其他社会保障项目的交叉重叠，根据我国《老年人权益保障法》的规定，我国老年人社会救助的内容包括以下部分：

(一)长期生活类救助

长期生活类救助包括最低生活保障和五保供应两类。

1. 最低生活保障

1997年，国务院下发了《关于在全国建立城市居民最低生活保障制度的通知》，提出在1999年底之前县级市和县政府所在地的镇都要建立起最低生活保障制度，逐步使非农业户口得到最低生活保障。1999年，我国通过了《城市居民最低生活保障条例》。该条例第2条规定："持有非农业户口的城市居民，凡共同生活的家庭成员人均收入低于当地城市居民最低生活保障标准的，均有从当地人民政府获得基本生活物质帮助的权利。"这是我国社会救助体系建设的里程碑，也是整个社会保障制度改革率先取得实质性进展与突破的主要标志，并在事实上确立了城镇居民在遭遇生活困境时可以向政府申请并获得救助的权利，而在此之前政府是否提供救助实际上没有有效约束力。[①] 享受最低生活保障待遇，需要提出书面申请，管理审批机关需要通过入户调查、邻里访问以及信函索证等方式进行情况核实。农村最低生活保障制度"是向家庭人均收入低于一定标准的农村贫困居民提供基本生活救助"[②]。2007年，国务院发布《关于在全国建立农村最低生活保障制度的通知》，农村最低生活保障制度做到了全覆盖。近年来，各级政府加大最低生活保障投入力度，缓解了贫困者的生存危机。在这些对象中就包括城乡的老年人，在城市和农村生活的老年人，当生活出现困难，生活水平低于当地最低生活标准时，均可按照规定进行申请，并在管理部门核实后享受现金形式的保障。

2. 五保供养

早在1956年，当时的政务院就提出要建立农村五保供养制度。1994年，国务院颁布了《农村五保供养工作条例》，并在2006年1月修订，此次修

---

① 参见郑功成主编：《中国社会保障改革与发展战略》(救助与福利卷)，人民出版社2011年版，第2页。

② 郑功成主编：《中国社会保障改革与发展战略》(救助与福利卷)，人民出版社2011年版，第63页。

订标志着“对于供养资金的来源，从村提留或者乡统筹费中列支，改为由地方财政统一安排”。修订的《农村五保供养工作条例》第2条规定：“本条例所称农村五保供养，是指依照条例规定，在吃、穿、住、医、葬方面给予村民的生活照顾和物质帮助。”农村五保供养制度是有特定对象的，《条例》第6条规定：“老年、残疾或者未满16周岁的村民，无劳动能力、无生活来源又无法定赡养、抚养、扶养义务人，或者其法定赡养、抚养、扶养义务人无赡养、抚养、扶养能力的，享受农村五保供养待遇。”但在实际的制度运转中，因为未成年人符合条件的仅占人口非常小的比例，制度主要是针对农村的五保老人的，在具体的供养方式上有集中和分散两种。“所谓集中供养主要是在农村建立敬老院，把生活不能自理的老人集中起来，派专人对其生活给予照顾；分散供养是指对生活能自理的老人仅仅给予经济上的援助。”[①]五保供养制度实施60年来，在保障农村五保老人生活稳定方面发挥了积极的作用。

（二）专项分类救助

1. 医疗救助

老年人医疗救助是对陷入贫困等不利地位的老年人实行特定项目免费医疗的制度，通过各种经济社会资源的再分配，来降低这些老年人的疾病医疗费用负担，增强他们抵御疾病风险的能力。世界上多数国家和地区都实行对于弱势老年人的医疗救助。比如，我国台湾地区《社会救助法》的规定：“凡合于下列规定之一者，得检同有关证明，向当地主管机关申请医疗补助：一、低收入户之伤、病患者。二、救助设施所收容之伤、病患者。三、患严重伤、病所需医疗费用，非其本人或扶养义务人所能负担者。”根据这一规定，老年弱势群体即可根据要求申请医疗救助。我国农村在2003年启动医疗救助项目，主要针对的是“五保”户、农村特困户（低保户）以及其他符合条件的农村贫困农民。[②] 根据2005年出台的政策，城市医疗救助主要针对的是城市居民最低生活保障对象中未参加城镇职工基本医疗保险的人员以及其他特殊困难群众。近年来，救助对象得到扩展，低收入家庭重病患者等可以申请医疗救助。2009年，民政部、财政部、卫生部、人力资源和社会保障部下

---

① 罗锐、谢圣远：《论我国农村五保供养制度的完善》，载《社会保障研究》2011年第3期。

② 参见郑功成主编：《中国社会保障改革与发展战略》（救助与福利卷），人民出版社2011年版，第64页。

发《关于进一步完善城乡医疗救助制度的意见》，提出要实行多种救助方式，完善救助内容，建立能够为困难群众提供方便、快捷服务的医疗救助制度，实现困难群众“病有所医”的目标。根据2014年2月国务院通过的《社会救助暂行办法》，最低生活保障家庭成员、特困供养人员、县级以上人民政府规定的其他特殊困难人员，都可以申请相关医疗救助。那么，弱势的老年人自然属于医疗救助对象。根据这些规定，以及《老年人权益保障法》的相关制度，弱势老年人获得了基本的医疗救助。

2. 住房救助

住房救助是针对住房困难的社会救助对象实施的住房保障，保障其获得满足家庭生活需要的基本住房，是社会救助的重要组成部分。“随着老龄化浪潮的来临，老年人住房问题成为影响老年人身心健康和社会和谐的重大社会问题。”[①]住房问题是我国当前一个严重的社会问题，高房价之下，低收入人群产生的焦虑情绪清晰可见，弱势老年人的情况就更为严重。根据《社会救助暂行办法》的规定，我国要通过配租公共租赁住房、发放住房租赁补贴、农村危房改造等方式，对符合规定标准的住房困难的最低生活保障家庭、分散供养的特困人员，给予住房救助。根据住房和城乡建设部2012年通过的《公共租赁住房管理办法》，公共租赁住房是指：“限定建设标准和租金水平，面向符合规定条件的城镇中等偏下收入住房困难家庭、新就业无房职工和在城镇稳定就业的外来务工人员出租的保障性住房。”公共租赁住房是对城镇老年人进行住房救助的方式之一。住房租赁补贴要根据当时当地的具体情况实行动态管理，确保补助标准与经济、社会发展水平一致。农村弱势老年人住房补助主要是通过危房改造的方式实现，要将弱势老年人的危房改造优先纳入当地的危房改造计划。2014年，住房和城乡建设部、民政部、财政部又下发了《关于做好住房救助有关工作的通知》，要求市、县政府建立“一门受理、协同办理”机制，完善申请审核、资格符合、具体实施等住房救助程序规定，便利申请。

3. 法律援助

法律援助制度是社会救助制度的重要方面，也是保障弱势老年人权益的重要方式。法律援助是指：“政府为了保障经济困难公民获得必要的法律

---

① 周春发、朱海龙：《老年人住房政策：国际经验与中国选择》，载《人口与经济》2008年第2期。

服务而给他们提供的法律咨询、代理、刑事辩护等无偿法律服务。”[①]2003 年7 月，国务院通过了《法律援助条例》，将法律援助定位为政府的责任，规定县级以上人民政府应当采取积极措施推动法律援助工作，以保障经济困难公民能够获得必要的法律服务。弱势老年人因为经济状况、行动能力、掌握的信息量、主张自己权益的能力等方面的限制，其各项权益都可能遭到侵蚀，生活负担加重，精神压力巨大。为老年人提供法律援助本身也是老龄工作的重要组成部分，各地纷纷建立老年人法律援助工作站或老年人法律援助中心，为老年人提供法律援助。2015 年 3 月，司法部、全国老龄工作委员会办公室联合下发了《关于深入开展老年人法律服务和法律援助工作的通知》，提出要“着力解决医疗、保险、救助、赡养、婚姻、财产继承和监护等老年人最关心、最直接、最现实的法律问题”，要“重点关注高龄、空巢、失独、失能半失能、失智及经济困难老年人法律服务和法律援助需求”，做好老年人法律服务和法律援助工作。全国上下行动起来，老年人法律服务和法律援助工作步入一个新的阶段。

（三）临时应急类救助

与老年人有关的临时应急类救助主要是流浪乞讨类救助。对在城市生活无着落的流浪、乞讨人员实行救助，也是社会救助的重要任务，绝大多数流浪、乞讨人员都是无各种社会保障的人员，还有精神病患者和智障老人，这部分人属于弱势群体，对其提供必要的救助是社会救助的当然内容。[②] 在这部分人群中，又包括一定数量的老年人，流浪乞讨类救助就包括了对老年流浪乞讨人员的救助。我国在 2003 年 6 月通过了《城市生活无着的流浪乞讨人员救助管理办法》，规定县级以上政府的民政部门负责流浪乞讨人员的救助工作，公安、卫生等相关部门应做好各自工作。公安和其他有关行政机关发现未成年、老年人等时，应引导、护送到救助站。救助站向受助人员提供的救助包括食物、住处、送医救治、帮助与其近亲属或者所在单位联系，以及为没有交通费返回其住所地的人员提供乘车凭证等。老年流浪乞讨人员救助属于临时应急类救助，通过救助，保障其基本生活权益。

---

① 郑功成主编：《中国社会保障改革与发展战略》（救助与福利卷），人民出版社 2011 年版，第66 页。

② 参见孙伟：《流浪乞讨老年人救助问题初探》，载《中国民政》2012 年第 10 期。

第二节 老年人社会救助的目标、特点及功能

老年人社会救助的目标是保障老年人的基本生活，促进社会公平正义，维护社会和谐稳定。老年人社会救助针对的目标群体为生活陷入困境的老年人，他们因为各种原因不能维持最低生活水平，因此，帮助他们走出困境就成为老年人社会救助的目标。老年人社会救助具备一般社会救助的基本特征，如主要资金来源于政府财政、对受助者的资格审核十分严格、受助者无偿享受救助待遇、社会救助保障水平较低[①]、救助对象是处于贫困状态的特定公民等[②]。同时，因为是针对老年人的救助，会带有一些特殊性。老年人社会救助的功能在于保障老年人的生存权，维护其平等发展权；维护社会和谐稳定，促进经济进步；均衡社会利益关系，协调社会资源配置；促进城乡统筹发展，打破城乡二元格局；弘扬尊老文化，推进公民道德建设。

一、老年人社会救助的目标

社会保障体系的目标是为人们的生存和发展提供保障，其中，社会保险的目标是预防风险，社会福利的目标是提高生活质量，“社会救助的最终目标是减少弱势群体及贫困人群数量及占有率”[③]。具体来看，应对艰难的处境、防止生活水平低于最低生活水准、消除社会排斥、促进社会和谐、实现以人为本等都是社会救助的目标。作为一项发源于原始社会的救助活动，社会救助或者是出于人类的恻隐之心，或者是因为阶级统治的需要，或者是为了维持社会的稳定，再或者是为了保障人们的生存权，社会救助一直都有这样那样的目标存在着。在原始社会末期，人类不自觉产生的互助行为是为了共同抵御自然灾害，是人类恻隐之心或者是宗教意识影响的结果。到了阶级社会，社会救助的目标逐渐清晰，“统治者出于稳定和巩固自己统治地位的考虑，就必须对无以为生的贫苦大众进行物质方面的救助，以维持他们最基本的生存需要，以缓和社会矛盾”[④]。在漫长的奴隶制、封建制时代，劳

---

① 参见冯英、聂文倩：《外国的社会救助》，中国社会出版社 2008 年版，第 2～3 页。

② 参见俞德鹏等：《社会救助专项立法研究》，中国社会科学出版社 2014 年版，第 3 页。

③ 冯英、聂文倩：《外国的社会救助》，中国社会出版社 2008 年版，第 11 页。

④ 冯英、聂文倩：《外国的社会救助》，中国社会出版社 2008 年版，第 4～5 页。

动者处于被压迫地位，当遭遇大的自然灾害等情况时，最起码的生存都难以维持，这种情形如果持续下去，会激发严重的社会矛盾。因此，统治者从自身利益出发，会采取一些救济措施，以在一定程度上缓和社会矛盾。

社会救助受到一个社会的文化思想的影响，又实践着这些思想。以美国的社会救助为例，"宗教对于美国的社会救助有着深刻影响"①。宗教教义对于人的看法，以及如何拯救个人、对于劳动的态度、对于富人责任的看法等都影响着一个国家的社会救助。托克维尔认为，那些最早到达美洲新英格兰海岸落户的清教徒，"他们之远渡重洋来到新大陆，决非为了改善境遇或发财；他们之离开舒适的家园，是出于满足纯正的求知需要；他们甘愿尝尽流亡生活的种种苦难，去使一种理想获致胜利"②。新教伦理认为，人需要劳动，人不劳动是罪人，一个人失败了是自己的责任，"贫穷和自甘毁灭是个人的恶习，只有人类自己才能克服它"③。在这种文化思想指导下，社会救助仅是针对老年人、儿童和患病者等明显失去劳动能力者的，救助范围有限。天主教的教义对社会救助的影响则是另外一番景象，其扶危济困有着很长的历史。其教义认为："对上帝的爱的宣言如果不以帮助、物质救济等方式使邻居受益的话，那么这种宣言将不会被上帝接受。爱人如己比贡献祭品更加珍贵。"④这样，救助范围大大拓展，穷人、无家可归者、病人等被纳入救助范围中。因此，社会救助某种程度上实现着宗教的教义，将一个社会、民族的思想文化落实到具体的行动中。

到了现代社会，社会救助的目标是保障国民能够维持基本的生活水平，"维护困难群体与弱势人群的平等权利与尊严，促进社会和谐和经济社会协调发展"⑤。在传统社会条件下，社会救助是一种"恩赐"，实施救助者高高在上，被救助者处于"臣民"地位。我国在封建社会时期，对贫困群体的救助渗透着父爱主义思想，"国民是子民或臣民，统治者要对子民的福利负责，要为

---

① 姚建平：《中美社会救助制度比较》，中国社会出版社 2007 年版，第 44 页。

② [法]托克维尔：《论美国的民主》上卷，董果良译，商务印书馆 1988 年版，第 36 页。

③ Martin Rein, *Social Policy: Issues of Choice and Change*, New York: Random House, 1970, p. 14.

④ Degeneffe, Charles Edmund, "What is Catholic about Catholic Charities," *Social Work*, 2003, (48)3, p. 347.

⑤ 郑功成主编：《中国社会保障改革与发展战略》(救助与福利卷)，人民出版社 2011 年版，第 12 页。

子民的生活殚精竭虑，这些也是我国古代社会民本思想的基础之一”[①]。建国后很长一段时间，受到经济发展水平的限制，社会保障的目标只能是以最低生活保障制度为核心来保障人们能够获得最低的生活水平。随着经济的发展和社会的进步，我国逐步发展各种专项救助，增加精神救助的内容，从仅保障最低生活水平向在一定程度上促进受救助者发展转变。可以预见，最终的社会救助是要保障弱势人群的基本生活权益，同时要帮助这些人更好地融合进社会中，并为经济和社会的发展做出贡献。由此可见，社会救助的目标逐渐从维持温饱、单项救助、生存型救助转变到发展型、综合型、追求一定生活质量型，更加以人为本。

具体到老年人社会救助的目标则是保障老年人的基本生活，促进社会公平正义，维护社会和谐稳定。人口老龄化已经成为不可避免的趋势，“与人口老龄化相伴而生的是老龄问题”[②]，大量的老年人需要供养。我国与发达国家不同，我国是一个“未富先老”的国家。特别是在长期的城乡二元体制之下，农村欠账太多，大量的农村人口在体力和精力衰退之后步入老年弱势群体行列，传统的家庭养老方式在不断增大的生存压力之下作用式微，完全依靠子女又造成两代人之间出现不均衡关系，代际矛盾和冲突增加，农村老年人生活艰辛。而且，老年人身体健康较容易出现问题，心脑血管疾病、肿瘤等已经成为影响老年人身体健康的主要疾病。一旦患上这些疾病，就需要人员的照看，需要花费一定的费用。这就又对老年人的生活形成了挑战。更为重要的是，随着老年人活动范围越来越受到限制，接触的人和事也越来越少，老年人会逐步感到他们与社会脱离，老年人社会融合也产生问题。老年人遭遇的这些问题既是社会变迁的结果，也与自身年龄的增长相关，但不管是何种原因，弱势的老年人都需要从国家和社会获得救助，以保障其基本生活。

老年人社会救助的首要目标是保障其基本生活，当老年人因为经济原因陷入困境时，应通过社会救助帮助其走出困境。一个国家和社会对待老年人的态度是其文明程度的标志，也是一个社会的良心所在。对于部分享受养老、医疗等保障的老年人，基本生活需要能够得到满足。但是，我国由

---

① 姚建平：《中美社会救助制度比较》，中国社会出版社 2007 年版，第 4 页。

② 郅玉玲：《和谐社会语境下的老龄问题研究》，浙江大学出版社 2011 年版，第 5 页。

于历史的原因,能够享受养老、医疗等保障的老年人比例极低,大多数老年人都是在近年来党和政府实施各项惠民政策后,才开始领取各种津贴,享受基本养老、医疗保险。保障老年人的基本生活,也是为了促进社会公平正义,维护社会和谐稳定;保障老年人的基本生活也是一种代际公平,老年人的话语权减弱,对社会的影响力减小。但保障老年人的基本生活能够促进资源在不同年龄段的人群之间的合理分配,保证老年人能够从社会发展中受益,构建一个 1995 年哥本哈根《社会发展问题世界首脑会议行动纲领》提出的"不分年龄人人共享的社会"。人人都会变老,保障今天老年人的基本生活,就是保障自己明天的基本生活。另外,老年人社会救助、缓解了老年人的生存危机,改善了老年人家庭成员之间的关系,在一定程度上也有助于消除社会排斥,促进社会和谐稳定。

二、老年人社会救助的特点

老年人社会救助是社会救助的一部分,具有社会救助的一般特征,同时,因为是针对老年人的救助,又会带有一些特殊性。社会救助的基本特征包括主要资金来源于政府财政、对受助者的资格审核十分严格、受助者无偿享受救助待遇、社会救助保障水平较低[①]、救助对象是处于贫困状态的特定公民等[②]。社会救助的主要资金来源于政府财政,是政府的责任。社会救助的主体是政府和社会,社会力量又包括很多,比如公民个人、企事业单位、社会团体、非政府组织等[③]。社会救助需要全社会的参与,体现了政府和社会对那些处于弱势地位的人们的关怀和照顾。救助行为古已有之,西方到了资本主义阶段后,逐步制度化、规范化,发展成为政府的职能之一。我国的《社会救助暂行办法》第 3 条规定:"国务院民政部门统筹全国社会救助体系建设。国务院民政、卫生计生、教育、住房城乡建设、人力资源社会保障等部门,按照各自职责负责相应的社会救助管理工作。"第 5 条规定:"县级以上人民政府应当将社会救助纳入国民经济和社会发展规划,建立健全政府领导、民政部门牵头、有关部门配合、社会力量参与的社会救助工作协调机制,

---

① 参见冯英、聂文倩:《外国的社会救助》,中国社会出版社 2008 年版,第 2～3 页。

② 参见俞德鹏等:《社会救助专项立法研究》,中国社会科学出版社 2014 年版,第 3 页。

③ 参见俞德鹏等:《社会救助专项立法研究》,中国社会科学出版社 2014 年版,第 2 页。

完善社会救助资金、物资保障机制,将政府安排的社会救助资金和社会救助工作经费纳入财政预算。”

社会救助的对象是处于贫困状态的特定公民,即救助对象不是全体公民,而是公民中的一部分。而且处于贫困状态的公民要进行申请,再由特定的管理机关进行严格的条件审核,那些贫困状况得到认定的申请人能够获得救助。如卡洛·沃克(Carol Walker)对社会救助的描述中,将社会救助的对象指向“那些没有工作又不能享受国家社会保险的人”[①],当然这些人要获得救助也需要经过“家计调查”。经合组织的研究也认为,社会救助的对象是处于低收入阶层或低于类似收入门槛线的个人或家庭。[②] 亚洲发展银行对社会救助对象的界定为最弱势的个人、家庭和社区。我国社会救助的规定和实践也是如此。《社会救助暂行办法》第 9 条规定:“国家对共同生活的家庭成员人均收入低于当地最低生活保障标准,且符合当地最低生活保障家庭财产状况规定的家庭,给予最低生活保障。”最低生活保障的申请程序如下:首先由共同生活的家庭成员向户籍所在地的乡镇人民政府、街道办事处提出书面申请,再由后者进行调查核实,提出初审意见,公示后报县级人民政府民政部门审批,县级人民政府民政部门公布批准人员的名单。由此可见,只有当人们陷入困境、生活贫困,成为弱势群体时,才可以向政府和社会申请社会救助。而管理机构则会通过既定的程序对申请人的申请事项进行核实,申请人通过审核才能获得救助。如果没有对获得社会救助的条件加以限制,任何人都可以申请并获得社会救助,就会造成有限的、可用于救助的资源的浪费,而且造成社会不公。

社会救助的特点还包括被救助者可以无偿获得救助,但这是一种低水平的保障。无偿获得帮助将社会救助与社会保险等社会保障项目区分开来,社会保险是先缴费后受益。缴费是受益的前提,保障对象是能够缴纳保险费用的任何社会成员。社会保险体现了公平的原则,谁缴费,谁受益;多缴费,多受益。但社会救助则不同,被救助对象无须缴费,是一种无偿的保障形式。并不是所有人都有能力缴纳社会保险的费用,当一部分人无力缴

---

① Carol Walker, *Managing Poverty: The Limits of Social Assistance*, London & New York: Routledge, 1993, p. 2.

② OECD, The Battle Against Exclusion, Paris: Organization for Economic Cooperation and Development, 1998, p. 3.

纳这些费用时，如果政府和社会不采取其他帮助措施的话，这部分人可能陷入生活的绝境，最低生活水平都难以保障。这时发挥作用的就是社会救助制度，作为社会保障安全网发挥最后的支撑作用。当然，不缴费不意味着不履行其他的义务，比如如实申报、达到条件等。社会救助为社会成员提供的是最低生活水平的保障，这也意味着这是一种低水平的保障。一般来说，社会救助旨在保障社会成员能够获得最低水平的生活，不是为了提高社会成员的生活质量，而是为了将社会成员从贫困中解救出来。贫困是一个与人类发展的历史同样久远的问题，一般认为，“贫困是指在一定环境条件下，人们在长期内无法获得足够的收入来维持一种生理上要求的、社会文化可接受的和社会公认的基本生活水准的状态”①。将人们从贫困状态中解救出来，提供的是一种低水平的保障；人们想要获得高水平的保障，还是要通过劳动来增加收入，将自身纳入更高水平的保障形式中。

老年人社会救助也具有以上社会救助的基本特征，即老年人社会救助是针对陷入贫困的老年人的救助。老年人可以根据相关规定进行申请，待管理部门核实后即可获得相应的救助。老年人救助是一种低水平的救助，并且老年人可以无偿获得救助。老年人是社会成员的重要组成部分，而且我国已经进入老龄社会。有学者总结认为：“我国老年人口规模呈现总量扩张、增量提速的发展态势，人口抚养负担正逐步加强。”②而且我国的老龄化是“未富先老”，完善的社会保障体系尚未完全建立起来，我国已跑步进入老龄化社会。在社会救助中，老年弱势群体是重要的救助对象，当老年人陷入贫困，无法维持最低水平标准时，就可以申请社会救助，由政府和社会对其进行救助。如同对其他弱势群体的救助一样，老年人需要尽的义务则是如实申请，待政府管理部门核实，若达至相关要求，则可以无偿享受救助，无须缴纳任何费用。当然，老年人社会救助也是一种低水平的救助，保障的是我国《社会救助暂行办法》规定的“公民的基本生活”，尚未达到保障我国《老年人权益保障法》规定的“参与社会发展和共享发展成果的权利”的水平。

老年人社会救助因为救助对象的特殊性而具有另外的一些特征。以贫

---

① 赵俊康：《我国的贫困特征与社会救助制度的完善》，载杨立雄、刘喜堂主编：《当代中国社会救助制度回顾与展望》，人民出版社 2012 年版，第 56 页。

② 徐光瑞、韩力：《我国人口老龄化现状及成因分析》，载“中国社会科学网”：http://soci.cssn.cn/shx/shx_bjtj/201404/t20140409_1061063，shtml，2015 年 8 月 20 日访问。

困为例，同样是贫困，但是，老年人的贫困和年轻人的贫困是不同的，“老年群体与经济发展部分处于‘脱域’状态，部分老年人脱离生产部门，除非社会保障体系支持，维持体面生活在发达国家目前尚有可能，但在绝大多数发展中国家，仅仅依靠国家层面的转移支付，莫说要体面生活，能够踉跄生存已实属不易”[①]。我国的实际情况是部分城市老年人因为处于失业状态而缺乏足够的社会保险缴费能力，农村老年人口的情形则更为严重。这些老年人口的状况如同儿童、残疾人等的状况，他们因为受到自身生理条件的限制，若无国家和社会的救助，很难走出贫困境地。而且，对于年轻的贫困群体而言，可以通过社会救助帮助其渡过难关。当年轻人找到合适的工作岗位、个人收入提高时，他们就能被纳入正常的社会风险涵盖体制中，社会救助的使命就完成了。但老年人社会救助则不同，中老龄老年人重返工作岗位的可能性较年轻人大大降低，甚至完全没有重返工作岗位的可能性。特别是那些身体健康状况不佳的老年人，他们通过自我努力再增加收入、摆脱困境的可能性很小。因此，对老年人的社会救助更具艰巨性，也更具长期性。比如，五保供养制度，尽管制度设计的救助对象是“老年、残疾或者未满 16 周岁的村民，无劳动能力、无生活来源又无法定赡养、抚养、扶养义务人，或者其法定赡养、抚养、扶养义务人无赡养、抚养、扶养能力的”，但实际上受惠于该制度的大多数是老年人，因为老年人更容易出现问题而满足该条例规定的享受五保供养待遇的条件。

三、老年人社会救助的功能

（一）保障老年人的生存权，维护其平等发展权

我国《宪法》第 45 条规定：“中华人民共和国公民在年老、疾病或者丧失劳动能力的情况下，有从国家和社会获得物质帮助的权利。国家发展为公民享受这些权利所需要的社会保险、社会救济和医疗卫生事业。”这样，当老年人遭遇贫困等情况而不能维持最低生活水平时，可以向国家求助。这里就有一个生存权保障的问题。“生存权是一项最基本的人权，没有生存权这

---

① 陈友华、苗国：《老年贫困与社会救助》，载《山东社会科学》2015 年第 7 期。

个权利基础,公民的其他权利和自由终无意义。"[①]首先要保障公民的生存权,在此基础上其他权利才有可能实现。关于生存权的内涵,有学者认为,生存权是保护和帮助生活贫困者和社会经济上的弱者能过像人那样的生活的权利,是一种靠国家的积极干预来实现人"像人那样的生存的"的权利。[②]老年人贫困在贫困人口中占了很大的比例,而且老年人通过自身努力改变境遇的机会很小。这时通过社会救助能够帮助老年人渡过困境,使其基本生活能够得到保障。我们党和政府提出让每一个人都能过上更加体面的生活,而体面生活的前提是基本生活需求得到满足,这正是老年人社会救助能够起到的作用。

社会救助本身也是不断地发展变化的。我国社会救助改革和发展的战略目标之一便是从维持温饱型救助到追求一定生活质量型救助发展[③],社会救助还要适当考虑如何促进人更好地发展的问题。平等发展权是"公民个人和国家平等享有发展机会并平等获得发展所带来的经济、政治、社会、文化等各个方面利益的一项基本人权,它是以发展为终极目标的平等权、以平等为价值尺度的发展权,也是平等权和发展权的扩展和深化"[④]。无论是生活在城市的老年人,还是生活在农村的老年人,他们都曾通过自己的劳动为国家和社会的发展做出了贡献。到了老年阶段,当他们因为自身的或者是社会的原因而生活遇到困难时,向国家和社会申请救助。国家和社会的救助是一种积极的救助,不仅要提供最低生活保障,还要通过住房救助、医疗救助、法律援助等专项救助,帮助老年人摆脱生活困境,并推动老年人更积极地参与到社会生活中,感受到作为社会一成员的荣誉,从而更好地融入社会中,解除精神上的困扰和心灵上的孤独感,为社会发展发挥余热。

(二)维护社会和谐稳定,促进经济进步

社会救助通过保障社会成员的最低生活水平而起到了稳定社会、促进社会和谐的作用,被称为"精巧的社会稳定器"或"减震器"。[⑤] 市场经济的发

---

① 杨雅华:《生存权保障的新课题:老年人护理福利之探究》,载《福建论坛(人社版)》2013 年第 1 期。

② 参见[日]大须贺明:《生存权论》,林浩译,元照出版有限公司 2001 年版,第 19 页。

③ 参见郑功成主编:《中国社会保障改革与发展战略》(救助与福利卷),人民出版社 2011 年版,第 9 页。

④ 方世荣、孙才华:《平等发展权的行政法保护初论》,载《湖北社会科学》2008 年第 8 期。

⑤ 参见冯英、聂文倩:《外国的社会救助》,中国社会出版社 2008 年版,第 10 页。

展打破了我国原来的计划经济秩序，“以农村集体保障和城镇单位保障为基础的原有社会保障体系逐渐瓦解，农村贫困和城市下岗、失业等问题日益成为突出的社会问题，贫困现象在城乡之间发生了深刻的变化”[①]。在计划经济之下，城市是单位制，农村是公社制，人们都归属于相应的集体，其各项福利的实现也都与集体密切相关。之后，我国进行经济体制改革，与之相伴随，社会管理领域也出现变革。“单位制”被打破，在国有企业改革等过程中，出现了一批“下岗”职工。他们尚未到退休年龄，但是，原来的“单位”已经不能再继续给他们提供工作岗位和相应的福利待遇。在改革的浪潮中，他们需要通过自己的努力重新就业，重新获得收入。如果是濒临退休年龄的人，他们很快步入老年人行列，缺乏就业竞争力，生存压力巨大。另外，城市中还有部分无工作、无经济收入的老年人。农村的情况更不容乐观，随着城市化进程的加快，大量年轻人进入城市成为农民工，在农村出现了“空巢”老人，还有大量的因丧失劳动能力而又没有社会保障的贫困老年人。城市弱势老年人和农村弱势老年人的共同特征为受制于自身生理条件，很难通过自身努力来改变现状，这是一个严重的社会问题。

若任由城市和农村老年贫困问题发展，将严重影响社会的稳定与和谐。长期的生活贫困不仅严重威胁到个人的身体健康，也可能威胁到个人的生命。这不仅会造成个人对社会的不认同、对社会的怨恨和排斥，还可能造成不公的文化和氛围。发展市场经济，就要兼顾效率和公平，以效率来优化资源配置，促进经济快速发展，激发经济活力；通过二次分配来保障公平，保障每个人的生存权，保证人们不因剧烈的市场竞争而失去生存的机会。这点对于本来在社会竞争中就处于弱势地位的老年人来说更为重要。政府和社会对老年人实施的社会救助可以为老年人提供最低水平的生活保障，使老年人能够达到最基本的生活水平，从而促进社会的稳定。而且，我们要建设社会主义新农村，建设社会主义和谐社会，这本身也包含着对老年人的救助问题，使老年人能够安享晚年。此外，老年人救助对经济发展还起到积极的作用。当老年人的基本生活得到了保障，年轻人才能没有后顾之忧。老年产业又是一个朝阳产业，对老年人的各项保障措施也为老年产业的发展提供了契机。老年产业的发展可以调动社会各界的力量共同参与，又为老年

① 郑功成主编:《中国社会保障改革与发展战略》(救助与福利卷)，人民出版社 2011 年版，第 2 页。

人安度晚年创造了更多的机会，还为我国整体经济的发展注入了活力。

（三）均衡社会利益关系，协调社会资源配置

在改革和发展的过程中，党和政府适时提出了构建社会主义和谐社会的战略任务。社会主义和谐社会的基本特征为：民主法治、公平正义、诚信友爱、充满活力、安定有序、人与自然和谐相处。“社会主义和谐社会的本质是利益关系的和谐，是和谐利益。协调社会利益关系是实现和谐利益的关键。”[①]和谐社会战略的提出既是一种战略规划，也是具有现实紧迫性的。在建国后很长一段时间之内，人们之间的利益关系大体是“均衡”的，尽管当时的社会财富不多，人们的生活水平也不高，但随着经济和社会的发展，特别是在改革开放之后，“逐步积累起来的利益失衡问题现在越来越多，并且越来越显性化，已经影响到我国经济的继续发展”[②]。资源是有限的，一个群体过多地占有资源，必然会影响到其他群体的利益。若不均衡发展到一定程度，则会影响到经济秩序和社会秩序。因此，均衡社会利益关系、优化社会资源配置刻不容缓。除了市场机制的作用之外，二次分配等也发挥着重要的作用。二次分配会向那些在初次分配中处于弱势地位的一方倾斜，防止其陷入困境。

老年群体属于弱势群体，在初次分配中不占据优势地位。而且，我国的现实情况是城市和农村都有大量的无收入老年人，特别是在农村。这部分老年人完全是依靠体力劳动来维持生活，年老必然导致体力衰退，若传统的养儿防老方式失效或作用弱化，则这部分老年人的基本生活都很难维持。老年人社会救助正是一种均衡社会利益关系、协调社会资源配置的方式，在帮助老年人的同时，实现了社会利益的均衡和资源配置的优化。对老年人的社会救助包括最低生活保障、住房救助、医疗救助、法律援助，以及其他一些临时性的救助，目的在于帮助老年人获得最低水平的生活。这种帮助实质上是一种资源的重新配置，无论是政府实施的救助，还是社会主体实施的救助，都是将资源从一个领域转移到老年人领域进行重新分配，帮助老年人获得维持最低生活水平所需要的条件。这样，资源的重新配置，使失衡的利益关系得以均衡，那些在初次分配中占有优势的人群可以获得更多的资源，

① 牟云磊：《构建“四位一体”的社会利益关系协调机制》，载《世界经济情况》2009 年第 10 期。

② 马艳、张峰：《利益补偿与我国社会利益关系的协调发展》，载《社会科学研究》2008 年第4 期。

而处于弱势的人群也可以拥有维持最低生活水平所需的资源。利益关系的协调和资源配置的优化，也是效率和公平关系的协调和优化，尊重效率，实现社会财富的总体增加，保证公平，实现社会成员的体面生活。

（四）促进城乡统筹发展打破城乡二元格局

我国在特殊的历史时期形成了城乡二元结构，1958年通过的《中华人民共和国户口登记条例》严格限制农村人口向城市流动，城乡之间形成户籍壁垒。以户籍壁垒为基础，形成了城乡两种不同的社会身份，而附着在身份上的是各种社会利益，如社会保障、就业、住房、教育等。社会资源在城乡之间也实行不同的配置机制，二元格局之下，国家对农村基础设施等的投入是非常有限的。改革开放以后，城乡二元及其所带来的问题开始受到人们的关注，城乡二元已经成为我国经济和社会进一步发展的障碍，政府也在采取措施逐步弱化这种二元格局。但是，"城乡二元结构没有根本改变，城乡发展差距不断拉大趋势没有根本扭转。根本解决这些问题，必须推进城乡发展一体化"①。中国共产党十八届三中全会通过的《中共中央关于全面深化改革若干重大问题的决定》也提出："城乡二元结构是制约城乡发展一体化的主要障碍。必须健全体制机制，形成以工促农、以城带乡、工农互惠、城乡一体的新型工农城乡关系，让广大农民平等参与现代化进程、共同分享现代化成果。"城乡二元格局的打破需要进一步的顶层设计和制度安排，需要细化到各项管理制度和资源分配当中去。

对于如何打破城乡二元结构，有学者认为"社会救助就是最好的'突破口'"②。城乡二元结构在社会保障领域表现得也非常明显，身处城市和农村能够享受到的保障项目和保障水平差距很大，而在保障体系中，各项目的保障水平是不同的，"社会救助的层次最低，起着'兜底'的作用，社会保险次之，社会福利的水平最高"③。若在均衡城乡人口社会保障水平时，从保障水平最高的社会福利入手，则可能导致本来处于优势地位人口的强烈反对，而且对国家财力也是一种挑战。最可行的方式是一种渐进式的调整和均衡，从社会救助入手是理想的选择。在社会保障实践中，灾民救济开始贯彻"一

① 习近平：《解决城乡二元结构等问题必须推进城乡发展一体化》，载"人民网"：http://politics.people.com.cn/n/2013/1115/c1001-23559551,html，2015年7月30日访问。

② 童星：《社会救助是城乡统筹的"突破口"》，载《中国社会保障》2009年第9期。

③ 童星：《社会救助是城乡统筹的"突破口"》，载《中国社会保障》2009年第9期。

视同仁”原则，并且居民最低生活保障已实现全覆盖，这些都是打破城乡二元格局的过渡措施。老年人社会救助作为社会救助的一部分，在打破城乡二元格局、促进城乡一体发展方面也发挥了作用。尽管城乡之间老年人最低生活保障水平还存在差距，但全覆盖是走出了第一步，一步一步的发展会逐步地向资源配置的“帕累托最优”靠近，最终实现城乡一体化。

（五）弘扬尊老文化，推进公民道德建设

我国一直有着尊老、敬老的传统。孔子曾在《礼记·礼运》中描述大同世界的情形：“人不独亲其亲，不独子其子，老有所终，壮有所用，幼有所长，鳏寡孤独废疾者皆有所养。”①这基本奠定了我国尊老、敬老的文化传统。此后，在几千年的封建社会中，儒家的“首孝悌”思想占据着统治地位，统治者也多采取尊老措施，民间更是将尊老作为基本的德行。从官方的行动来看，对老年人有授衔等优抚政策，并给予老年人赐杖、科举优老等特权，还有“举孝廉”制度，树立孝子典型。此外，皇帝厉行尊老等。民间尊老行为也贯穿在日常生活中。比如，古代民间有“父母在，不远游”的文化传统。“尊老敬老的思想既是中国传统文化的重要内容和中国人的一种优秀美德，也体现了人类文化的一般性。”②尊老、敬老和养老具有高度的一致性，养老是尊老、敬老的体现，也是尊老、养老的要求。要体现对老年人的尊敬，就要落实到实际的行动中，将老年人置于尊贵的位置，并保证老年人能够安度晚年。

新中国成立之后，特别是近年来，党和政府对老年人更加关怀，采取了多项救助措施。这些救助措施是我国尊老、敬老文化传统的延续，更是在新的时代背景下对尊老、敬老文化传统的升华。新时期的老年人社会救助通过住房救助、医疗救助、法律援助等方式和途径保障老年人的生存权。另外，老年人社会救助的主体是政府和社会，尽管政府财政在包括老年人社会救助在内的社会救助中占据绝对主导地位，但是，社会力量在老年人社会救助中的地位日益重要。多种社会力量的参与，比如公民个人、社会组织等，可以在社会范围内形成更广泛的影响。而且社会力量的行动更容易被其他社会成员接纳和效仿，从而在一定程度上弘扬了我国的尊老、敬老文化传

① 转引自蒲新微：《中国养老保障中的文化基因——中国尊老文化的传承与发展》，载《长春市委党校学报》2010 年第 2 期。

② 李振纲、吕红平：《中国的尊老敬老文化与养老》，载《人口学刊》2009 年第 5 期。

统。继承和弘扬我国的尊老、敬老文化传统，也是我国公民道德建设的一部分。2001年，我国通过了《公民道德建设实施纲要》，将社会公德、职业道德、家庭美德作为公民道德建设的着力点。我国老年人社会救助改善了老年人的生活状况，维护了老年人的尊严，体现了尊老、敬老的传统文化，在一定程度上也推动了我国公民道德建设。国家和社会对老年人的尊重引导着家庭对老年人更加重视，也引导着各种社会力量关注老龄化问题，采取多项措施来帮助老年人，在社会救助改善老年人生活状况的基础上，通过其他途径积极拓展老年人的活动空间，丰富其文化生活，带动老年人的社会参与，消除老年人社会排斥问题，全面提高老年人的生活质量。

第三节　老年人社会救助相关理论

与老年人社会救助相关的理论有贫困理论、积极老龄化理论、治理理论、风险社会理论以及一些社会救助思想。卡尔·马克思、亚当·斯密等学者以及世界银行、联合国计划开发署等机构都对贫困问题进行研究，全方位地对“贫困”进行解读，构成对老年人贫困进行解读的理论基础。积极老龄化理论摒弃了消极老龄化将老年人作为社会负担的看法，充分挖掘老年人的价值。治理理论的多中心思想与老年人社会救助主体多元化一致，应用到老年人社会救助中能够提升社会救助的成效。风险社会理论主张后工业社会有多种潜在风险，要提前做好计划，以有效应对风险，其中，社会救助就是一个重要的方面。社会救助思想包含了广泛的内容，如马尔萨斯的社会救助思想、福利经济学的社会救助思想、凯恩斯的社会救助思想、新剑桥学派的社会救助思想。

一、贫困理论

“贫困”是个含义非常广泛的概念，“不同的国家、不同的历史时期、不同的社会制度、不同的经济背景下，贫困的特征大相径庭”[①]，于是，形成了不同的贫困理论。马克思、亚当·斯密、西博姆·朗特里、阿马蒂亚·森等学者都对“贫困”问题进行研究，世界银行和联合国开发计划署也对这

① 施锦芳：《国际社会的贫困理论与减贫战略研究》，载《财经问题研究》2010年第3期。

一问题高度重视，国内的学者也对贫困问题进行了初步的研究，形成了一定的认识。

马克思的贫困思想源于其对圣西门、傅里叶、欧文等空想社会主义者贫困理论的批判，“从资本和雇佣劳动的对立关系上，联系资本积累和人口过剩、经济危机来阐述无产阶级贫困化理论”[①]。马克思认为，生产资本增加意味着资产阶级统治力量增加，工人阶级的生活资料就越少，资本积累和无产阶级贫困化之间有着内在的联系。在资本积累中，资本有机构成逐步提高，劳动力供给超出资本对劳动力的需求，资本积累和工人贫困之间形成对立。马克思的研究若去掉关于资本主义社会制度的内容，对我国当前的贫困问题也有助益。

亚当·斯密的“交换价值贫乏论”、大卫·李嘉图的“使用价值贫乏论”、西博姆·朗特里的“收入贫困论”，以及阿马蒂亚·森的“潜在能力贫困论”等都具有代表性。[②] 斯密是从劳动价值论出发来阐述贫的，“一个人是贫是富，就看他能在什么程度上享受人生的必需品、便利品和娱乐品”[③]。李嘉图是从使用价值出发来界定贫困的。他认为，财富和价值是不能等同的，财富指的是生产出的商品或物品，评价穷或者富可以根据生产出的商品或物品的数量，即使用价值的多少，而不是劳动价值的多少。[④] 朗特里在对工人家庭收入和生活支出调查的基础上，形成了关于贫困的定义，家庭总收入不足以支付仅仅维持家庭成员生理正常功能所需的最低量生活必需品开支。生活必需品包括衣、食、住、取暖等，不包括烟酒、报纸等享受品。[⑤] 森在《以自由看待发展》中认为，财富、收入等属于工具性范畴，人要追求自由，不仅要免受饥饿和疾病，还要具有“潜在能力”。所谓贫困，森认为有很好的理由把贫困看作是对基本的潜在能力的剥夺，而不仅仅是收入的低下。[⑥]

---

① 刘建华、丁重扬：《马克思主义经济学的贫困理论及其当代价值》，载《政治经济学评论》2012年第2期。

② 参见施锦芳：《国际社会的贫困理论与减贫战略研究》，载《财经问题研究》2010年第3期。

③ ［英］亚当·斯密：《国民财富的性质和原因的研究》上卷，郭大力、王亚南译，商务印书馆1972年版，第26页。

④ 参见施锦芳：《国际社会的贫困理论与减贫战略研究》，载《财经问题研究》2010年第3期。

⑤ 参见施锦芳：《国际社会的贫困理论与减贫战略研究》，载《财经问题研究》2010年第3期。

⑥ 参见［印］阿马蒂亚·森：《以自由看待发展》，任赜、于真译，中国人民大学出版社2002年版，第42～236页。

世界银行、联合国开发计划署等也对贫困作出了界定。世界银行对“贫困”的界定比较宽泛，认为贫困不仅是物质的匮乏，而且还包括低水平的教育和健康，包括风险和面临风险时的脆弱性，以及不能表达自身的需求和缺乏参与机会。[①] 联合国开发计划署在 1997 年的《人类发展报告》中提出了“人类贫困指数”(Human Poverty Index，HPI)的概念，在人类贫困指数中，贫困不仅仅是缺乏收入的问题，它是一种对人类发展的权利、长寿、知识、尊严和体面生活标准等多方面的剥夺。[②] 这是一种以人为中心的界定，在反贫困时，提出的目标也更为全面。以此为基础，联合国千年首脑会议提出了“千年发展目标”(Millennium Development Goals，MDGs)，从消灭贫穷饥饿、普及初等教育、促进两性平等、降低儿童死亡率、改善产妇保健、与疾病作斗争、环境可持续力、全球合作发展等八大领域，提出了十项目标。

童星、林闽钢认为：“贫困是经济、社会、文化落后的总称，是由低收入造成的缺乏生活所需的基本物质和服务以及没有发展的机会和手段这样一种生活状况。根据贫困的程度，可分为绝对贫困和相对贫困。”[③]绝对贫困指不能维持温饱，相对贫困是能维持温饱，但生活水平低于社会公认的基本生活水平。国家统计局《中国城镇居民贫困问题研究》课题组认为：“贫困一般是指物质生活困难，即一个人或一个家庭的生活水平达不到一种社会可接受的最低标准。贫困从程度上有绝对贫困与相对贫困之分，从范围上有狭义贫困与广义贫困之分。”[④]康晓光指出：“贫困是一种生存状态，在这种生存状态下，人由于长期不能合法地获得基本的物质生活条件和参与基本的社会活动的机会，以至于不能维持一种个人生理和社会文化可以接受的生活水准。”[⑤]

中外学者以及相关机构的研究向我们呈现了贫困的概貌，尽管各方的界定并不完全相同，但大体上是从经济方面、社会方面、核心方面三个角度进行理解。经济方面主要指的是收入水平和消费水平，强调物质生活，贫困

---

① 参见施锦芳：《国际社会的贫困理论与减贫战略研究》，载《财经问题研究》2010 年第 3 期。

② 参见施锦芳：《国际社会的贫困理论与减贫战略研究》，载《财经问题研究》2010 年第 3 期。

③ 童星、林闽钢：《我国农村贫困标准线研究》，载《中国社会科学》1994 年第 3 期。

④ 国家统计局“中国城镇居民贫困问题研究”课题组：《中国城镇居民贫困问题研究》，载《统计研究》1991 年第 6 期。

⑤ 转引自柳拯：《当代中国社会救助政策与实务研究》，中国社会出版社 2005 年版，第 2 页。

包含着物质匮乏的意思。社会方面指的是社会意义上的，比如发展机会缺失、基本社会服务缺失等，这也是由物质收入过低而导致的。核心方面指的是人们的精神、思想、文化知识等方面的贫困。经济方面的贫困是一种狭义的贫困，广义的贫困既包括物质方面的，还要包括社会方面的以及最核心的人的观念等方面的。将贫困理论应用于我国的老年人社会救助，有助于形成对老年贫困的全方位认识。老年人的贫困包括老年人物质上的贫困、精神上的贫困等。经济收入低下、物质生活匮乏是老年人的物质贫困。物质贫困又可能引起连锁反应，导致老年人文化生活参与机会的匮乏以及精神生活的空虚。这些问题需要整个社会来正视，无论是政府制定相关的政策措施，还是社会组织实施具体的救助行为等，都要既关注老年人的物质生活，又要关注老年人的精神生活，在改善老年人物质生活条件的同时，适当地考虑老年人的发展问题，增加老年人参与各类社会活动的机会，真正帮助老年人安度晚年。

二、积极老龄化

从全球来看，人类在 19 世纪后期老龄化现象就开始了。“进入 21 世纪，全球老龄化速度加快，预计 65 岁以上人口占总人口的比重将从 2000 年的 7%迅速提高到 2050 年的 16%、2100 年的 22%，并超过 15 岁以下的人口比重。”[①]老龄化从欧洲发达国家开始，之后向全球扩散。老龄化将会对全球经济和社会发展产生重要影响，引起学术界的关注。在传统上，人们倾向于将老龄化看作是不可避免的衰减与退化。那一时期，人们对老龄化持消极态度，老年歧视主义盛行。[②] 老年学家帕尔默总结了关于老年人的最典型的十种传统定型：疾病、性无能、丑陋、心理衰退、心理疾病、无价值感、孤独、贫穷、沮丧、老龄政治。[③] 人口老龄化确实给我们带来了挑战，如家庭和社会经济负担的加重、两代人赡养比例的变化、如何保障老年人有尊严地生活等。于是，在一段时间之内，老年人被看成为社会的负担，对老年人的歧视既有个体层面的、制度或政策层面的，也有文化层面的。这一时期的老龄化理论

① 刘文、焦佩：《国际视野中的积极老龄化研究》，载《中山大学学报(社科版)》2015 年第 1 期。

② 参见郭爱妹、石盈：《“积极老龄化”：一种社会建构论观点》，载《江海学刊》2006 年第 5 期。

③ Palmore, E. Ageism, *Negative and Positive*, New York: Springer, 1990, pp. 18-25.

是消极老龄化。

拉斯勒(Laslett)曾在1989年提出“第三年龄”的概念,认为人的一生分为以依赖、社会化、不成熟等为特征的第一阶段,以独立、成熟、收入等为特征的第二阶段,以个人价值实现或成功为特征的第三阶段,以依赖、衰老等为特征的第四阶段。拉斯勒将老年人的生活分为第三年龄阶段和第四年龄阶段两部分,认为仅关注第四年龄阶段会扼杀老年人潜能。在第三年龄阶段,有着一大群身体健康、可自由追求的老年人,这是促进发达国家社会结构转型的重要力量。[①] 拉斯勒的论述对“成功老龄化”和“健康老龄化”等产生了影响。“成功老龄化”由美国学者在1950年代提出,约翰和卡恩(John & Kahn)于1987年在《科学》发表《人的老龄化:普通与成功》之后引起广泛关注。约翰和卡恩后来将“成功”的含义扩展为三个方面:没有疾病和残疾、身体和心理机能正常、积极参与社会生活。[②] 很多老年人都没有疾病和残疾,身体和心理机能与年轻人相比也处于正常状态,并不是所有的老年人都是老弱、疾病缠身状态,很多老年人能够主动地参与到社会生活中去。之后,“成功老龄化”的研究者将重点放在如何帮助老年人保持健康这一核心指标方面。“成功老龄化”的提出推动了老龄化理论从消极老龄化向积极老龄化的转变,出现了“健康老龄化”“生产性老龄化”“积极老龄化”等理论。

1987年5月召开的世界卫生大会首次提出“健康老龄化”理念,世界卫生组织1946年在其章程中将健康定义为身体、精神和社会的完美状况。“健康老龄化”可以从以下几个方面来理解:老年人自身能够维持生理、心理和社会适应功能,身体功能障碍只发生在人生最后阶段的短暂时间内;老年人群中,健康、长寿者占的比重比较大,且有上升趋势;社会能够克服老龄化产生的不利影响,能够为老年人健康生活创造条件,并不断地发展。[③] “健康老龄化”修正了“成功老龄化”暗含的强烈价值判断色彩,因为实际生活中有很多老年人尽管身患疾病但仍然认为自己是成功的。“健康老龄化”提出后,研究的重点由结果转向过程,重点关注影响老年健康的主要因素,这对于提高老年人的生活质量有重要意义。当然,该理论仍没有从社会权利的

---

① 参见刘文、焦佩:《国际视野中的积极老龄化研究》,载《中山大学学报(社科版)》2015年第1期。
② 参见刘文、焦佩:《国际视野中的积极老龄化研究》,载《中山大学学报(社科版)》2015年第1期。
③ 陈小月:《“健康老龄化”社会评价指标的探索》,载《中国人口科学》1998年第3期。

视角来看待老龄化、老年人权益等问题，老年人实际上仍被看作为社会的一种负担。

美国老年医学专家罗伯特·巴特勒(Robert Butler)在1983年首次使用了“生产性老龄化”(Productive aging)概念，认为老年人有能力为家庭、社区做出贡献。生产性老龄化的提出旨在打破之前认为老年人无能、无用的看法，研究者提出了四组影响生产性参与的因素：个体因素(动机、态度、性别等)、情境因素(角色、责任、健康、家庭情况等)、环境因素(经济、文化、年龄组群等)、社会政策因素(就业政策、养老体系、相关项目等)。[①] 发达国家的生产性老龄化实践主要发生在经济生产、志愿服务、社会照顾等领域。这些国家通过提升老年人的就业能力、立法禁止年龄歧视、鼓励企业雇用老年人、改革养老金制度等来促进老年人就业，这样可以使老年人工作得更长久。此外，政府还推动老年人参与志愿服务、鼓励老年人从事照料工作等，这些都肯定了老年人的价值。生产性老龄化理念的最突出之处是打破了原来将老年人和生产活动对立的观点，通过渐次消除原来的老年歧视政策、制度，为老年人创造从事生产性活动的条件来发挥老年人价值。

20世纪末，积极心理学运动盛行，心理学的目标由治疗转为潜能开发，这推动了积极老龄化理论的出现。由治疗转为潜能开发，表现在老龄化问题上就是要帮助老年人群开发潜能，树立积极的社会参与心态，消除非老年人群的年龄偏见，为老年人的社会参与提供适宜环境。[②] “积极老龄化”这一概念首次出现在1997年的西方七国丹佛会议上。人口老龄化最严重的欧洲联盟在1999年召开了以“积极老龄化”为主题的国际会议；2002年，联合国召开第二届老龄大会，接纳了世界卫生组织提交的一份“积极老龄化”书面建议。[③] 这次会议之后，世界卫生组织公布了一份报告《积极老龄化：一个政策框架》。“积极老龄化是指在老年时为了提高生活质量，使健康、参与和保障的机会尽可能获得最佳机会的过程。”“它让人们认识到自己在一生中体力、社会以及精神方面的潜能，并按照自己的需求、愿望和能力去参与社会，而且当他们需要帮助时能获得充分的保护、保障和照料。”“‘积极’一词

① [美]南希·莫罗-豪厄尔：《生产性老龄化：理论与应用视角》，载《人口与发展》2011年第6期。
② 参见刘文、焦佩：《国际视野中的积极老龄化研究》，载《中山大学学报(社科版)》2015年第1期。
③ 参见“科技智囊”专题研究小组：《积极老龄化，从战略到行动》，载《科技智囊》2011年第10期。

指不断参与社会、经济、文化、精神和公民事务，不仅仅指身体的活动能力或参加体力劳动的能力。从工作岗位上退休的老年人和那些患病或残疾老人仍能对其家庭、地位相同的人、社区和国家做出积极的贡献。积极老龄化的目的在于使所有年龄组的人们包括那些体弱者、残疾和需要照料者，延长健康预期寿命和提高生活质量。”[①]

成功老龄化、健康老龄化都促进了老龄化理论从消极向积极的转变，但是，积极老龄化的研究与成功老龄化、健康老龄化还是不完全一致的。成功老龄化强调的是个体追求健康的能力，健康老龄化以个体健康为基础，而积极老龄化则要在健康、参与、保障三个方面采取行动，来切实帮助老年人安度晚年。这里的“健康”着眼于从人们步入老年之前就要开展健康教育，帮助人们养成健康的生活方式，以及关注环境污染等，这样，老年人的功能衰退就会迟些到来。“参与”是指“健康的、有能力工作的老年人继续参与社会、经济、政治、文化等方面的活动，有偿或无偿地提供服务，这样，就会使老年人继续生活在主流社会中”[②]。老年人参与是一种全方位的参与，在保持身体健康、有工作能力的条件下，老年人不仅仅参与简单的体育活动，还可以参与到多种形式的活动中，无论是有偿还是无偿的，老年人都是作为有价值的人群存在着。“保障”是指政府“在政策和项目解决人们在年老过程中的社会、经济、人身安全上的保障需要和权利的同时，保障老年人在不能维持和保护自己的情况下受到保护、照料和有尊严。国家支持家庭和社区通过各种努力照料其老年成员”[③]。

不同的老龄化理论之下，人们对老年人的态度、对老年人社会救助的看法是不一样的，政府也会对老年人采取不同的保障措施。从消极老龄化到积极老龄化是一个根本的转变，理念的转变促成了制度、政策、行动的转变。在消极老龄化理念之下，老年人被看作社会的负担，衰老、疾病、生活不能自理等标签被贴到老年人身上，对老年人的救助就是单纯的生存性救助，即为老年人提供保障最低生活水平所需的物质条件。积极老龄化理论对老年

---

① 世界卫生组织：《积极老龄化政策框架》，中国老龄协会译，华龄出版社 2003 年版，第 9 页。

② 宋全成、崔瑞宁：《人口高速老龄化的理论应对——从健康老龄化到积极老龄化》，载《山东社会科学》2013 年第 4 期。

③ 宋全成、崔瑞宁：《人口高速老龄化的理论应对——从健康老龄化到积极老龄化》，载《山东社会科学》2013 年第 4 期。

人、老年人社会救助是另一番看法，将积极老龄化理论应用于老年人社会救助，老年人不再是作为社会的负担而存在，尤其对于那些刚刚步入老年的、身体健康的老年人来说，政府可以通过适当的救助方式，帮助其在力所能及的行业再就业，鼓励其自我谋生，既能够减轻社会负担，又能够帮助老年人更好地融入社会。在“积极老龄化”理念之下，老年人社会救助不再局限于物质救助，发展因素开始受到关注，老年人作为社会一员也要积极参与社会生活，共享社会发展成果，表现在老年人社会救助政策上是从生存型救助向发展型救助的转变。

三、治理理论

治理理论初始于1989年世界银行对非洲情形的概括，世界银行首次使用了“治理危机”(Crisis in Governance)一词，之后，世界银行在多个场合使用“治理”这一概念，联合国开发计划署(UNDP)、联合国教科文组织(UNESCO)也开始使用“治理”一词。之后，联合国还成立了“全球治理委员会”。该委员会出版了《全球治理》杂志，治理越来越广泛地引起学者们的兴趣。“治理”的原意是控制，但20世纪90年代以来，政治学家和经济学家赋予其新的含义。罗西瑙(James N. Rosenau)作为治理理论的主要创始人之一，将治理定义为：一系列活动领域里的管理机制，它们虽未得到正式授权，却能有效发挥作用。与统治不同，治理指的是一种由共同的目标支持的活动，这些管理活动的主体未必是政府，也无须依靠国家的强制力量来实现。[①]根据该定义，治理实际上是政府和非政府主体围绕着一个共同的目标，有效发挥作用，为实现目标开展的一系列活动的管理机制，活动开展靠的可能是正式的政府权威，也可能不是，政府和非政府主体之间要有效互动。

罗茨(R. Rhodes)梳理了治理领域的已有研究，认为治理至少有六种不同的用法：作为最小国家、作为公司治理、作为新公共管理、作为“善治”、作为社会—控制系统、作为自组织网络。[②] 罗茨系统总结了各个角度对治理的界定，“作为最小国家”强调缩小政府规模，“作为公司治理”指的是“指导和

① 参见[美]詹姆斯·N·罗西瑙主编：《没有政府的治理》，张胜军、刘小林等译，江西人民出版社2001年版，第5页。

② 参见[英]R. A. W. 罗茨：《新的治理》，木易编译，载《马克思主义与现实》1999年第5期。

控制组织的体制”。[①] 从新公共管理角度来看，强调的是公共部门对私人部门运作机制的借鉴，以此提高公共部门的效率；从善治角度来看，强调效率、法治、责任的公共服务体系的构架。从社会—控制体系的角度来看，政府不再唱独角戏，要通过政府和企业、社会力量的互动来提高治理成效；从自组织网络的角度来看，治理是一个社会协调网络，基于信任和互利而构建，网络上的各结点处于平等位置。

研究治理理论的另一位权威格里·斯托克(Gerry Stoker)对目前流行的各种治理概念作了一番梳理后指出，到目前为止，各国学者们对作为一种理论的治理已经提出了五种主要的观点。这五种观点分别是：(1)治理意味着一系列来自政府但又不限于政府的社会公共机构和行为者。它对传统的国家和政府权威提出挑战，它认为政府并不是国家唯一的权力中心。(2)治理意味着在为社会和经济问题寻求解决方案的过程中存在着界限和责任方面的模糊性。它表明，在现代社会国家正在把原先由它独自承担的责任转移给公民社会，即各种私人部门和公民志愿性团体，后者正在承担越来越多的原先由国家承担的责任。(3)治理明确肯定了在涉及集体行为的各个社会公共机构之间存在着权力依赖。(4)治理意味着参与者最终将形成一个自主的网络。这一自主的网络在某个特定的领域中拥有发号施令的权威，它与政府在特定的领域中进行合作，分担政府的行政管理责任。(5)治理意味着办好事情的能力并不在于政府的权力，不在于政府的发号施令或运用权威。[②]

对于治理的含义最具代表性和权威性的是全球治理委员会于1995年在《我们的全球合作伙伴关系》的研究报告中所作的界定：治理是各种公共的或私人的个人和机构管理其共同事务的诸多方式的总和。它是使相互冲突或不同利益得以调和并且采取联合行动的持续的过程。这既包括有权迫使人们服从的正式制度和规则，也包括各种人们同意或以为符合其利益的非正式的制度安排。[③] 在我国，俞可平教授在《治理与善治》中对治理也作出了界定，“治理一词的基本含义是指在一个既定的范围内运用权威维持秩

① 参见[英]R. A. W. 罗茨：《新的治理》，木易编译，载《马克思主义与现实》1999年第5期。

② 参见[英]格里·斯托克：《作为理论的治理：五个论点》，载《国际社会科学杂志》(中文版)1999年第1期。

③ 参见全球治理委员会：《我们的全球伙伴关系》，牛津大学出版社1995年版，第23页。

序，满足公众的需要。治理的目的是在各种不同的制度关系中运用权力去引导、控制和规范公民的各种活动，以最大限度地增进公共利益"[①]。

治理理论内容庞杂，涵盖广泛。詹·库伊曼(J. Kooiman)和范·弗利埃特(M. VanVliet)指出："治理的概念是，它所要创造的结构或秩序不能由外部强加；它之发挥作用，是要依靠多种进行统治的以及互相发生影响的行为者的互动。"[②]实际上，治理是一种国家和社会、政府和社会关系调整的趋势，原先的政府公共管理"独角戏"的角色将被调整，政府之外的力量被强调，国家由原来的中心位置变为与市场和社会的组合关系。治理打破了原来的国家—市场两分法，强调国家和政府的互动。在公共行政领域，治理集中体现在"跨管辖权的治理"(inter-jurisdictional governance)、"第三方治理"(third-party governance)、"公共非政府治理"(public nongovernmental governance)三个方面。"跨管辖权的治理"包括水平的跨职权和跨组织，以及垂直的跨职权和跨组织，"第三方治理"指政府之外的第三方通过契约等形式承接政府转移的职能，"公共非政府治理"指非政府组织对公共政策制定的参与。[③]

治理理论主张去中心化、多中心化，反对夸大纯粹市场作用，强调多种工具组合使用以及国家、公民、第三部门角色的调整等。去中心化指向政府的分权，包括中央政府向地方政府的分权，地方政府向社会力量的分权。总之，政府不再像原来那样时时、事事都处于中心位置，独揽大小事项。在政府之外，还存在着多种治理主体，如公民、社会组织等，政府与这些治理主体的共治成为公共事务治理的常态。治理强调对市场机制的借鉴，以此激发公共部门的活力，但反对纯粹的市场机制，不盲从和迷信市场机制的力量。在治理中，规制、市场合约等都是重要的工具，有政府原来就使用的，也有从市场力量借鉴来的。在治理过程中，政府的作用主要体现在动员、整合、监管等方面，公民则由消极变积极，由原来的被动接受各项政策和制度安排变为主动参与公共治理，而其参与的主要载体则是第三部门。这样，原来的公

---

① 俞可平：《引论：治理和善治》，载俞可平主编：《治理与善治》，社会科学文献出版社 2000 年版，第 5 页。

② [美]詹·库伊曼、范·弗利埃特：《治理与公共管理》，载詹·库伊曼等主编：《管理公共组织》，萨吉出版公司 1993 年版，第 64 页。

③ Cosidine, M. & Lewis J. M, Bureaucracy, "Network, or Enterprise? Comparing Models of Governance in Australia, Britain, the Netherlands, and New Zealand," *Public Administration Review*, 2003, 63(2), pp. 131-140.

共管理格局得到调整，各种要素重新进行排列组合，政府、公民、企业、社会组织等各种力量都被调动起来。政府不再“闷头做事”，而是要与其他力量进行沟通，在决策过程中，各方的沟通和博弈也成为关键。并且，治理强调基层力量的动员，强调多种工具的配合使用等，大大提高了政府公共管理的效率，增强了政府应对风险社会不确定性的能力。

将治理理论应用到我国的老年人社会救助中，有助于实现老年人社会救助主体的多元化并提高救助效率。社会救助主体包括家庭、工作单位（雇主）、非营利组织和国家（政府）。[①]《社会救助暂行办法》第 3 条规定：“国务院民政部门统筹全国救助体系建设。国务院民政、卫生计生、教育、住房城乡建设、人力资源社会保障等部门，按照各自职责负责相应的社会救助管理工作。”第 52 条规定：“国家鼓励单位和个人等社会力量通过捐赠、设立帮扶项目、创办服务机构、提供志愿服务等方式，参与社会救助。”县级及以上地方人民政府可以通过购买服务的方式实施救助，参与社会救助的社会力量可以享受相关的优惠政策，社会救助还要重视社会工作服务机构和社会工作者的作用等。作为社会救助的重要组成部分，老年人社会救助的情况更为复杂，更需要在政府承担兜底责任的基础上，充分动员社会各界的力量，并在政府和社会力量之间形成良性互动。老年人社会救助的主要工作，如制度建设、政策出台、资金投入等，要由官方设置的机构负责执行。但按照发展趋势来看，社会力量的广泛参与成为趋势，“尤其是在社会救助多样化趋势日益明显的背景下，政府及其经办机构更加不可能包办所有社会救助事务”[②]。老年人社会救助主体多元化、形式多样化趋势与治理理论的基调是一致的，老年人社会救助的责任是政府的，但政府不能单靠自身力量来实施具体的救助工作，要与各种力量互相配合、良性互动，形成一个多主体的救助主体联盟，当然，最后的兜底责任仍然由政府来承担。

四、风险社会理论

1986 年，德国社会学家乌尔里希·贝克首次使用“风险社会”概念来描

---

① 参见姚建平：《中美社会救助制度比较》，中国社会出版社 2007 年版，第 65 页。

② 参见郑功成主编：《中国社会保障改革与发展战略》（救助与福利卷），人民出版社 2011 年版，第 36 页。

述后工业社会。在贝克看来，“人类历史上各个时期的各种社会形态从一定意义上说都是一种风险社会”，因为“所有主体意识的生命都能够意识到死亡的危险”。[①] 贝克从八个方面界定了“风险”：既非毁灭也非信任或安全，而是真实的事实；（依旧）与事实相反的是，一种具有威胁性的未来变成了影响当前行为的参数；在数学化的道德中，它结合了事实声明及价值声明；在人为的不确定性中所表述的控制和控制的匮乏；在认知或重新认知的冲突中被意识到的知识或无知；被同时重构为全球性的、地区性的“全球地区性”风险；知识，潜在的影响和有症状的后果间的差异；失去了自然和文化间的二元性的一个人造的混合世界。[②] 只是到了后工业社会，社会风险的“人化”和“制度化”，才使人类进入全面的风险社会。“人化”是指人类社会本身对自然的影响增强，人为的不确定性超越自然风险成为主导的风险。“制度化”包括风险的制度化和制度化的风险。现代国家建立了诸多激励风险的制度，如股票市场，又建立了各种保护人类的制度，但冒险取向的制度和安全取向的制度都可能运转失灵，从而使风险的制度化转变为制度化的风险。[③]

贝克对风险社会的论述与现代性联系在一起，将现代性分为工业社会阶段和风险社会阶段。在工业社会阶段，“它作为民族国家的工业社会在进步乐观主义盛行的情况下否认一切风险”[④]。这种乐观为后来社会的发展埋下隐患，也出现了现代性的第二种形式，即风险社会。“现代性正从古典工业社会的轮廓中脱颖而出，正在形成一种崭新的形式——（工业的）‘风险社会’。”[⑤]现代性有了新的发展，这种新发展消解了工业社会，成为风险社会，即“一系列特殊的社会、经济、政治和文化因素。这些因素具有普遍的人为不确定性原则的特征，它们承担着现存社会结构、体制和社会关系向着更加复杂、更加偶然和更易分裂的社团组织转型的重任”[⑥]。风险成了风险社会

---

① 参见[德]乌尔里希·贝克：《从工业社会到风险社会》上篇，王武龙编译，载《马克思主义与现实》2003年第3期。

② 参见周战超：《当代西方风险社会理论研究引论》，载薛晓源、周战超主编：《全球化与风险社会》，社会科学文献出版社2005年版，第8页。

③ 参见杨雪冬：《风险社会理论述评》，载《国家行政学院学报》2005年第1期。

④ [德]乌尔里希·贝克、约翰内斯·威尔姆斯：《自由与资本主义：与著名社会学家乌尔里希·贝克对话》，路国林译，浙江人民出版社2001年版，第160页。

⑤ [德]乌尔里希·贝克：《风险社会》，何博闻译，译林出版社2004年版，第2页。

⑥ 周战超：《当代西方风险社会理论研究引论》，载薛晓源、周战超主编：《全球化与风险社会》，社会科学文献出版社2005年版，第9页。

的基本特征，这些风险又是“现代化、技术化和经济化进程的极端化不断加剧所造成的后果”[①]。

安东尼·吉登斯在研究风险社会时，先对风险本身进行追本溯源，认为风险有外部风险和人造风险两类。外部风险是“来自外部的、因为传统或自然的不变性和固定性带来的风险”[②]，如自然灾害。人造风险是“由我们不断发展的知识对这个世界的影响所产生的风险，是我们在没有多少历史经验的情况下所产生的风险”[③]。吉登斯认为，工业化初期的主要风险是外部风险，后来随着现代性的延伸，人造风险出现并发展成为主要风险。人造风险的出现原因在于科学与技术的不受限制的推进。科学理应使世界的可预测性增强，但与此同时，科学也造成新的不确定性——其中许多具有全球性，对这些捉摸不定的因素，我们基本上无法用以往的经验来消除。[④] 风险社会的基本特征在于风险的人为性与社会性、风险遍及全球、风险有限可控、风险的双重性。双重性是指既可能给人类带来灾难，也可能带来机遇。

人类社会进入风险社会，技术进步与社会进步的统一遭到人们的质疑，这种质疑将会对人类社会的政治发展产生影响。在工业社会的初期，人们对这一点是深信不疑的——发展技术，推动社会进步。当后工业社会技术应用诱发一系列社会风险之后，人们的观点开始动摇。贝克认为，未来的社会发展有三种可能性。第一种是回归工业社会，因为工业社会中风险较小，可控性比较强。这是一种典型的鸵鸟式处理问题的方式，试图用回归工业社会的方式将风险最小化，在现实中缺乏可行性。第二种是技术经济发展的民主化。一些社会风险是因为没有完善的民主决策机制造成的，技术经济发展的民主化充分发挥民主决策机制的作用，在开发某种技术之前充分地讨论和研究潜在的风险，提前做好应对措施。第三种是分化的政治。打破制度垄断，将政治变为分化的、没有中心的政治。

处于社会转型期的我国也处于风险高发阶段，社会治理能力跟不上社

---

① [德]乌尔里希·贝克、约翰内斯·威尔姆斯：《自由与资本主义：与著名社会学家乌尔里希·贝克对话》，路国林译，浙江人民出版社 2004 年版，第 125 页。

② [英]安东尼·吉登斯：《失控的世界》，周红云译，江西人民出版社 2001 年版，第 22 页。

③ [英]安东尼·吉登斯：《失控的世界》，周红云译，江西人民出版社 2001 年版，第 22 页。

④ 参见干承武：《吉登斯的风险社会理论及其对规制我国科技伦理的启示》，载《探索》2010 年第 3 期。

会治理的需求、贫富差距的加大、环境污染、城市化等各种问题都有可能激发社会矛盾,引发社会问题。其中,近年来高发的群体性事件就是典型。群体性事件中参与者大多是无直接利益冲突的人们,甚至有些人根本搞不清楚正在发生什么事情,但是集体的盲目行动却造成严重的社会后果。老年弱势群体抗风险能力弱,在社会转型期更易陷入生活困境。政府和社会要帮助老年人应对各种已经发生的困难和潜在的风险,其中,社会救助就是重要的方式。风险社会理论对包括老年人社会救助在内的社会救助工作的开展具有积极的意义。首先,人们在思想上认识到风险无处不在,人类社会越来越脆弱,很小的一个事件或问题都可能激发严重的矛盾,导致秩序混乱,必须防患于未然。政府和社会要为老年人社会救助做好准备工作,老年人一旦需要救助,政府和社会能够迅速行动起来。其次,人们在行动上要有条不紊,风险是有限可控的,要通过努力将风险的危害降到最低。这需要高效的老年人社会救助制度和完善的救助体系,帮助老年人应对风险。再次,人们在理念上必须认识到风险是潜在的,人人都可能遭遇风险,治理风险需要多方主体的参与。风险不完全可控,但可以有效预防和高效应对。在吉登斯看来,最基本的策略就是建立安全保护壳,这里的安全保护机制就包括建立有效的社会救助体系。[①] 将风险社会理论应用到老年人社会救助中,预测潜在的风险,事先做好应对举措;设计科学的救助体系,在风险发生时,高效地对老年人实施救助;多元化救助主体,动员更多的力量和资源参与到救助中,以便更好地应对社会风险对老年人的冲击,帮助老年人更好地在社会风险高发期生活。

五、社会救助思想

社会救助思想主要体现在各学者、学派有关社会救助的论述中,如马尔萨斯的社会救助思想、福利经济学的社会救助思想、凯恩斯的社会救助思想、新剑桥学派的社会救助思想等。

(一)马尔萨斯的社会救助思想

马尔萨斯的社会救助思想更多地体现在其对济贫法制度的批判方面。

---

① Caplan G, *The Family as a Support System in Support System and Mutual Help: Multidisciplinary explorations*, New York: Grune Stratton, 1974, p. 197.

英国的济贫法制度从确立至终结，历时近350年。1601年，伊丽莎白一世颁布《济贫法》，“济贫法最初设立的目的是遏制乞讨、流浪等不体面行为，同时也为了减轻社会的贫困现象”[①]。济贫法制度既体现了基督教仁慈博爱的思想，又带有偏见和歧视。1662年，英国又颁布了针对流动人口的《住所法》，以形成对主要针对定居人口的《济贫法》的补充。之后，1782年，英国颁布《吉尔伯特法》，1834年出台新《济贫法》，1948年颁布《国民救助法》，并宣告了济贫法制度的终结。根据《济贫法》的规定，英国普遍设立了济贫院“授权治安法官以教区为单位管理济贫事宜，征收济贫税及核发济贫费”[②]。济贫区由贫民救济官根据贫民情况采取救济措施，健壮贫民通过做工自给，老弱残障者通过院内收容和院外救助两种方式来救助，失依儿童则通过孤儿院收养、家庭寄养等方式抚养。

在马尔萨斯看来，贫困是迅速发达的必然结果，是无法避免的社会现实，因为人口的增长总会超过食物供应的增长，这就注定了总会有人处在贫困的边缘。马尔萨斯认为：“正是贫困抑制了人口强大的增殖力，使它与生活资料的增长互相平衡。”[③]贫困能够激发人们的努力行为，但是《济贫法》的推行是在没有增加生活资料的基础上增加了人口，减少了不依靠济贫院生活的人的生活资料，“各种济贫法养活了穷人，在某种程度上也在造就穷人”[④]，并且，《济贫法》使人本来应该有的节制、勤勉、追求幸福的美德得到弱化，还破坏了个人自由。贫困问题可以通过三种途径加以解决，废除现行济贫法制度，给穷人以自由，解放劳动力市场；发展农业和制造业以增加劳动力需求，使劳动阶级自食其力，获得尊严；郡济贫院对极端贫困者免费开放，或者通过个人慈善来救济极端贫困者。[⑤] 可见，马尔萨斯的扶贫思路是反对单纯的经济救济，控制人口质量数量、发展生产更为可取。

（二）福利经济学的社会救助思想

福利经济学的社会救助思想分为旧福利经济学和新福利经济学两部

---

① 谭磊：《英国近代自由主义的济贫法批判》，载《社会保障研究》2010年第5期。

② 姜丽美：《马尔萨斯济贫思想的客观评判及对当代的启示》，载《华北电力大学学报（社科版）》2010年第3期。

③ ［英］马尔萨斯：《人口原理》，黄立波译，陕西人民出版社2007年版，第37页。

④ ［英］马尔萨斯：《人口原理》，黄立波译，陕西人民出版社2007年版，第63页。

⑤ 参见谭磊：《英国近代自由主义的济贫法批判》，载《社会保障研究》2010年第5期。

分，旧福利经济学以庇古为代表，新福利经济学源于帕累托，为卡尔多、希克斯、勒纳、萨缪尔森等所倡导。[①] 福利经济学的基本精神，如"社会中的贫困者需要救助、公民的生存与发展该有所保障、社会的潜在危险应该排除、由于非自我原因的损坏应该得到补偿等"[②]，新旧福利经济学是基本一致的。新旧福利经济学的差别在于分析工具的不同。旧福利经济学的分析工具是"基数效用"，"效用可以用确切的数量衡量，每个人都可以给出他自己的对不同物品的效用函数"[③]。新福利经济学的分析工具是"序数效用"，"效用是不可以具体量化的，但可以分出强弱程度，列出顺序，进行比较"[④]。

旧福利经济学的代表人物庇古认为，社会的整体福利是个人福利加总的结果，而个人福利又取决于个人所享受的物的效用。影响社会福利的因素有两个："一是国民收入的总量，二是个人收入分配状况。社会福利的最大化就应是一方面增加国民收入总量，另一方面实现收入均等化。"[⑤]按照这样的分析逻辑，政府就有必要通过干预收入分配来达到社会福利最大化的目的，要通过收入转移来实现社会公平，增加对贫困人员的货币补贴，通过税收调节社会财富的分配，补贴低收入人群，并完善养老制度。新福利经济学的代表人物帕累托否认了个人效用的可比性，否认了旧福利经济学的收入均等化思想，用序数效用论和无差异曲线作为分析工具，认为消费者追求的不是最大满足的总量，而是最高的满足水平。帕累托最优是指："任何重新配置都不能在不使任何其他人境况变坏的前提下，使某(些)人的境况变得更好，即耗用一定总量的生产资源，采用各种不同途径所生产出来的国民收入的'社会效用'已经达到最大值。"[⑥]新福利经济学认为，社会福利状态的最优的标准是以每个人各自的福利状态为基础，在不损害别人的条件下，每个人的福利都不能再增进，即不减少一个成员的福利就不会增加另外一个成员的福利。因此，社会福利水平的增加要通过个人福利最大化实现，最大化的应该是经济效率，要通过市场配置资源来实现，只有当市场调节失灵

---

① 参见汪朝霞：《论社会救助制度的福利经济学思想渊源》，载《理论观察》2007年第6期。

② 郭靖：《福利经济学视角下的社会救助政策改革》，载《赤峰学院学报(汉文哲社版)》2011年第9期。

③ 郭伟和：《福利经济学》，经济管理出版社2001年版，第7页。

④ 郭伟和：《福利经济学》，经济管理出版社2001年版，第8页。

⑤ 郭伟和：《福利经济学》，经济管理出版社2001年版，第13页。

⑥ 孙月平、刘俊、谭军：《应用福利经济学》，经济管理出版社2004年版，第19页。

时，政府才可以通过法律和行政手段介入。

（三）凯恩斯的社会救助思想

经济学家凯恩斯的《就业、利息和货币通论》（以下简称《通论》）阐述了其基本经济思想，确立了现代宏观经济学的体系结构和政府干预思想。[①] 在《通论》中，与古典经济学的假设和观点不同，凯恩斯认为失业和萧条是自由资本主义经济的常态，而失业和萧条是由有效需求不足造成的。“故就业量决定于总需求函数与总供给函数相交之点，盖在此点，雇主们之预期利润达到最大量。”[②]这个相交点就是有效需求点，即消费和投资处于均衡状态时的总需求量。当总产量变化时，就业量也会变化，若总产量下降则就业量下降，经济出现失衡。这种失衡是由有效需求不足造成的。有效需求不足又是什么原因造成的呢？这与人们的社会心理有关，“就业量增加时，总真实所得也增加。但社会心理往往如斯：总真实所得增加时，总消费量也增加，但不如所得增加之大。故若整个就业增量，都用在满足消费需求之增加量上，则雇主们将蒙受损失。故欲维持某特定就业量，则当前投资量必须足以吸收在该就业量之下，总产量超过社会消费量之部分。盖若投资量小于此数，则雇主们之收入，将不足以引诱彼等提供该就业量”[③]。凯恩斯解释了丰裕社会中的贫困现象，在政府不加干预的情况下，经济的均衡点就会发生在就业量比较低的状态，人们的生活水平也会处在足够困难的状态。人们在生活水平较低的情况下，社会消费水平较低，又影响到经济的发展。这就从理论上阐述了政府干预的必要性，政府要通过对贫困者的救助来拉动整个社会需求，缩小贫富差距，从而带动经济的发展。凯恩斯的边际消费倾向递减思想对社会救助产生了深远的影响，特别是在 20 世纪 30 年代大萧条时被美国政府采用之后，政府开始大规模地干预经济和社会生活，社会救助是其中的一个方面。

（四）新剑桥学派的社会救助思想

新剑桥学派是后凯恩斯主义的重要学派之一，与新古典综合学派相对立。二战后，美国经济学家萨缪尔森（P. A. Samuelson）等凯恩斯的追随者

---

① 参见章向平：《凯恩斯的基本经济思想及政府干预论》，载《北京政法职业学院学报》2010 年第 3 期。

② ［英］凯恩斯：《就业、利息和货币通论》，徐毓枬译，商务印书馆 1983 年版，第 26 页。

③ ［英］凯恩斯：《就业、利息和货币通论》，徐毓枬译，商务印书馆 1983 年版，第 27 页。

把马歇尔(Alfred Marshall)的学说改造成为微观经济学,把凯恩斯的学说发展成为宏观经济学,建立起一个以微观、宏观理论为基础和基本结构的经济学理论体系,并在经济学领域占据支配地位。面对这样一套经济理论体系,在英国以罗宾逊(J. Robinson)、斯拉法(P. Sraffa)为代表自称为正统凯恩斯主义者的经济学家与新古典综合派展开争论,争论聚焦于增长理论、资本理论和分配理论方面,被称为新剑桥学派。[①] 新剑桥学派认为,宏观经济理论的基础应该以大卫·李嘉图古典学派的价值、分配理论,要以历史的概念来替代新古典综合派的均衡概念。他们认为,资本主义社会出现了"富裕中的贫困",即"当经济增长在上层继续在进行,愈来愈多的家庭在下层则被驱逐出来。虽然财富增加了,但绝对贫困却增长了"[②]。"富裕中的贫困"的出现是由收入分配失衡造成的,而这正是资本主义社会的根本缺陷所在,与经济发展相伴随,资本家的利润在国民收入中的比重越来越大,而工人工资的比重越来越小,长期的失衡会造成一系列社会矛盾。

新剑桥学派主张,"政府经济政策的根本点应立足于解决社会收入分配不合理,实现收入'均等化',反对新古典综合派片面地以经济增长作为宏观经济政策的主要目标"[③]。新剑桥学派在分析中看到资本主义社会的病症在于收入分配不平等,因此,消除各种病症首先要改革收入分配制度,解决收入分配不平等问题。"解决资本主义社会问题的途径不是实现经济增长,而是实现收入均等化。"[④]这点与新古典综合学派认为解决资本主义问题的途径是实现经济增长是不同的。与新古典综合学派对经济增长的态度不同,新剑桥学派认为经济增长带来了环境污染、通货膨胀等问题。琼·罗宾逊认为,污染和无法弥补的资源损失否定了一条最著名的原理:在自由放任制度下,市场力量的自由活动对整个社会产生有益的结果。[⑤] 因此,在剑桥学派看来经济政策的首要目标应是改善社会分配结构,改革收入分配制度,实现收入的均等化。而要实现这个目标又需要政府干预来进行收入再分配,

---

① 参见褚鸣:《新剑桥学派的现状与未来》,载《国外社会科学》2006 年第 4 期。

② [英]J. 罗宾逊:《经济理论的第二次危机》,载《国外社会科学》1978 年第 5 期。

③ 丁冰:《当代西方经济学流派》,北京经济学院出版社 1993 年版,第 124 页。

④ 史焕平、沈鑫伟:《对新剑桥学派经济增长理论的质疑:理论、实证及再拓展》,载《南昌大学学报(人社版)》2014 年第 2 期。

⑤ 参见[英]琼·罗宾逊、约翰·伊特韦尔:《现代经济学导论》,陈彪如译,商务印书馆 1982 年版,第 394 页。

改善收入分配失调现象。

马尔萨斯对济贫法制度的批判、福利经济学保障公民生存和发展思想、凯恩斯边际消费倾向递减思想、新剑桥学派对“富裕中的贫困”的阐释均对老年人社会救助制度的构建、政策的完善、救助的具体实施有所助益。老年人社会救助与社会的经济发展状况相关，与政府的公共政策关注点相关，与老年人的生存和发展权相关，也与政府的治理理念相关。做好老年人社会救助工作，我们需要了解社会救助的历史，从马尔萨斯对济贫法制度的批判汲取经验教训，少走弯路；要从保障老年人生存和发展权的高度来看待救助工作，救助不是对老年人的怜悯，而是政府应尽的法定义务；要从政治、经济、社会协调发展的角度来看待老年人社会救助工作，将救助工作放在更广的领域中看待，充分认识救助的重要性；要客观看待老年人弱势地位的成因，弱势不仅仅是老年人自身的原因导致的，还有很多的社会因素。因此，老年人社会救助需要动员多方力量，形成合力，共同为老年人安享晚年编织安全网。

第四节　老年人社会救助的制度化

老年人社会救助制度化是在人口老龄化对经济和社会发展带来挑战、转型期社会风险多发、社会主义和谐社会和新农村建设的大背景下老年人社会救助工作的战略选择，制度化对于老年人社会救助主体的多元化、老年人社会救助制度的完善、老年人社会救助行为的规范化都起到积极的推动作用。老年人社会救助制度化要紧紧围绕着老年人社会救助权的保障展开，尽快出台《社会救助法》，合理定位老年人社会救助制度的未来发展，并进行系统的制度规划和设计。老年人社会救助制度化从宏观方面来看，要实现中央和地方政府责任划分的制度化、老年人社会救助城乡统筹的制度化、老年人社会救助监督管理体制科学化、社会力量参与老年人社会救助的制度化；从微观方面来看，资金筹措机制、信息管理机制、程序保障机制、责任追究机制都需要进一步的建设。

一、老年人社会救助制度化的背景

(一)人口老龄化带来挑战

人口老龄化对经济和社会发展带来一系列的挑战,这是我国老年人社会救助制度化的背景之一。按照联合国 1956 年发表的《人口老龄化及其经济社会含义》的划分标准,65 岁及以上人口占到总人口 7%以上则成为老年型人口。1982 年,维也纳老龄问题世界大会,将 60 岁作为发展中国家和地区老年人口起点年龄,60 岁及以上人口占总人口比重 10%以上则被称为老年型人口。据此标准,我国在 1999 年就已经成为老年型国家。[①] 相比较而言,欧洲国家较早进入老年型国家行列,法国早在 19 世纪中叶就成为世界上第一个老年型国家,之后瑞典、挪威成为老年型国家。在 20 世纪初期,世界上只有 3 个老年型国家,经过约一个世纪,世界上有超过 1/3 的国家和地区步入老年型社会。人口老龄化已经成为一个世界范围内的问题,发达国家已经进行了探索,积极应对人口老龄化对经济和社会发展带来的影响,并且采取措施帮助老年人安度晚年。

我国人口老龄化呈现出老年人口绝对数和占总人口比重都较大、老龄化速度快、老年人口高龄化等特点。[②] 2014 年底,我国的老龄人口是 2.12 亿,占比 15.5%;65 岁以上老人是 1.375 亿,占 10.1%。预计 2020 年将突破 2.43 亿人,2025 年将达到 3 亿人。[③] 从我国统计年鉴的数据来看,我国 65 岁及以上老人的数量在 1982 年是 4911 万人,2011 年是 1.2288 亿。我国的老龄化呈现出老年人口绝对数量大,且占总人口比重大的特点。目前,我国老龄化的速度过快,65 岁以上人口比重从 5%上升到 7%,而英国、瑞典、中国分别用了 80 年、40 年、18 年的时间。[④] 过快的老龄化速度是由多方面原因造成的,医疗条件的改善和计划生育政策都起了作用。我国的老龄化还有一个重要特征是老年人口的高龄化。80 岁及以上的老年人被称为“高龄老年人”,高龄老年人发生身体功能障碍的风险更高,融入社会难度更大,

---

① 参见郅玉玲:《和谐社会语境下的老龄问题研究》,浙江大学出版社 2011 年版,第 2 页。

② 参见赵妍、赵登魁:《人口老龄化背景下的中国经济增长研究》,载《甘肃理论学刊》2015 年第 2 期。

③ 参见谭庆琏、赵登魁:《我国人口老龄化现状与对策》,载 2015 年 7 月 8 日《中国建设报》。

④ 参见赵妍、赵癸魁:《人口老龄化背景下的中国经济增长研究》,载《甘肃理论学刊》2015 年第 2 期。

需要家庭、社区、政府等更多的关注。

人口老龄化对老年人、青年人、政府都提出了要求，老年人自身如何融入社会提高生活质量，青年人如何对待长辈、维持好代际关系，政府作为政策制定者，要关注人口老龄化与人口发展战略、城乡建设发展战略、社会保障体系建设、养老服务体系建设、老年人工作体系建设等。[①] 人口老龄化对经济和社会发展带来的挑战是客观存在的，庞大的老年人口需要供养，对家庭、社区、社会形成挑战。老年人口供养问题在农村，尤其是在经济落后地区的农村，形势比较严峻，这些地区政府财力有限，而家庭养老压力也很大。除了供养压力之外，老年人的医疗、保健、预防、护理、康复面临很大压力。[②] 老年人供养压力及维持老年人健康所需要的一系列支持体系都对政府和社会提出了新的要求。作为老年人社会救助制度的设计者、老年人社会救助政策的制定者，政府在面临老龄化带来的巨大挑战这一问题时，须高瞻远瞩，通过科学设计、有效实施老年人社会救助制度来应对人口老龄化及老龄化带来的一系列后果，既帮助老年人安度晚年，又将老龄化对经济和社会发展的负面影响降到最低。

（二）转型期社会风险多发

我国正处于由改革开放开启的“从农业的、乡村的、封闭的半封闭的传统社会，向工业的、城镇的、开放的现代型社会的转型”[③]过程中。“转型”成为当前我国经济和社会发展的重要特征。经济方面的转型，是双重转型，即体制转型和发展转型的结合或重叠。[④] 所有制结构的调整和资源配置方式的变革打破了原来的经济格局，发展转型是从传统农业社会向工业社会转变。经过改革，我国经济发展起来，成绩举世公认，但“目前中国的经济发展，已经出现西方社会那样的景象：经济发展及其水平与人们的幸福和快乐指数不呈正相关，甚至是负相关”[⑤]。在政治领域，向发展政治转型，简政放权、政治民主化、公民维权意识增强，政治生活也转向经济建设领域，其中隐

---

① 北京大学老年学研究所：《持续的人口老龄化挑战与战略应对——第五届中国老年学家前沿论坛综述》，载《人口与发展》2009 年第 6 期。

② 参见郅玉玲：《和谐社会语境下的老龄问题研究》，浙江大学出版社 2011 年版，第 6 页。

③ 郑杭生：《改革开放三十年：社会发展理论和社会转型理论》，载《中国社会科学》2009 年第 2 期。

④ 参见厉以宁：《中国经济双重转型之路》，中国人民大学出版社 2013 年版，第 2～11 页。

⑤ 樊浩等：《中国大众意识形态报告》，中国社会科学出版社 2012 年版，第 10 页。

含着经济价值霸权风险，人们渐与政治疏离，态度消极。此外，文化多样多变也可能引发风险。转型期，在市场经济发展带来的财富刺激之下，人们的观念也迅速转变，市场竞争观念增强是积极的方面，但拜金主义、享乐主义却侵蚀着社会的价值观，影响着人与人之间的关系。[①] 我国的社会转型是经济、政治、文化、社会等领域的全面转型，转型期的剧烈变革可能引发社会风险，而社会风险又影响着社会变革的进一步发展。

社会转型期对政府的治理能力提出了新的要求，如弱势群体的问题。在我国，城市贫困人口、经济结构调整过程中的失业人员、进城的农民工、老龄人口、贫困农民等都属于弱势群体。[②] 这些弱势群体在社会转型过程中缺乏机会，生活困难，适应能力差，单靠自身的努力很难走出困境，弱势老年人口更是如此。从农村老年人来看，在改革开放之前，老年人尚可从集体获得口粮等生活资料，其最低生活可得以维持。而在改革开放之后，集体经济弱化，家庭重新成为基本经济单位，农村基层组织相对弱化，老年人在丧失劳动能力之后，若子女亦经济困难，且国家未能提供必要的社会保障，那么，老年人生活的困难可想而知。近年来，各地不断曝出的农村老年人自杀事件让人不寒而栗。据《中国青年报》的报道，湖北省京山县某农村老年人自杀在当地普通村民看来是非常正常的事情，人们反应的平静让人震惊，甚至有村民认为这样的死法还“体面”些。在我国自杀率整体下降的背景下，“农村老人却越来越难以摆脱这条（自杀的）路，这或许是他们稀释和消化现代老龄化社会痛苦的特有方式”[③]。农村老年弱势群体生活状况由此可见一斑，否则他们不会走上这样一条不归路。农村老年人生活状况令人堪忧，城市老年人情形相对较好，但城市生活成本高、生活节奏快，老年人的生活不适感也很强烈。我国已经出台了《老年人权益保障法》，也颁布了《社会救助暂行办法》，我们还需要严格按照法律、法规的要求，逐步实现社会保障制度的科学化，社会保障各个组成部分之间的协调化，共同为老年人的生活提供保障。

---

① 参见赵欢春：《论社会转型风险中国家治理能力现代化的建构逻辑》，载《南京师大学报（社科版）》2014 年第 4 期。

② 参见梁学平：《社会转型期弱势群体的困境与政府的社会保障责任》，载《统计与决策》2007 年第 2 期。

③ 宣金学：《农村老人自杀的平静与惨烈》，载 2014 年 7 月 30 日《中国青年报》。

（三）社会主义和谐社会建设

社会主义和谐社会建设是我国老年人社会救助制度化的重要背景，与老年人社会救助制度建设密切相关。社会主义和谐社会建设是党中央科学总结改革开放和现代化建设经验，立足我国经济社会发展进入关键时期这一背景而提出的一项重大战略任务。① 这一重大战略任务事关我国社会发展的方方面面，为未来一段时间的政治领域、经济领域、社会领域的改革提供指引。公平正义是社会主义和谐社会的核心价值观，这不仅是由社会主义制度的本质决定的，也是我国转型期现实境遇的要求，公平正义已经成为制约我国社会和谐的主要因素。② 改革开放以来，我国在经济领域确实取得了丰硕的成果，国家经济实力大增，人们生活越来越好，呈现国富民强的景象。但在经济快速发展的同时，我们也注意到一系列问题，比如贫富分化、城乡差距、居民收入差距等不断地扩大，这不仅拷问着社会的公平正义，也激化了社会矛盾。以贫富分化为例，我国在2012年初首度给出官方基尼系数是0.474。一般来说，0.4以上表示收入差距很大，接近0.6表示收入差距悬殊。后来，2012年公布的0.474受到质疑，紧接着西南财经大学公布了更高的数据0.61。③ 无论是0.474，还是0.61，都显示我国贫富分化严重，收入分配制度有待改革。收入分配制度事关公平正义的实现，第一次分配主要与效率有关，分配重在起到激励作用；第二次分配则主要与公平有关，要保障国民最低生活水平，分配主要起的也是保障作用。

社会救助制度是国民收入再分配的一种独特方式，是利用公共政策向弱势群体分配的一种倾斜，也是保障社会公平正义、维护社会和谐稳定的重要制度。市场经济的发展激发了人们的干劲，一些人抓住机会获取了财富，但也有些人因为主观、客观的原因生活陷入困境，连基本生活水平都不能保障。短期内，这种困境会严重降低这些人的生活水平，但从长期来看，这实际上是社会公平正义是否实现的问题，也是严重危及社会和谐稳定的问题。老年人受生理因素等的限制，属于社会弱势群体。部分老年人体力尚好，还可以通过自身努力来脱离困境，但一些老年人特别是那些高龄老年人则必

---

① 参见陈理：《构建社会主义和谐社会的提出》，载《当代中国史研究》2012年第6期。

② 参见梁妙荣：《论公平正义是社会主义和谐社会的核心价值观》，载《当代世界与社会主义》2013年第5期。

③ 参见胥会云：《我国基尼系数将在0.5高位徘徊》，载2013年6月5日《第一财经日报》。

须通过他人的帮助才能保持最低生活水平。若处于弱势地位的老年人最低生活无法获得保障，那么，社会公平正义就成为一句空话，保障全体人民共享改革发展成果就无法兑现。随着自媒体时代的到来，网络等载体上确实不断出现一些各地老年人生活陷入困境的问题，有的问题还非常严重。经济快速发展、国民财富迅速增加与部分人口陷入贫困同时出现，这不仅是个人的问题，还是整个社会需要面对的问题，政府和社会在帮助这些贫困人口走出困境中负有不可推卸的责任。因此，当我国综合国力显著提升、各项事业发展蒸蒸日上时，包括老年人社会救助在内的公共服务、公共物品供给工作要提升到一个新的水平，而在这一过程中，制度建设将起到根本性的保障作用。老年人社会救助制度化推进了救助制度建设工作，查漏补缺，同时又形成一套体系，各项制度紧密配合，共同发挥社会救助的效果。社会主义和谐社会建设与老年人社会救助制度化高度契合，社会主义和谐社会建设战略的提出使老年人社会救助制度化工作更加紧迫。

（四）社会主义新农村建设

我国在建国后不久的 20 世纪 50 年代就提出过“社会主义新农村”概念，社会主义新农村又是 20 世纪 80 年代初提出的“小康社会”的重要内容。2006 年，党的十六届五中全会又提出社会主义新农村，并颁布实施了《关于推进社会主义新农村建设的若干意见》，将新农村建设的主要目标定为“生产发展、生活宽裕、乡村文明、村容整洁、管理民主”。新农村建设的要求既有经济方面的，也有文化方面的、政治方面的，但不管哪一方面都离不开贫困人口这一问题，特别是老年贫困人口问题。老年人是个特殊的群体，“在社会转型、人口流动和农村的保障体制尚不健全的背景下，农村老年人更易遭受贫困冲击”[①]。关于我国农村老年人贫困状况，2003 年，于学军测算总人数超过 300 万，贫困率为 41%左右。[②] 2005 年，乔晓春等测算的老年贫困率为 18.8% 。[③] 2011 年，杨立雄等人统计显示，农村老年贫困人数超过

---

① 王瑜、汪三贵：《人口老龄化与农村老年贫困问题——兼论人口流动的影响》，载《中国农业大学学报（社科版）》2014 年第 1 期。

② 参见于学军：《老年人口贫困问题研究》，载中国老龄科学研究中心编：《中国城乡老年人口状况一次性抽样调查数据分析》，中国标准出版社 2003 年版，第 55～58 页。

③ 参见乔春晓等：《对中国老年贫困人口的估计》，载《人口研究》2005 年第 2 期。

1400万，贫困率为10%以上。[①] 农村老年人贫困问题的严重性由此可见一斑。当还有如此多的包含老年人在内的农村人口生活在贫困线以下时，生活宽裕、乡村文明、村容整洁、管理民主恐怕是无法实现的。这些贫困人口连最基本的生活都不能保障，对村庄建设、民主管理等热情不高或者是心有余而力不足，这会在客观上拖了社会主义新农村建设的后腿，也成为社会主义新农村建设必须要正视和加以解决的关键问题之一。实际上，党和政府对包括农村老年贫困人口在内的贫困人口有救助政策，但“由于资源的有限性和稀缺性，必然导致竞争，在农村社会救助政策在执行过程中存在相当大的人为操作空间，被基层干部当作资源进行交易……政策与制度变成了可以随意玩弄于股掌之上的潜规则”[②]。近年来，全国各地不断曝出农村最低生活保障违规操作的问题，一些不该得到救助的人得了救助，而那些符合救助条件的人却没有获得救助。社会救助原本是为了帮助生活陷入困境的人口，但在实践中却被当作交易的筹码，政策落实出现扭曲，更导致人们的不满情绪。这一问题已经引起政策制定部门的重视，各级政府也在不断加大监督力度，通过定期或不定期的检查来扼杀这些歪风邪气，但总体来看，农村老年人社会救助规范化水平仍有待提升。可见，我国当前的社会救助制度还不健全，在执行、监督、绩效评估等环节都存在着力度不够甚或缺失的问题：执行不力导致政策执行难以实现政策制定的初衷，真正陷入困境的人口无法从困境中解脱；监督不力则在实际上纵容了违规操作行为，并未使违规者付出相应代价；评估不力则使社会救助成为一本糊涂账，投入的救助资源起到了什么样的效果谁也说不清楚。社会救助并不是形象工程，而是事关每一个生活陷入困境的老年人的生活，事关其社会救助权的实现。在这样的背景下，加大老年人社会救助制度建设力度、健全老年人社会救助制度刻不容缓。

我国老年人社会救助制度一直处于缝缝补补的状态，碰到具体的问题了，才根据这一问题进行制度建设，然后再用这一制度来解决这一问题。整个制度建设缺乏系统性、逻辑性、整体性，制度实施效率也不高。所以，社会

---

① 参见杨立雄：《中国老年贫困人口规模研究》，载《人口学刊》2011年第4期。

② 仇凤仙、杨文健：《建构与消解：农村老年贫困场域形塑机制分析》，载《社会科学战线》2014年第4期。

主义新农村建设为老年人社会救助制度化提供了一个新的契机，要站在新农村建设的战略高度上，总揽农村老年人社会救助工作全局，哪些制度需要完善、还有哪些制度是空白等工作都一目了然，各项制度建设要有条不紊地展开。

二、老年人社会救助制度化的意义

（一）多元化老年人社会救助主体

制度的作用在于其禁止了各种不可预见行为和机会主义行为，减少了摩擦和不确定性，使人们的交往成为可能。① 老年人社会救助制度建设的过程，是一个明确责任的过程，哪些部门、组织肩负着社会救助的责任，他们彼此之间如何协调，是一个制度完善的过程，社会救助制度由哪些具体制度组成，目前的制度哪些是科学的，哪些是不科学的，如何改革这些制度，还需要补充哪些制度，这些具体制度之间又该如何协调，是一个不断规范老年人社会救助行为的过程。制度提供的是一种规则，在规则内实施救助行为，方能实现预期的目标。那么，该如何通过制度建设来规范老年人社会救助行为呢？老年人社会救助制度建设首先有助于明确各方在老年人社会救助中的责任，政府是老年人社会救助的当然责任主体，承担着老年人社会救助的兜底责任。“社会救助是政府的重要职责，属于公共服务体系，是政府进行社会管理的重要组成部分。”②社会救助实际上是国民收入的再分配，是资源向处于弱势地位的人群的一种倾斜，涉及利益的再分配，这一性质也决定了政府承担着当仁不让的责任。不仅如此，政府还是老年人社会救助制度的制度供给者，包括制度建设、政策完善等，为各主体具体实施老年人社会救助提供规则体系。

老年人社会救助的主体还包括个人、单位、社区、社会组织等。我国《社会救助暂行办法》第 52 条规定：“国家鼓励单位和个人等社会力量通过捐赠、设立帮扶项目、创办服务机构、提供志愿服务等方式，参与社会救助。”单位和个人的救助对象自然也包括老年人在内。此外，第 53 条还规定：“社会

---

① 参见[德]柯武刚、史漫飞：《制度经济学：社会秩序与公共政策》，韩朝华译，商务印书馆 2000 年版，第 3 页。

② 吕学静、康蕊：《社会救助中的政府责任探究——基于亚洲五地区的比较分析》，载《领导科学》2014 年第 26 期。

力量参与社会救助，按照国家有关规定享受财政补贴、税收优惠、费用减免等政策。”此规定表明，各种社会力量也可以参与到老年人社会救助当中来。政府、单位、社区、社会组织、个人等的参与实现了老年人社会救助主体的多元化。在多元化主体中，政府承担着制度供给的责任，并对老年人社会救助承担着最后的兜底责任；而其他的救助主体则根据相关法律法规等的要求，在力所能及的范围内，承担作为社会成员的责任，与政府一道为老年人社会救助贡献力量。在实施老年人社会救助的过程中，各救助主体要互相协助，增强合力。我国老年人社会救助的理想状态是：老年人社会救助法律体系健全，制度完善，社会力量积极参与。但是，我国目前的老年人社会救助还达不到这一理想状况。老年人社会救助制度建设则为多元主体的形成及效能提升提供了契机，制度建设的过程为各主体参与老年人社会救助提供了渠道，也明确了行为规则，调动起了社会各界的资源。

（二）完善老年人社会救助制度

老年人社会救助制度化的意义还在于逐步完善老年人社会救助制度体系，为老年人社会救助的具体实施提供强大的制度保障。新中国成立以来，我国社会救助模式经历了由救济型举措向扶贫型救助的转变、由道义性救济向制度性救助转变、从城市低保制度向全国低保制度转变。[①] 在社会救助实施的初期，我国并没有一个有目的的制度设计，我国社会救助制度的发展是“问题导向”模式，即“社会救助制度的发展主要强调以解决眼前问题为主要目标，而不是从一开始就有目的地设计的制度体系”[②]。以我国建国时的经济状况，在城市和农村都有大量需要政府救助的人群，特别是老年人口。当出现某个问题时，政府就设计一个制度，制定一些措施，来具体地应对和解决这一问题。从单一问题的角度来看，这样的应对措施是没有问题的，可能解决问题的效果也比较显著，比如，城乡最低生活保障制度。但随着社会救助、社会保障体系的发展，体系越来越庞大，项目越来越多，各个项目之间的关系也日趋复杂，制度建构不足的问题就显现出来，并表现在微观层面和宏观层面上。

---

① 参见刘旭东：《我国最低生活保障制度的历史演进》，载《社会保障制度》2008 年第 2 期。

② 郑功成主编：《中国社会保障改革与发展战略》（救助与福利卷），人民出版社 2011 年版，第 70 页。

从社会救助的具体实施来看，即从微观来看，救助对象界定、救助标准、给付水平和方式、资金来源、项目间协调、管理体系建设都需要进一步规范化。从政府职能的角度来看，即宏观层面来看，社会救助的法制建设、政府责任体系构建、社会救助发展规划等都有待进一步探讨和确定。社会救助在宏观和微观方面都存在着规范性不够的问题，这是制度设计的问题，与我国社会救助制度设计理念相关。[①] 具体来看，社会救助体系中存在受益叠加的问题，还有处于低保边缘的社会弱势人群不能享受社会救助的问题，以及农村低保制度和五保制度的协调等问题。这些问题只是我国社会救助制度体系所存在问题的一个缩影，制度交叉影响各项制度功能的发挥，且会出现社会公平的问题。除此之外，还有制度漏洞的问题，即社会救助制度不完善，未对应该救助的对象实施救助。老年人社会救助作为我国社会救助的重要组成部分，在制度设计、政策制定方面与社会救助的整体状况是一致的，这些问题也客观存在着。因此，加快老年人社会救助制度建设，实现老年人社会救助的制度化，有助于在完善救助制度的基础上，提升救助的成效。

（三）规范老年人社会救助行为

老年人社会救助制度化的意义还在于规范老年人社会救助行为，以制度保障救助范围、救助方式、救助成效。我国社会救助存在着救助标准偏低、救助对象不科学、救助非专业化、救助城乡分割、社会力量参与不足、救助监督检查低效等问题，这些都是我国社会救助不够规范的表现。从救助标准来看，2014 年，全国城市低保平均标准 411 元/人月，全国农村低保平均标准为 2777 元/人年。[②] 2014 年，城镇居民人均可支配收入为 28843.85 元，农村居民人均可支配收入为 10488.88 元[③]，分别占比 17.10%、26.48%。救助仍立足于“绝对贫困”这一层面。从救助对象的确定来看，对象确定以家计调查为基础，但“贫困家庭的收入核查是全世界的难题”[④]。核查不严格，

---

① 参见郑功成主编：《中国社会保障改革与发展战略》（救助与福利卷），人民出版社 2011 年版，第 70 页。

② 参见《2014 年社会服务发展统计公报》，载“民政部门户网站”：http://cws.mca.gov.cn/article/tjbg/201506/20150600832439.shtml，2015 年 8 月 23 日访问。

③ 数据来源于国家统计局官网，http://data.stats.gov.cn/easyquery.htm?cn=C01，2015 年 8 月 23 日访问。

④ 郑功成主编：《中国社会保障改革与发展战略》（救助与福利卷），人民出版社 2011 年版，第 78 页。

则可能因为不满足条件人的冒领而导致社会救助资源的浪费；核查过于严格，则可能导致管理成本上升，并有可能侵犯申请人的基本权利。而且，现实操作中确实存在救助对象选择不公的问题。2014 年 6 月 10 日央视《新闻1+1》报道，湖南省某地一村支书为本村 12 人违规办理低保，其中 8 人是其亲属，而 8 人中还有该支书已去世的父亲。[①] 实际上，尽管低保工作成效显著，但各地错保、漏保、骗保等问题都存在着。因此，社会救助的监督检查效能仍有待提升。

社会救助的非专业化也会影响救助的成效。作为社会保障的一部分，社会救助需要专业的机构和人员，而这方面我国才刚刚起步。在很长一段时间之内，我国都没有专门的社会救助经办机构，在城镇依靠市级、区级和街道办事处的工作人员，在农村由县、市民政部门下属的社会救助科室兼办，管办合一。这一状况在近年才逐步得到扭转，管办逐步分离，工作人员也开始朝向专业化方向发展。救助城乡分割也是一个客观存在的问题，社会救助本身作为最低层次的社会保障项目，是最有可能突破我国社会保障领域多年来存在的城乡二元化状况的。但目前无论是最低生活标准还是住房救助、医疗救助等都未实现城乡统筹。社会力量参与不足与我国社会组织发展程度、社会救助本身的发展程度等相关，社会组织的力量尚未充分发挥。老年人社会救助是社会救助体系中相对复杂的部分，需要更为周密的计划和更加专业的工作人员。我国社会救助的整体发展水平影响着老年人社会救助的发展水平，老年人社会救助的规范化程度有待提高。而这恰恰又是老年人社会救助制度建设的背景和起点。完善老年人社会救助制度，实现老年人社会救助的制度化，则可以从制度到程序，再到具体的救助行为实施，都有章可循，在规范化的道路上不断前行。

三、老年人社会救助制度化的基本方向

（一）老年人社会救助制度化的核心：保障老年人社会救助权

包括老年人社会救助在内的社会救助发展的基本方向是实现制度化，以制度化来明确权责，保障救助规范进行。社会救助制度化的根本目的在

① 参见《湖南农村低保乱象：村官亡父有钱领　贫困老人无救助》，载“新华网”：http://news.xinhuanet.com/politics/2014-06/11/c_126602627.htm，2015 年 8 月 23 日访问。

于保障公民的社会救助权，这是由政府的职能和社会救助的性质决定的。社会救助权是“公民难以维持最低生活水平时，有权要求国家按照法定的程序和标准向其提供保证最低社会需求的物质帮助和社会服务的权利”[①]。社会救助权是现代社会公民的基本权利，当公民遭遇生活困境时，可以向国家和政府求助，这既是公民的一项基本权利，也是国家应尽的义务。新中国成立之后，党和政府也非常重视社会救助工作，在农村有五保户、特困户救济等，城市有就业救助、矫治性救助等，之后社会救助不断发展。但社会救助更多地体现为政府民生工程的一部分，救助对象、救助标准等都在实际上取决于政府的财力水平，而获益者也多认为这是政府的“关怀”。直到1999年《城市居民最低生活保障条例》通过，城镇居民才在真正意义上获得了遭遇生活困难时可向政府申请救助的权利。

但改革开放之后，在经济取得极大成绩的同时，贫富差距在扩大，城镇和农村都还有大量的困难家庭无法获得社会救助，即使是获得最低生活保障的人群中，城乡之间、地区之间的差距仍很大。[②] 究其原因，有国家财力不够的因素，但“重要的原因并非经济发展滞后或者国家财力不够，而是国民的社会救助权利尚未得到最终确立”[③]。在社会救助权尚未上升到法律层次时，公民遭遇生活困难不能强行申请社会救助，一些政府部门及其工作人员也未认识到社会救助是政府的一项基本职责。梳理我国社会救助过去几十年的发展历程，特别是改革开放后三十多年的发展情况，理清社会救助发展遇到问题的症结所在，对于推进社会救助的进一步发展意义重大。在未来的社会救助发展中，制度化是必然趋势，而制度建设的根本目的则是为了保障公民的社会救助权，将公民的社会救助权利以法律形式确立下来。那么，老年人社会救助作为社会救助的重要组成部分，其制度化也要与社会救助制度建设保持一致，所有的制度建设都要围绕着保障老年人社会救助权利来进行，最终目的是保障老年人获得社会救助的权利。

（二）老年人社会救助制度化的根本保障：颁布《社会救助法》

老年人社会救助制度化的根本保障是颁布全国统一的《社会救助法》。

---

① 杨思斌：《社会救助权的法律定位及其实现》，载《社会科学辑刊》2008年第1期。

② 参见郑功成主编：《中国社会保障改革与发展战略》（救助与福利卷），人民出版社2011年版，第9页。

③ 郑功成主编：《中国社会保障改革与发展战略》（救助与福利卷），人民出版社2011年版，第9页。

我国社会救助从一开始就是"问题导向"模式，即眼前发生什么问题，就采取措施解决什么问题。这种方式的优点是灵活性强，有助于眼前问题的解决。于是，我国在实施社会救助的过程中通过了一系列相关的规范性文件，如《城市居民最低生活保障条例》(1999年)、《城市生活无着的流浪乞讨人员救助管理办法》(2003年)、《法律援助条例》(2003年)、《农村五保供养工作条例》(2006年)、《中华人民共和国就业促进法》(2007年，其中有"就业援助"内容)、《自然灾害救助条例》(2010年)等。社会救助实践的发展呼唤一部全国统一的《社会救助法》的颁布。事实上，社会救助立法也受到各界关注，主管部门曾在2009年将《社会救助法(草案)》报送国务院法制办，但最终因立法内容太过复杂而未获国务院通过，失去提请全国人大常委会审议的机会。但各界对社会救助立法的关注还是促使了《社会救助暂行办法》在2014年的出台。该办法分总则、最低生活保障、特困人员供养、受灾人员救助、医疗救助、教育救助、住房救助、就业救助、临时救助、社会力量参与、监督管理、法律责任、附则等内容，对社会救助工作的基本方面作出了规定。

《社会救助暂行办法》是我国第一部统筹各项社会救助制度的行政法规，将对我国社会救助的发展起到积极的推进作用。在充分认识我国社会救助领域已有规范性文件的保障作用的同时，也要认识到社会救助的制度化，包括老年人社会救助的制度化，最终还是要出台《社会救助法》。这既是发达国家社会救助开展的经验总结，也是我国社会救助的现实使然。英国自16世纪中叶始，先后颁布有《救济物品法令》(1531年)、《贫穷法》(1536年)、《济贫法》(旧，1601年)、《住所法》(1662年)、《斯宾汉姆兰法案》(1795年)、《济贫法》(新，1834年)、《国民救助法》(1948年)、《补充救助法》(1976年)等。《补充救助法》规定，凡是16岁以上的英国居民，其收入来源不能满足最低生活需要者，都可以申请社会救助。[①] 美国、日本等亦有健全的法律法规，借鉴发达国家的经验，我国在实现社会救助制度化的过程中，也要在适当时候出台《社会救助法》。这一点对于老年人社会救助来说更为关键。老年人作为弱势群体的一部分，受到自身生理条件等的限制，主张自身权益的能力弱、机会少，特别是一些被贫困和疾病等同时困扰的老年人，其主张权益的能力更弱。因此，要实现我国老年人社会救助的制度化，从根本上还

① 参见俞德鹏等:《社会救助专项立法研究》，中国社会科学出版社2014年版，第34页。

是要出台《社会救助法》，以法律的强制性、严肃性等来确保老年人权益的实现。

（三）老年人社会救助制度化的关键点：系统的制度规划和设计

老年人社会救助制度化的关键点在于系统的规划和设计，理清社会救助的发展方向，制定社会救助的阶段性发展目标，并根据这些目标制定制度、出台政策，推进社会救助稳步发展。英国在 16 世纪中叶就开始了社会救助立法，《救济物品法令》开启了政府负责救济贫民措施的先河。[①] 美国尽管社会保障立法较晚，直到 20 世纪 30 年代的经济危机时才放弃由教会、慈善机构等办理社会救助的看法，但随即通过了《社会保障法》，借鉴英德做法，明确提出"社会保障"概念，并建立了世界上第一个较为完整的社会保障制度。日本则是在 1868 年明治维新之后，开始了社会救助立法。这些国家社会救助、社会保障立法有早有晚，具体的制度设计也不完全相同，但其共同特点是在社会救助实施的初期即有一个相对明确的发展规划，能够对社会救助的基本方面作出规定。这样，社会救助的发展就有一个大概的方向，并且各个具体的救助项目之间也会协调发展，不会出现交叉，也不容易遗漏，能够更好地保障受救助者的权益，也有利于社会救助制度与社会经济、社会同步健康发展。

我国社会救助的发展则不然，实施初期并没有统一的《社会救助法》，没有系统的规划，甚至粗略的规划也没有。社会救助的各个项目都是"根据社会的需要而逐步建立和发展起来的，在其建立和发展过程中在较大程度上是按照'各自为政'的方式运作，而不是在一个预先设计的大的制度框架下统一建立的，并且众多的项目从建立到运行并不是由统一的机构管理，因此各个项目之间自然会出现一些漏洞、交叉和制度不协调之处"[②]。这是一种问题导向的、堵漏洞式的、消防员式的救助模式，出现问题了，就出台针对该问题的相关政策来应对问题。这一问题与其他问题之间是什么关系，还会不会出现类似的或者相关的问题等，都不在政策考虑范围之内。这种模式下无法形成协调有序的社会救助体系，难以实现社会救助的制度化。还是

① 参见俞德鹏等：《社会救助专项立法研究》，中国社会科学出版社 2014 年版，第 33 页。

② 郑功成主编：《中国社会保障改革与发展战略》（救助与福利卷），人民出版社 2011 年版，第 68 页。

应该加强社会救助相关理论的研究，树立正确的社会救助理念，明确社会救助的目标，制定社会救助的法律法规，制定系统的社会救助发展计划，才能真正实现社会救助的制度化。老年人社会救助也是一样的道理，我们必须在我国社会救助整体发展规划的基础上，明确老年人社会救助的发展规划，对未来有一个展望，有一个相对长远和宏观的目标，有一个健全的框架和体系，这样老年人社会救助项目设计、制度建设才能在一个统一的框架体系内有条不紊地进行，彼此互补。

（四）老年人社会救助制度化的基本方面

1. 老年人社会救助制度化之宏观方面

（1）中央和地方政府责任划分制度化

公共财政理论认为："中央与地方财政间社会救助事权与财权的划分要遵循对称性原则，即各级政府的社会救助权责要对称，社会救助收支划分和权责划分要对称。"[①]社会救助中中央政府和地方政府的事权划分和财权划分状况直接影响到社会救助的成效，受到各国重视。就我国社会保障运作实际情况来看，"中国中央与地方政府社会保障支出责任划分不清影响改革全局早已是各界共识"[②]。而我国1994年的分税制改革关于中央和地方财政支出责任划分并未提及社会保障支出。随着管理权限的下放和对决策与收入的控制，中央政府和地方政府之间的财权分配呈现"倒三角"；与之相反，事权分配呈现"正三角"，财权向上集中，事权向下集中。地方政府在社会救助领域财权和事权不对称，中央政府被迫从1999年起对城市低保给予专项转移支付，至今规模越来越大，形成了事实上的中央与地方共同负责救助支出，以中央政府为主的模式。[③]

以城市低保为例，地方政府是责任主体，中央财政向地方财政困难的地区给予财政补贴，但中央财政和地方财政的责任关系并未以法规或正式文

---

① 杨红燕：《中央与地方政府间社会救助支出责任划分——理论基础、国际经验与改革思路》，载《中国软科学》2011年第1期。

② 林治芬、魏雨晨：《中央和地方社会保障支出责任划分中外比较》，载《中国行政管理》2015年第1期。

③ 参见杨红燕：《中央与地方政府间社会救助支出责任划分——理论基础、国际经验与改革思路》，载《中国软科学》2011年第1期。

件的形式规定清楚[①],非制度化的形式难以保障运转的稳定性和可预期性。社会救助制度并不是一个孤立的制度,而是社会保障制度的组成部分,其事权、财权划分要受到周围环境的影响,是个复杂的、不断调整、不断改革的过程。借鉴发达国家经验,根据事权和财权匹配的原则,结合具体国情,我国应由中央与地方财政共同承担社会救助支出责任,以中央财政为主,建议中央承担比重在 60%～90%之间,地方承担比重在 10%～40%之间;在稳定中央政府支付总额的同时,将中央政府社会救助专项转移支付科学化、规范化。[②] 作为社会救助的重要组成部分,老年人社会救助的财权、事权划分也受到社会救助整体财权、事权划分情况的影响,也要通过法律法规将中央和地方政府的事权、财权确定下来,并制定明确的中央政府转移支付条件、规模和方式,保障老年人社会救助的顺利进行。

(2)城乡统筹制度设计

受二元经济结构和户籍制度的限制,我国社会保障资源在城乡之间配置很不均衡,城市居民占有 80%以上,农村居民仅占到 20%。[③] 建国初期的特殊时代背景下,城市和农村建立了各自的社会救助体系并各自发展,但城乡之间的救助标准差距较大。在社会救助初期的"问题导向"模式下,城乡分治,发展到现在,事实上伤害了公民平等享受社会救助的权利。我国社会救助改革和发展的目标是要实现社会救助的城乡统筹,提高社会救助的整体效能。社会救助领域的城乡分割是多种原因造成的,牵扯到庞大的人群,与户籍、救助法律法规及政策等相关,改革需要稳妥进行。

确立了社会救助城乡统筹的目标,还需要一个工作计划,从哪个方面入手,分几步走,经过多久,最终实现城乡统筹。在社会救助体系中,我国在 2007 年 7 月开始实现了居民最低生活保障制度的全覆盖,可作为社会救助城乡统筹的突破口。近年来,我国城市化进程加快,大量劳动力从农村向城市转移,并被标上"农民工"的标签,这部分人群若陷入困境该享受农村标准的最低保障还是城镇标准的最低保障?经济和社会的发展要求最低生活保

① 参见郑功成主编:《中国社会保障改革与发展战略》(救助与福利卷),人民出版社 2011 年版,第 69 页。

② 参见杨红燕:《中央与地方政府间社会救助支出责任划分——理论基础、国际经验与改革思路》,载《中国软科学》2011 年第 1 期。

③ 参见周亮:《社会救助城乡统筹的有益尝试》,载 2015 年 8 月 6 日《中国社会报》。

障水平逐步统一，而最低生活保障的全覆盖也为制度统一做好了铺垫。逐步实现最低生活保障制度的统一，这是社会救助城乡统一的第一步。做好第一步工作，是一种有益的尝试，为后续其他制度衔接和统一积累经验。目前，浙江等地已经先行实现了最低生活保障的城乡统一，为全国的改革做出了示范。在此基础上，统筹考虑其他各专项救助项目，如住房救助、医疗救助等。在此过程中，社会救助信息系统建设是社会救助城乡统一的技术支撑，完善的、共享的救助对象信息库是基础性工作。老年人社会救助的城乡统筹是社会救助城乡统筹工作的缩影，受社会救助城乡统筹整体进度的影响，其基本的工作进度与社会救助城乡统筹的工作进度是一致的，确立了老年人社会救助城乡统筹的目标和大体的时间安排，先从老年人最低生活保障入手，逐步推向其他专项救助项目。需要指出的是，老年人社会救助城乡统筹，在农村肯定还要涉及农村五保供养制度和最低生活保障制度整合的问题，先进行这两个制度的整合，才能进行城乡最低生活保障制度的整合，从而形成统一、协调、相互衔接的制度体系。

(3)监督管理体制科学化

管理体制是否科学、流畅影响着社会救助的成效和专业化程度。目前我国社会救助各个项目之间分立的经办体系不利于提高社会救助的运行效率和社会效益，不利于解决流动人口的社会救助问题。[①] 社会救助是一项专业性很强的工作，需要系统协调的管理机构，需要精细化的管理。但我国整体的社会救助管理体制是“碎片化”的，民政部门负责救灾工作中的综合协调职能、城乡最低生活保障、农村社会救济和社会捐赠及医疗救助等。“教育救助、住房救助、法律援助等分别由教育部门、建设部门和司法部门负责实施。”[②]“碎片化”的管理体制带来的问题是增加协调成本，且弱化救助效果，还有可能出现重复救助、救助不公等问题。《社会救助暂行办法》第3条规定：“国务院民政部门统筹全国社会救助体系建设。国务院民政、卫生计生、教育、住房城乡建设、人力资源社会保障等部门，按照各自职责负责相应的社会救助管理工作。”“县级以上地方人民政府民政、卫生计生、教育、住房

---

① 参见郑功成主编:《中国社会保障改革与发展战略》(救助与福利卷)，人民出版社2011年版，第70页。

② 郑功成主编:《中国社会保障改革与发展战略》(救助与福利卷)，人民出版社2011年版，第23页。

城乡建设、人力资源社会保障等部门，按照各自职责负责本行政区域内相应的社会救助管理工作。”而所有这些部门被统称为社会救助管理部门。尽管建立了由民政部门牵头的协调机制，但政策分割的不良后果绝非协调机制可以去除。[①]

由于社会救助涉及多个方面、多个部门，短时间之内管理体制改革成效不会显著，但基本的目标应该是按照大部制原则，整合不同部门负责的社会救助项目，并整合社会救助和其他社会保障项目，理顺各个社会救助项目之间、各个社会保障项目之间的关系。初步有以下几个方面的工作需要开展：一是社会救助管理的统一。可以在民政部门设置专门的社会救助局，将各项社会救助事务由原来分散的各部门管理统一到民政部门，由社会救助局全面负责社会救助的监督管理职责。二是社会救助监督管理纳入统一的社会保障监督管理机构。[②] 三是为社会救助配备专业的经办机构和专业的人员。目前的社会救助制度仍然是代办制，即“城镇街道、居民委员会和乡村基层政权直接代办着最低生活保障等，中小学则代办着教育救助，等等”[③]。地方社会救助的专业机构建设、专业人员配备情势不容乐观，缺乏专业的经办机构和人员，社会救助专业化程度低。管办分离是基本的趋势，“管”负责规划、指导、监督，“办”负责具体的执行。老年人社会救助管理体制改革与社会救助管理体制改革总体趋向保持一致，特别的要求是在管理人员的配备方面要更加专业化。老年人社会救助的情况相对更为复杂，需要工作人员具备更加专业的知识、更加丰富的经验，更好地为老年人服务。

(4)社会参与制度化

社会救助属于政府责任范围，通常由政府机构来负责实施。但是，在社会救助项目和样式日益复杂化、多样化以及社会力量蓬勃发展、公私合作日益增多的背景下，社会救助领域吸纳社会力量参与也成为一个趋势。2014年5月1日起施行的《社会救助暂行办法》有专章对“社会力量参与”作出规定，包括社会力量参与的方式、享受的政策、政府向社会力量购买服务、社会

---

① 参见郑功成：《中国社会救助制度的合理定位与改革取向》，载《国家行政学院学报》2015年第4期。

② 参见郑功成主编：《中国社会保障改革与发展战略》(救助与福利卷)，人民出版社2011年版，第23页。

③ 郑功成：《中国社会救助制度的合理定位与改革取向》，载《国家行政学院学报》2015年第4期。

工作服务机构和社会工作者作用发挥、参与机制和渠道等。《社会救助暂行办法》的规定对社会力量参与社会救助作出了原则性的规定，"预示着社会救助不再是单纯的物质救助，而要包括更多的社会服务内容"[①]，这为社会力量参与社会救助创造了一个契机。实际上，在我国社会救助实施之初，政府缺乏引导、培育民间救助性社会资源的意识，没有动员社会力量共同参与贫困治理，因此，慈善组织、社工机构等社会力量作用的发挥非常有限。[②] 而今无论是社会力量的蓬勃发展，还是社会救助的现实需要，以及政府治理理念的转变等，都呼唤政府和社会力量在社会救助领域的合作。

老年人社会救助领域更是特别需要社会工作者、社会工作服务机构等的介入。老年人的情况同年轻人不同，老年群体因其收入低、健康状况差、面临特殊风险而被低保、医疗救助、特殊困难群体救助等多项救助制度覆盖。[③] 可以预见，随着我国老龄化问题的加剧，老年人社会救助问题会更加突出。老年人口的医疗需求和服务需求会上升，老年人口的服务需求特别需要社会工作机构的介入，社会工作专业方法能从心理关怀角度、从发展角度来弥补政府偏重物质性救助的缺陷。老年人社会救助迫切需要社会工作机构等社会力量的参与，下一步的工作就是积极培育社会工作机构，并制定社会力量参与老年人社会救助的措施和办法，这些措施和办法要具有可操作性，能使社会力量在老年人社会救助领域大展拳脚，实现政府和社会力量在老年人社会救助领域的良性互动。

(5)救助对象精准化和救助工作的精细化

老年人社会救助实质上也是一个资源再分配的过程，资源是相对有限的，能否将救助资源公开、公平、公正地分配到确实需要救助的老年人手中事关社会救助资源配置效率，也事关老年人救助工作开展成效。在老年人社会救助制度不健全的背景下，救助工作粗放式开展，原本就有限的资源也未被高效率地配置。这里主要涉及救助对象的确认和救助内容的发现等方面的工作，精准地确定救助对象、精细地开展救助工作是基本的要求和方向。具体来看，要精准地确定老年人社会救助对象就是要科学地确定贫困

---

① 杨荣:《社会工作介入社会救助:策略与方法》,载《苏州大学学报(哲社版)》2014 年第 4 期。

② 参见杨荣:《社会工作介入社会救助:策略与方法》,载《苏州大学学报(哲社版)》2014 年第 4 期。

③ 参见刘杰、鲁文静、李杨:《中国社会救助制度前沿问题——第三届中国社会救助研讨会暨中欧社会救助政策比较研讨会会议综述》,载《社会保障研究》2014 年第 2 期。

线、获取老年人收入信息等。贫困线的确定是一项基础性的工作,国际劳工组织将工业化国家贫困线确定为制造业公认平均工资的一定比例,世界银行则采用绝对数的方法来确定贫困标准,欧洲经济委员会将成年人可支配收入的一半确定为贫困线。我国贫困线也采取绝对数额的方法,根据人均纯收入来确定。在老年人社会救助制度化建设过程中,要进一步科学地确定贫困线,保障将切实需要获得救助的老年人纳入救助范围中。另外,还要精准地获取老年人的收入信息等,以便确认老年人是否属于社会救助的对象。除了要借助于原来的收入证明、工作人员入户调查等方式之外,还要借助于现代信息技术,更好地掌握申请人的收入状况。救助工作的精细化主要是指老年人社会救助工作要有的放矢。处于弱势地位的老年人其需求可能是不同的,有的可能是经济问题比较突出,经济方面的救助如最低生活保障是其最需要的;有的可能是住房方面的问题比较严重,需要住房救助等专项救助;有的是涉及法律问题,需要法律援助等。提升老年人社会救助工作成效,还要在老年人救助需求发现方面多下功夫,确立一种需求发现机制,这就离不开必要的信息手段以及社会组织的参与和配合。信息手段可以帮助人们精准地分析和判断老年人的社会救助需求,社会组织则有与老年人接触机会多、容易获得老年人的信任等优势,更容易发现问题。真正把握好老年人社会救助需求,工作开展才能有针对性,资源配置也才能更有效率。当然,无论是老年人社会救助对象精准化还是救助工作开展的精细化都有赖社会救助制度化的开展。而老年人社会救助制度化又可以不断地健全和完善老年人社会救助制度,形成老年人社会救助制度体系,保障老年人社会救助工作开展的每一个环节都有章可循,从而使老年人社会救助贫困线的确定、救助工作的开展有据可依。

2. 老年人社会救助制度化之具体运行方面

(1)资金筹措机制

我国的社会救助水平总体偏低,以前我们的解释是作为发展中国家政府的财力有限,实际上这不是问题的全部。财政限制是一种限制,但影响力正在减弱,问题的关键在于政府社会救助的理念和目标[①],而理念和目标又

---

① 参见关信平:《朝向更加积极的社会救助制度——论新形势下我国社会救助制度的改革方向》,载《中国行政管理》2014 年第 7 期。

直接影响着资金筹措机制和政府财力投入程度。在资金筹措机制方面，首先是"在中央政府与地方政府之间，应当按照一定的比例来分担责任"；其次是调动市场机制和社会机制的积极性。[①] 政府财政投入是最主要的社会救助资金来源，老年人口社会救助亦如此。目前中央政府和地方政府责任分担未实现制度化，下一步的关键是"建立稳定的制度化的中央和地方各级财政共同负责机制，以制度化的方式明确各级财政的责任"[②]。此外，针对老年人社会救助，可以积极吸纳社会捐赠，健全社会捐助接受站点和社会捐助网络。吸纳社会捐赠既可以减轻政府对老年人社会救助的财政压力，又可以进行广泛的社会动员，吸纳社会成员参与到老年人社会救助中。

(2)信息管理机制

《社会救助暂行办法》第6条规定："县级以上人民政府应当按照国家统一规划建立社会救助管理信息系统，实现社会救助信息互联互通、资源共享。"信息化是我国社会救助发展的必然趋势。我国社会救助信息化已经取得初步的成果，比如在最低生活保障领域，初步为申请救助的困难家庭建立档案库，有的还实现了动态管理。社会救助管理是动态的管理，人们的收入、最低生活水平、人们的基本需求等都是动态的，社会救助工作要动态地采集信息，更有针对性、更高效地开展工作。目前的社会救助信息系统建设还不能满足社会救助工作的需要，信息化步伐的滞后影响到了社会救助的规范性和有效性。在基层，有的信息统计是手写的，容易出现错误，还不利于信息的及时更新。而且，信息系统建设的滞后，也不利于救助工作的公开、公平进行，为"暗箱操作"提供了机会。包括老年人社会救助在内的社会救助工作开展信息化是一个重点，建立一个统一的社会救助服务平台，申请者的信息及时录入，所有的救助项目的最终都要录入这一系统，"避免多头申报、多头审查、救助重复和遗漏，方便救助对象，降低运行成本，提高工作实效"[③]。此外，这一系统还要和银行、税务、劳动保障、工商行政管理、公安

① 参见郑功成：《中国社会救助制度的合理定位与改革取向》，载《国家行政学院学报》2015年第4期。

② 郑功成主编：《中国社会保障改革与发展战略》(救助与福利卷)，人民出版社2011年版，第79页。

③ 郑功成主编：《中国社会保障改革与发展战略》(救助与福利卷)，人民出版社2011年版，第25页。

等相关部门的系统联网，实现信息共享。

(3)程序保障机制

健全社会救助程序也是老年人社会救助制度化的重要方面。程序的正当、合理对社会救助的正当、合法具有重要意义，“从国外的社会救助法律制度看，几乎所有的成文法国家都对社会救助程序作了较为详细的规定。”[①]《社会救助暂行办法》对最低生活保障、特困人员供养、医疗救助、教育救助、住房救助、就业救助、临时救助等救助项目都规定了基本的程序，如申请、审查、调查、公示等，为救助项目规范提供了基本的保障。但是，这些流程基本上都是日常办事流程，在保障公民受救助权方面力度尚不够。老年弱势群体在弱势群体中又更加特殊，更应该通过健全的程序来保障其合法权益。进一步的制度建设应将老年人社会救助启动程序、审核程序、说明理由程序、听证程序、监督程序等作为重点[②]，以规范的程序确保老年人社会救助的规范开展。启动程序是指老年人主动向救助机关提出救助申请，一般应是书面的，在不具备书写能力情况下也可口头申请，并由工作人员做相应处理。审核程序即所谓的家计调查，按照《社会救助暂行办法》第 58 条的规定，社会救助管理机关“可以通过户籍管理、税务、社会保险、不动产登记、工商登记、住房公积金管理、车船管理等单位和银行、保险、证券等金融机构，代为查询、核对其家庭收入状况、财产状况”，以此保证调查的客观和公正。说明理由程序是社会救助机关书面说明通过或者不通过申请人申请的理由。听证程序并不是每项社会救助的必经程序，只有那些涉及申请人重大利益的救助项目的实施才需要进行听证，如最低生活标准的确定。[③] 监督程序表现为享受社会救助的老年人口需接受社会救助管理机关的必要监督。

(4)责任追究机制

责任追究机制是老年人社会救助制度化的重要方面。我国老年人社会救助成效显著，但问题也客观存在，各地陆续爆出的老年人因贫困而艰难生活的状况冲击着人们的神经。2015 年 8 月，八旬老人骨瘦如柴，被报“快饿死”的新闻在网络上迅速传播，而当地政府很快就派工作人员安排该老人体

① 杨思斌：《社会救助的程序法治——价值、原则与制度构建》，载《山东社会科学》2012 年第 2 期。

② 参见杨思斌：《社会救助的程序法治——价值、原则与制度构建》，载《山东社会科学》2012 年第 2 期。

③ 参见韩君玲：《我国最低生活保障标准的法制现状与完善》，载《法学杂志》2008 年第 1 期。

检，并称镇政府已于2015年7月为该老人办理低保，从8月份开始发放。但八旬老人骨瘦如柴的照片不断地拷问着当地社会救助管理机构的良知，人们纷纷质疑当地社会救助管理的公正性、公平性、公开性。《社会救助暂行办法》第12章为“法律责任”，规定了社会救助管理机构、管理人员接受社会救助人员的法律责任。早在2013年10月，民政部曾下发《关于建立健全社会救助监督检查长效机制的通知》，要求对社会救助法律、法规、政策制度落实情况，社会救助工作规范化运行情况，社会救助资金的筹集和管理使用情况，社会救助基层能力建设情况，社会救助突发重大事件处置情况等进行检查。之后，民政部部长李立国在介绍《社会救助暂行办法》有关情况答记者问时强调将加强对“关系保”“人情保”“搭车保”等的追责工作。进一步的老年人社会救助责任追究制度建设的重点在于以现有规范为基础，构建制度化的责任追究制度，将老年人社会救助全程都纳入到监管和追责范围，以全方位的追责安排堵住漏洞，以惩罚机制增强制度的威慑力，确保老年人社会救助制度的规范运行。

结　语

老龄问题是老年人个体和群体都无法回避的问题。从个体来看，一个人随着年龄的增长会出现体力衰退、精神不济、社会交往范围受限等问题，进而引致生存能力降低、抑郁等更为严重的问题。这些问题单靠个人无法完全解决，因为从发展趋势来看，个体的衰老是无法逆转的。从人口群体来看，当老年人占总人口比例超过一定标准时，老龄社会即到来。这已经不是一个个体问题，而是一项社会问题。老龄社会面对的已不单纯是老年人生理衰退方面的问题，也不是仅仅通过提升生活质量、改善医疗卫生条件就能够解决的问题。人口老龄化应对不当，不仅使老年人无法安享晚年，经济发展速度也会放缓，还会出现代际问题、社会稳定等一系列社会问题。因此，老龄问题事关社会全体成员利益和社会发展，是需要全社会来面对的问题。老年人社会救助行为古已有之、中外皆然，但老年人社会救助在老龄化社会具有更为重要的意义。零散的老年人社会救助制度曾在历史上发挥了重要作用，如农村五保供养制度、城乡分别实行的最低生活保障制度等，但分散的、不成体系的社会救助与我国日益严峻的老龄化形势不相符，现有的老年人社会救助制度难以满足新形势下老年人社会救助的需求。近些年，我国老年人社会救助领域持续发生变革，如城乡最低生活保障制度渐趋融合，最低生活保障出现了城乡一体化的趋势；《社会救助暂行办法》出台，尽管《社会救助法》仍在酝酿中，但很多社会救助工作有了依据；住房救助、医疗救助、法律援助等领域也都有新的变革出现。此外，临时救助工作也不断发展。变革和完善已有制度、填充制度空白、废除不适应新形势的制度，成为我国老年人社会救助制度发展完善的一条主线。我国自传统社会起就形成的尊老思想以及建国后形成的各项具体老年人救助制度等，是我国老年人社会救助制度化的基础和资源。

老年人社会救助制度化是老年人社会救助发展的基本趋势，也是有效提升我国老年人社会救助工作成效的保障。老年人社会救助制度化不是凭空提出的，其开展要立在一定的根基上，并遵循特定的模式。我国现有的老年人社会救助制度建设遵循的是“问题导向”模式，这一模式形成于我国建国后物质匮乏的时代，着眼于眼前问题的解决而非长远的制度建设。因此，这一模式在高效化解具体问题的同时，也出现了各项具体救助制度之间衔接不力、制度整体缺乏系统性的问题。在老年人社会救助工作量日益增加、要求日益提升的背景下，制度建设的导向本身就亟须变革和调整，借鉴发达国家在老年人社会救助制度建设方面重视系统化设计的经验成为理性的选择。问题导向模式不再有效，系统的规划和设计必不可少。老年人社会救助工作是以人为本的落实和体现，是社会公平正义、民主法治的体现，更是一个社会尊老文化的体现。要在明确老年人社会救助制度化是在保障老年人社会救助权的基础上，尽快出台《社会救助法》，为老年人社会救助制度化提供根本保障。老年人社会救助制度化牵涉面广，与我国政治体制改革、政府职能调整、城乡一体化等同步，需要中央和地方政府之间、政府各部门之间、政府与社会之间、社会与个人之间关系的调整和理顺，要以明确的法律法规来确认各方责任。同时，老年人社会救助制度化还有诸多具体的制度建设问题，比如资金筹措机制、信息管理机制、程序保障机制、责任追究机制等。因此，可以预见我国老年人社会救助制度化也是一个渐进性的变革过程，制度体系不会在短时间之内完全成型，但改革的趋势和方向是明朗的。这种渐进式变革已与原来的制度变革有着本质的区别，变革不再遵循问题导向模式，而是在总揽全局、系统规划基础上的制度建设过程。

第二章

我国老年人社会救助的历史发展

我国具有悠久的尊老、养老的历史传统。在原始社会,部落族群对老年人的尊敬与供养的习俗就已经形成。从有文字记载以来,尊老敬老一直是我国自上而下一体遵行的社会准则和文化基因,老年人社会救助活动在我国各个历史时期都能找到,老年人奉养和救助制度在历朝历代有据可查的法律制度中都存在,甚至在其中占据重要地位。在母系氏族社会被父系氏族社会取代之后,父权制逐步形成,孝文化也随之产生,并最终演化为我国传统文化的核心要素,父权制与孝文化的结合构成了我国家族本位的制度形态和文化模式。在我国社会发展的进程中,从家庭出现的那一刻起,养老责任就如影随形地与之相伴始终。除了传统文化的要求之外,国家也通过礼法制度严格课与。而当老年人所在家庭力有不逮,甚至完全丧失家庭依托时,国家的统治者基于民本思想和稳定社会秩序的考虑通常会承担起老年人社会救助责任。那些推崇大同社会的仁人志士和信奉宗教的善男信女或出于仁道,或心存慈悲,也都为需要救助的老年人伸出援助之手。在这些文化传统和思想观念的指引下,我国从先秦时期开始就逐步形成了以家庭养老为核心、国家扶持为支撑、社会救助为补充的老年人救助制度。汉武帝"罢黜百家,独尊儒术"之后,"以孝治国"成为历朝历代的统治者奉为圭臬的治国大道,子孙孝顺尊长,国家尊老敬老、收养鳏寡孤独,宗族、乡里互助互济等养老和助老制度延续千年，直到民国时期。西学东渐，西法东传，民国中后期我国传统的养老助老制度方告结束，老年人社会救助逐步近代化。新中国建国后，家庭养老的重要性有所降低，国家在老年人救助中扮演的角色日益加重，现在我国又走在从国家包办到国家社会协作的革新之路上。

第一节 我国传统中的老年人救助思想

我国传统中有很多涉及老年人救助的思想，其中最为核心的便是家族本位、民本思想、人道主义和宗教信念。家族是以血缘关系为纽带结成的人类最为密切的社会组织，而在家族之中，老年人具有极为重要的地位。家族本位以父权制为制度基础，以孝道为思想核心，构筑成我国传统社会尊老敬老和养老助老的文化基石。民本思想是国家统治者体恤社会弱势群体、重视民心的重要观念，当老年人失去家庭依托时，不可避免地成为天然的弱势群体，需要国家的照顾和供养。人道主义珍视人的生命和尊严，尤其儒家学说从“仁者爱人”的角度出发，希望人人都能关爱他人，尤其是老年人。我国历史上影响最大的宗教——道教与佛教，也从不同的角度倡导善行天下，慈悲为怀。上述思想相互结合，构成我国传统中对待老年人的基本认知。

一、家族本位

按照摩尔根在《古代社会》一书中的观点，血缘家族是人类的第一个社会组织形式。尤其是在生产力极不发达的原始社会，“血缘关系就是唯一的社会关系”[①]。中国的家族作为一种社会组织形式，在经济生产、日常生活尤其是社会教化和管理方面具有关键作用。“相应地，早期中国以家族为核心建构了社会生产生活和管理的各种制度和组织，家族或家庭成为整个社会统治的基础与枢纽，甚至政府（家天下）也以家庭的形态出现。”[②]血缘家族之所以被认为是人类社会的第一个组织形式，缘于血缘家族群体内部天然存在的不同年龄、班辈的区分。而在原始社会，因“经济较单纯，采集时的生产

---

① 熊得山：《中国社会史论》，上海书店出版社 2007 年版，第 40 页。
② 杨立雄：《老年福利制度研究》，人民出版社 2013 年版，第 59～60 页。

性要大，故对于老衰的人不仅不残杀，反视为智识的宝库，敬重起来”[①]，年长者在血缘家族中具有重要地位。在中国原始社会时期，人们通常推举德高望重的人作为部落首领，故徐朝阳在描述中国家族制度起源时说：“鸿荒初开，人民生活，至为简陋，昼逐水草，夜宿木巢，浑浑噩噩，不知父母，无家属之可言也。迨人文渐进，因感孤立之不能生活，以血统之连续为团体之组织，此则部落制之所由起也。”“部落为酋长与其亲属，及服从者所组织。故酋长有主宰部落一切事务之权力，其地位至高，无与伦比。迨后部落相互间，冲突事生，并吞以起，国家之制，于是以成；酋长之权力，由此丧失，因之部落渐分化而为多数之家属。此则家族制度之所起也。”[②]小农生产方式是中国封建社会存在和运行的基础，家庭是小农生产的基本单位，父辈在其中起着至关重要的作用。从小农生产方式对精耕细作的技术要求看，父祖具有长期的耕作经验，儿孙必须在父祖的指导下进行耕作并继承世代相传的农业技术，父祖在家庭中居于绝对权威的地位。而且农业生产的特点是周期长、技术性强，一个人只有达到一定年龄后才能掌握一定的技术，积累一定的经验，尊老、敬老就成了农业社会一大特征。综上所述，家族本位是由中国的自然环境和经济发展状况所决定的，而后又通过“父权制”和“孝道”获得固化并延续千年，成为我国传统社会中老年人救助思想与制度的前提，其他的老年人社会救助思想和制度都是在家族本位的基础上生发与建立起来的。瑟庐在《家庭革新论》一文中总结说：“中国是家族主义的国家，西洋是个人主义的国家，国情不同，制度当然不能互易。中国所以能够立国到数千年之久，全靠着家族制度的存在。”[③]

（一）父权制

有学者根据土地所有制的不同将中国古代分为原始共产制、邦人私有制、邦君私有制和家长私有制。从公元前594年鲁国实行初税亩到1928年公布《民法》，我国都属于家长私有制时代，这是由于社会生活以家为单位，一家之内实行共产。唐、宋、明、清一贯禁止当父母在世时，子孙违反父母的意志别籍异财，所有权应一直操在家长手中。[④] 中国进入父系氏族后期，氏

① 熊得山：《中国社会史论》，上海书店出版社2007年版，第48页。
② 徐朝阳：《中国亲属法溯源》，台湾商务印书馆1973年版，第65页。
③ 转引自邓伟志：《近代中国家庭的变革》，上海人民出版社1994年版，第109页。
④ 参见蔡枢衡：《中国刑法史》，广西人民出版社1983年版，第36～37页。

族内部就实行家属与家长不平等的父权家长制，但氏族和宗族依然是社会的主体结构。殷商时期，“随着私有财产的发展，商人家庭在政治、经济上的独立性也随之增强，其与宗族的矛盾也日渐加剧”[①]。周朝实行宗法制，小家族的家长依附于大宗族的宗子，父权受到一定程度的限制。直到宗族制度解体，小家族摆脱宗子的束缚，父权迅速膨胀，父权家长制成为中国家族存在的基础。“父祖是统治的首脑，一切权力都集中在他的手中，家族中所有人口——包括他的妻妾子孙和他们的妻妾，未婚的女儿孙女，同居的旁系卑亲属，以及家族中的奴婢，都在他的权力之下，经济权、法律权、宗教权都在他的手里。”[②]在一个家庭之中，通常由辈分最高、年纪最长的男性为家长，享有对家庭内部的统治权，同时代表家庭对国家承担相应的责任和义务。在家长所享有的所有权力里面，“经济权的掌握对家长权的支持力量，极为重大”[③]。中国古代，子女没有经济上的独立地位。父母在，子女既“不有私财”[④]，也不可“私辄用财”[⑤]；既不享有财产的所有权，也不享有较多财物的使用权。因此，在中国古代，只要家庭的经济状况足以维持生计，家长即便年老、丧失劳动能力，也无陷入需要他人救济的不利境地。可以说，在父权至上的制度下，作为家长的老年男性，家庭供养是常态，社会救助是例外。

（二）孝道

父权制确立了作为家长的成年男性的家庭统治地位，使其在年老之后生活无虞。而老年女性的供养依然以家庭为责任主体，这一制度则是由孝文化和传统所确立的。“‘孝’作为儒家伦理中一个重要的基本范畴，具有极其丰富的内涵。家庭与家族领域内，上下辈之间各种关系的伦理要求可以用一个‘孝’字来概括。”[⑥]孝在父系氏族公社时就已经产生，家庭的稳定和个体婚制的建立是其产生的基本条件。[⑦] 孝最初即指因血缘关系而产生的亲亲之情。“孝”字始见于西周文献。汉代《尔雅·释训》中言：“善父母为孝。”

---

① 查昌国：《论西周孝尊祖敬宗抑制父权——兼论古史研究中经史方法的运用》，载《史学理论研究》2001年第2期。

② 瞿同祖：《瞿同祖法学论著集》，中国政法大学出版社2004年版，第15页。

③ 瞿同祖：《瞿同祖法学论著集》，中国政法大学出版社2004年版，第15页。

④ 杨天宇译注：《礼记译注·曲礼上》，上海古籍出版社2004年版，第6页。

⑤ （唐）长孙无忌等撰：《唐律疏议》卷十二《户婚》，中华书局1983年版，第241页。

⑥ 张中秋：《中西法律文化比较研究》，法律出版社2009年版，第130页。

⑦ 参见康学伟：《先秦孝道研究》，吉林人民出版社2000年版，第29页。

《说文解字》中对孝作出的解释为："善事父母者。从老省，从子，子承老也。"孝从出现伊始就单方面强调了"子"对"老"的承负义务。春秋战国时期，诸子百家皆有关于孝道观的阐释，如道家的"六亲不和有孝慈"、墨家的"兼相爱即忠孝"、法家的"尚法以尽孝"等观点，但形成系统孝道观的还是儒家学说。[①] 孔子最早将父母作为孝的第一对象，也是积极倡导孝道的第一人。"子游问孝。子曰：'今之孝者，是谓能养。至于犬马，皆能有养；不敬，何以别乎？'"[②]从中可见，孔子对孝的认知有了更多发展，孝不仅是子女对父母经济上的赡养，更重要的是要敬爱父母。孝字在《论语》中共出现过 19 次，且含义基本相同，皆为敬爱父母。《孝经》进一步提出了更加具体的要求。《孝经·纪孝行章》记载："孝子之事亲也，居则致其敬，养则致其乐，病则致其忧，丧则致其哀，祭则致其严，五者备矣，然后能事亲。"孔子又将孝与仁联系起来，认为"弟子入则孝，出则悌，谨而信，泛爱众，而亲仁"[③]，孝是仁的根本。后来孝道经过荀子的理论提升，逐渐与忠道相结合；《孝经》进而提出"以孝事君则忠"的观点。但在西汉以前，孝只停留在礼的层面，主要通过伦理道德约束民众；在西汉以后，统治者对孝道空前重视，"以孝治天下"成为后续统治者的基本治国方略，使得中国古代"家国同构"状态更加稳固，并进一步制度化、法律化。孝不再仅仅是一种伦理道德，子女行孝道也不再仅仅停留在道德义务层面，而是上升到法律义务层面。正如何怀宏先生所说："……家与国又是相连的，家稳定直接关系到国的稳定，孝自然就要与忠相接了，需要'以孝养忠'，甚至'以孝治国'，加在孝之上的责任自然就更重了。"[④]汉初将《孝经》列为七经之一，而《孝经》认为"五刑之属三千，而罪莫大于不孝"[⑤]。随着汉代引礼入律、"引经决狱"的施行，"不孝"被列为汉律的大罪之一。北齐律首创"重罪十条"，其中"不孝罪"列为十恶不赦的罪名之一，直至清朝一直沿用。

父权制从权利层面，而孝道从义务层面共同确立了中国古代家族本位

---

① 参见丁成际：《试论传统"孝道"文化——传统孝道的历史嬗变以及孝与忠、刑的关系》，载《兰州学刊》2006 年第 9 期。

② 杨伯峻译注：《论语译注·为政》，中华书局 1980 年版，第 14 页。

③ 杨伯峻译注：《论语译注·学而》，中华书局 1980 年版，第 4～5 页。

④ 何怀宏：《良心论》，北京大学出版社 2009 年版，第 94 页。

⑤ 胡平生译注：《孝经译注·五刑章》，中华书局 2009 年版，第 27 页。

的敬老、养老模式,“这使得老年人可以通过继承权作为交换条件来确保未来的生活资源和所需的照料”。而“政府、社会和家庭(族)从小培养子女对父母和家庭中的长辈的尊敬态度,保证家庭成员中晚辈对父母和其他长辈的物质和感情的供养”。① 因此,家庭和个人责任是中国古代老年人供养的主要责任形式。本书所研究的老年人的社会救助通常是对家庭和个人责任无法实现时的补充。

二、民本思想

在中国古代,由于生产力较为低下,加之自然环境十分恶劣,子女对于丧失劳动能力的年迈父母的物质供养难免有缺,部落或者国家为生活无着的老年人提供救助十分必要。这种社会救助的思想和习俗在原始社会就已出现,这也是人类社会得以存续的必然要求。正如《吕氏春秋 · 恃君览》所云:“凡人之性,爪牙不足以自守卫,肌肤不足以扞寒暑,筋骨不足以从利辟害,勇敢不足以却猛禁悍,然且犹裁万物,制禽兽,服狡虫,寒暑燥湿弗能害,不唯先有其备,而以群聚邪。”群聚并由部落或者国家对弱势群体提供救助是人类社会出现的原因和存在的基础。在此制度下,“大家都是平等、自由的,都知道对于老年人、病人和战争残废者所负的义务”②。可以说,由国家为生活无着的老年人提供救助甚至比家族承担供养责任出现得还要早,有文献记载的便可追溯到尧、舜、禹的三王时代。《尚书 · 大禹谟》记载:“帝念哉! 德惟善政,政在养民。”第一次提出了“政在养民”的思想。同时提出:“济济有众,咸听朕命! 蠢兹有苗,昏迷不恭,侮慢自贤,反道败德。君子在野,小人在位。民弃不保,天降之咎。”这从反面说明“政在养民”的极端重要性。《尚书 · 五子之歌》进而提出“皇祖有训:民可近,不可下。民惟邦本,本固邦宁”的“民本”思想。以民为本,政在养民,其中的民虽泛指百姓,但国家供养、救济的主体主要是社会的弱势群体,而老年人无论是从其社会重要性,还是其弱势性方面,都是“养民”的重中之重,同时也是判断执政者执政效果的重要指标。如《尚书 · 吕刑》云:“群后之逮在下,明明棐常,鳏寡无盖。”“皇帝清问下民,鳏寡有辞于苗。德威惟畏,德明惟明。”“鳏寡”之人在

① 杨立雄:《老年福利制度研究》,人民出版社 2013 年版,第 61 页。

② 陶大镛主编:《社会发展史》,人民出版社 1982 年版,第 42 页。

当时是体现民众政治支持度的关键人群，具有特殊的政治地位，也是“养民”的主要对象之一。夏商周时期，民本思想得以延续和巩固。《尚书·无逸》记载周公对商王朝执政历史的回顾时说道：“其在祖甲，不义惟王，旧为小人。作其即位，爰知小人之依，能保惠于庶民，不敢侮鳏寡。肆祖甲之享国三十有三年。”由此看来，对于“鳏寡”的尊重和爱护，虽然从中并不能得出这一做法属于国家制度层面的明确要求，但必然符合当时社会普遍的文化倾向，也就是顺应了所谓“小人之依”，从而获得民众的普遍赞同，达到有效维护统治的政治目的。相反，商纣王“贵为天子，富有天下，上诟天侮鬼，下殃傲天下之万民，播弃黎老，贼诛孩子，楚毒无罪，刳剔孕妇。庶旧鳏寡，号咷无告也”[①]，最终被“徽柔懿恭，怀保小民，惠鲜鳏寡”[②]的周王朝所取代。“克明德慎罚，不敢侮鳏寡”[③]，被肯定为周文王的基本政治原则，又被周公视为一种政治传统，希望能够永远继承发扬。[④]

春秋时期，敬畏民心、注重民事已然成为当时社会的普遍思想，《左传》《国语》等典籍中多有反映。如《左传·庄公三十二年》“国将兴，听于民”、《国语·鲁语上》“夫惠大而后民归之志，民和而后神降之福”，都体现出“民为邦本”的思想。而春秋战国时期的诸子百家，从其言行来看，多主张国家应当为生活无着落的老年人提供救助。其中以儒家的“仁政”“德治”思想最为系统，影响也最为深远。仁是孔子儒家哲学思想的核心概念，《论语》中对“仁”这一概念做了各种各样的解释，几乎所有的美德都被“仁”这一概念涵盖了，其中“仁者爱人”[⑤]是其中最为经典的概括。孔子追求成“仁”的目的在于“让人获得道德的规定性，从而在行为上表现为对社会规范和政治秩序的尊重，更进一步达到全社会的有序，包括人民有耻且格、父父子子的道德秩序和国家足食、足兵、民信的君君臣臣的政治秩序”[⑥]。而一个秩序的建立和维持，需要心理认同和外力作用两者共同来实现。“内在之仁”（即一种崇高的道德品质）可认为是心理认同的基础。当世人均具有了这种道德人格，要

---

① 孙诒让撰，孙以楷点校：《墨子闲诂·明鬼下》，《新编诸子集成》本，中华书局 2001 年版，第 244～245 页。

② 李民、王健撰：《尚书译注·无逸》，上海古籍出版社 2004 年版，第 315 页。

③ 李民、王健撰：《尚书译注·康诰》，上海古籍出版社 2004 年版，第 257 页。

④ 参见王子今、刘悦斌、常宗虎：《中国社会福利史》，武汉大学出版社 2013 年版，第 27 页。

⑤ 杨伯峻译注：《论语译注·颜渊》，中华书局 1980 年版，第 131 页。

⑥ 蒋伟胜：《孔孟仁政思想的差异》，载《船山学刊》2005 年第 4 期。

实现孔子追求的道德秩序和政治秩序似乎是“水到渠成”“顺理成章”的。因此，孔子认为：“道之以政，齐之以刑，民免而无耻；道之以德，齐之以礼，有耻且格。”[①]国家需要进行“德治”，而“德治”的前提是用贤。孔子心目中贤人的标准为“其行己也恭，其事上也敬，其养民也惠，其使民也义”[②]。同时，孔子还要求统治者要“博施于民而能济众”[③]。孟子在孔子仁爱、德治的基础上系统提出仁政学说，“民为贵，社稷次之，君为轻”[④]是其仁政思想的核心观点，而执政者对于老年人的敬重、爱护就是“民为贵”的具体体现。孟子认为：“五亩之宅，树之以桑，五十者可以衣帛矣。鸡豚狗彘之畜，无失其时，七十者可以食肉矣。百亩之田，勿夺其时，八口之家可以无饥矣。谨庠序之教，申之以孝悌之义，颁白者不负戴于道路矣。老者衣帛食肉，黎民不饥不寒，然而不王者，未之有也。”[⑤]此外，孟子还提出施“仁政”应当包括对社会上四种“无告”之人的优先、有效的救助。如《孟子·梁惠王下》云：“老而无妻曰鳏。老而无夫曰寡。老而无子曰独。幼而无父曰孤。此四者，天下之穷民而无告者。文王发政施仁，必先斯四者。”其中，前三者皆为老年人。荀子继承孔孟思想，并加以发展，提出民水君舟思想。荀子认为：“选贤良，举笃敬，兴孝弟，收孤寡，补贫穷，如是，则庶人安政矣。庶人安政，然后君子安位。《传》曰：‘君者，舟也；庶人者，水也。水则载舟，水则覆舟。’此之谓也。”[⑥]

除了儒家学说之外，道家、墨家、法家等学说也主张以民为本，提倡国家对老年人的救助。道家虽主张无为而治，但无为只是手段，不是目的，“无为而无不为”才是治国之根本。因此，老子主张“圣人爱养万民，不以仁恩，法天地任自然”[⑦]。庄子也主张“以法为分，以名为表，以参为验，以稽为决，其

---

① 此处我们将“政”“刑”视为一种外力强制，即维护政治秩序和道德秩序的暴力手段。而“德”“礼”是实现教化，从而实现“内在之仁”的方法。

② 杨伯峻译注：《论语译注·公冶长》，中华书局1980年版，第47～48页。

③ 杨伯峻译注：《论语译注·雍也》，中华书局1980年版，第65页。

④ （清）焦循撰，沈文倬点校：《孟子正义·尽心下》，《新编诸子集成》本，中华书局1987年版，第973页。

⑤ （清）焦循撰，沈文倬点校：《孟子正义·梁惠王上》，《新编诸子集成》本，中华书局1987年版，第95页。

⑥ （清）王先谦，沈啸寰、王星贤点校：《荀子集解·王制》，《新编诸子集成》本，中华书局1988年版，第180页。

⑦ 王卡点校：《老子道德经河上公章句·虚用》，中华书局1993年版，第18页。

数一二三四是也，百官以此相齿，以事为常，以衣食为主，蕃息畜藏，老弱孤寡为意，皆有以养，民之理也”①。墨子通过对比商纣王与周文王对待百姓、老弱的做法，提出其对“老而无妻子者，有所侍养以终其寿；幼弱孤童之无父母者，有所放依以长其身”②的祈愿，同时也提出“富贵者奢侈，孤寡者冻馁，虽欲无乱，不可得也”③的警告。春秋时法家代表人物管子提出的“五行九惠之教”④中第一条便是“老老”，提出的“德有六兴”⑤思想中其中一条为“养长老，慈幼孤，恤鳏寡，问疾病，吊祸丧，此谓匡其急”。而法家集大成者韩非子同样认为：“其治国也，正明法，陈严刑，将以救群生之乱，去天下之祸，使强不陵弱，众不暴寡，耆老得遂，幼孤得长，边境不侵，群臣相亲，父子相保，而无死亡系虏之患，此亦功之至厚者也。”⑥

三、人道主义

虽然中国古代的仁政、德治思想倡导国家对老年人提供救助，但并不表明官方会承担法定的救助义务和责任。官方倡导老年人救助的根本目的是为了更好地实现社会控制，维护社会稳定，使统治得以延续。因此，老年人的国家救助带有随意性，多与皇帝和主管官员的个人品性直接相关，无法全面有效地承担家庭和家族养老缺失所带来的老年人救助需求。社会大众自发的老年人救助在此时发挥了重要作用，而其思想核心便是团结互助、重视生命的人道主义。“在文化类型的归属上，人们喜欢将西方文化归为个人主义，而将中国文化归为集体主义。集体主义价值观是一种以互助为核心，强调人与人之间相互依靠和相互帮助的价值取向。”⑦中国古代社会的家族、宗

---

① (清)郭庆藩撰，王孝鱼点校：《庄子集释·天下》，《新编诸子集成》本，中华书局1961年版，第1061页。

② 孙诒让撰，孙以楷点校：《墨子闲诂·兼爱下》，《新编诸子集成》本，中华书局2001年版，第115页。

③ 孙诒让撰，孙以楷点校：《墨子闲诂·辞过》，《新编诸子集成》本，中华书局2001年版，第36～37页。

④ 黎翔凤校注，梁运华整理：《管子校注·入国篇》，《新编诸子集成》本，中华书局2004年版，第1033页。

⑤ 黎翔凤校注，梁运华整理：《管子校注·五辅》，《新编诸子集成》本，中华书局2004年版，第94页。

⑥ (清)王先慎撰，钟哲点校：《韩非子集解·奸劫弑臣》，《新编诸子集成》本，中华书局1998年版，第69～110页。

⑦ 姚建平：《中美社会救助制度比较》，中国社会出版社2007年版，第59页。

族互助传统就是典型体现,但这种集体主义文化绝不仅仅体现在有血缘关系的人之间。民族学资料显示,傈僳人对一般的年老的村社成员,有代耕和代收的义务。[①] 独龙人的家庭公社实行平均的共食制,他们有对于老人和病人予以特殊照顾的习惯,“例如吃肉时,便多分给老人和病人一些,有的成员甚至主动地从自己的份里拿出一部分送给老人和病人”[②]。这种价值取向通过道家、儒家、墨家等学派的不同学说从不同侧面阐释出来。

孔子的“仁”,是“人的发现”,同时“‘仁’是关于人我关系的准则,仁的出发点应是承认别人也是人,别人是与自己一样的人”[③],这就是“人道”的本质。在儒家思想体系中,仁有广义狭义之分。“狭义的仁即五常之一,主要是以人与人之间相亲相爱的道德情感为主要内涵的道德规范,它要求人们以人为人,相亲相爱,反映了人对自身的觉醒,具有浓厚的人道精神。”[④]孔子主张“仁者爱人”,但对于一个具体的人来说,仁爱是有差等的、渐进式的。孔子的“仁爱”首重孝悌,“君子务本,本立而道生。孝弟也者,其为仁之本与”[⑤]。孔子从人之本性出发,认为在家族内部、有血缘关系的人之间行孝悌之道是仁的根本。只有根本确立,才能进一步衍生出对道的追求,才能由近及远、推己及人,做到“己欲立而立人,己欲达而达人”[⑥],“己所不欲,勿施于人”[⑦],引发对无血缘关系之人的仁爱之心,即“泛爱众”。这样,孔子提出的“仁”就超越了当时社会的宗法血缘关系,将行仁爱这种利他行为拓展到周边群体、民族、国家乃至整个人类。前文已经述及,孔子将“孝”与“仁”紧密地联系在一起。“孝”是“仁”的基础,只有植于人的心中,才可能培养出人们行仁的责任意识和使命感。人只有在具备“孝”的感情之后,按照这种情感去处理自己与无血缘关系之人乃至整个人类之间的关系。因此,当人面对社会中的其他人时,其产生“仁爱”之情的对象首先就应当是老年人,尤其是应当受到救助的老年人。儒家的仁爱观在孟子的学说中得到进一步发扬。孟子学说的理论基础是性善论,并提出人心固有的四个善端:恻隐、羞恶、辞

---

① 参见宋恩常:《云南少数民族研究文集》,云南人民出版社 1986 年版,第 578 页。
② 宋恩常:《云南少数民族研究文集》,云南人民出版社 1986 年,第 40 页。
③ 张岱年:《中国伦理思想研究》,江苏教育出版社 2009 年版,第 82 页。
④ 邹海贵:《社会救助制度的伦理考量》,人民出版社 2012 年版,第 57 页。
⑤ 杨伯峻译注:《论语译注 · 学而》,中华书局 1980 年版,第 2 页。
⑥ 杨伯峻译注:《论语译注 · 雍也》,中华书局 1980 年版,第 65 页。
⑦ 杨伯峻译注:《论语译注 · 卫灵公》,中华书局 1980 年版,第 166 页。

让、是非。这四种善端是引导人们扬善抑恶、布善祛恶的力量之源。其中，“恻隐之心，仁之端也”，正是人们从事各种善举的心理动机。在孟子看来，所有的仁爱之行为皆发自人们内心深处，即所谓“仁，人心也”[①]。因此，孟子思想与孔子一脉相承，认为人的仁爱之情也应当由骨肉亲情向广大非血缘关系之人层层推衍，“仁之实，事亲是也”[②]，“亲亲而仁民，仁民而爱物”[③]。而孟子的名言“老吾老，以及人之老；幼吾幼，以及人之幼”[④]，正是这种思想的集中体现。孟子在继承孔子仁的思想的基础上也有所发展，“孔子是以设身处地为他人着想、宽怀容人、恩惠助人等当作‘仁’，孟子固然也提倡如此做法，但他更注重解人危难，救人性命，在很大程度上从人的本原——生命的角度来探寻‘仁’的新的内涵。孟子则沿孔子仁学一路发展，倡导性善论，创造性地把‘仁’放在心上，所以人人都有成善之性。因此，在儒学发展史上，性善论第一次明确了良心本心是自己成就道德的根据，开通了心学的先河”[⑤]。孟子从心、性、仁三者的关系论仁，视仁为人心的本质属性和人性的基本内容。这不仅解决了仁的来源问题，而且把孔子的仁学推进到心性论的深度和本体论的高度，使儒家的仁学向前发展了一大步。后代儒家思想家们继承和发扬了先秦儒家的人道主义思想，如唐代韩愈提出“博爱之谓仁”，北宋张载提出“民吾同胞，物吾与也”的泛爱主义思想。张载《西铭》一文进一步指出：“尊高年，所以长其长。慈孤弱，所以幼吾幼。圣其合德，贤其秀也。凡天下疲癃残疾茕独鳏寡，皆吾兄弟之颠连而无告者也。于时保之，子之翼也。”二程则把“仁”和“公”“公平”联系起来，提出“仁者公也”的论断，“仁之道，要之只消道一公字。……只为公，则物我兼照，故仁”[⑥]。“‘仁’由‘爱亲’而推及‘泛爱众’是一个重要的伦理升华，‘仁’获得了更高层次的道德规定，体现了对宗族、社会乃至华夏民族整体利益的责任感和道德义

---

① （清）焦循撰，沈文倬点校：《孟子正义·告子上》，《新编诸子集成》本，中华书局 1987 年版，第 786 页。

② （清）焦循撰，沈文倬点校：《孟子正义·离娄上》，《新编诸子集成》本，中华书局 1987 年版，第 532 页。

③ （清）焦循撰，沈文倬点校：《孟子正义·尽心上》，《新编诸子集成》本，中华书局 1987 年版，第 949 页。

④ （清）焦循撰，沈文倬点校：《孟子正义·梁惠王上》，《新编诸子集成》本，中华书局 1987 年版，第 86 页。

⑤ 杨泽波：《孟子评传》，南京大学出版社 1998 年版，第 445 页。

⑥ （宋）程颢、程颐撰：《二程遗书》卷十五，上海古籍出版社 2000 年版，第 200 页。

务，这也构成了宗族救助和民间救助活动的伦理道德基础。”①

除了儒家学说之外，道家、墨家等学说也倡导人道主义。在老子道家的理论体系中，“他人优位是绝对而恒常的价值取向，一切行为的起始点不在个人自己，而在他人，在他人价值和需要的实现和满足的行为中，个人的价值才得到具体的体现和确证”②。老子主张道法自然，自然之道，众生平等，人与人之间应相互尊重，善待他人，善待社会，善待自然万物。“圣人之道，为而不争”③，而“天之道，损有余而补不足”④。“道家伦理思想的精湛之处在于它已经相当深刻地意识到人我己群之间的关系是辩证统一的，人不仅具有个体性同时也具有群体性。每一个人的命运都与人类群体的命运休戚与共，而人类群体的命运也必然与每一个人的命运息息相关。因此，真正伟大的生命超越人生智慧，绝不会对人类群体的命运置之不理，决然抛弃我以外的他人。”⑤墨家提出的“兼相爱，交相利”“爱无差等”思想更是对儒家仁爱思想的有益补充。墨子从当时的社会现实出发，认为“今若国之与国之相攻，家之与家之相篡，人之与人之相贼，君臣不惠忠，父子不慈孝，兄弟不和调，此则天下之害也”⑥。导致这一社会现实出现的原因在于“天下之人皆不相爱，强必执弱，富必侮贫，贵必敖贱，诈必欺愚”⑦。解决这一问题的办法就在于“兼相爱、交相利”，“视人之国若视其国，视人之家若视其家，视人之身若视其身”⑧，这也是墨子追求的最高理想境界和最高行为准则，“兼即仁矣，义矣”⑨。由于中国古代生产力低下，百姓自身经济地位不稳定，当出现天灾人

① 邹海贵：《社会救助制度的伦理考量》，人民出版社 2012 年版，第 57～58 页。

② 许建良：《老子道家“慈”论》，载《伦理学研究》2011 年第 1 期。

③ （魏）王弼注，楼宇烈校释：《老子道德经注校释》第八十一章，《新编诸子集成》本，中华书局 2008 年版，第 192 页。

④ （魏）王弼注，楼宇烈校释：《老子道德经注校释》第七十七章，《新编诸子集成》本，中华书局 2008 年版，第 186 页。

⑤ 王泽应：《自然与道德——道家伦理道德精粹》，湖南大学出版社 1999 年版，第 309 页。

⑥ 孙诒让撰，孙以楷点校：《墨子闲诂·兼爱中》，《新编诸子集成》本，中华书局 2001 年版，第 100～101 页。

⑦ 孙诒让撰，孙以楷点校：《墨子闲诂·兼爱中》，《新编诸子集成》本，中华书局 2001 年版，第 101 页。

⑧ 孙诒让撰，孙以楷点校：《墨子闲诂·兼爱中》，《新编诸子集成》本，中华书局 2001 年版，第 102 页。

⑨ 孙诒让撰，孙以楷点校：《墨子闲诂·兼爱下》，《新编诸子集成》本，中华书局 2001 年版，第 119 页。

祸等社会风险时，单靠家庭自身的力量难以维持生计，贫苦百姓之间的互助互利就十分必要。“有力者疾以助人，有财者勉以分人，有道者劝以教人。若此，则饥者得食，寒者得衣，乱者得治。”[①]为了加强说服力，墨子还把“兼爱”与天意联系起来，提出“爱人利人者，天必福之；恶人贼人者，天必祸之”[②]的观点。

从上可知，中国古代思想家们的“人道主义”理念，除了重视人的生命、人的尊严之外，都有一个类似的思想核心，那就是“大同思想”。“中国古代的思想家们在构筑未来的理想社会时，几乎都把人人劳动、产品共同分配，无阶级、无剥削、无压迫，财产公有的大同社会作为所追求的目标。在这样的社会里，没有贫穷和饥饿，鳏寡孤独疾老幼等都能得到妥善的抚养和安置。”[③]老子的“损有余而补不足”的天道思想，孔子的“泛爱众”“均无贫”和孟子的“老吾老以及人之老、幼吾幼以及人之幼”的仁爱思想，墨子的“兼相爱，交相利”的义利思想，都从不同侧面、不同角度阐释了大同思想。对大同思想最完整、最详尽、最经典的描述便是《礼记·礼运》中据说是孔子所讲的一段话：

> 孔子曰：“大道之行也，与三代之英，丘未之逮也，而有志焉。大道之行也，天下为公，选贤与能，讲信修睦。故人不独亲其亲，不独子其子，使老有所终，壮有所用，幼有所长，矜寡孤独废疾者皆有所养，男有分，女有归。货恶其弃于地也，不必藏于己；力恶其不出于身也，不必为己。是故谋闭而不兴，盗窃乱贼而不作，故外户而不闭。是谓大同。

此后，大同思想在中国的历史长河中延绵不绝，尤其是在社会大动荡时期，更是为仁人志士所倡导，如东汉《太平清领书》、太平天国时期的《天朝田亩制度》、清末康有为的《大同书》等都有集中体现。辛亥革命成功之后，孙中山先生的三民主义成为民国政府的施政纲领。孙中山先生在吸纳西方各流派的慈善观的基础上，从“养民济民”的民生论出发，提出了既继承传统又颇具新意的“安老怀少”的慈善思想，使老者有所养，壮者有所营，幼者有所教。孙中山先生提出的“天下为公”“世界大同”的口号和建构“幼有所教，老

---

① 孙诒让撰，孙以楷点校：《墨子闲诂·尚贤下》，《新编诸子集成》本，中华书局 2001 年版，第 70 页。

② 孙诒让撰，孙以楷点校：《墨子闲诂·法仪》，《新编诸子集成》本，中华书局 2001 年版，第 22 页。

③ 甄尽忠：《先秦社会救助思想研究》，中州古籍出版社 2008 年版，第 185 页。

有所养”的“真自由、平等、博爱”社会的政治主张[①]，也是对大同思想的继承与发扬。

四、宗教信念

我国古代虽然缺乏宗教传统，但历朝历代信奉宗教者不在少数，宗教信念和宗教活动在老年人社会救助中起着重要作用，对我国古代的老年人社会救助有着深刻影响。在我国封建社会时期，宗教救助一直是老年人社会救助中的重要力量。我国古代影响力较大的宗教主要是道教和佛教，现分述如下：

（一）道教

道教是我国土生土长的宗教，由先秦时期的道家学派发展而来，发展过程中吸收了战国邹衍的方仙之术、西汉董仲舒的“天人感应”说以及随之而来的谶纬神学。道教教众普遍接受并信奉其早期经典《太平经》即《太平清领书》的思想，崇尚替天行道与除恶扬善。“《太平经》一书的内容体系尤为纷杂，糅合了先秦儒、道、阴阳诸家思想，企图通过神道设教的方式来宣扬善恶报应等思想观念。”[②]人为善恶、天降福祸的观念早已有之。《尚书》：“惟上帝不常，作善降之百祥，作不善降之百殃。”《周易·坤·文言》：“积善之家，必有余庆；积不善之家，必有余殃。”《太平经》提出的“承负说”是在“积善余庆、积恶余殃”的善恶报应论和“天人感应”思想的基础上发展而来的，主张任何人的善恶行为不仅在自己身上遭受报应，还会对后世子孙产生影响。如果自身能行大善，积大德，还可避免祖殃，并为后代子孙造福；如果从恶不改，神灵将依据人的恶行，降下恶果。这一学说不仅促使道教教众多行善举，同时也对当时的民间社会产生潜移默化的影响。魏晋时期，因统治者的喜好和上层士族的信崇，道教获得更大发展。道教的因果报应学说与长生成仙的教义相结合，将遵守儒家纲常名教、行善积德作为修行的重要方面，提出“若德行不修，而但务方术，皆不得长生也”[③]的观点。唐宋时期是道教发展的鼎盛时期。北宋末期，对后世影响深远的劝善书《太上感应篇》问世，

---

① 参见孙中山：《孙中山全集》第2卷，中华书局1982年版，第523页。

② 周秋光、曾桂林：《中国慈善简史》，人民出版社2006年版，第41页。

③ 王明校释：《抱朴子内篇校释》卷三《对俗》，《新编诸子集成》本，中华书局1986年版，第53页。

它以道司命神“太上君”规诫的方式，列举出种种善恶行为作为评判人们善恶报应的标准，其中“矜孤恤寡，敬老怀幼”便是重要的善行。大约同一时期，道教的另一部重要的劝善书《文昌帝君阴骘文》也刊行于世。这些劝善书通俗易懂，发行量大，在民间产生重要影响，民间行善之举渐渐蔚然成风。“从明代中后期开始，劝善书数量日益增多，清代达到高潮，一直到民国年间继替不绝。1935 年，上海明善书局出版、陕西商南贺箭村撰辑的《古今善书大辞典》收录善书 169 种。”①

（二）佛教

佛教诞生于公元前 6 世纪的印度，西汉末年传入中土，并与中国传统伦理思想尤其是儒家思想相结合，形成了独特的汉传佛教思想。中国佛教善恶观及劝善理论十分丰富，其社会功能趋向一种劝善化俗之道。但当佛教传入中国的早期，佛教这种外来文化与中国本土文化必然产生冲突，尤其是与“孝”这一儒家核心伦理之间产生的冲突最为突出。儒家指责佛教“入家而破家，使父子殊事，兄弟异法，遗弃二亲，孝道顿绝。忧娱各异，歌哭不同，骨血生仇，服属永弃。悖化犯顺，无昊天之报，五逆不孝，不复过此”②。佛教徒出家之后，通常需要“持五戒”，即戒杀生、戒偷盗、戒邪淫、戒饮酒、戒妄语，遵守各种清规戒律的目的在于断恶修善，以得正果，但同时也违反了儒家倡导的“不孝有三，无后为大”的孝道。在这一点上，佛教确实是与儒家提倡的“孝道”相违背的。但佛教，尤其是已经中国化了的佛教思想并不反对子女对父母尽孝道，甚至还极力倡导。佛教有三毒，痴为其一。“何等为痴。谓不礼父母。”③如《忍辱经》云：“善之极，莫大于孝；恶之极，莫大于不孝。”而佛教在解释为何要孝顺父母时说：“父母还以五事报之。一者至心爱念，二者终不欺证，三者给财于之，四者为聘上族，五者教以世事。”佛教理论认为佛教徒供养父母的目的在于报恩，这是因为“印度佛教根本没有‘孝’这一词汇，而采用‘报恩’这一说法”④。由于佛教崇尚众生平等，因果轮回，虽然也言孝，但孝的目的是为了报恩。基于这一目的的孝，其对象就不限于儒家倡

① 王子今、刘悦斌、常宗虎：《中国社会福利史》，武汉大学出版社 2013 年版，第 324 页。

② （梁）僧祐编撰，刘立夫、胡勇译注：《弘明集》，中华书局 2011 年版，第 276 页。

③ 《高丽大藏经》编辑委员会编：《高丽大藏经 · 阿含口解十二因缘经》，线装书局影印 2004 年版，第 5 页。

④ 方广锠：《佛教典籍百问》，今日中国出版社 1989 年版，第 33 页。

导的对父母、长辈之孝，而有泛化趋势。故此，佛教的传入对于中国家庭养老还是有一定影响的，但仅限于真正出家之人，且影响并不严重。与此同时，这种将孝的对象扩展到所有生命的思想观念对于佛教徒有着积极的引导意义，使其“履仁行慈，博爱济众”，积极从事老年人社会救助活动。

如果说佛教中的孝思想是为了迎合中国儒家思想而作出的理论辩解，那么解读佛家之孝的理论工具慈悲观则是佛教的核心教义，同时也是佛教社会救助观念中最重要的思想渊源。对于佛教徒来说，欲成圣佛，必须“大慈大悲”，将慈悲心扩大至无限，扩大到一切众生，慈悲于一切，便是修善德，来世可升入天界；不持五戒，即是作恶，来世当堕入地狱。这便是佛教思想信奉的区别于道教“承负说”的因缘业报理论。“业有三报：一现报，现作善恶，现受苦乐。二生报，今生作业，来生受果。三后报，或今生受业，过百千生方受其报。”[①]这一思想通过轮回理论将行为主体与结果主体合二为一，比道家的一人作恶、殃及子孙的“承负说”更具理论的圆通性，也更易为普通百姓理解和接受，使人们意识到“善恶报应也，悉我自业焉”。从某种意义上说，因缘业报说更具威慑力地规范着人们的善恶行为，并进一步充实了中国民间社会的伦理观念。[②] 在上述思想的指引下，佛教徒一边行善布施，一边教化百姓，吸引善男信女，成为我国古代老年人社会救助的重要社会力量之一。

第二节　先秦时期的老年人救助

先秦时期是我国有文字可考的最古时期，由于史料匮乏，很多制度难以确认，只能从后人传闻中探得一鳞半爪，大致勾勒出先秦时期的尊老、敬老、养老制度。先秦时期的国家制度以礼制为基础，实行国家抚养与家庭赡养相结合的方式保障老年人的晚年生活。从制度层面而言，对老年人礼敬有余，救助不足。在宗法等级制的社会，不同等级的老年人受到的礼遇截然不同，但除了礼制优遇之外，缺乏其他的老年人救助措施，通常只能依靠家庭供养，特殊情况下可能获得统治者的个别救助。

---

① 尚海、傅允生主编：《四大宗教箴言录》，中国广播电视出版社 1993 年版，第 316 页。

② 参见周秋光、曾桂林：《中国慈善简史》，人民出版社 2006 年版，第 48 页。

先秦时期是指中国从原始社会进入阶级社会后最初历经的几个历史时期——夏、商、西周、春秋、战国直至秦统一以前社会发展的历史阶段。中国自原始社会起就有尊老、敬老、养老的优良传统。先秦时期，对老人的救助和照顾体现在社会生活的方方面面，包括致仕、减免赋役、减轻刑罚、赐杖等，通过实行国家抚养与家庭赡养相结合的方式，使其老有所养，老有所为，安度晚年。先秦时期，社会生产力发展水平十分落后，“天饥岁荒，嫁妻卖子者必是家也”[①]。《逸周书·文传》也引“夏箴”之言曰：“小人无兼年之食，遇天饥，妻子非其所有也。大夫无兼年之食，遇天饥，臣妾舆马非其所有。”即使不遇到饥荒，在苛政肆虐之时，勤苦终岁也“无积粟之实”[②]。因此，孟子劝告统治者要施行仁政才能让百姓“仰足以事父母，俯足以畜妻子，乐岁终身饱，凶年免于死亡”[③]。由此可见，在先秦时期，只有当风调雨顺，没有战事，且统治者对百姓盘剥不重时，普通家庭承担起养老责任才是可能的。如果出现天灾战事或者统治者苛政过猛时，无劳动能力的老年人仅靠家庭供养是难以维持生计的。因此，由国家进行老年人供养和救助的制度开始形成。

一、老年人年龄的界定

由国家负责老年人供养和救助，必须依靠具体的制度，明确被供养和救助对象的范围。“所谓老年人，在中国古代有着两方面的含义，即生理学意义上的老人与社会学意义上的老人。”[④]但就制度规范而言，一般以年龄作为老年人的标准。《礼记·曲礼上》根据人的年龄不同，将人一生划分为不同阶段：“人生十年曰幼，学。二十曰弱，冠。三十曰壮，有室。四十曰强，而仕。五十曰艾，服官政。六十曰耆，指使。七十曰老，而传。八十、九十曰耄，七年曰悼，悼与耄虽有罪，不加刑焉。百年曰期颐。”

文中虽然将年七十称为“老”，但对于老年人的供养一般从 50 岁开始。《礼记·内则》中云：

---

① (清)王先慎撰，钟哲点校：《韩非子集解·六反》，《新编诸子集成》本，中华书局 1998 年版，第 457 页。

② 何建章注释：《战国策注释·秦策四》，中华书局 1990 年版，第 236 页。

③ (清)焦循撰，沈文倬点校：《孟子正义·梁惠王上》，《新编诸子集成》本，中华书局 1987 年版，第 94 页。

④ 谢元鲁、王定璋：《中国古代敬老养老风俗》，陕西人民出版社 2004 年版，第 1 页。

凡养老，有虞氏以燕礼，夏后氏以飨礼，殷人以食礼，周人修而兼用之。凡五十养于乡，六十养于国，七十养于学，达于诸侯。八十拜君命，一坐再至，瞽亦如之；九十者使人受。五十异粻，六十宿肉，七十二膳，八十常珍，九十饮食不违寝，膳饮从于游可也。六十岁制，七十时制，八十月制，九十日修，唯绞、紟、衾、冒，死而后制。五十始衰，六十非肉不饱，七十非帛不暖，八十非人不暖，九十虽得人不暖矣。五十杖于家，六十杖于乡，七十杖于国，八十杖于朝。九十者，天子欲有问焉，则就其室，以珍从。七十不俟朝，八十月告存，九十日有秩。五十不从力政，六十不服戎，七十不与宾客之事，八十齐丧之事弗及也。五十而爵，六十不亲学，七十致政。凡自七十以上，唯衰麻为丧。凡三王养老，皆引年。八十者，一子不从政；九十者，其家不从政。瞽亦如之。

《礼记·王制》中也有类似规定：

凡养老，有虞氏以燕礼，夏后氏以飨礼，殷人以食礼，周人修而兼用之。五十养于乡，六十养于国，七十养于学，达于诸侯。

八十拜君命，一坐再至，瞽亦如之；九十使人受。五十异粻，六十宿肉，七十贰膳，八十常珍，九十饮食不离寝，膳饮从于游可也。六十岁制，七十时制，八十月制，九十日修，唯绞、紟、衾、冒，死而后制。五十始衰，六十非肉不饱，七十非帛不暖，八十非人不暖，九十虽得人不暖矣。五十杖于家，六十杖于乡，七十杖于国，八十杖于朝。九十者，天子欲有问焉，则就其室，以珍从。七十不俟朝，八十月告存，九十日有秩。五十不从力政，六十不与服戎，七十不与宾客之事，八十齐丧之事弗及也。五十而爵，六十不亲学，七十致政，唯衰麻为丧。

从上述记载来看，先秦时期年满 50 岁之人因精力和体力的衰退开始享受国家和社会的优待，便可称其为老年人，可以免于从事重体力劳动，并可参加国家举办的敬老宴。班固在《汉书·食货志》中追述西周时期的制度时说："民年二十受田，六十归田。七十以上，上所养也；十岁以下，上所长也。"就是说百姓年满 20 岁就授予田地，满 60 岁归还国家；70 岁以上的老人由国家给予赡养。从上述资料中大概可以推断出，先秦时期是以 50 岁作为不再从事重体力劳动的界限，"以六十岁作为丧失劳动力的年龄界限，七十岁作为接受赡养的年龄界限"。

二、国家敬老养老措施

先秦时期，国家为敬老养老制定了许多救助措施，主要有如下几种：

(一)学校养老

先秦时期国家养老制度的一大特色就是把国家养老与学校教育进行紧密结合。《礼记·王制》云："有虞氏养国老于上庠，养庶老于下庠；夏后氏养国老于东序，养庶老于西序；殷人养国老于右学，养庶老于左学；周人养国老于东胶，养庶老于虞庠，虞庠在国之西郊。"此处的"庠""序""学""胶""虞"庠皆为学校之名，前述"五十养于乡，六十养于国，七十养于学"，亦指"养于学"，即年满50的养于乡遂之学，年满60的养于国学中的小学，年满70的养于国学中的大学。文中的"国老"指致仕还家的老年官员，而"庶老"则指庶民老者，这些老年人都具有丰富的工作经验和人生阅历，这些都是无比珍贵的社会财富。这种"养于学"的制度，既达到了敬老养老的目的，又使老年人能够老有所用，发挥余热，教育后人，传播文化知识，可谓一举多得。

除此之外，学校养老的另一个重要作用在于自幼培养学生尊老、敬老的思维观念和基本礼仪。先秦时期，祭祀与养老礼仪的教育是学校教育的重要内容，学校既是养老的重要机构，又是养老礼仪开展的核心场所。《礼记·文世王子》有云："凡祭与养老乞言、合语之礼，皆小乐正诏之于东序。大乐正学舞干戚，语说、命乞言，皆大乐正授数，大司成论说在东序。凡侍坐于大司成者，远近间三席。可以问，终则负墙。列事未尽，不问。""凡学，春官释奠于其先师，秋冬亦如之。凡始立学者必释奠于先圣、先师，及行事必以币。凡释奠者，必有合也，有国故则否。凡有大合乐，必遂养老。"根据《礼记》相关记载，周天子在视察太学时，于祭祀仙师先圣之后，紧接着就要举行隆重的养老之礼，仪式结束后，还要命令与会的公侯伯子男诸侯及百官，回去之后也要在学校举行养老之礼，随后养老之礼方告结束。周天子这种从大处着眼，以典礼的形式显示其敬老爱老，极尽孝养之能事，充分体现了其仁德。[①]《礼记·祭义》又云："祀乎明堂，所以教诸侯之孝也；食三老五更于大学，所以教诸侯之弟也。祀先贤于西学，所以教诸侯之德也；耕借，所以教诸侯之养也；朝觐，所以教诸侯之臣也。五者，天下之大教也。食三老五更于大学，天子袒而割牲，执酱而馈，执爵而酳，冕而总干，所以教诸侯之弟也。是故，乡里有齿，而老穷不遗，强不犯弱，众不暴寡，此由大学来者也。"直接点出建立大学与养老、敬老之间的密切联系，以及大学在养老礼仪中的重要作用。

（二）减徭减赋

老年人随着体力的下降，逐渐丧失劳动能力，无法承担国家规定的徭役与赋税，国家也根据不同情况予以减免。《周礼·地官·乡大夫》中规定："国中自七尺以下及六十，野自六尺及六十有五，皆征之。"意思是说，国都及近郊60岁以下、郊外农村65岁以下的才承担力役、赋税。"其舍者国中贵者、贤者、能者、服公事者、老者、疾者、皆舍。"意思是国都中的老年人是免于征收徭役、赋税的。对于非属国都的老年人，虽没有明确规定，但"实际上也是须免役的。事实上，在《遂大夫》的职掌中已有：'以岁时稽其夫家之众寡、六畜、田野，辨其可任者与可施舍者'，表明各遂也有免役规定，只是未说明应免役的对象。这可能是因《乡大夫》已有规定，为避免重复，故只概乎言之"[②]。

（三）减轻刑罚

老年人触犯刑律，要酌情予以免除或减轻刑罚。《周礼·秋官·司刺》，规定有"三赦之法"。即三类人应得到赦免："壹赦曰幼弱，再赦曰老旄，三赦曰蠢愚。"对犯罪的儿童、年高的老人和智力低下之人，除亲手故意杀人外，都要给以赦免，不追究其刑事责任。[③]《司厉》又规定："凡有爵者，与七十者，与未龀者，皆不为奴。"对70岁以上的老人和未换牙的儿童，都不得罚做奴

① "天子视学，大昕鼓征，所以警众也。众至，然后天子至，乃命有司行事，兴秩节，祭先师先圣焉。有司卒事反命，始之养也。适东序，释奠于先老，遂设三老五更群老之席位焉。适馔省醴，养老之珍具，遂发咏焉。退修之，以孝养也。有司告以乐阕，王乃命公、侯、伯、子、男及群吏曰：'反养老幼于东序。'终之以仁也。是故圣人之记事也，虑之以大，爱之以敬，行之以礼，修之以孝，养纪之以义，终之以仁。"（《礼记·文王世子》）

② 胡寄窗：《〈周礼〉的经济思想》，载中国社会科学院经济研究所中国经济思想史组编：《中国经济思想史论》，人民出版社1985年版，第506页。

③ 《周礼·秋官·司刺》郑玄注："非手杀人，他皆不坐。"

隶。《礼记·曲礼上》中也提出:"八十、九十曰耄,七年曰悼,悼与耄虽有罪,不加刑焉。"80岁以上的老人和7岁以下的儿童,虽然犯罪,不承担刑事责任。另外,在《管子·戒第》中提出:"老弱勿刑,参宥而后弊。"意思是对年老体弱施以刑罚,即使犯了罪,也要在宽宥三次后才能治罪。

(四)赐杖制度

赐杖制度是我国古代特有的尊老敬老制度。《礼记·王制》中说:"五十杖于家,六十杖于乡,七十杖于国,八十杖于朝。九十者,天子欲有问焉,则就其室,以珍从。"从中可知,在先秦时期,老年人拄拐杖也是受到礼制约束的,不同年龄的老年人在何种范围内可以拄拐是有明确规定的,拄拐杖也是国家对老年人的一种尊敬与优待。老年人的拐杖由统治者赐予并赋予某些特权,便是赐杖制度。《周礼·秋官·伊耆氏》中出现过"共其杖咸""共王之齿杖"等说法,郑玄注之曰"王之所以赐老者之杖"。由此我们可知,所谓的"齿杖"就是王杖,是天子向年高德重者赐予的手杖,此即《礼记·月令》中所规定的仲秋之月,"养衰老,授几杖,以行糜粥饮食",即授杖时间在每年的农历八月,除赐杖之外,还行饮食糜粥之礼。《后汉书·礼仪志》对此也有记载:"仲秋之月,县道皆案户比民,年始七十者授之以王杖,铺之糜粥。八十、九十礼有加赐。"这一制度在秦汉时期一直沿用,并得到进一步发展。①

(五)乡饮酒礼

如果说上述制度都是国家层面对老年人的优待、奉养制度,那么乡饮酒礼则是在社会基层运行的尊老、敬老制度。乡饮酒礼是先秦时期定期举行的以尊老敬老为内容的酒会仪式,在十月份举行,正值农闲季节,由乡官主持,参加宴会的皆是乡间德高望重、技艺过人的贤长老者。《礼记·乡饮酒义》记载:"六十者坐,五十者立侍以听政役,所以明尊长也。六十者三豆,七十者四豆,八十者五豆,九十者六豆,所以明养老也。"席次和座次等级分明,以体现对年长者的尊崇。《礼记·经解》中说:"乡饮酒礼之礼,所以明长幼之序也。"可见,尊老养老是乡饮酒礼的一个重要内容,这也就是《礼记·王

---

① 例如,1959年,甘肃武威磨咀子18号汉墓出土的著名的"王杖十简",记载了汉宣帝、汉成帝关于高年赐王杖的两道诏书,涉及受王杖老人受辱后裁决犯事者的案例。王杖十简提供的资料,不仅涉及王杖主人社会地位和人身权利的保障,也包括其经济待遇。例如,贾市可以免税、允许经营酒业等等,都体现出某种特权。(参见王子今、刘悦斌、常宗虎:《中国社会福利史》,武汉大学出版社2013年版,第71～77页)

制》中所说的“习乡上齿”。[①] 这是尊老敬老习俗在饮食宴会上的典型表现，也是当时的统治者通过对社会交往中尊老敬老礼仪的强制性规定，形成并强化社会上的尊老敬老风气。

三、国家扶持家庭赡养政策

从上文可知，在先秦时期，国家主要为达到一定年龄的老年人提供某些供养和优待，家庭才是养老的基本单位。因此，为了让家庭能够更好地实现养老责任，国家制定了相应的扶持家庭赡养老年人的政策。比如《礼记·内则》规定：“八十者，一子不从政；九十者，其家不从政。”家里有80岁的老人，应留一个儿子不从政，有90岁的则全家不从政，这是为了让应当出仕的士大夫留在家里，专职奉养，使老人能够得到较为周到的照顾，同时也彰显统治阶层对孝道的重视和倡导。管子在其主张的“九惠之教”中也曾提出过类似政策，“九惠之教”第一项就是“老老”，其具体措施是：“凡国都皆有掌老。年七十已上，一子无征，三月有馈肉。八十已上，二子无征，月有馈肉。九十已上，尽家无征，日有酒肉。死，上共棺椁。”[②]在国都和城邑设立专门的“掌老”官，年满70岁的老年人，免除一子的徭役赋税，每年有三个月可以得到官府馈赠的肉食；年满80岁的老年人，免除两个儿子的徭役赋税，每月都可以得到官府馈赠的肉食；年满90岁的老年人，全家免除徭役赋税，每天都有酒肉供应。在这些人死后，由国家负责购置棺椁。这些政策措施结合着前文述及的孝道文化，形成了中国沿袭至今的以家庭为本位的老年人赡养制度。对老年人的赡养、照顾工作基本上都是在家庭内完成的，对于拥有完整家庭的老年人来说，国家仅对高龄老年人提供一种常态化的荣养，以体现国家对长者的尊崇以及对孝道的倡导，至于年龄尚未达到法定标准的老年人只在特殊情况下会获得国家的优待。国家以及社会力量提供救助的对象主要为“鳏”“寡”“独”这三类老年人，亦即丧失全部或者部分家庭赡养的老年人。在先秦时期，这种老年人社会救助制度框架就已经搭建起来了，在不同历史时期虽然出现了制度上的创新和新的做法，但基本的思想体系和制度构造一直持续到封建社会解体。

---

① 参见甄尽忠：《先秦社会救助思想研究》，中州古籍出版社2008年版，第111～112页。

② 黎翔凤校注，梁运华整理：《管子校注·入国》，《新编诸子集成》本，中华书局2004年版，第1033页。

第三节　封建时期的老年人救助

封建时期是我国老年人救助制度的发展、完善和稳固时期。秦代便已通过立法确立了父权制的绝对地位。从西汉开始，“以孝治天下”的治国方略也已确定，进而延续近两千年。父权制和孝道奠定了家庭养老的核心地位，其他制度都是以此为基础构建的。汉朝时对老年人的优待、对家庭养老的扶持和对老年人的礼遇等制度已经确立，后续没有实质性变化，只是越来越制度化、法律化和规范化。受社会稳定程度和经济发展水平的影响，历朝历代对无依无靠的老年人的社会救助水平和社会救助机构的发展都有不同，总体情况是随着历史进程、社会救助程度逐步提高，社会救助主体和方式日趋多元。

一、秦汉时期

公元前 221～265 年是秦王朝和汉王朝统治的历史时期，也是中国封建时代的开端。这一时期的文化发展和制度创立对中国此后两千年的文化传统的形成和制度演进的方向都产生了非常深刻的影响，在老年人社会救助方面亦是如此。可以说，秦汉时期是一个上承先秦思想，下启封建法制的关键时期，为中国封建时代老年人社会救助制度的确立与完善奠定了坚实基础。由于秦、汉王朝有关老年人的思想和制度有所区别，故分述如下：

（一）秦王朝时期

春秋战国以后，传统的宗族制度和宗法制度逐步瓦解。商鞅变法时，曾以法律强制分户[①]，人们开始从宗族组织中分离出来，形成了一个个直接隶属于国家政权的个体家庭。他们往往不再过分从属于家族组织，而是以一夫一妻为核心，包括父母、子女和其他成员，使家庭这个基本的社会组织单位变得很小。“他们直接隶属于国家，是独立的生产和消费单位，也是国家主要的赋税和兵役、徭役来源，构成了国家政治经济统治的社会基础。”[②]秦代法律以户为基础建立了家长制度，父权与家长权是合一的。家长享有家

---

① 秦法规定：“民有二男以上而不分异者，倍其赋。”（《史记·商君列传》）

② 曹文柱主编：《中国社会通史·秦汉魏晋南北朝卷》，山西教育出版社 1996 年版，第104 页。

内的财产权，在“同居”的情况下，家中的一切财产归家长所有。但在分户以后，则父子财产各归所有，形成不同的家庭。正如西汉贾谊形容的：“秦人家富子壮则出分，家贫子壮则出赘。”①分户之后，父亲丧失对子女家庭财产的支配权，但子女依然必须对父母尽孝，承担赡养父母的义务，否则便要受到刑事处罚。秦律《法律答问》规定：“殴打父母，黥为城旦舂。”“免老告人以为不孝，谒杀，当三环之不？不当环，亟执勿失。”这里是说对于老人以不孝为由提出控告的案件，不应宽宥被告，而要立即拘捕。此外，《法律答问》还规定：“‘子告父母，臣妾告主，非公室告，勿听。’可（何）谓‘非公室告’？主擅杀、刑、髡其子、臣妾，是谓‘非公室告’，勿听，而行告，告者罪。”秦代法律赋予父母惩戒甚至杀死子女的权利，国家仅做有限干预，以保证子女能行孝道。同时，随着个体家庭的逐步独立，赡养父母“已成为亲生之子所必须独立承担的责任和义务，即使同一家族的伯叔、子侄仍然居处在同一乡里，赡养父母也与堂兄弟、族兄弟没有多少关系”②。家庭养老的责任从秦代开始确立时便仅限于赡养直系血亲的长辈，并通过法律对孝道的维护转化为法律责任，由此也建立了封建时代养老制度的基座。从某种意义上讲，家庭与家庭保障成为同一个事物的两个方面，二者相辅相成，不可或缺。凡是家庭就具备保障功能；只有能够提供保障功能的家庭才成其为家庭，才能得以生存和发展。家庭的生存与发展壮大的过程，就是家庭实现保障的过程。③ 当然，仅仅依靠法律的保障而忽视道德倡导与教化，无疑会导致家庭养老的精神内核——孝道文化的道德伦理色彩淡化，加之秦王朝尚武好战的国策与尊老、敬老的传统存在龃龉，秦一代尊老、敬老的观念就比较淡漠。西汉贾谊抨击“秦俗日败”时举例说：“借父耰锄，虑有德色；母取箕帚，立而谇语。抱哺其子，与公并倨；妇姑不相说，则反唇而相稽。”④大意是说：借给父亲农具便面露恩赐的神色；母亲取用一下畚箕和笤帚，便恶语相向；儿媳抱子哺乳，与公公一同伸腿而坐；婆媳之间稍有不悦便顶嘴吵架。民间如此，国家对老年人的态度可见一斑。从有关秦政的正史中几乎看不到涉及国家尊老、养老的内容，从湖北云梦睡虎地出土的秦简中也只零散的见到“孤寡”

① 《汉书》卷四八《贾谊传》，中华书局 1962 年版，第 2244 页。
② 王文涛：《秦汉社会保障研究——以灾害救助为中心的考察》，中华书局 2007 年版，第138 页。
③ 参见祁亚辉：《家庭在社会保障制度变迁中的作用》，载《社会科学研究》2004 年第 1 期。
④ 《汉书》卷四八《贾谊传》，中华书局 1962 年版，第 2244 页。

"老弱"等语词,具体措施已不可考。[①]

(二)两汉时期

大汉王国建立之后,大一统的高度集权的专制体制更加完备,接受秦王朝二代而亡的教训,汉代统治者逐渐形成了努力维护国家统一和安定的治国理念,高度重视对社会弱势群体的国家救助,尤其是对孤寡和高龄老年人的关爱和救助,家庭依然是汉王朝养老责任的主要承担者。汉武帝"罢黜百家,独尊儒术"之后,儒家思想从此成为国家的主流思想,儒家礼制得到一定程度的恢复。对于汉代的家庭关系,由于史料缺乏,难以定论,仅从有限史料中大可推知以下情况:家庭中的父权制依然延续,对父权制的保护甚至较秦代而有过之,对孝道的强调尤甚。秦代强调的分户制度不再成为法律上的强制,而由家长自由选择。家长去世后,爵位与财产的法定继承以嫡长子为主,可以通过立遗嘱的方式选定嗣子、财产继承人,分配财产。家长在世完全享有家庭的财产权,可以同意给予儿子一定财产让其独立成家。在一夫一妻多妾制的家庭,嫡庶有别。由上述情形导致,汉代家庭较之秦代家庭规模有所扩大,按照《汉书·地理志》的户口统计,全国平均每户为4.67人,东汉为每户5.3人,这种五口之家,往往包括三代人。[②] 秦代最为普遍的一夫一妻的核心家庭在汉代依然为家庭形态的主流,但父母、子女、孙子女共同居住的情形也大量存在,也就是说老年父母与成年子女并不分户生活。但并非全部成年子女都与父母一同生活,一般与父母共同生活的是享有继承权的长子、嫡子。因此,通常情形下年迈父母的赡养义务由享有继承权的长子承担,余子仅承担补充义务。但国家法律倡导的孝道则是针对所有子女的,地位较低的庶子所承担的孝道义务甚至更重。[③] 为了强化百姓行孝道、敬老人的思维观念,西汉武帝采纳董仲舒的建议,在察举制度中引入孝的标准,使得孝敬老人者既能获得社会赞誉,还有机会入朝为官。除了这一常制,汉朝统治者还经常发布诏书,表彰、赏赐孝者。

在家庭养老之外,汉代国家养老、敬老制度比之于秦代,甚至先秦时期,都有了很大发展。汉代统治者强调"以孝治天下",自高祖刘邦之后,两汉每

---

① 参见睡虎地秦墓竹简整理小组:《睡虎地秦墓竹简》,文物出版社1978年版,第285~286页。

② 参见曹文柱主编:《中国社会通史·秦汉魏晋南北朝卷》,山西教育出版社1996年版,第107页。

③ 比如,若嫡母在,庶子应首先侍奉嫡母,当然对亲生母亲亦应侍奉。(参见曹文柱主编:《中国社会通史·秦汉魏晋南北朝卷》,山西教育出版社1996年版,第114页)

个皇帝的谥号前都冠以“孝”字，选拔人才也设有“举孝廉”科，皆表明统治者宣扬、推崇孝道的态度和决心。两汉皇帝颁布了一系列尊老、养老的政策法令，并采取切实的措施落实养老敬老政策。《礼记·王制》孔颖达疏云：“人君养老有四种：一是养三老五更；二是子孙为国死难，而王养死者父祖；三是养致仕之老；四是引户（逐户）校年养庶人之老。”这四种养老类型汉代都有。养子孙为国而死的父祖，是国家优抚军人，抚恤烈士的长辈，不具有普遍性，本书略去不谈。养致仕之老则是退休官吏的身份性福利，汉代也是这种中国古代“公务人员”国家养老制度的创始时期。《尚书大传·略说》云“大夫士七十而致仕”，70岁是汉代官员致仕退休的一般年龄，而对于位高权重的高官年满70是否可以退休致仕，则需要由皇帝定夺。官员退休之后，是否由国家供养，如何供养，在汉初之前并不明确。《汉书·平帝纪》记载：“（元始元年）天下吏比二千石以上年老致仕者，参分故禄，以一与之，终其身。”意思是说，比二千石以上的官吏退休，朝廷给其原来官职俸禄的三分之一，以示尊贤。这是中国古代从制度上明确规定高级退休官员由国家供养的最早记载。这个规定还有以下两点值得注意：第一，比二千石以上的官员官阶较高，人数不多，退休后享受原俸的三分之一，待遇并不高。第二，千石及千石以下的官员占官僚队伍的大部分，他们退休后没有俸禄待遇。[①] 此外，退休官员还可能因爵邑、赐钱、赐物等方式获得额外收入，但此非常例。

“养三老五更”属于社会上层老年人所享受的特殊福利。“三老五更”是一种荣誉称号，三老为一人，五更也为一人，泛指年高德劭之人，故“三老五更”者需要具备一定的条件，且需由地方推荐，朝廷任命。而能够被推举为“三老五更”者，都是有一定物质基础和政治资本的老年人，其本身并不需要救助。《礼记·祭义》中对于“养三老五更”作出如下描述：“食三老、五更于大学，天子袒而割牲，执酱而馈，执爵而酳，冕而揔干。”可见，所谓的“养”只是一种仪式性的赐物、赐爵，以彰显国家对老年人的尊敬，三老五更只是老年人中的仪式化代表，这一制度的老年人救助功能微乎其微。真正能够起到救助功能的则为“养庶人之老”。由于国家财力有限，并非所有的老年人都由国家供养或者提供物质帮助。首先，需要界定可以得到国家物质帮助的老年人的年龄范围。东汉许慎著的《说文解字》中言：“老，考也。七十曰

---

① 参见李万禄：《我国古代退休官员的经济待遇》，载《昌吉师专学报》1999年第1期。

老。"汉代"受王杖"和"致仕"的年龄也为 70 岁，而且就人的生理规律而言，70 岁的人已经基本完全丧失了劳动能力，所以基本可以认定，汉代可以获得国家救助的参考年龄为 70 岁。《礼记·王制》孔颖达："老人众多，非贤者不可皆养。"可见，即便年龄达到 70 岁，也不是所有人都能获得国家的物质帮助，只有贤德之人方可。还有一类老年人不分贤与不贤，都属于国家建立常态制度加以救助的主体。《武威新出土王杖诏令册》第二简规定："年六十以上毋子男为鲲，女子年六十以上毋子男为寡，贾市毋租，比山东复。"第五简说："夫妻俱毋子男为独寡，田毋租，市毋赋，与归义同；沽酒醪列肆。"①就是说，60 岁以上的鳏寡老人，种田免租，市卖免税，可以在市中开店卖酒，与回归流民、归义民族一样，享受"假公田，贷种食，且勿算事""复终身"的待遇。②为了体现君主对孝道的推崇和对老年人的重视，两汉统治者经常通过帝王诏令对鳏、寡、独以及 80 以上的高龄老人这四类老年人提供救助。如文帝二年规定："年八十已上，赐米人月一石，肉二十斤，酒五斗。"③此外，两汉时期还延续了先秦时期的王杖制度。根据现有史料可将西汉的王杖制度归纳为以下几点：第一，70 岁以上的老年人和 60 岁以上的鳏寡老人可以获得朝廷赐的王杖；第二，王杖主人的社会地位与六百石官员相当；第三，免除其家人的部分赋役；第四，王杖主人享受一些如在集市上交易时免收租税等经济优待；第五，王杖主人受到国家的特殊尊荣和法律保护。④ 虽然还无法确定是否所有符合条件的老年人都会被赐予王杖，但这一制度在倡导尊老敬老传统、救助老年人方面起到了积极作用。此外，汉代对于负责老年人救助的主管官吏是否尽职尽责还采取了很多监督措施。如宣帝地节三年诏书中说："鳏寡孤独高年贫困之民，朕所怜也。前下诏假公田，贷种、食。其加赐鳏寡孤独高年帛。二千石严教吏谨视遇，毋令失职。"⑤

还需要说明的一点是，秦汉时期是中国两大传统宗教佛教与道教传入

---

① 武威县博物馆：《武威新出土王杖诏令册》，载甘肃省文物工作队、甘肃省博物馆编：《汉简研究文集》，甘肃人民出版社 1984 年版，第 35 页。

② 参见王文涛：《秦汉社会保障研究——以灾害救助为中心的考察》，中华书局 2007 年版，第 141 页。

③ 《汉书》卷四《文帝纪》，中华书局 1962 年版，第 113 页。

④ 参见王文涛：《秦汉社会保障研究——以灾害救助为中心的考察》，中华书局 2007 年版，第 153 页。

⑤ 《汉书》卷八《宣帝纪》，中华书局 1962 年版，第 248 页。

与创立的时期。佛教传入中国的具体时间史学界尚无一致说法，但在东汉时已经在中国境内广泛传播是不争的事实；而东汉顺帝时期(126～144)是中国本土宗教道教的产生时期，此时的道教被称为“五斗米教”。[①] 这两大宗教在秦汉时期的影响力尚不显著，在社会救助方面没有起到明显作用，但随着时间的推移，两大宗教的势力逐步增强，对国家政权与社会大众的影响力日渐增大，逐步发展为社会救助中一支不可不忽视的力量。

二、魏晋南北朝时期

这一时期可以分为魏晋时期和南北朝时期两个时段，现分述如下：

(一)魏晋时期

东汉末年由于农民起义和内战不断，当政者往往无暇民政，而专注于战事，即所谓“州郡牧守，咸共忽恤民之术，修将率之事”[②]。鼎足之势形成之后，魏、蜀、吴三个军事集团在所辖区域内为了恢复经济，维护安定，都不同程度地制定并实施了社会救助的相关政策，其中又以曹氏统治下的魏国做得最好。《三国志》卷一《魏书·武帝纪》裴松之注引《魏书》记载，建安二十三年(218)，曹操曾下令：

> 去冬天降疫疠，民有凋伤，军兴于外，垦田损少，吾甚忧之。其令吏民男女：女年七十已上无夫子，若年十二已下无父母兄弟，及目无所见，手不能作，足不能行，而无妻子父兄产业者，廪食终身。幼者至十二止，贫穷不能自赡者，随口给贷。老耄须待养者，年九十已上，复不事，家一人。

从这一诏令中我们可以看到，魏国对于老年人的社会救助比之两汉时期要求更严，供给的也更少。只有缺乏家庭供养的70岁以上的妇女以及完全丧失劳动能力者可以“廪食终身”，而救助的标准大约是每人每天廪食五升谷物，难以满足日常需求。[③] 年龄达到90岁以上的老年人，家庭中可以多一人免除劳役以服侍老人。即便如此，在当时符合条件的人也非常多，朝廷每人日廪食五升也难以做到，余下的救助缺口只能由地方长官来筹措解决。就

---

① 参见万绳楠：《魏晋南北朝文化史》，黄山书社1989年版，第298～299页。

② 《三国志》卷十六《魏书·杜恕传》，中华书局1982年版，第499页。

③ 参见王子今、刘悦斌、常宗虎：《中国社会福利史》，武汉大学出版社2013年版，第93页。

是说，“地方行政长官对于保障当也居民的基本生存条件，有责无旁贷的政治义务”[①]。除了上述几则定制的救助制度外，魏王还不定期地恩赐需要救助的老年人。如魏文帝黄初三年(223)九月甲午诏：“鳏寡笃癃及贫不能自存者赐谷。”[②]魏明帝太和六年(232)三月，“行东巡，所过存问高年鳏寡孤独，赐谷帛”；青龙元年(233)二月丁酉，宣布“鳏寡孤独无出今年租赋”。[③] 而同时期的蜀国和吴国，鉴于史料匮乏，难以找到实行老年人救助政策的明确依据，只能说两晋时期，无论是西晋的统治者还是东晋北方十六国的统治者都十分重视对社会上弱势群体的救助，尤其是生活无着的老年人。泰始元年(265)冬十二月丙寅，司马炎宣布即皇帝位，其第一个政治动作就是对“鳏寡孤独不能自存者”给予救助。《晋书》卷三《武帝纪》记载：

于是大赦，改元。赐天下爵，人五级；鳏寡孤独不能自存者谷，人五斛。复天下租赋及关市之税一年，逋债宿负皆勿收。除旧嫌，解禁锢，亡官失爵者悉复之。

泰始四年(268)六月丙申诏，又有“存问耆老，亲见百年”的要求，宣示敬老之意。虽然统治者实施的“崇养”“耆叟”“矜恤”“鳏寡”政治举措意在装点道德仁义，粉饰政权的合法性，但在现实中还是起到了一定的老年人救助作用。

(二)南北朝时期

5世纪初至6世纪末为中国的南北朝时期，在中国南方，有四个相继统治的王朝——宋、齐、梁、陈，与北方对峙。在清代学者朱铭盘编撰的这四朝会要中，都有关于国家救助老年人的内容。如《南朝宋会要·民政》：复除，振恤，养高年，遣使案行灾害，荒政。《南朝齐会要·民政》：“赐民爵赐谷帛赐酷并附，养高年，复除，赈赐给牛粮附，营恤棺槥，六疾馆。”《南朝梁会要·民政》：“复除，振恤孤独园，营恤棺槥，养高年。”《南朝陈会要·民政》：“养高年，赈贷。”其中，“养高年”为惯例，而南朝梁王朝设置的“孤独园”则为首创。《梁书》卷三《武帝纪下》记载普通二年(521)春正月辛巳诏：

春司御气，虔恭报祀，陶匏克诚，苍璧礼备，思随乾覆，布兹亭育。凡民有单老孤稚不能自存，主者郡县咸加收养，赡给衣食，每令周足，以

① 王子今、刘悦斌、常宗虎：《中国社会福利史》，武汉大学出版社2013年版，第95页。

② 《三国志》卷二《魏书·文帝纪》，中华书局1982年版，第80页。

③ 《三国志》卷二《魏书·明帝纪》，中华书局1982年版，第99页。

终其身。又于京师置孤独园,孤幼有归,华发不匮。若终年命,厚加料理。尤穷之家,勿收租赋。

这一诏令中提及两种制度:一种是地方当政者收养"单老孤稚不能自存"之民,"赡给衣食,每令周足,以终其身"。另一项制度是在京城设置孤独园。"孤独园",顾名思义,既收养"孤幼",也供养"华发"。"孤独园的设立,不仅是传承殷周三代尊老恤老的传统美德,且下启唐宋两朝的悲田养病坊、福田院等慈善机构。"[①]其在中国封建时代的老年人社会救助实践中占有显著的历史地位。

与南朝对峙的北朝,虽然其统治者多为北方鲜卑族或者与鲜卑族有着密切的亲缘关系的民族,但其对中国的尊老敬老传统十分推崇,北朝历任统治者都做了很多老年人社会救助工作,尤以北魏孝文帝最具代表性。具体措施主要有尊养高年、救助鳏寡孤独等,具体事例不详细列举。需要着重提及的是,在中国古代刑罚制度中极为重要,也最能体现国家对家庭养老的依赖性的制度——存留养亲制度,便是在北魏孝文帝时期创立的。《魏书·刑罚志》载:"孝文帝太和十二年诏:'犯死罪,若父母、祖父母年老,更无成人子孙,又无期亲者,仰案后列奏以侍报,著之令格。'"至于缓刑的原则,可见《魏书·刑罚志》法例律规定:"诸犯死罪,若祖父母、父母七十以上,无成人子孙,旁无期亲者,具状上请。流者鞭笞,留养其亲,终则从流。不在原赦之例。""孝文帝特别重视尊老敬老的表演,甚至给予老者以相当高的政治名分,有附从汉民族尊老传统以消除文化隔膜,期图文化理解的目的,也有利用汉地长者的社会地位和社会影响以寻求政治支持的目的。"[②]北魏孝文帝积极推动本民族向汉族同化,尊老敬老举措的实施无疑抓住了汉族文化崇尚孝道的精神核心,取得了显著成效。

三、隋唐五代时期

隋唐五代时期的家庭,基本上继承和保持了自先秦至南北朝时期家庭的基本特征。从家庭的规模看,一个完整的家庭在5~8口人之间,与先秦时期李悝所说的"五口之家"、孟子所说的"八口之家"基本吻合。从决定家

① 周秋光、曾桂林:《中国慈善简史》,人民出版社2006年版,第81页。

② 王子今、刘悦斌、常宗虎:《中国社会福利史》,武汉大学出版社2013年版,第118页。

庭事务的权力看，依然是男性家长掌握决策权的父权制，而且受到隋唐法律制度逐步健全的影响，父权制有进一步强化的趋势。从配偶的对数看，是一夫多妻制，且现实中一夫多妻制家庭数量还相当可观。与此同时，嫡妻在家庭中的地位呈下降趋势，夫权更加强化。家庭依然是承担养老责任的主角，而且家庭养老能力逐步提升。这一时期中，隋代国祚较短，且在尊老、养老方面缺少建树，基本制度也为唐代所沿袭；而五代十国时期战乱不断，五代各王朝在养老制度上基本承袭唐制，但实效多有不如，十国更加不堪。上述两个时期无须赘言，下面重点阐述唐代的养老制度。

唐代养老制度在继承唐之前各代制度的基础上进一步发展完善，且对唐代之后各朝代产生了重要而积极的影响，具有承上启下的作用。唐代注重法制建设，现今可获得的史料也较为丰富，为研究中国古代老年人救助制度提供了便利。唐朝初年，国家就对“老年人”的年龄有了明确界定：“男女始生者为黄，四岁为小，十六为中，二十一为丁，六十为老。”①而官员退休致仕的年龄与汉代相同，为 70 岁。唐代养老制度的主体框架与汉代类似，也是按照孔颖达的四分法进行的制度建构。此外，唐代还延续了先秦时期的养老之礼，将老年人分为国老与庶老，“凡五品以上致仕者为国老”，“六品以下致仕者为庶老”。②

唐代养老依然以家庭养老为核心，因此国家养老制度的重点在于保障老年人在家庭中的地位，保障家庭养老的有效实施。成年男子是家庭养老中的主要责任者，是家庭的重要生活来源。如果老而无子，可以收养义子以行孝。如唐令规定：“自无子者，听养同宗于昭穆合者。”③为了确保子女能够恪尽孝道，《唐律疏议》释云：“善事父母曰孝，既有违反，是名‘不孝’。”④将不孝罪列为“十恶”之罪的第七条。其具体罪行包括：“告言、诅詈祖父母父母，及祖父母父母在，别籍、异财，若供养有阙；居父母丧，身自嫁娶，若作乐，释服从吉；闻祖父母父母丧，匿不举哀，诈称祖父母父母死。”⑤此外，唐律还

① 《旧唐书》卷四八《食货志上》，中华书局 1975 年版，第 2089 页。

② （唐）杜佑撰，王文锦等点校：《通典》卷一二四《皇帝养老于太学》，中华书局 1988 年版，第 3183 页。

③ （唐）长孙无忌等撰：《唐律疏议》卷四《名例》，中华书局 1983 年版，第 97 页。

④ （唐）长孙无忌等撰：《唐律疏议》卷一《名例》，中华书局 1983 年版，第 12 页。

⑤ （唐）长孙无忌等撰：《唐律疏议》卷一《名例》，中华书局 1983 年版，第 12 页。

明确规定:"祖父母、父母有所教令,于事合宜,即须奉以周旋,子孙不得违犯。"[①]"诸子孙违犯教令,及供养有缺者,徒二年。"[②]为了方便子女孝敬、照顾年迈父母,尤其是满足老年人的情感需求,唐代政府提倡累世而居,限制分居。《唐律》作出了十分详尽明确的规定:"诸祖父母、父母在,而子孙别籍、异财者,徒三年。若祖父母、父母令别籍及以子孙妄继人后者,徒二年;子孙不坐。诸居父母丧,生子及兄弟别籍、异财者,徒一年。"[③]根据《唐律疏议》的解释可知,只要直系血亲的长辈健在,后辈既不得另立门户,也不可分割家产;家长可以将家产分给子孙,但不得令子孙另立门户或违法过继给他人;与父母同居的兄弟,父母去世后,既不得另立门户,也不可分割家产。违背上述规范者,皆构成犯罪,需要承担徒一年、两年、三年不等的刑罚,后来还曾加重处罚。唐天宝三年(744)制曰:"其有父母见在别籍异居,亏损名教,莫斯为甚,亲殁之后,亦不得分析,自今已后,如有不孝不恭伤财破产者,宜配隶碛西,用清风教。"[④]唐肃宗乾元年下诏云:"百姓中有事亲不孝,别籍异财,玷污风俗,亏败名教,先决六十,配隶碛西,有官品者禁身闻奏。"[⑤]改徒为流,甚至先处以杖刑,可见统治者对别籍异财的痛恨。为了保证因年龄较大或患有疾病而生活难以自理的老年人老有所养,唐代继承了北魏创立的"存留养亲"制度,并进行了发展与完善。《唐律》规定:"诸犯死罪非十恶,而祖父母、父母老疾应侍,家无期亲成丁者,上请。犯流罪者,权留养亲,不在赦例,课调依旧。"[⑥]如果除罪犯外,家中无男丁侍奉老人,判死刑而非十恶罪者,可上请由皇帝恩准,缓期执行以便侍奉老人。处流刑的罪犯,亦须暂时留在家中侍奉老人。这一"权留养亲"的制度又是与唐代的"给侍"制度相衔接的。唐令曰:"诸年八十及笃疾,给侍丁一人,九十二人,百岁三人。"[⑦]此处规定享受"侍丁"专人照顾的法定年龄为80岁以上,不过在具体实施该措施时年龄规定或因时而异,略有变化。天宝八年(749),玄宗下令降低"给侍"的年龄界限:"其天下百姓丈夫七十五已上,妇人七十已上,宜各给一人充

---

① (唐)长孙无忌等撰:《唐律疏议》卷二四《斗讼》,中华书局1983年版,第438页。
② (唐)杜佑撰,王文锦等点校:《通典》卷一六五《刑法》,中华书局1988年版,第4248页。
③ (唐)长孙无忌等撰:《唐律疏议》卷十二《户婚》,中华书局1983年版,第236页。
④ (北宋)王钦若等编:《册府元龟》卷五九《帝王部·兴教化》,中华书局1960年版,第662页。
⑤ (北宋)王钦若等编:《册府元龟》卷五九《帝王部·兴教化》,中华书局1960年版,第663页。
⑥ (唐)长孙无忌等撰:《唐律疏议》卷三《名例》,中华书局1983年版,第69～70页。
⑦ (唐)杜佑撰,王文锦等点校:《通典》卷七《丁中》,中华书局1988年版,第155页。

侍,任自拣择,至八十已上,依常式处分。”[①]侍丁的选择标准为:“先尽子孙,听取近亲,皆先轻色。无近亲外取白丁者,人取家内中男者并听。”[②]充侍的侍丁,“依令‘免役,唯输调及租’”[③]。唐代兵制对侍丁也有优待政策,规定:“若祖父母老疾,家无兼丁,免征行及番上。”[④]这说明侍丁也可依法免除兵役。官员同样要承担侍老的责任,《唐律》规定,“祖父母、父母老疾无侍,委亲之官”[⑤]者有罪,只有“才业灼然、要借趋使”的官员,因有“官侍”才不拘此律。以上种种规定都在客观上为家庭养老提供了各种便利和扶助,在主观上强调了尊老敬老养老的重要性,弘扬了孝道。

唐代沿袭了前代致仕的规定,明确规定官员在70岁时致仕:“大唐令:诸职事官,七十听致仕。”[⑥]致仕的具体程序为“五品以上奏闻,六品以下由尚书省录奏”[⑦],即高级官员要向皇帝提出申请,而六品以下的官员需要向尚书省递呈申请表札。当然也有特殊情况的存在。如六品以下的官员有身体不好的,经国家批准也可以提前致仕:“诸文武选人,六品以下,有老病不堪公务、有劳考及勋绩情愿结阶授散官者,依。其五品以上,籍年岁少,形容衰老者,亦听致仕。”[⑧]这反映了唐代致仕制度的灵活性和规范性。而大唐令同时规定:“诸职事官年七十、五品以上致仕者,各给半禄。”[⑨]

唐代初创的“悲田养病坊”为这一时期社会救助的一大亮点。《唐会要》对于“悲田养病坊”的记载如下:

> 开元五年,宋璟奏:“悲田养病,从长安以来,置使专知。国家矜孤恤穷,敬老养病,至于安庇,各有司存。今骤聚无名之人,著收利之便,实恐逋逃为薮,隐没成奸。昔子路于卫出私财为粥,以饲贫者,孔子非之,乃覆其馈。人臣私惠,犹且不可,国家小慈,殊乖善政,伏望罢之。其病患人,令河南府按此分付其家。”

---

① (清)董浩等编:《全唐文》卷四十《加天地大宝尊号大赦文》,中华书局1983年版,第432页。
② (清)董浩等编:《全唐文》卷四十《加天地大宝尊号大赦文》,中华书局1983年版,第432页。
③ (唐)长孙无忌等撰:《唐律疏议》卷三《名例》,中华书局1983年版,第70页。
④ 《旧唐书》卷四三《职官志二》,中华书局1975年版,第1834页。
⑤ (唐)长孙无忌等撰:《唐律疏议》卷三《名例》,中华书局1983年版,第56页。
⑥ (唐)杜佑撰,王文锦等点校:《通典》卷三三《职官十五》,中华书局1988年版,第925页。
⑦ (北宋)王溥:《唐会要》卷六七《职官》,中华书局1955年版,第1173页。
⑧ (唐)杜佑撰,王文锦等点校:《通典》卷三三《职官十五》,中华书局1988年版,第925页。
⑨ (唐)杜佑撰,王文锦等点校:《通典》卷三五《职官十七》,中华书局1988年版,第968页。

会昌五年十一月，李德裕奏云："恤贫宽疾，著于《周典》，无告常馁，存于《王制》。国朝立悲田养病，置使专知。开元五年，宋璟奏'悲田'乃关释教，此是僧尼职掌，不合定使专知，玄宗不许。至二十二年，断京城乞儿，悉令病坊收管，官以本钱收利给之。今缘诸道僧尼尽已还俗，悲田坊无人主领，恐贫病无告，必大致困穷。臣等商量，'悲田'出于释教，并望改为'养病坊'。其两京及诸州，各于录事耆寿中，拣一人有名行谨信为乡里所称者，专令勾当。其两京望给寺田十顷，大州镇望给田七顷，其他诸州望委观察使量贫病多少给田五顷，以充粥食。如州镇有羡余官钱，量予置本收利，最为稔便。"

敕曰："悲田养病坊，缘僧尼还俗，无人主持，恐残疾无以取给，两京量给寺田拯济，诸州府七顷至十顷。各于本置选耆寿一人勾当，以充粥料。"

"悲田"系佛经用语，是佛教中诸福田之一。在唐代佛教的显宗——华严宗看来，福田有恩田、敬田、德田、苦田、悲田五种。悲田其实就是指对贫穷孤老实施的布施。缘于此，唐朝的佛教寺院里便设立了"悲田养病坊"，以悲田养活病人，并由专门的僧人负责主持。它实际上是一个集赈恤、收养贫病者和废疾老人于一体的慈善机构。[①] 而"养病坊"在隋代就已出现，时称"疠迁所"，后更名"疠人坊"，乃是专门收治麻风病人的地方，多为民间设立。贞观年间，又出现所谓的"养病坊"[②]。"悲田坊"与"养病坊"本为一个有所交叉的不同概念，由寺庙以"悲田"设立的"养病坊"才可称为"悲田养病坊"，又因民间"养病坊"多为寺院设立，将这三个概念混用亦无不可。从上述《唐会要》中的史料看，很可能武则天长安年间才将由佛寺主办的悲田养病坊"置使专知"，由政府统一管理。开元年间，丞相宋璟等人提起非议，认为国家现行社会救助制度已经完全可以解决问题，悲田养病坊不应继续存续下去，但唐玄宗并未准许，反而于开元二十二年(734)将京师乞丐归病坊收管，实际上扩大了病坊救助对象的范围。唐武宗下令废佛后，悲田无人管理，武宗便下令从没收的寺院田产中拨付一部分，由政府委派一位当地素有名望的年

① 参见周秋光、曾桂林：《中国慈善简史》，人民出版社2006年版，第93页。

② 参见1967年新疆吐鲁番阿斯塔那91号墓出土的《贞观十七年八月高昌县勘问来丰患病致死事案卷残卷》，载刘俊文：《敦煌吐鲁番唐代法制文书考释》，中华书局1989年版，第517页。

长下级官吏担任主管人员，同时去掉“悲田”二字，只保留“养病坊”之名，原本完全由佛教寺院主持的纯粹民间性质的社会救助组织完全演变为官办性质的社会救助机构。

四、宋元时期

宋元时期，中国在政治、经济、文化等方面都有新的历史风貌，在尊老、养老与老年人救助方面也有一些新的实践。与宋同时期的辽、金二朝，并无尊老、养老传统，其对老年人只是将其作为“鳏寡孤独不能自存者”中的一个群体而提供一般救助，难言常制。元朝建立之后，虽一改草原游牧民族贵壮轻老的风俗，接受并大力倡导儒学和尊老敬老养老之风，但其政策措施基本学习宋朝，也无独到之处。因此，本书重点探讨宋代的养老和老年人社会救助制度与实践。

宋代经济繁荣发达，远超盛唐时期，朝廷也有更多的财力、物力用于发展社会救助事业。在家庭养老方面，宋朝全部承继了唐朝的相关制度，严惩不孝行为，“不得别籍异财”制度、“给侍”制度、“存留养亲”制度等在宋朝不但存在，而且要求较之于唐朝更加细致，也更加严格。与此相伴随，宋朝的统治者大力推行礼仪教化，尤其倡导孝道。《孝经》被列为学生的必修书目，且作为学习重点加以考察。宋代科技发达，雕版印刷术的广泛使用给思想的传播带来变革，“谕俗文”就是在这种形势下发展起来的。官方“谕俗文”是地方官员对民众发布的布告、榜文，也是孝道宣传的重要工具。宋代“谕俗文”宣传教化的内容主要有三类伦理，即家庭伦理、家族伦理和邻里伦理，而家庭伦理中“孝父母”的思想至关重要。[①] 对孝悌之人进行表彰与颂扬也是宣传孝道的重要举措，开国之初，太祖赵匡胤即开旌孝之风。开宝三年(970)，“诏诸道州府，察民有孝悌彰闻……为士庶推服者以闻”[②]。此后，旌表孝悌、以孝垂范，贯穿有宋一朝。尊老依然是宋代统治者推崇的基本道德原则，除了仿效前朝对高龄老人赐饮、赐物、减免赋役之外，而与前朝相比有所不同的是授予官职。授予官职并非实职，仅仅是一种荣誉与地位的象征，而能够享受这一殊荣的多为百岁老人，比唐代版授散官的年龄稍长。宋人

---

① 参见杨建宏：《论宋代官方谕俗文与基层社会控制》，载《湖南社会科学》2006 年第 3 期。

② (南宋)王偁：《东都事略》卷二，清乾隆刊本。

《容斋随笔》说："国朝之制，百岁者始得初品官封，比唐不侔矣。"[①]南宋时授官年龄有所下降。如高宗绍兴二十九年(1159)皇太后八十寿诞庆典之际，诏："庶人年九十、宗子女若贡士以上父母年八十者，皆授官封。"后来，有人反映该项恩礼不及士人的祖父母，遂又下诏扩展范围："曾得解进士祖父母年八十以上特与官封。"[②]

除家庭养老之外，宋朝在国家养老方面也有很大成就。台湾学者王德毅先生盛赞道："其关于养老慈幼之政，自两汉以下再没有比宋代规模之更宏远，计划之更周密，设施之更详尽的了。"[③]宋代先后设立了福田院、广惠仓、居养院、养济院等救助机构和制度，救助贫病无依、不能自存的老人，取得了一定的社会效果。

(一)福田院

北宋初年沿袭唐代"悲田养病院"，朝廷在京城开封设置东、西福田院，以收养"老疾孤穷丐者"[④]。初期，福田院规模很小，"给钱粟者才二十四人"。嘉裕八年(1063)增设了南、北福田院，"各盖屋五十间，所养各以三百人为额"。至此，京城开封东、西、南、北四处福田院共有房200间，可收容1200人，救济规模显著扩大。[⑤] 熙宁二年(1069)冬，诏："老幼贫疾无依丐者，听于四福田院额外给钱收养，至春稍暖则止。"[⑥]熙宁六年(1073)定为制度。[⑦] 这两种情况都是优先照顾老年弱势群体。福田院所需经费由官府拨付，先是朝廷每年出内藏库钱500万作为经费，后来增加到每年800万。[⑧] 福田院由僧人主持院内事务，开封府每月派遣推官、四厢使臣等官吏巡视，指导其工作、统计入院人数、上报开支等。[⑨] 福田院的设置一直延续到北宋末年，在北宋的救助机构中影响甚大。南宋嘉泰三年(1203)曾诏复置福田院，但现存史料难以还原其实施情况。

---

① (宋)洪迈撰，孔凡礼点校：《容斋随笔》卷九"老人推恩"条，中华书局2005年版，第116页。

② 李心传：《建炎以来系年要录》卷一八一，中华书局1956年版，第2996、3004页。

③ 王德毅：《宋史研究论集》第二辑，鼎文书局1972年版，第372页。

④ 《宋史》卷一七八《食货上》，中华书局1977年版，第4338页。

⑤ 参见郭文佳：《宋代社会保障研究》，新华出版社2005年版，第170页。

⑥ 《宋史》卷一七八《食货上》，中华书局1977年版，第4339页。

⑦ 熙宁六年一月诏："开封府雪寒，京城内外老疾幼孤无依者，并收养于四福田院，自今准此。"(李焘：《续资治通鉴长编》卷二四八，中华书局1986年版，第6051页)

⑧ 参见《宋史》卷一七八《食货上》，中华书局1977年版，。

⑨ 参见(北宋)韩琦：《韩魏公集》卷三五，中华书局1985年版。

（二）广惠仓

北宋初期，官府除在京城开封设置福田院以外，地方上另设有广惠仓。广惠仓不是收容机构，而是一种季节性发放救助物资的救助机构，其主要职能是在冬季救济老幼贫民。广惠仓是宋代独有的仓种，最早出现的时间已不可考，而朝廷于全国正式推行的时间为宋仁宗嘉祐二年（1057）。史载：

嘉祐二年，诏天下置广惠仓。

初，天下没入户绝田，官自鬻之。枢密使韩琦请留勿鬻，募人耕，收其租别为仓贮之，以给州县郭内之老幼贫疾不能自存者，领以提点刑狱，岁终具出内之数上之三司。户不满万，留田租千石，万户倍之，二万留三千石，三万留四千石，四万留五千石，五万留六千石，七万留八千石，下万留万石。田有余，则鬻如旧。

四年，诏改隶司农寺，州选官二人主出纳，岁十月遣官验视，应受米者书名于籍。自十一月始，三日一给，人米一升，幼者半之，次年二月止。有余乃及诸县，量大小均给之。其大略如此。①

与福田院相比，广惠仓在全国各地普遍设置，又有自己较稳定的田租收入，可以在不增加国家财政和百姓负担的情况下，保障对“老幼贫疾不能自存者”非常时期的物质救助，在实践中对地方救助事业贡献较大。神宗熙宁年间，王安石等为筹集青苗本钱，出卖广惠仓田，将广惠仓并入常平仓，改用常平米贩济，广惠仓法遭到破坏。

（三）居养院

居养制始于宋哲宗时期。“元符元年（1098）十月壬午，详定一司敕令所言：鳏寡孤独贫乏不得自存者，知州、通判、县令、佐验实，官为居养之；疾病者仍给医药。监司所至，检察阅视。应居养者以户绝屋居，无户绝以官屋居之，及以户绝财产给其费，不限月分，依乞丐法给米豆，阙若不足者以常平息钱充，已居养而能自存者罢。从之。”②这是宋代居养制的最早记载。居养制实际上是把京师福田院对老疾的收容方式与地方广惠仓的救助方式结合起来，主要收养无亲属供养的孤寡老人，是在全国范围内收容救助老疾贫民的一种制度。不过，宋哲宗时独立的居养机构并不多，且没有固定称呼，直到

① （清）徐松：《宋会要辑稿·食货》卷五三之八至十一，国立北平图书馆 1936 年影印本。
② （宋）李焘：《续资治通鉴长编》卷五百三，中华书局 1986 年版。

宋徽宗崇宁五年(1106),淮东提举司言:"安济坊、漏泽园并已蒙朝廷赐名,其居养鳏寡孤独等,亦乞特赐名称。诏依京西、湖北,以居养为名,诸路准此。"[①]而且徽宗时居养院救助对象有所放宽,"非鳏寡孤独而癃老废疾委是贫乏不能自存者"[②]亦许居养。居养的对象初期限定为60岁以上老人,大观元年(1107)诏书则把年龄条件降低至50岁,后来因收养人数太多,到宣和二年(1120)又提高到60岁以上。[③] 为了防止官吏舞弊、冒滥支给,以致"委实老疾、孤幼、贫乏、乞丐之人不沾实惠",居养院的收养有一定的程序:入住者必须有保人担保,经官府审查核实,进院时要登记。[④] 居养制度对于80岁、90岁、100岁以上高龄老年人还分别另外给予优待。[⑤] 北宋居养院遍布全国各地。徽宗时,不仅州县要求建立居养院,一些规模较大的城寨镇市也都要求建立,居养院的发展达到最高峰。[⑥] 南宋立国之后,继续实行居养政策,但金军南下之后,居养院日益减少,其功能逐渐被后来兴起的养济院所取代。

(四)养济院

南宋时期,统治者也很重视老疾贫民的收养工作,全国范围内相关的救助机构也有不少,但这些机构的名称不尽相同,如"养济院""广惠坊""利济院""安养院"等,也有沿用北宋"居养院"称呼的,其中较为重要的便是养济院。现存史料中记载的养济院最早出现在南宋绍兴元年(1131)。通判绍兴府朱璞言:"绍兴府街市乞丐稍多,被旨令依去年例日下赈济。今乞委都监抄札五厢界应管无依倚流移病患之人发入养济院,仍差本府医官二名看治,童行二名煎煮汤药,照管粥食。"[⑦]从上述史料中可知,养济院是一种官方主办的物质救助与医疗救助相结合的救助机构。南宋时较为知名的养济院有临安府养济院、健康府养济院和绍兴府养济院,鼎盛时期,乡野村间也有设立。养济院的管理与居养院类似,官方主办监管并委派医官,主要委托僧人照护,但其救助物资来源更加多样,有中央拨付,也有民间捐献。

---

① (清)徐松:《宋会要辑稿·食货》卷六八之一三二,国立北平图书馆1936年影印本。
② (清)徐松:《宋会要辑稿·食货》卷六八之一三一,国立北平图书馆1936年影印本。
③ 参见(清)徐松:《宋会要辑稿·食货》卷六八之一三二、一三七,国立北平图书馆1936年影印本。
④ 参见(清)徐松:《宋会要辑稿·食货》卷六〇之一,国立北平图书馆1936年影印本。
⑤ 参见(清)徐松:《宋会要辑稿·食货》卷六八之一三三,国立北平图书馆1936年影印本。
⑥ 参见郭文佳:《宋代社会保障研究》,新华出版社2005年版,第173页。
⑦ (清)徐松:《宋会要辑稿·食货》卷六八之一三八,国立北平图书馆1936年影印本。

对于致仕的官员，致仕制度基本沿袭唐制，但与唐代不同的是，宋代对所有致仕的官员均给半俸。太宗淳化元年(990)五月颁布的《致仕给半俸诏》规定："应曾任文武职事官，恩许致仕者，并给半俸，以他物充，于所在州县支给。"[①]此后，职事官经朝廷获准致仕者皆可领半俸。后经数年演变。宋哲宗元祐六年(1091)后，宋代九品以上致仕官员，只要有政绩皆给全俸，其余半俸，更高级的官员还给职钱和贴职钱等。[②] 与唐代相比经济待遇普遍提高，晚年生活都有所保障，这与宋朝经济发达不无关联。

五、明清时期

明清时期有关家庭养老的规定与前朝几无区别。明朝对"子女别籍异财"的限制更加严格，而清朝受旧有习俗和商品经济繁荣的影响则相对宽松，"其父母许令分析者听"[③]。明朝程朱理学占据思想文化的统治地位，家长权进一步强化；清朝既受程朱理学的文化熏陶，又有父系氏族制的历史遗留，家长权同样强大。明清两代，家庭养老体制在继承前朝的基础上并无实质性发展，只是制度更加稳固。官员致仕养老方面，明朝官员致仕的大致年龄是"文臣京职七十，方面以下六十五"[④]；官员致仕后的待遇与以往历代不同，并没有形成长期、固定的政策，都是出自特恩，而且"视唐宋则甚减矣"[⑤]。同时，因特恩而获的有关养老待遇殊有不同，"按明会典，国初官员凡以礼致仕者与见任同朝廷待以优礼又有升秩、给俸、赐敕之典。其后大臣致仕，或给驿还乡，或命有司岁拨人夫，月给食米有差。其尤宠异者，或赐酒，或加赐白金文绮，或有官其子孙，皆特恩云"[⑥]。与前朝不同，明代的老年官员致仕后就不再向朝廷领取俸禄，但是明朝官府会不定期地拨给他们粮食和劳动力，以保障这些致仕官员必需的物质生活。清朝官员退休后的俸禄待遇比明朝优厚。顺治年间，清政府规定60岁以上正常致仕八旗武官发给原俸禄之半，此后陆续对此有所增补。如顺治十六年(1659)规定："凡满洲、蒙古、

---

① (清)徐松:《宋会要辑稿·职官》卷七七之三〇，国立北平图书馆1936年影印本。另参考《宋大诏令集》卷一七八〇。

② 参见郭文佳:《宋代社会保障研究》，新华出版社2005年版，第235页。

③ (清)沈之奇撰:《大清律辑注》(上)卷四《户役》，法律出版社2000年版。

④ (明)王世贞:《弇山堂别集》卷五《皇明盛事述五·见任高年文臣》，中华书局1985年版。

⑤ (清)赵翼:《陔余丛考》卷二七"致仕给俸"条，中华书局1963年版，第552页。

⑥ (清)陈梦雷等编纂:《古今图书集成·铨衡典》卷一〇三，雍正版内府铜活字本。

汉军大小各官致仕”,“致仕之官有世袭者照品给俸”;顺治十八年(1661)又规定:“无世职之官,年至六十致仕者,仍给半俸,未及六十岁,因既辞仕者,不准给。”[①]致仕领半俸始成定例。至康乾时期,为使在职官员实心任事,开始将致仕后的待遇与政绩战功挂钩。康熙五年(1666)下诏:“年老解任官员,其历任几年及效力情由,具着明白开列,应否给与半俸,请旨具奏。”[②]事实上,退休官员基本上都能得到半俸。清代对武官致仕后的俸禄待遇规定的更加细致[③],此不再赘述。

明清两朝的统治者对老年人救助都较为重视,皆制定了相应的善政措施。随着因战乱破坏的社会经济的逐步恢复和发展,明清时期不但出现了一些新的官办救助机构,而且自明末起民间的社会救助活动也渐趋活跃起来。

(一)明代

明代也承袭前朝,通过物质赏赐的方式救助老年人,但与前朝赐物通常与节日庆典相伴随、缺乏稳定性相比,明朝赐物则基本成为国家救助老年人的常态化政策。明洪武十九年(1386)诏令:“所在有司,审耆老不系隶卒倡优,年八十、九十邻里称善者,备其年甲行实,具状奏闻。贫无产业者,八十以上,月给米五斗,肉五斤,酒三斗;九十以上,岁加给帛一匹,絮五斤。虽有田产,仅足自赡者,所给酒肉絮帛亦如之。”[④]洪武一朝多为此政,后明朝历代皇帝都延续这一政策。如永乐十九年(1421)春,大赦天下的诏书中规定:“民年八十以上,有司给绢二匹、布二匹、酒一斗、肉十斤。”永乐二十二年(1424),仁宗登基,对80岁以上老人的赏赐有所改变,“给予绢两匹、绵两斤、米一斗、肉十斤”。宣德二年(1427),加入了对老年妇人赏赐的规定,同时米的数量加至一石,而其他物品相对减少。正统时的赏赐与仁宗时相同,而景泰时则与宣德时相同。天顺、成化、弘治、正统、嘉靖、天启年间都出现了类似的诏书,对老年人的赏赐只是略有改变。天顺八年(1464)宪宗改其标准为:“凡民年七十以上者,免一丁差役,有司每岁给酒十瓶,肉十斤”;80

① (清)陈梦雷等编纂:《古今图书集成·铨衡典》卷一〇四,雍正版内府铜活字本。

② (清)清高宗敕撰:《大清会典》(四库全书本)《吏部》,齐鲁书社2001年版。

③ 参见(清)清高宗敕撰:《大清会典》(四库全书本)《兵部》,齐鲁书社2001年版。

④ (明)李东阳等撰,申时行等奉敕重修:《大明会典》卷八〇《养老》,江苏广陵古籍刻印社1989年版。

岁以上者，在此标准上再增加绵两斤，布两匹；90 岁以上者，给予冠带，每年官府设宴招待一次；百岁以上的寿星老人还将得到国家给予的棺具，以备他们身后之事。[①]

除了朝廷通过赐物提供救助之外，明朝还继承了宋元时期的养济制度，并进行了一定的发展完善。据《明政统宗》记载，明太祖洪武元年（1368）五月，“颁诏天下郡县置‘养济院’”；八月，又传旨各州府，“鳏寡孤独废疾不能自养者，官为存恤”[②]。洪武五年（1372），明太祖下诏，天下郡县立孤老院，后易名为养济院。[③] 在朱元璋的大力倡导下，许多地方都设立了养济院，对于需救助者，“有司从实取勘，官给衣粮养赡，为宇以为居”[④]。明初因社会经济尚处恢复阶段，财力困乏，因此并非所有的鳏寡孤独和残废笃疾者，而只是其中贫困潦倒又无依无靠难以自存之人才能受到救助。建文元年（1399）诏令谓，凡“鳏寡孤独贫不能自存者，岁给米三石，令亲戚收养。笃废残疾者收养济院，例支衣粮”[⑤]。由此可知，从此时开始，鳏寡孤独一般由亲戚收养，由官府定期供给粮食，不再收入养济院。据督察院下发的《老幼残疾丁引》中说：“此引至口，投原籍有司查有户族亲戚者，责令养赡。”收养孤老的人家，也可以“姑免丁银，待老夫妇身终之口，补差”。如果不肯收养，则要“重责枷号，以不尊敬长上论”。[⑥] 当然，如果没有亲戚可供收养，还是需要养济院收养。据《明史》记载，明“仁、宣”时代（1425～1487），“养济院穷民各注籍，无籍者收养蜡烛、幡竿二寺”[⑦]。从这段记载中大体可以推知，“无籍者”难以找到亲戚供养，方收入养济院内供养。《明实录》记载，成化十年（1474）九月丁巳，“给赐大兴、平二县‘养济院’孤老贫人二千九百六十六口布人一匹”，从中我们也可知养济院还是收养孤贫老年人的。养济院运作模式与前朝大体相同，明统治者所采取的救助亦因对象有所不同。如天顺二年（1458）令“收养贫民于大兴、宛平二县，每县设养济院一所于顺便寺观，从京仓之米煮饭，

① 参见（明）李东阳等撰，申时行等奉敕重修：《大明会典》卷八十《养老》，江苏广陵古籍刻印社 1989 年版。

② 台湾研究院历史语言研究所校勘：《明太祖实录》卷三四，上海书店 1982 年印制。

③ 参见周秋光、曾桂林：《中国慈善简史》，人民出版社 2006 年版，第 141 页。

④ 转引自王兴亚：《明代养济院研究》，载《郑州大学学报》1989 年第 3 期。

⑤ （清）龙文彬：《明会要》卷五一《民政二》，中华书局 1956 年版，第 959 页。

⑥ 参见宋秋颖：《明代的养老政策》，吉林大学 2007 年硕士学位论文，第 25 页。

⑦ 《明史》卷七八《食货志二》，中华书局 1974 年版，第 1908 页。

日给二餐。器皿、柴薪、蔬菜之居，从府县设法措办。有疾者拨医调治，死者给与棺木"[①]。为了督促主管官员认真履责，保证养济院功能真正得以发挥，朱元璋通过大明律令将该制度以法律的形式加以明确。《大明令·户令·收养孤老》："凡鳏寡孤独，每月官给粮米三斗，每岁给绵布一疋，务在存恤。监察御史、按察司官，常加体察。"洪武二十二年(1389)律，即《大明律直解》对渎职官吏有了更加明确的要求："凡鳏寡孤独及笃废之人贫穷无亲属依倚，不能自存，所在官司应收养而不收养者，杖六十。若应给衣粮而官吏剋减者，以监守自盗论。"[②]

零星的民间慈善救助在中国古代早已有之，但到了明朝中叶，民间慈善救助开始变得相当普遍。尤其是以功过格为主的善书盛行于世之后，极大地推动了民间慈善活动的兴起。在老年人救助方面有三种民间力量发挥了重要作用：一是宗族，二是同乡，三是社会。"宗族对族人的救济及其规则，是明代民间自救互济的一个典型事例。……宗族救济的目的不是所谓'普渡众生'，而是通过对同姓同宗者之间财产上的贫富差距进行调节，来维护一个特殊的血缘团体的稳定。"[③]宗族救助的一种重要形式就是建立"族田义庄"，宗族救助的一个重要对象就是"年力已衰、家无恒产"的老年人，如汪氏耕荫义庄对"鳏寡孤独废疾，有养"[④]。同乡救助通常以会馆的形式施救。会馆最早出现在明永乐年间，是各省缙绅为便利同籍应试士人旅居而在京师与各省城要地创设的。作为一种地缘性组织，会馆均以"答神麻，笃乡谊，萃善举"[⑤]为宗旨，其中救助居留异乡、贫苦无依的老年乡亲无疑是会馆的重要工作，像苏州、杭州等地的会馆大都在章程中规定，如遇"有老病废疾不能谋生者；有鳏寡孤独无所依藉者；有异乡远客贫困不能归里者……令司月者核实，于公费中量为资助"[⑥]。而社会救助则多以善会、善堂等组织形式开展，由僧道俗各界人士出资兴办，对于老年人的救助也发挥了重要作用。

---

① (明)李东阳等撰，申时行等奉敕重修：《大明会典》卷八〇《恤孤贫》，江苏广陵古籍刻印社 1989 年版。

② 转引自柏桦：《明清"收养孤老"律例与社会稳定》，载《西南人学学报(社科版)》2008 年第 6 期。

③ 毛佩琦主编：《中国社会通史》(明代卷)，山西教育出版社 1996 年版，第 466 页。

④ (清)冯桂芬：《显志堂稿》卷四《汪氏耕荫义庄记》，台北文海出版社 1967 年印行。

⑤ 李华编：《明清以来北京工商会馆碑刻选编》，文物出版社 1980 年版，第 14 页。

⑥ 苏州博物馆等编：《明清苏州工商业碑刻集》，江苏人民出版社 1981 年版，第 28 页。

（二）清代

清军入关之后，清政府基本上继承了明代的老年人救助政策，养济院就是其中重要的官办机构之一，它是在明代养济院的基础上建立起来的，并且规模有所扩大，组织更完善，制度更健全。顺治五年(1648)十一月，清帝下诏，饬令："各处设养济院，收养鳏寡孤独及残疾无告之人，有司留心举行，月粮依时给发，无致失所。应用钱粮，察明旧日例，在京于户部、在外于存留项下动支。"[①]八年(1651)，再次谕令对京城内外的鳏寡孤独贫苦无依者"酌量周恤"，对于各省府州县原设的养济院给足额定米粮，并派官"从实稽察，俾沾实惠"。[②] 此后，康熙、雍正、乾隆三帝都曾多次谕令重申，其措施也更加具体严格。清代的养济事业有一个前代所不及的显著特点就是，养济院已扩展到了中国西部的边陲地区。[③] 然而，官办的养济院不可避免地存在管理不善、贪污腐败之弊端，加之养济院名额有限，难以满足大量的救助需求，普济堂应运而生。普济堂最早建立于江西袁州，而影响较大的则是康熙四十五年(1706)建立的京师普济堂。普济堂的职能是赡养年老、疾病、贫困且无所归依者，与养济院区别不大，但普济堂收容对象的范围要远远广于养济院，既无地域限制，也无人员限制。初创时期的普济堂全系民间力量筹资兴办，经济来源十分广泛，因民间社会各阶层积极参与，绩效远超养济院，得到统治者的首肯与赞赏。[④] 乾隆元年(1736)，清政府命"各省会及通都大郡概设立普济堂，养赡老疾无依之人"[⑤]。从此，普济堂这一由民间发起创立的慈善机构被纳入政府社会救助政策的范围，政府开始介入普济堂的建设与管理。同时，清政府也鼓励民间设立，规定："有官绅士民好义捐建者，其经费并听自行经理。"[⑥]这样形成了既有官方财力支持，又接受民间捐款的救助机构。养济院和普济堂在特殊时期仍有不能满足救助需求之虞，于是有的地方又设有栖流所，也称"留养局"或"留养所"。乾隆二十八年(1763)，清政府命"直属州设留养局收恤老弱贫民，其外来流移贫民例无给，一体入局留养"[⑦]。

---

① 《清实录》顺治五年十一月辛未，中华书局 2008 年版。

② 参见《清实录》顺治八年八月丙寅，中华书局 2008 年版。

③ 参见周秋光、曾桂林：《中国慈善简史》，人民出版社 2006 年版，第 150 页。

④ 参见周秋光、曾桂林：《中国慈善简史》，人民出版社 2006 年版，第 153～154 页。

⑤ (清)昆冈等修：《钦定大清会典事例》卷二六九《蠲恤》。

⑥ (清)昆冈等修：《钦定大清会典事例》卷八九《蠲恤》。

⑦ 《清朝文献通考》卷四六《国用八》，商务印书馆 1936 年版。

为了使上述救助机构能够发挥实效，清朝在制度建设上做了大量、细致的工作，其效仿明代将上述制度入法，并通过刑律中的“收养孤老”条款以约束主管官吏依法履职。[①]《钦定户部则例》还收有《普济堂事例》《栖流所事例》和《收养孤贫事例》等则例，具体规定有关救助机构的设置和运营制度。

清代的社会救助较之明代又有很大发展，慈善救助组织的活动更加兴盛，尤其到咸丰以后，民办福利机构掀起高潮。各种善堂、善会纷纷涌现，族田义庄数量有显著增加，更为重要的是，这些民办救助机构的管理规则日趋完善，慈善救助组织近代化趋势明显。鸦片战争后，西方教会的传教士大量涌入我国，也兴办了一些慈善组织，其中有一些是以养老为主要职能的慈善机构。根据中华续行委办会调查特委会的调查，在10个省内他们发现有37所养老院，平均每所养老院收容35人。[②] 在这些教会主办的养老机构中，受洗入教是必要条件，可见外国教会的所有慈善活动均以宗教利益为首要出发点[③]，只不过在客观上确实起到了老年人社会救助的作用。

第四节　民国时期的老年人救助

民国时期，国家战乱不断，灾祸频仍，国力耗损十分严重，经济实力十分衰弱。民国初期，国家在制度建设上缺乏建树，在社会管理上难言有效，故此给社会力量以充足的发展空间，为救助老年人做了大量工作。民国中后期，民法制定出来之后，传统的父权制解体，孝道不再成为法律着重强调和保护的核心内容，家庭养老的基础受到动摇。国家在承担老年人社会救助责任中的作为极为有限，但制定了很多规范民间慈善组织活动、促进民间慈善组织发展的法律法规，为社会力量发挥救助作用提供了制度依据。

中华民国时期，是中国历史上的大动荡、大转折时期，1911～1949年这三十八年间，战争不断，灾荒频繁，政治黑暗，民生艰辛。在这种社会状况下，丧失劳动能力的老年人的生存权受到严重威胁，老年人社会救助显得更加重要。1924年1月召开的中国国民党第一次全国代表大会所发表的宣言

① 具体内容参见《大清律例》卷四《户律·户役》“收养孤老”条及“条例”。

② 参见中华续行委办会调查特委会：《中华归主》下册，中国社会科学出版社1987年版，第1068页。

③ 参见王子今、刘悦斌、常宗虎：《中国社会福利史》，武汉大学出版社2013年版，第247页。

中，将养老、救灾、卫生和制定劳工法等作为对内政策的重要内容，并写进《国民政府建国大纲》。因受到西方社会救助思想和制度的影响，这一历史时期的老年人社会救助在救助理念、救助制度、救助实践方面也逐渐走出了中国传统的救助模式，吸收了许多国际上先进的救助理念与经验，尤其是在社会救助制度化、法制化方面进步明显，相较于封建时代取得较为突出的成就。但在这样一个战火不断、灾难频发的时代，政府和社会各界所提供的老年人救助无异于杯水车薪，大部分老年人的生活没有得到本质改善。

一、民国时期老年人社会救助特点

民国时期作为中国老年人社会救助制度的转型时期，无论在时代背景、社会环境还是制度创新方面都有其突出特点。

（一）普通民众生存压力大

从1912年中华民国建立到1949年中华人民共和国成立，中国历经护国和护法运动，军阀混战，国共之间的围剿与反围剿，日本帝国主义入侵和抗战，国共之间全面内战，三十八年中战争几乎相伴始终。频繁的战争除了严重威胁民众的生命财产安全之外，还严重影响了国家的经济建设和国民正常的生产生活。衰败的国力、落后的基础设施建设和混乱的国家管理、社会治理状况，又使得自然灾害频频发生。据统计，1912～1948年，全国各地的水灾达7408县次，旱灾5935县次，虫灾1719县次，雹灾1032县次，疫病767县次，风灾646县次，震灾486次，冷冻灾害491次，其他灾害148县次。在此三十七年间，全国各地总共有16698县次发生一种或数种灾害，年均451县次，按民国时期县级行政区划的最高数计算，即每年约有1/4的国土笼罩在各种自然灾害的阴霾之下，而其极值年份如1928年、1929年，竟高达1029或1051县次，几占全国县数之半，打击面极大。[①] 加之西方列强向中国大肆倾销商品，掠夺原料，中国的自然经济逐步解体，破产失业的农民、手工业者逐年增多，广大农村地区一片凋敝，有劳动能力的青壮年尚且难以维持生计，劳动能力低下甚至已经丧失劳动能力的老年人的生存状态可想而知。

（二）社会救助思想发生转变

鸦片战争以后，西学东渐之风盛行，西方先进的社会救助理念也随之传

① 参见夏明方：《民国时期自然灾害与乡村社会》，中华书局2000年版，第34～35页。

入我国,并被有识之士所接受。其中最为核心的"教养兼施"的救助理念在晚清时期"并不仅仅得到部分思想家和传教士的提倡,而且得到社会舆论的广泛支持,形成一股强大的社会思潮"[①]。到了民国时期,这一救助理念已经获得慈善界的普遍认可,并得到广泛践行,如 1921 年湖南贫民救济会在长沙创办惠老工场,救助游民中的老年人。而受到西方国家慈善救助理念影响的社会各界人士,面对民不聊生的社会现状,纷纷投身慈善事业,形成了一个长期甚至终生投身慈善事业的较为稳定的慈善家群体。正因为受到西方慈善救助思想的影响,这一时期投身慈善救助事业的慈善家的主观动机,也不再仅限于中国传统的仁爱思想和善恶报应观念,有了新的思想动态,显示出一种高尚的西方人道主义精神。

(三)民间救助力量发展迅速

自辛亥革命之后,民国政府忙于党争、军争,罔顾国计民生,财政收入大多消耗于行政和军备支出,严重挤压了政府进行社会救助款项,政府提供的有效救助严重不足,众多难民、灾民、贫民的救助只能转由民间慈善团体、慈善家来承担。"民国时期每逢大灾发生,政府往往无力救治,靠的就是民间的社会慈善事业。"[②]这反而从客观上为社会慈善力量的生存发展提供了巨大空间。有学者就指出:"社会慈善事业是国家保障的补充。如果国家保障功能健全,社会慈善事业就相对萎缩,如果国家保障不堪重负,社会慈善事业就有相当的发展空间。"[③]一直到抗日战争胜利之后,政府在社会救助方面才逐步承担起相应责任。民间救助力量发展迅速的具体表现主要有以下几点:

1. 民间慈善团体数量明显增多

明清以来,传统慈善救助机构或为官办,或为官督绅办,与政府存在着千丝万缕的联系。虽然民间社会也创立了一些善堂善会,但为数不多,规模不大,不占主导地位。民国时期,新式慈善团体不断涌现,传统的善堂善会依然存在并纷纷采用更加先进的运作手段,外来教会的慈善机构也适时加入进来。1923 年,北京基督教青年会对北京内外城的慈善机构进行实地调

---

① 黄鸿山:《中国近代慈善事业研究——以晚清江南为中心》,天津古籍出版社 2011 年版,第 183 页。

② 周秋光:《民国时期社会慈善事业研究刍议》,载《湖南师范大学社会科学学报》1994 年第3 期。

③ 郑功成:《中华慈善事业》,广东经济出版社 1999 年版,第 44 页。

查，总数多达370余个，这与光绪年间京城存在的89个官私慈善组织相比，能够基本反映出晚清到民国初年京城慈善组织在数量上的增长趋势。[①]

2. 善款来源渠道更广泛

社会救助离不开丰盈的资金支持，“清末十余年间，尚存的官办慈善机构除吸纳民间社会的捐款外，官款公帑仍然是其依恃的主要经费来源”[②]。但民国时期，国家提供的资金支持极为有限，民间社会的捐资反而成为慈善团体资金来源的主渠道。这些社会捐献的来源十分广泛，既包括海内外各商会、公司及其他机构的捐资，也包括各社会名流、官员和普通民众的个人捐款。此外，民间慈善团体能够保有并用于慈善事业的财产形式也更加多样，除了传统的货币和房地产等不动产以外，有些慈善团体还持有股票、债权等有价证券，但总的趋势是“田产的重要性进一步降低，资产保有形态的都市性格进一步显现”[③]。受到西方影响，慈善团体募集善款的方式也更加多样。通过报纸宣传、义演、义卖甚至发行彩票等方式募集捐赠的方式已经十分常见。

3. 民间慈善团体组织更加专业

民国初年已经形成了募捐机构、救助机构和协调机构并存的新格局。专门性募捐机构将筹集的善款全部交付给专门实施慈善救助的机构，形成募集捐款和实施救助相互分离的机制。为了促进各民间慈善团体的进一步合作，最大限度地发挥救助功能，协调各慈善团体的机构此时也应运而生。1912年成立的上海慈善团就是一个具有协调性质的慈善机构，比较著名的协调性慈善机构还有中华慈善团和国际统一救灾总会。[④] 在南京国民政府成立之后，民法、管理各地方慈善机关规则、监督慈善团体法等涉及或专门规制慈善活动的法律法规相继颁行，民间慈善组织的内部管理和外部运行有了明确的法律依据，其整体运作更加科学化、规范化。而社会救助的制度化、法制化，是这一时期老年人社会救助最突出的特点。

---

① 参见王娟：《清末民初北京地区的社会变迁与慈善组织的转型》，载《史学月刊》2006年第2期。

② 周秋光、曾桂林：《中国慈善简史》，人民出版社2006年版，第319页。

③ ［日］小浜正子：《近代上海的公共性与国家》，葛涛译，上海古籍出版社2003年版，第95页。

④ 参见周秋光、曾桂林：《中国慈善简史》，人民出版社2006年版，第314页。

二、民国时期老年人社会救助制度

国民政府时期的中国一直处于天灾连绵、人祸不断的悲惨境遇中，具有较强劳动能力的年轻人都处在生存的边缘，就遑论老年人的社会保障了。特别是抗日战争时期，国民政府集中所有财力、人力、物力与日本帝国主义一战，根本没有能力和精力来建立并维持完善的、系统的社会养老保障机制，也没有设立大型的专业老年人救助机构，而是把对老人的社会救助笼统地纳入全民救助中。因此，在探讨民国时期老年人社会救助制度时，只能从当时的全民社会救助机制入手，从中提炼出老年人社会救助的基本制度体系。

（一）民国时期家庭养老法制发展

北洋政府时期，作为确定民事行为准则、调整民事关系的基本法律，是清朝末年制定、颁布的《大清现行刑律》中涉及民事关系的有关条款。《大清现行刑律》是中国传统法律的延续，其涉及民事方面的规定，无论是涉及财产关系的条款，还是与身份相联系的法律规定，均是对传统社会秩序和传统社会关系的维持。《现行刑律》民事有效部分涉及婚姻、家庭、继承等方面的规定，依然集中体现维护尊卑长幼、亲疏嫡庶、男尊女卑等区分等级身份的宗法伦理秩序。在家庭财产制方面，《现行刑律》民事有效部分严格规定家长对家庭财产的处分权，家庭其他成员不得擅自处分家庭财产，父权制依然保留。中华民国1930年颁布、1936年实施的《民法》第四编《亲属法》基本确立了现代的亲属法制度，父权制宣告结束，但该法仍然依法明确了“家”的组织结构和“家长”的法定地位，且亲属之间皆负有扶养义务，养老的责任依然主要由家庭全体成员共同承担。[①] 同时，中国孝文化传统在民众心中依然难

① 参见徐百齐编：《中华民国法规大全》第1册，商务印书馆1937年版，第84～85页。

以动摇，家庭养老依然起着决定性的作用。[①]

(二)民国时期社会养老保险法制探索

民国时期为社会转型期，伴随着这种转型，中国的社会保障制度开始由传统的社会救助型向现代的社会保险、社会福利混合型转变。因此，在这一时期，除了存在以自给自足的小农经济为基础的社会救助制度外，还产生了以现代工业为背景的社会保险制度。中华民国于1929年12月30日颁布《保险法》，便包含人寿保险这一险种，但该法在民国时期并未定期施行。[②]抗战时期，保险业进入大后方发展，中央信托局保险部在重庆开展团体寿险业务，得到行政机关支持，重庆社会局规定凡公务人员、企业职工人数在30人以上者，必须参加保险，保费由单位和职工各负担半数，参保单位一度占到重庆厂矿企业总数的93%。[③] 虽然此时占主导地位的依然是商业保险，但社会养老保险制度以此为基础也在酝酿之中。

第一次世界大战后，1919年召开的巴黎和会上成立了国际劳工组织，它以维护世界和平、促进社会正义为宗旨，积极推行国际劳工立法，谋求劳工生活的改善，大力推动世界性社会养老保险事业的发展。在1919～1944年间，国际劳工组织制定了有关社会养老保险的主要公约，如1928年的《工商业工人及佣仆养老保险公约》、1933年的《残疾、养老及遗属保险》、1935年的《移民残疾、养老及死亡保险权利保障公约》以及1938年的《船员退休金公约》等。北洋军阀政府参加了巴黎和会，成为国际劳工组织的会员国，但起初拒不履行会员国义务。1923年，北洋军阀政府迫于第一届国际劳工大会特别委员会和国内“二七”大罢工的压力了颁布《暂行工厂条例》，后又制

---

① 除了以法律意义上的“家”为单位进行养老之外，民国时期还存在着民间自然形成的具有养老功能的互助团体，比如丐帮。所谓丐帮就是以乞讨者共同的生存方式为基础，将乞丐聚在一起建立了一个非血缘关系的“家”。丐头即是“家长”，具有最高权威，丐民的经济、人身权利皆依附于丐头。丐帮中的祖师崇拜也不仅仅是一种攀附争脸的行为，其目的还在于为来自五湖四海的各方乞丐，提供一个可供共同皈依的“先祖”；入帮必不可少的拜师仪式，则更直接表现为一种对“师生如父子”观念的转译，对新入帮者灌输丐帮即“家”，丐头、丐民关系如父子的思想。此外，还有一些别的帮规帮俗，如严禁与自己本家(帮内)女性通奸，帮内特有的隐语及衣着习惯等等，都从不同的角度在做着确认丐帮为“家”的潜移默化的工作。丐民的生老病死、冬雪无讨之日的“抚恤”“安置”，也在体现着丐帮之“家”对丐民的“养济”“送终”的职能。这种职能无形之中起到了一种养老保障的功效。(参见陈英：《探析国民政府时期老人的社会保障问题》，重庆师范大学2010年硕士论文，第7页)

② 参见谢振民编：《中华民国立法史》下册，张知本校订，中国政法大学出版社1999年版，第835页。

③ 参见中国保险学会编：《中国保险史》，中国金融出版社1998年版，第135页。

定《工人协会法草案》和《矿工待遇规则》等条例。1924年,广州军政府也颁布《工会条例》,开启了这一时期劳工立法的序幕。[①] 此后,中华民国在国际劳工组织的帮助和推动下,逐步认识到养老保险的重要性,开始对养老保险制度进行初步探索。1931年,中华民国工商部扩大为实业部时,由劳工司益工科掌管"关于工人保险及养老恤金事项",此为一种监督指导机关,并不办理保险实务。因此又规定,国有财产及国营事业一律归中国保险公司保险。1936年9月还规定,各级政府机关之保险应交中央信托局办理,该局增设保险部。1940年,国民政府社会部成立后,由下设福利司第六科指导实施社会保险。[②] 到1941年,该科拟定了《社会保险法原则草案》《健康保险法草案》《陪都公务员役团体寿险计划纲要草案》等,但仅停留在草案阶段。1945年,国民党六大通过了《战后安全初步设施纲要》,提出政府应举办社会保险,其中就包含了老废死亡险种,也未真正付诸实施。故此,民国时期养老保险仅停留在探索和研究阶段,尚未有实质进展。

(三)民国时期社会慈善制度建设

民国时期,民间慈善团体肩负起社会救助的重任,其在社会中的影响力也日渐突出。为了使慈善事业发展纳入制度化轨道,这一时期出现了一系列针对慈善活动的立法。北洋军阀政府于1913年3月11日颁布《褒扬条例》,鼓励人们对难民、灾民进行捐资救助。1921年10月29日,又颁布了《赈务处暂行条例》。该条例规定,中央设赈务处,综理各灾区的赈济及善后事宜,各慈善组织参与灾区慈善救济,也受赈务处协调、督办。1927年,南京国民政府成立。政权更迭导致旧法失效,此后十年间,南京国民政府颁布了一系列有关慈善事业的法律法规。在慈善监管组织方面,1928年颁布并历经数次修订的《国民政府内政部组织法》,明确规定了社会救济事务管理职能的部门归属,后续颁布的《特别市组织法》《市组织法》和《省政府组织法》都有相关规定,"养老"作为慈善公益事业的核心项目被明确列举。在慈善团体立法方面,1928年6月,国民政府内政部颁布《各地方救济院规则》,要求各地根据地方情形建立救济院,下设养老、孤儿、残废、育婴、施医、贷款等

① 参见谢振民编:《中华民国立法史》下册,张知本校订,中国政法大学出版社1999年版,第1061页。

② 参见朱汉国主编:《中国社会通史》(民国卷),山西教育出版社1996年版,第540页。

所,并开始对各地原有官立、公立慈善机构进行整理。不久,内政部以此为法律依据,用部令形式颁行《管理各地私立慈善团体机关规则》,对私立慈善组织的设立备案、财务状况及募捐情形均有规定。后经立法院讨论国民政府于1929年6月12日出台了《监督慈善团体法》。1932年9月,内政部又公布了《各地方慈善团体立案办法》。此外,1929年12月7日,国民政府颁布《监督寺庙条例》。该条例规定,寺庙应按财产情形兴办公益或慈善事业。按照该条例有关规定,内政部据中国佛教会呈准又于1935年1月颁布实施《佛教寺庙兴办慈善公益事业规则》。在慈善捐赠及褒扬立法方面,1929年颁布《捐资举办救济事业条例》,1931年颁布《褒扬条例》,1935年颁布《颁给勋章条例》。抗日战争时期,难民数量剧增。1937年9月7日,行政院为此迅即颁布《非常时期难民救济办法大纲》,决定成立非常时期难民救济委员会。1938年2月24日,国民政府又公布《赈济委员会组织法》,将非常时期难民救济委员会与常设的赈务委员会合并改组成赈济委员会,同时划入内政部民政司的救济行政业务,掌理全国赈济行政事务。1943年9月29日,国民政府正式颁布实施《社会救济法》。1944年9月12日,由行政院核准施行《社会救济法施行细则》。1945年9月5日,又颁行《救济院规程》。由于主要内容已被《社会救济法》所涵盖。1945年6月4日,行政院宣布废止《监督慈善团体法施行规则》,并于8月13日宣布废止《监督慈善团体法》的实施。[①] 这些法律法规的颁布实施和后续修改完善,基本建立了民国时期社会救助的法律体系,促使社会救助事业逐步走上制度化轨道,社会救助责任真正成为国家的法定责任。

在慈善救助制度的具体实施上,国民政府也做了一些工作。各地方救济院规则出台之后,因该规则的执行单位主要在县一级。为确保落实,国民政府内政部在1928年6月颁布的《各县政府内务行政纲要》和同年11月颁布的《县长须知》中专门就社会福利事业对县政府和县长作了规定,在《县长须知》中规定的尤为具体。其第十五项为“救济事业”,包括:设法筹集款项设立救济院,提拨地方公款及逆产、庙产之一部或全部为办理救济事业之基金,利用寺庙等公共适宜场所为救济院地址,整理地方旧有慈善机关设法扩

① 参见曾桂林:《民国时期慈善法制研究》,人民出版社2013年版,第142～152页。

充之，奖励人民办理救济事业，对于老幼残疾之人收入救济院妥为教养等。[①] 1939 年，国民政府公布县各级组织纲要第八条中县政府设有社会科，为县一级专门负社会福利工作的机关。国民党甚至对一般党员也提出了尽力于社会福利事业的要求。1930 年 3 月，国民党第三届第三次中央全会通过“训政时期党务工作方案”，关于党员部分有：“党员人人均负有宣传主义、参与自治事业及扶助人民之义务。每人至少应就地方之需要，直接担任下列各种社会事业中之一种工作。”其第二十四项为：“救济院、养老、恤贫、救灾、育婴等。”[②]在国民政府的统一要求下，各地基本上都成立了社会救助机构，救济的对象当然是各类难民，不仅仅是针对老年人。据国民党中央社会部 1946 年底的统计，全国 29 个省市共有社会救助机构 3045 个，其中公立救济机构有 2034 个，约占 77％ 。据 1948 年的《中国年鉴》披露，当时全国有 4172 个救济机构。其中公立救济机构为 2203 个，约占 53％。从现象上看，民国时期的公立救济机构一直是数目众多，这的确是不争的事实，但是其中到底有多少是专门针对老人而设立的，确切数据无法考证。

第五节　新中国的老年人社会救助

新中国成立后，有中国特色的社会主义救助制度在摸索中创造和完善。建国初期，面对大量的难民、灾民，大规模的紧急救助迅速展开，同时国家开始逐步接收和改造原有的老年人救助机构，转为国营。计划经济时代，国家包揽一切，老年人全部回归家庭，只有“无生活来源、无劳动能力、无法定抚养义务人”的“三无”老人才由国家收养，农村则通过“五保”制度来解决。“文革”时，政府的失灵直接导致国家救助的瘫痪。改革开放后，我国的老年人社会救助终于逐步走向社会，目前还在改革的路上。

新中国成立后，我国历经过渡时期、社会主义革命时期和社会主义建设时期，根本目标为共产主义。崇尚人人平等，维护社会公平正义是社会主义中国的核心价值取向。平等观、正义观的弘扬极大冲击着中国传统的长幼

---

① 参见徐百齐编：《中华民国法规大全》第 1 册，商务印书馆 1937 年版，第 563 页。

② 参见荣孟源主编：《中国国民党历次代表大会及中央全会资料》上册，光明日报出版社 1985 年版，第 793～794 页。

有序、男尊女卑的家庭观念,传统的尊老敬老观念和家庭养老模式发生了显著变化。在中国封建时代,孝是家庭伦理的核心,它既维系了尊老、敬老、养老等优良传统延续千年,又确立了"父为子纲""父要子亡,子不得不亡"的极端父权制,严重违背了新时代的平等观。"在民主革命时期的根据地,被歪曲、被变形的'孝'的观念曾于中国共产党改造家族文化的活动中受到冲击。"[①]建国后,孝的观念中属封建伦理道德的成分,如"夫为妻纲""夫死从子""父为子纲""父要子亡,子不得不亡"的观念,以及子女对父母"无违""为尊者讳"等观念进一步受到批判,"父子平等""男女平等"的观念逐渐树立,同时,尊老、敬老、养老的优良传统则被大力提倡。与平等观念的建立相同步的是家长权制度的废除,在传统的大家庭中,家长掌握着家庭的全部权力,有着极高的地位,对于成年晚辈可以形成巨大的约束力,家庭养老几无问题。但新中国成立后,人人平等的观念得到普遍传播,家长权制度被废除,特别是土地改革以后。"在土地改革中,家庭每个成员都分得一份土地和生产资料,在生产领域和分配领域都拥有平等的权力和地位,家长失去了对家庭财产的支配权,致使大家庭的离心力加强,促进了无数个农村家庭的分离解析。"[②]家庭规模向小型化发展,封建时代的大家庭(三代以上共为一户)逐渐减少,核心家庭(一对夫妇与未成年子女组成的两代一户)逐渐增多。更为重要的是,数代同堂、大家族式的家庭模式也仅是一种聚居模式和生活方式而已,并不具有法律上的独立地位。当子女成年之后,他们便成为具有完全民事行为能力的独立法律主体,不会受到所谓"家庭"的任何法定约束,可以说,法律意义上的家庭仅指核心家庭。"核心家庭独居鳌头,成年子女大多与父母各立门户,即在父母丧失自理能力之前,他们基本上生活在不同的家庭,这样,子女对老人的照料、精神慰藉,与从前相比自然不大方便,量和次数也减少了。"[③]一夫一妻、男女平等制度的建立,同时使封建时代照顾老人的重要力量——家庭妇女,逐渐脱离家庭走向社会。妇女从过去的只参加家务劳动转变为同时参加社会劳动,而且参加社会劳动的时间甚

---

① 高冬梅:《新中国成立初期中国共产党社会救助思想与实践研究(1949—1956)》,人民出版社 2009 年版,第 210 页。

② 李立志:《变迁与重建—— 1949—1956 年的中国社会》,江西人民出版社 2002 年版,第 33 页。

③ 高冬梅:《新中国成立初期中国共产党社会救助思想与实践研究(1949—1956)》,人民出版社 2009 年版,第 212 页。

至多于家务劳动。因此，即便父母与成年儿女共同居住，家庭养老的能力和效果也在下降。

"新中国的社会救助制度并不是国民党政府时期济贫制度的继承和发展，而是重新构建的体系，新制度无论是在指导思想、制度设计还是救助实践上完全是另起炉灶。"①其发展至今大致经历了三个大的历史阶段：1949～1956年的初创时期、1957～1977年的停滞时期以及1978年至今的发展时期。

一、老年人社会救助制度的初创时期

1949～1956年是中国社会发生历史巨变的重要时期，中国的社会制度发生了两次巨变，即由半殖民地半封建社会过渡到新民主主义社会，再由新民主主义社会过渡到社会主义社会。这个过渡时期按照经济发展状况又可分为两个阶段：建国头三年为国民经济恢复阶段；后四年为社会主义改造和计划经济建设阶段。建国之初，受帝国主义长期掠夺、旧政权的腐朽统治和长期的战争破坏，全国到处都是灾民、难民、失业者，国家经济几近崩溃。而这一时期，我国老年人人口数量却很庞大。1950年，联合国人口司对此曾有过估算，中国60岁及以上人口共计4241.8万，名列世界第一，其中属于典型弱势群体的孤寡老人在150万人以上。② 在青壮年的生存都受到严重威胁的情况下，家庭养老难以为继。面对这种局面，国家只能采取大规模紧急救助与组织群众互助互济、生产自救的方式首先保证青壮年的生存生活问题，再由其赡养自家老人。因此，城市中的老年人的救助包含于救助失业工人或救助乞丐的制度中。无依无靠也无生活自理能力的老年人则先由教养院，后由专门的残老教养院收养。新中国成立初期，国家接收和新建了大批生产教养机构，收养残老。其经费在1952年以前由地方政府拨款补助和社会捐助；1952年后，国家每人每年补贴140元，差额部分由地方财政自行解决。对于农村的孤寡老人，根据1951年3月内务部《关于春荒期间加强生产救灾工作的指示》、1953年内务部制定的《农村灾荒救济粮款发放使用办

---

① 姚建平：《中美社会救助制度比较》，中国社会出版社2007年版，第92页。

② 参见蔡勤禹：《国家、社会与弱势群体——民国时期的社会救济（1927－1949）》，天津人民出版社2003年版，第67～68页。

法》等法规规定,“或带动其生产,或予以较长的救济”①。其中对于老年人,有依靠或能参加生产劳动者由家人供养或力争自食其力,无依无靠也无生产能力的“一等救济户,按缺粮日期长短全部救济”②。1954 年,新中国宪法颁布实施,其中第 93 条规定:“中华人民共和国劳动者在年老、疾病或者丧失劳动能力的时候,有获得物资帮助的权利。国家举办社会保险、社会救济和群众卫生事业,并且逐步扩大这些设施,以保证劳动者享受这种权利。”新中国以根本法的形式确立了老年人获得物质帮助的权利,同时明确了国家提供老年人社会救助的责任。这一规定为以后的老年人社会救助制度的建设奠定了宪法基础,实为该时期我国老年人社会救助制度建设取得的最重要成就。1956 年,社会主义改造基本完成,农村集体化基本实现,国家规定农业合作社为救助农村孤寡老人的实施主体,“在生产上和生活上给予适当的安排和照顾,保证他们的吃、穿和柴火的供应,保证年幼的受到教育和年老的死后安葬,使他们生养死葬都有依靠”③。除了国家基本救助政策以外,地方政府还结合地方政府财政能力和本地实际,制定了本地的救助政策,如 1951 年 9 月,北京市初步制定了《北京市贫民救济方法》,其中就规定,对有亲友照顾或能自理的孤寡老人,每人每月补助 3 万~4 万元(旧币);如确不能维持自己日常生活,予以收养。④

这一时期的民间救助以互助互济和向政府主办的救助机构捐赠为主,建国前的旧有慈善组织和国外捐赠发挥的救助作用微乎其微。1950 年 4 月 24 日,中国人民救济代表会议在北京召开,董必武在大会作了《新中国的救济福利事业》的报告,明确地阐述了新政府对于民间慈善事业的态度:“中国人民成立了自己的政府,把中国的命运掌握在自己手中,救济福利事业才不再是统治阶级欺骗与麻痹人民的装饰品,也不再是少数热心人士的孤军苦斗,而是政府和人民同心协力医治战争创伤并进行和平建设一系列工作中

---

① 中央人民政府法制委员会编:《中央人民政府法令汇编(1951)》,法律出版社 1982 年版,第 89 页。

② 参见高冬梅:《新中国成立初期中国共产党社会救助思想与实践研究(1949-1956)》,人民出版社 2009 年版,第 78 页。

③ 国务院法制局、中华人民共和国法规汇编编辑委员会编:《中华人民共和国法规汇编(1956 年 1-6月)》,法律出版社 1956 年版,第 311 页。

④ 参见李小尉:《新中国建立初期的社会救助研究》,社会科学文献出版社 2012 年版,第110 页。

的一个组成部分。因此,它就有了新的意义和新的内容。"[①]这无形中否认了民间慈善事业的独立地位,全国各地开始接收、改造旧有的慈善组织机构,"据有关资料显示,至 1953 年底,全国各地已改造旧的慈善机构 419 处,调整旧的救济福利团体 1600 多个"[②]。至于外国援助和捐赠,新中国建立前,旧社会的慈善组织机构普遍接受来自美国的援助和捐赠,新中国建立后的一段时间,接受外国救助的现象依然存在,到 1951 年 4 月 26～30 日,政务院处理接受美国津贴救济机关委员会召开首次会议,通过了《关于处理接受美国津贴的救济社团及救济机关的实施办法》,宣布对接受美国津贴的慈善救济团体全部进行接收,财产一律充公。经过这次处理,外国在华的慈善团体允许存在的已经是寥寥无几了。[③] 可以说,建国前的慈善组织所有的财产和外国援助捐赠的财产无疑为我国的社会救助事业的开展提供了物质支持,但也是在政府的统一调配下完成的,到 1954 年前后,我国大陆已经不再存在有完全意义上的现代民间慈善组织了。[④]

二、老年人社会救助制度的停滞时期

1957～1978 年这一时期,我国经历了"整风运动""大跃进"和"文化大革命"等大的社会运动与社会动荡,之前建立起来的计划经济体制下的社会救助制度已经扭曲变形。在 1958 年的"大跃进"时期,全国刮起了"共产风",许多地方大办集体食堂,吃饭不要钱,实行所谓"按需分配",社会救助工作也就无从谈起,各地农村也停发了社会救济款,取消了社会救济工作。与此相伴随的是,国家主导的社会福利事业却获得迅猛发展,一度成为民政工作的首要业务。据 1962 年的统计数字,当时全国共有城乡敬老院 35215 个,收养老年人 563254 人;另据 1963 年数据显示,截至该年,全国城市社会福利事业单位中的养老院共有 237 个,收养老人 43510 人。除了基础设施加快建设之外,政府还加大了对养老福利机构的整顿工作。1961 年 4 月,内务部根据党的八届九中全会提出的"调整、巩固、充实、提高"的八字方针,在北京召开社会福利事业、优抚事业工作会议,讨论、部署福利事业单位的整顿问题。

① 徐达深主编:《中华人民共和国实录》第 1 卷(上),吉林人民出版社 1994 年版,第 232 页。

② 周秋光、曾桂林:《中国慈善简史》,人民出版社 2006 年版,第 366 页。

③ 参见周秋光、曾桂林:《中国慈善简史》,人民出版社 2006 年版,第 366 页。

④ 参见周秋光、曾桂林:《中国慈善简史》,人民出版社 2006 年版,第 368 页。

会议提出了几条政策性的问题，其中针对养老福利事业单位的主要有：要明确福利事业单位的生产不是目的，搞生产对老人是为了丰富他们的生活内容；要着重解决社会福利事业单位存在的虐待收养对象、不关心他们生活、有病不给治、强迫劳动等问题。1961 年 6 月，内务部还发出《关于请各地民政部门注意研究农村人民公社敬老院问题的通知》，提出了对农村敬老院整顿和发展的基本意见：第一，对于已经办起来并有条件办下去的敬老院，应该坚持办下去，不要停办。第二，对于敬老院管理中的问题如管理人员多、经费开支大等，要根据积极办好、自愿参加、勤俭办院、民主管理的原则加以整顿。第三，集中户供养要坚持入院自愿原则和保证老人生活的原则，不能集中的也要保证生活。[①] 上述意见不可谓不中肯，但受“跑步进入共产主义”思想的影响，片面强调国家包办老年人社会福利，提前进入共产主义社会，以当时的经济实力显然是不现实的。1966 年，“文化大革命”开始，社会救济工作被视为“修正主义”而遭到严厉批判，把帮助贫困户发展副业生产当作资本主义“尾巴”割掉，把用公益金补助贫困户当作“剥削”进行谴责。1968 年，内务部被撤销，工作人员被遣散，社会救济工作基本上处于瘫痪状态。这一时期，真正意义上的民间慈善组织已不存在，原有的一些附属于政府部门的福利救助机构也因受到政治运动的冲击而遭到破坏，也没有出现有组织、有规模、经常性的民间慈善救助活动。政府包办一切社会救助的时代，老年人社会救助活动也因政府自身的动荡不安而难以为继。虽然“七五宪法”在极为有限的条文中依然保留了老年人获得物质帮助的权利，但老年人社会救助制度难以避免地陷入停滞甚至倒退的境地。

三、老年人社会救助制度的发展时期

1978 年至今是我国老年人社会救助制度的发展时期。这一大的时期又可以分为两个阶段：1978 年党的十一届三中全会之后至 1986 年为第一个阶段，该阶段为我国老年人社会救助制度的恢复发展阶段；1987 年至今为第二个阶段，该阶段为我国老年人社会救助制度的转型与快速发展阶段。“文革”结束以后，全国的社会福利和救助事业全面恢复，其主要标志是 1979 年 11 月召开的全国城市社会救济福利工作会议。这次会议的主要贡献是明确

---

① 参见王子今、刘悦斌、常宗虎：《中国社会福利史》，武汉大学出版社 2013 年版，第 281～282 页。

了城市社会福利事业单位的社会福利性质，批评了过去不分收养对象，一概强调"以教为主"的办院方向；制定了恢复和发展社会福利事业的方针政策，提出按照《城市社会福利事业单位管理工作试行办法》，对所有城市社会福利事业进行整顿的意见；就扩大社会福利事业单位收养范围提出要求，首次提出了发展自费收养业务的意见。此后，国务院及相关部门陆续出台了促进社会福利事业发展的相关政策。对于农村的"五保"工作，有关部门于1982年12月启动了全面普查工作，用时一年，基本摸清了"五保"工作的现状。普查结果显示：全国共有五保户298.89万人，其中老人264.78万人，90%以上的"五保"人员落实了各种形式的五保供养和社会救助政策。八年多的恢复工作取得了显著成绩，社会福利机构的布局更加合理，社会福利事业在性质、任务、办院思想等各方面都有了长足的进步。①

1984年，在福建漳州召开的全国社会福利事业单位改革整顿工作经验交流会，会议制定了社会福利事业要进一步向国家、集体、个人一起办的体制转变，由封闭型向开放型转变的发展战略和改革方向。漳州会议为改革指明了方向，极大地推动了社会福利事业的全面改革。1986年，在全国开展的社会福利有奖募捐活动，正式拉开了改革的序幕。90年代初开始，涉及老年人社会救助的各类法律法规也相继出台。1994年，国务院发布《农村五保供养工作条例》(2006年重新制定)；1996年，《中华人民共和国老年人权益保障法》(2009年和2012年两次修订)颁布实施；2003年，出台了《城市生活无着的流浪乞讨人员救助管理办法》(1982年制定的《城市流浪乞讨人员收容遣送办法》同时废止)；2014年公布了《社会救助暂行办法》；等等。这些立法的出台为我国老年人社会救助事业提供了明确的法律依据，提升了我国老年人社会救助的制度化和法制化程度，为我国的老年人社会救助事业的转型与发展提供了制度支撑。目前，我国的老年人社会救助事业依然处于转型和快速发展阶段。

新中国成立六十多年以来，我国老年人社会救助事业发展较为迅速。截至2010年底，全国共有各类老年福利机构39904个，床位314.9万张，收养老年人242.6万人；全国有27个省、自治区的838个县(市、区、旗)和4个直辖市部分区县开展国家新型农村社会养老保险试点；全国参加新型农村

① 参见王子今、刘悦斌、常宗虎：《中国社会福利史》，武汉大学出版社2013年版，第282～285页。

社会养老保险人数有10277万，其中领取待遇人数有2863万，全年新型农村社会养老保险基金收入453亿元，基金支出200亿元，基金累计结存423亿元；全年各级财政共支出城市低保资金524.7亿元，共发放农村低保资金445亿元；全国农村共有农村五保供养对象534.11万户，计556.3万人，全年各级财政共发放农村五保供养资金98.1亿元；农村五保集中供养177.4万人，集中供养年平均标准为2951.5元/人，农村五保分散供养378.9万人，分散供养年平均标准为2102.1元/人；全国享受高龄补贴的老人已达576.4万人。但在老龄化迅速发展的现阶段，在计划经济体制下建立和发展起来的老年人救助制度，已经越来越不适应形势发展的需要，面临着严峻的挑战。目前主要存在的问题有：(1)覆盖面小、供需矛盾尖锐。(2)设施、设备陈旧，整体水平较低。(3)现有设施的布局和结构不合理，服务项目单一。(4)国家、集体包办，社会化程度较低。[①] 上述问题是新中国老年人救助事业发展过程中长期形成的历史问题，也是当前亟待解决的现实问题。

结　语

农耕文明是我国古代文明的重要标志，其主要生产方式，是中国社会延续上千年的以户为单位、以家庭生产为基本支柱的自给自足的自然经济。农业经济是中国经济形态的主体，个体、分散、一家一户的生产方式是主要的生产方式。这种生产方式决定了家庭是个人生活赖以生存的基础和精神寄托。在古代社会，老年人传承了生产经验，掌握着大量的生产资料，保证了晚辈能够继承生产资料和遗产。因此，老年人成为了维持社会生产和发展的关键力量。早在原始社会时期，德高望重的“长老”就被族人赋予了权力和象征的意义。他们往往是氏族社会的直接领袖，即使他们年老体衰，丧失了实际的管理和领导能力，他们依然是一种荣誉的领袖，受到氏族的尊重和爱戴。后续的宗法制度首先确立了老年人的“家长”地位，同时也保证了传统社会老年人的基本生存问题。国家的经济形态决定了文明形态和政治形态，崇尚“孝道”成为深入中华文明骨髓的精神内核，在儒家思想“移孝作忠”理论引申的作用下，封建统治者更加强化了厉行孝道、尊老敬老在国家

① 参见王丽平：《中国社会福利与社会救助问题研究》，人民日报出版社2014年版，第98～99页。

统治中的作用。封建帝王大都沿袭了一些我国传统的敬老、爱老仪式和礼节,封建律法上也作了明确的规定。封建统治者会通过定期和不定期的仪式化行为,给予一些德高望重的老年人以一定物质和精神的补助,但接受补助的大多为社会地位较高或年龄较大的老年人,涵盖面有限。对于真正需要救助的老年人来说,受经济发展水平所限,不同历史时期,国家的救助范围和救助水平有很大差距,难以实现常态化和一贯性。汉代以后,受到儒家大同思想教化或者佛道等宗教思想影响的社会群体,自发地对老年人国家救助的空白进行填补,逐渐发展出一些民间救助形式,但基本都在国家的管制之下。可以说,家族本位既作为因我国尊老敬老和养老助老的基本文化定位造就的相应的封建礼法制度,同时又因制度的发展和完善成为我国立法制度旨在全力维持的社会形态。因此,家庭和个人责任是中国古代老年人供养的主要责任形式,只有在家庭责任无法实现等特殊情况下,部分老年人才需要外部的救助以资补充。

家族本位的养老制度和国家本位的老年人救助制度,在清代末期受到外来文化的影响而有所松动。到民国时期《亲属法》实施之后,我国基本确立了现代的亲属法制度,父权制宣告结束,“家长”在家庭中的领导地位和控制权被取消,法律虽然保留了“家”的组织结构和“家长”的称谓,将家庭中的养老责任转化为亲属之间负有的法定扶养义务,老年人在家庭中的法定地位与其他家庭成员基本平等,但老年人在家庭与社会中的尊崇地位仅能通过社会文化而得以保持。受战乱影响,民国时期,国家财力极为有限,老年人的国家救助依然有限,相关立法以促进和规范民间力量的发挥为主要目标。

新中国成立以后很长一段时间,家庭依然是养老的主要责任主体,而国家则成为缺少家庭依靠的老年人的核心救助力量甚至是唯一的救助力量。在改革开放之后,市场经济的发展带动了老年人救助事业的改革,我国社会福利事业开始由国家包办向国家、集体、个人共同协作的体制转变,社会力量逐渐参与到老年人社会救助的行列。但受计划生育政策的影响,我国老龄化社会到来之后,家庭养老的能力加速弱化,这也是我国目前老年人社会救助制度发展的基本社会环境。

第三章

我国现行老年人社会救助的制度体系

老年人口是社会的弱势群体，他们无论是在分享社会经济的发展成果，还是在个人的物质和精神生活方面，都是掌握资源少、选择能力差、面临问题较多的群体。因此，在一个老年人日益占据重要位置的老龄化社会中，关注和帮助老龄群体将是优先考虑的问题。经过几十年的不懈努力，我国在老年人社会救助方面制定了一系列法律法规和政策规定，《宪法》中物质帮助权的规定是老年人社会救助的直接依据，《老年人权益保障法》《劳动法》《劳动合同法》《社会救助暂行办法》《法律援助条例》《城市居民最低生活保障条例》《农村五保供养工作条例》《城市生活无着的流浪乞讨人员救助管理办法》等有关法律、法规和规章都对老年人社会救助作出了规定。在制度层面上，我国也已经初步形成了相对完善的老年人社会救助制度体系，包括老年人最低生活保障制度、农村五保供养制度、城市流浪乞讨老年人救助制度，以及老年人住房、医疗、法律援助等专项救助制度。但同时，我国老年人社会救助制度也存在许多急需解决的问题，如老年人社会救助理念滞后、老年人社会救助法律法规体系仍需完善、老年人社会救助项目体系有待进一步优化、老年人社会救助的城乡分治、老年人社会救助机制不健全、老年人社会救助的社会组织参与程度低等。

第一节　我国现行老年人社会救助立法概述

改革开放以来,我国开始从计划经济向市场经济转变,经济体制改革和经济结构的调整以及现代企业制度建立过程中,在城镇出现了一大批贫困人口。他们绝大部分是失业、下岗人员和困难企业职工,其收入水平大幅度降低,生活困难,又由于物价上涨、生活水平提高等原因,使原有的社会救助制度范围窄、对象有限、标准低等问题凸显出来,不再能够满足现实的社会救助需要。[①] 经过三十多年的制度建设,我国老年人社会救助制度已经形成了相对完善的制度体系(宪法中的物质帮助权的规定是老年人社会救助的直接依据)。此外,法律、行政法规、部门规章、地方性法规、地方政府规章等层面的法律文件中也都包含老年人社会救助的规定。

一、我国老年人社会救助的宪法依据

现代社会救助制度区别于传统救助制度的重要标志之一是其权利性,"社会弱势群体的特质就在于由于权利享有、权利实现、权利救济上的不利而导致的社会地位低下"[②]。社会救助权在我国已经成为一种宪法性权利,这是现代国家社会救助制度建立和实施的前提。宪法规定社会救助权,是因为公民的社会救助权对于建构宪政国家这一共同体的社会秩序不可或缺。如果缺少了社会救助权的保障,共同体成员的安全、生存、发展可能受到侵害,共同体成员就会基于自己最基本的要求对现行政治统治提出变革要求,导致现行共同体的政治统治出现危机,甚至引发革命。可以说,"社会救助权首先是一种普遍的低限度的道德权利,具有不可剥夺、不可转让的特性……社会救助权作为一种基本的人权,具有前法律、前政治和前国家的道德属性"[③]。所以,宪法必须规定一个共同体得以稳定存在的基本前提条件,并赋予这些前提条件以基本权利的地位,这就是社会救助权需要由宪法规定的原因所在。社会救助权作为宪法权利的意义集中表现为其是建构民主

---

① 参见万斌霞:《论我国社会救助立法的完善》,南京大学 2009 年硕士学位论文,第 7 页。

② 吴宁:《社会弱势群体权利保护的法理》,科学出版社 2008 年版,第 32 页。

③ 邹海贵:《社会救助制度的伦理考量》,人民出版社 2012 年版,第 187 页。

社会秩序的基础性力量。

众所周知,宪法对公民权利只能作相对概括的规定,这是宪法的特征所决定的,因此公民权利的保障在很多情况下不仅依赖于宪法性法律的具体化,而且还有赖于具体法层面的法律进一步落实和细化。在社会救助权的实现上也是如此,宪法层面的社会救助权规定必须向具体法层面的社会救助权转化,更进一步言之,就是需要具体法层面的法律法规来具体实现宪法层面的社会救助权。[①]

老年人社会救助是社会救助制度的主要组成部分,它在我国宪法中并没有明确规定,但通过对相关条文的解释可以发现其宪法依据。

首先,关于物质帮助权的规定。我国自1954年宪法借鉴前苏联宪法规定"物资帮助",其第93条规定:"中华人民共和国劳动者在年老、疾病或者丧失劳动能力的时候,有获得物资帮助的权利。国家举办社会保险、社会救济和群众卫生事业,并且逐步扩大这些设施以保证劳动者享受这种权利。"这是我国第一次以明文宪法规定公民生存权与国家相关法定职责。此后,历部宪法都有规定,但有所变化,1954年宪法使用的是"物资帮助"的概念,而1975年宪法将1954年宪法中的"物资帮助"修改为"物质帮助",用语更加准确,这一概念被1978年宪法和1982年宪法沿用。此外,在权利主体上,1954年宪法、1975年宪法和1978年宪法使用的是"劳动者"的概念,带有较强的意识形态色彩,而1982年宪法改用"公民"的概念,用语更加科学。1982年《宪法》第45条规定:"中华人民共和国公民在年老、疾病或者丧失劳动能力的情况下,有从国家和社会获得物质帮助的权利。国家发展为公民享有这些权利所需要的社会保险、社会救济和医疗卫生事业。国家和社会保障残疾军人的生活,抚恤烈士家属,优待军人家属。国家和社会安排盲、聋、哑和其他有残疾的公民的劳动、生活和教育。"这凸显出国家对老年人救助的重视。2004年《宪法》修改后,第33条规定国家尊重和保障人权,这使得老年人社会救助具有了人权基础,我国老年人社会救助制度进入了一个崭新的阶段。英国著名人权哲学家米尔恩指出,人权这种最低限度的普遍道德权利包括七个方面,其中一项就是"获得帮助权"。"如果一个集团的成员对相互的幸福漠不关心,他们就根本无法构成一个共同体。""如果共同体

① 参见何平:《社会救助权研究》,湖南大学2010年博士学位论文,第30页。

的全体成员都完全拒绝社会责任的要求，那么共同体就不可能生存下去。”“伙伴关系原则的各种义务可以与社会责任原则的各种义务相交叉。社会福利服务就是一个恰当的例证。组织安排这些服务是现代工业共同体的利益所在，藉此可以使摆脱因失业、疾病、贫困和老龄而造成的困扰成为未处于困扰之中的所有成年共同体成员应承担的责任。”[①]人权入宪，使得“物质帮助权”的内涵获得质的提升。

其次，关于社会保障制度的规定。我国《宪法》第 14 条规定：“国家建立健全同经济发展水平相适应的社会保障制度。”这一规定充分体现了社会救助的国家责任性，即保障生活困难公民获得社会救助是国家一项义不容辞的责任，同时科学地提出了社会保障制度要适应经济发展的原则，避免过度保障。该规定从国家责任的角度为社会救助找到了宪法制度的支撑点，更是我国党和政府“以人为本”的科学发展观在社会保障制度建设方面的突出表现。既要从宏观方面考虑制度的有效性与经济发展水平的必然联系，考虑国家法律制度与政策的衔接和完善，又要在微观方面确保公民宪法权利的实现，使符合法定条件的困难公民都能够获得政府的救助，并且这项救助不是基于国家的施恩，而是基于国家的责任，将国家的责任切切实实地上升到宪法层面。此外，从宪法体例结构的布局中也看到，我国宪法明确将国家承担社会保障责任规定在总则之中，总则部分规定的是国家的重要制度和基本政策，将社会保障放在这部分也充分体现出国家已将建立健全社会保障制度作为一项重要任务。老年人是社会保障的重要对象，老年人社会救助是我国社会保障制度体系的有机组成部分，完善老年人社会救助制度对于健全我国社会保障制度具有举足轻重的意义。当然，这一制度尚不能表明我国公民已经享有了社会保障权。社会保障权是现代社会的基本人权，是人权体系中的一项重要内容，社会成员享受社会保障是权利而不是恩惠。社会保障权作为一项独立的人权，被一系列国际人权公约所确认。1948 年的《世界人权宣言》第 22 条规定：“每个人，作为社会的一员，有权享受社会保障，并有权享受他的个人尊严和人格的自由发展所必需的经济、社会和文化方面各种权利的实现。”第 25 条第 1 款规定：“人人有权享受为维持他本

---

① ［英］A. J. M 米尔恩：《人的权利与人的多样性——人权哲学》，夏勇、张志铭译，中国大百科全书出版社 1995 年版，第 67 页。

人和家属的健康和福利所需的生活标准，包括食物、衣着、住房、医疗和必要的社会服务；在遭到失业、疾病、残废、守寡、衰老或在其他不能控制的情况下丧失谋生能力时，有权享受保障。”1966 年的《经济、社会与文化权利国际公约》第 9 条规定：“本公约缔约各国承认人人有权享受社会保障，包括社会保险。”第 11 条第 1 项规定：“本公约缔约各国承认人人有权为他自己和家庭获得相当的生活水准，包括足够的食物、衣着和住房，并能不断改进生活条件；本公约缔约各国确认人人享有免于饥饿的基本权利。”我国宪法中国家建立健全社会保障制度，并不等于我国公民享有社会保障权。因此，我国的宪法尚有提升的空间。而且，随着经济的发展、社会的变迁和人权价值理念的勃兴，我国宪法中的“物质帮助权”有失偏狭，不如“社会保障权”内涵丰富、概念科学、符合国际惯例。不过，宪法上的跨越式变革比较困难。从上述国际条约中可知，社会救助权是社会保障权的重要权能甚至是核心权能，将“物质帮助权”扩大理解为“社会救助权”，并逐渐向“社会保障权”靠拢，应该是目前比较符合实际的制度解读方式。

此外，我国《宪法》第 44 条规定：“国家依照法律规定实行企业事业组织的职工和国家机关工作人员的退休制度。退休人员的生活受到国家和社会的保障。”作为社会主义事业的建设者和劳动者，企事业单位和国家机关的工作人员为社会主义建设付出了劳动，在其年老的时候，往往由于身体原因不能通过高效的劳动而获取报酬，也就无法获得维持生存的物质资源，其生存权将受到威胁。国家实施退休制度并为退休的老年人提供国家和社会保障，保证了这些企事业单位及国家机关工作人员可以在年老退休之后仍旧获得生活资源，维持像其他人一样自由、平等、尊严的生活，这正是宪法理论中公民享有生存权的具体体现。这一制度无疑是老年人社会救助制度的前置制度，退休制度与老年人社会救助制度相互结合才能体现老年人生存权保障的全部内容。《宪法》第 49 条还规定：“……成年子女有赡养扶助父母的义务。禁止破坏婚姻自由，禁止虐待老人、妇女和儿童。”此条款将子女赡养义务写入宪法，将家庭养老责任上升到宪法的高度。同时，这一条款也为老年人权益保障和老年社会救助，比如老年法律援助等方面，提供了宪法依据。上述条文反映了时代的要求、国际的潮流与民众的呼声，是我国经济发展与社会进步的必备条件之一，尤其作为宪法条款对我国的人权与法治事业发展具有里程碑意义。

二、我国老年人社会救助的中央立法

老年人是社会救助的主要对象之一，老年人社会救助也是社会救助制度的主要内容。十一届三中全会以后，随着我国政治经济体制改革的不断深入。1985年《中共中央关于制定国民经济和社会发展第七个五年计划的建议》中第一次明确提出了“社会保障”的概念，将我国的社会保险、社会福利、社会救助、社会优抚等制度归并于社会保障体制中。随后，国家权力机关和行政机关颁布了一系列有关社会救助的法规和政策，我国社会救助法律制度的大体范围已经初步形成。但专门针对老年人社会救助的立法并不多见，老年人社会救助事业的建设和发展主要是依靠党和政府的政策来推进的，多项社会救助甚至完全依靠政策文件来规范。这些政策文件主要有1996年国务院颁布的《关于尽快解决农村贫困人口温饱问题的决定》，2003年民政部、卫生部和财政部颁布的《关于实施农村医疗救助的意见》，2006年党的十六大通过的《中共中央关于构建社会主义和谐社会若干重大问题的决定》，等等。其中，党的政策是社会救助的最高指导，政府政策则规定社会救助的行动方案。党和政府的政策以权威化的形式规定了社会救助事业在一定时期内应当达到的目标、遵行的原则、明确的任务、具体的工作方式，采取的策略、步骤和具体措施等等。下面按照法律文件的不同位阶对我国目前涉及老年人社会救助的中央立法进行简要梳理和分析。

（一）老年人社会救助法律

法律介入社会救助领域的时间比较短，程度也比较有限。目前，在全国人大及其常委会制定的法律中，尚没有专门规范社会救助的综合立法，只在《劳动法》《就业促进法》等法律中有一些零散的规定。其中，关于老年人社会救助的法律条文主要体现在以下法律规定中：

1.《妇女权益保障法》

该法由1992年4月3日第七届全国人民代表大会第五次会议通过，自1992年10月1日起施行。该法是为了保障妇女的合法权益，促进男女平等，充分发挥妇女在社会主义现代化建设中的作用，根据宪法和我国的实际情况而制定的。其第38条规定：“妇女的生命健康权不受侵犯。禁止溺、弃、残害女婴；禁止歧视、虐待生育女婴的妇女和不育的妇女；禁止用迷信、暴力等手段残害妇女；禁止虐待、遗弃病残妇女和老年妇女。”虽然父权制在我国早已被废除，但在家庭中，年老的父辈无论在经济地位还是社会地位上相较于老年女性还是具有一定的优势。因此，对老年妇女的关怀和保护无疑更加重要，也更加必要，这一制度也是与老年人社会救助制度密切相关的法律制度。

2.《劳动合同法》

该法第41条第2款规定："裁减人员时，应当优先留用下列人员……（三）家庭无其他就业人员，有需要扶养的老人或者未成年人的。"家庭依然是老年人健康生活的重要依托，依法保护公民的劳动权就是对其赡养的老年父母生存权的间接关照。

3.《劳动法》

该法第70条规定："国家发展社会保险事业，建立社会保险制度，设立社会保险基金，使劳动者在年老、患病、工伤、失业、生育等情况下获得帮助和补偿。"这是与《宪法》第44条相关联的制度，"养老是老年人最基本也是最低层次的需求，其他需求如健康、精神或社会的需求都以养老需求的满足为基础。因此，养老保险一直是各国社会保障体系中最重要的内容，可以说，社会保障制度的成败在很大程度上取决于养老保险制度的成败"[①]。《劳动法》的原则性规定，是城镇职工养老保险制度的基本依据。

4.《老年人权益保障法》

该法经1996年8月29日第八届全国人大常委会第21次会议通过，根据2009年8月27日第十一届全国人大常委会第10次会议《关于修改部分法律的决定》修正；2012年12月28日第十一届全国人大常委会第30次会议再次修订，2012年12月28日中华人民共和国主席令第72号公布，自2013年7月1日起施行。《老年人权益保障法》分总则、家庭赡养与扶养、社会保障、社会服务、社会优待、宜居环境、参与社会发展、法律责任、附则共9章85条。与老年人分开居住的家庭成员，应当经常看望或者问候老年人（常回家看看）。不常看望老人涉嫌违法，是新修订的《老年人权益保障法》的一大亮点。老年人合法权益是指老年人在我国社会主义国家依据宪法和法律规定应该享有的各种权益。国家法律规定所有公民都享有的权力和利益，老年人同样享有；根据老年人的特点和需要，按照《老年人权益保障法》

---

① 肖金明主编：《老年人权益保障法律制度研究》，山东大学出版社2013年版，第72页。

应享有的特殊权力和利益主要有：从国家社会获得物质帮助的权利；受赡养扶助的权利；继续受教育的权利；劳动权利；参与社会发展的权利等。这些权利由《老年人权益保障法》所明确，受国家法律的保护，不允许任何人侵犯。该法第4条明确规定："老年人有从国家和社会获得物质帮助的权利，有享受社会发展成果的权利。"离退休老年人的养老金领取、孤寡老人的社会福利救济、交不起医药费时可减免、请求法律援助、减免诉讼费等内容是国家、社会提供给老年人具体的物质帮助内容和救助方式。可以说，《老年人权益保障法》全面系统地规定了老年人所享有的具体法律权利，也为老年人社会救助的对象、目的和方式、方法提供了重要的制度依据。

（二）老年人社会救助行政法规

国务院制定的行政法规中，《社会救助暂行办法》是规范社会救助工作的综合立法。《社会救助暂行办法》由国务院于2014年2月21日发布。该办法分总则、最低生活保障、特困人员供养、受灾人员救助、医疗救助、教育救助、住房救助、就业救助、临时救助、社会力量参与、监督管理、法律责任、附则13章共70条。该办法第12条第2款明确规定："对获得最低生活保障后生活仍有困难的老年人、未成年人、重度残疾人和重病患者，县级以上地方人民政府应当采取必要措施给予生活保障。"此外，该法第三章关于特困人员供养的规定中，也明确把老年人作为特困供养的对象。其第14条规定："国家对无劳动能力、无生活来源且无法定赡养、抚养、扶养义务人，或者其法定赡养、抚养、扶养义务人无赡养、抚养、扶养能力的老年人、残疾人以及未满16周岁的未成年人，给予特困人员供养。"在"临时救助"部分，还规定了公安机关对老年人的临时救助义务。第51条规定："公安机关和其他有关行政机关的工作人员在执行公务时发现流浪、乞讨人员的，应当告知其向救助管理机构求助。对其中的残疾人、未成年人、老年人和行动不便的其他人员，应当引导、护送到救助管理机构；对突发急病人员，应当立即通知急救机构进行救治。"上述条款都相对具体、明确地规定了老年人社会救助的基本情况和基本方式，使我国老年人社会救助制度更趋完善、细化，编牢了老年人社会救助制度的"网底"。

除《社会救助暂行办法》外，国务院还制定了一些针对特定群体规定的救助内容的行政法规，如《城市居民最低生活保障条例》(1999)、《城市生活无着的流浪乞讨人员救助管理办法》(2003)、《法律援助条例》(2003)、《农村

五保供养工作条例》(2006)、《诉讼费用缴纳办法》(2006)等。其中,关于老年人社会救助的规定主要有以下条例:

1.《城市居民最低生活保障条例》

城市居民最低生活保障制度,是我国社会保障体系的重要组成部分。为有效发挥城市居民最低生活保障制度在保障困难居民生活方面的积极作用,国务院于1999年9月28日第21次常务会议通过《城市居民最低生活保障条例》并予以发布,自1999年10月1日起施行。本条例共17条,极大地推动了城市居民最低生活保障工作的开展,将城市居民最低生活保障制度纳入了法制化发展轨道。该条例第2条规定:"持有非农业户口的城市居民,凡共同生活的家庭成员人均收入低于当地城市居民最低生活保障标准的,均有从当地人民政府获得基本生活物质帮助的权利。"据此,符合条件的老年城市居民可享受城市居民最低生活保障。

2.《城市生活无着的流浪乞讨人员救助管理办法》

该办法是为了对城市中生活无着的流浪、乞讨人员实行救助,保障其基本生活权益,完善社会救助制度而制定的。由中华人民共和国国务院于2003年6月20日发布,自2003年8月1日起施行,共计18条。该办法第5条规定:"公安机关和其他有关行政机关的工作人员在执行职务时发现流浪乞讨人员的,应当告知其向救助站求助;对其中的残疾人、未成年人、老年人和行动不便的其他人员,还应当引导、护送到救助站。"第11条规定:"……救助站对受助的残疾人、未成年人、老年人应当给予照顾;对查明住址的,及时通知其亲属或者所在单位领回;对无家可归的,由其户籍所在地人民政府妥善安置。"第12条规定:"受助人员住所地的县级人民政府应当采取措施,帮助受助人员解决生产、生活困难,教育遗弃残疾人、未成年人、老年人的近亲属或者其他监护人履行抚养、赡养义务。"

3.《农村五保供养工作条例》

该条例经国务院第121次常务会议通过,于2006年1月21日颁布,2006年3月1日起实施,共7章26条。条例分别规定了五保供养的供养对象、供养内容、供养形式、监督管理等内容。其第6条规定:"老年、残疾或者未满16周岁的村民,无劳动能力、无生活来源又无法定赡养、抚养、扶养义务人,或者其法定赡养、抚养、扶养义务人无赡养、抚养、扶养能力的,享受农村五保供养待遇。"可见孤寡老年人是农村五保供养的重要供养对象。又第

9 条第 1 款规定："农村五保供养包括下列供养内容：(一)供给粮油、副食品和生活用燃料；(二)供给服装、被褥等生活用品和零用钱；(三)提供符合基本居住条件的住房；(四)提供疾病治疗，对生活不能自理的给予照料；(五)办理丧葬事宜。"

4.《自然灾害救助条例》

该条例在 2010 年 6 月 30 日于国务院第 117 次常务会议通过，自 2010 年 9 月 1 日起施行，是针对我国灾害频发问题制定的。据民政部统计，近二十年来，我国因遭受各类自然灾害每年平均死亡约 4300 人，倒塌民房约 300 万间。特别是 2008 年汶川特大地震，死亡和失踪人数达 8.8 万余人。党中央、国务院历来高度重视自然灾害救助工作，中央每年安排自然灾害救助资金 50 多亿元，专门用于受灾群众紧急转移安置、因灾倒塌民房恢复重建、冬春救助以及临时生活救助，平均每年救助 6000 万～8000 万人次。在自然灾害救助工作实践中，也遇到一些亟待解决的问题，主要是灾害救助准备措施不足、应急响应机制不完善、灾后救助制度缺乏、救助款物监管不严等。这就需要通过制定自然灾害救助方面的法规，规范自然灾害救助工作，保障受灾人员的基本生活。该条例中并没有特别明确受灾老年人救助的相关事项，但根据条例的内容和制定精神，受灾老年人也属于灾害救助的对象，且由于其弱势的地位，应该给予特别的照顾，在具体灾害救助工作中更应当优先地救助受灾老年人。

5.《法律援助条例》

该条例是为了保障经济困难的公民获得必要的法律服务，促进和规范法律援助工作而制定的，于 2003 年 7 月 16 日国务院第 15 次常务会议通过，由国务院于 2003 年 7 月 21 日发布，自 2003 年 9 月 1 日起施行，共 6 章 31 条。其第 10 条第 1 款规定："公民对下列需要代理的事项，因经济困难没有委托代理人的，可以向法律援助机构申请法律援助：(一)依法请求国家赔偿的；(二)请求给予社会保险待遇或者最低生活保障待遇的；(三)请求发给抚恤金、救济金的；(四)请求给付赡养费、抚养费、扶养费的；(五)请求支付劳动报酬的；(六)主张因见义勇为行为产生的民事权益的。"可见，老年人在请求给付赡养费、最低生活保障待遇、救济金等情形下应当享受法律援助服务。

6.《诉讼费用缴纳办法》

该办法是国务院于2006年12月19日颁布并在2007年4月1日开始实施,共8章56条。其第45条规定:"当事人申请司法救助,符合下列情形之一的,人民法院应当准予免交诉讼费用:(一)残疾人无固定生活来源的;(二)追索赡养费、扶养费、抚育费、抚恤金的;(三)最低生活保障对象、农村特困定期救济对象、农村五保供养对象或者领取失业保险金人员,无其他收入的;(四)因见义勇为或者为保护社会公共利益致使自身合法权益受到损害,本人或者其近亲属请求赔偿或者补偿的;(五)确实需要免交的其他情形。"

(三)老年人社会救助行政规章

国务院部门规章中,直接针对老年人社会救助的专门制度并不多见,下面根据其救助内容简要列举如下:

1.《农村五保供养服务机构管理办法》

该行政规章于2010年由民政部主要依据《农村五保供养工作条例》制定,于2011年正式实施。该办法旨在加强农村五保供养服务机构管理,提高供养服务能力和水平,保障农村五保供养对象的正常生活,详细规定了农村五保供养机构的规划建设与日常管理等内容,是我国农村五保服务机构建设和管理的主要法律文件。

2.《农村五保供养档案管理办法》

该办法由民政部、国家档案局于2013年颁布实施,旨在加强农村五保供养的档案管理,有利于我国农村五保供养制度实施的规范化、科学化和标准化。

3.《农村五保供养服务机构等级评定暂行办法》

该办法由民政部于2012年颁布实施,是在《农村五保供养服务机构管理办法》的基础上作出的更加细化的规定,旨在推进农村五保供养服务机构的规范化,不断提高其服务水平。

4.《农村敬老院管理暂行办法》

该办法由民政部依据《农村五保供养工作条例》于1997年制定,主要规范农村敬老院的规划建设与运作管理,同时规定农村敬老院以供养五保对象为主,属于农村老年人社会救助的一种重要机构。

5.《城市生活无着的流浪乞讨人员救助管理办法实施细则》

该细则由民政部依据《城市生活无着的流浪乞讨人员救助管理办法》于2003年制定实施，是对《城市生活无着的流浪乞讨人员救助管理办法》的具体细化。其中涉及对流浪乞讨老年人的临时救助制度。

6.《廉租住房保障办法》

该办法由建设部等九大部门于2007年联合发布。其第9条第3款规定："实物配租应当优先面向已经登记为廉租住房保障对象的孤、老、病、残等特殊困难家庭，城市居民最低生活保障家庭以及其他急需救助的家庭。"该办法涉及老年人住房救助的具体制度。

7.《农村医疗救助基金管理试行办法》

该办法由财政部、民政部于2004年制定实施，旨在加强农村医疗救助基金的管理。该办法虽然具体规范的是农村贫困家庭的医疗救助基金，但老年人无疑是健康状况相对较差的一类群体，必然是该制度涉及的救助对象。

三、我国老年人社会救助的地方立法

地方社会救助立法根据其内容的不同可以分为先行性地方立法和执行性地方立法。"在中央层面的社会救助法制定生效前，各地方基于关注民生的政府关怀和建立解决地方贫困问题长效机制的行政责任考虑，发挥地方的积极性和主动性，探索制定了相关社会救助法规、规章或非规范性文件，这些便属于先行性地方立法。"[①]比如，目前中央层面的《中华人民共和国社会救助法》尚在酝酿之中，而在此之前，地方立法已经先行，如1996年出台的《上海市社会救助办法》、1998年出台的《广东省社会救济条例》。地方立法虽然在权限上受到中央立法的限制，但在内容上更具地方性、灵活性和创造性，可以起到先试先行的示范效果，为中央立法提供参考样本。当然，地方立法中更多的还是执行中央立法的执行性地方立法，这些立法虽为执行中央立法而设，但也有一定的地方特色，否则便无存在必要。我国老年人社会救助的地方立法，可从地方性法规和地方政府规章两方面进行梳理分析。

---

① 陈洪娇：《论地方社会救助立法的地方性》，载《学理论》2012年第31期。

（一）老年人社会救助地方性法规

在地方性法规层面上，我国社会救助的综合立法并不多见，目前仅有《广东省社会救济条例》和《浙江省社会救助条例》两部。《广东省社会救济条例》明确将特定的老年人群体纳入社会救助对象中。其第5条第1款规定："符合下列条件之一的人员有权申请社会救济：（一）无劳动能力，无生活来源，无法定赡养、抚养义务人或者法定赡养、抚养义务人是没有赡养、抚养能力的老年人、残疾人、未成年人；（二）领取失业救济期间或失业救济期满仍未重新就业，凡共同生活的家庭成员人均收入低于当地最低生活保障标准的人员；（三）在职人员、下岗人员、离休退休人员凡共同生活的家庭成员人均收入低于当地最低生活保障标准的人员；（四）城镇无固定职业、无固定收入的居民，凡共同生活的家庭成员人均收入低于当地最低生活保障标准的人员；（五）农村村民凡共同生活的家庭成员人均收入低于当地农村最低生活保障标准的人员；（六）遭受自然灾害无法维持基本生活的人员；（七）其他法律、法规规定应当给予社会救济的人员。"该条规定第一项即是对老年人救助对象的明确，但仅限于"三无"人员中的老年人群体。

《浙江省社会救助条例》则将老年人纳入到"特困人员救助"的范围中予以救助。其第14条规定："对无劳动能力、无生活来源且无法定赡养、抚养、扶养义务人，或者其法定赡养、抚养、扶养义务人无赡养、抚养、扶养能力的老年人、残疾人以及未满十六周岁的未成年人，按照国家和省的有关规定给予特困人员供养。特困人员供养标准，由县级以上人民政府确定、公布。特困人员供养应当与老年人保障、残疾人保障、困境儿童分类保障等制度相衔接。"该条也将"三无"的老年人作为重点救助对象，体现出对老年人救助的重视。

除了社会救助综合立法外，很多地方专门针对特定困难群体制定了地方性法规，其救助对象也覆盖了特定的老年群体。如刑事被害人困难救助方面有《宁夏回族自治区刑事被害人救助条例》(2009)、《无锡市刑事被害人特困救助条例》(2009)、《包头市刑事被害人困难救助条例》(2011)。《无锡市刑事被害人特困救助条例》第10条规定："申请救助应当同时具备下列条件：（一）刑事被害人在本市行政区域内遭受犯罪行为侵害；（二）刑事案件属于本市管辖；（三）犯罪行为侵害造成刑事被害人人身重大伤害或者死亡；（四）无法及时获得加害人赔偿、工伤赔偿、保险赔付；（五）因刑事被害人医疗救治等原因造成家庭生活陷入严重困境。”与此类似，还有的地方将刑事被害人和道路交通事故受害人合并称为涉诉特困人员，专门制定地方性法规对其予以救助。如《云南省涉诉特困人员救助条例》第2条规定：“本条例所称的涉诉特困人员，是指本省公安机关、人民检察院、人民法院管辖案件中的下列特定对象：（一）刑事案件中遭受重大人身、财产损害，在诉讼中不能及时有效获得赔偿，生活特别困难的刑事被害人或者由其抚养、赡养、扶养的近亲属；（二）道路交通事故、工伤事故、雇员受害、医疗损害、环境污染损害等人身损害赔偿案件，追索抚养费、赡养费、扶养费、劳动报酬案件，人民法院查明被执行人确无财产可供执行，造成申请执行人生活特别困难的。本条例所称的生活特别困难，是指救助申请人家庭人均收入处于当地最低生活保障标准以下或者边缘，无法维持基本生活的情形。”这些规定也涉及老年人的社会救助问题。

此外，许多地方还制定了老年人权益保障的地方性法规，如《江苏省老年人权益保障条例》(2011)、《上海市老年人权益保障条例》(2010)、《浙江省实施〈中华人民共和国老年人权益保障法〉办法》(2009)、《辽宁省老年人权益保障条例》(2008)、《云南省老年人权益保障条例》(2007)、《海南省实施〈中华人民共和国老年人权益保障法〉若干规定》(2006)、《广东省老年人权益保障条例》(2005)。这些地方性法规中也包含了老年人社会救助的内容，如《江苏省老年人权益保障条例》即设专章共12条规定了老年人社会保障和社会优待。其第19条规定：“县级以上地方人民政府应当依法建立健全覆盖城乡的养老、医疗、最低生活保障、社会救助和被征地农民基本生活保障等社会保障制度，逐步提高保障水平，保障老年人的基本生活和基本医疗，根据本地区经济社会发展水平为老年人提供社会优待。鼓励具备条件的用人单位为职工办理补充养老保险和补充医疗保险，提倡个人参加储蓄性养老保险。”

最后，关于最低生活保障的地方性法规有《厦门市最低生活保障办法》(2014)、《南京市城乡居民最低生活保障条例》(2010)、《重庆市城乡居民最低生活保障条例》(2008)等。其中部分制度与老年人社会救助直接相关，如《厦门市最低生活保障办法》第10条规定，老年人按政策规定所享受的高龄补贴不计入家庭收入的范围，从而保证了老年人所在家庭能够获得更多的物质帮助。

（二）老年人社会救助地方政府规章

在地方政府规章层面上，老年人社会救助的相关规定比较丰富，从内容上大致可分以下几个方面：

一是社会救助的综合立法方面。如《上海社会救助办法》(1996)、《四川省社会救助实施办法》(2015)、《江苏省社会救助办法》(2014)、《湖北省社会救助实施办法》(2014)、《山东省社会救助办法》(2014)等。这些立法中均有关于老年人社会救助的规定。如《山东省社会救助办法》第 23 条规定："各级人民政府应当建立特困人员供养制度，对符合条件的老年人、残疾人、未成年人以及其他特殊困难人员，由特困人员供养机构给予供养。"第 25 条规定："特困人员供养机构应当具备必需的食宿、护理等条件，优先接收失能老年人和重度残疾人。政府举办的残疾人康复治疗中心应当为符合条件的特困供养人员免费提供康复治疗。鼓励有条件的县(市、区)举办区域性中心敬老院。"第 90 条规定："本办法中下列用语的含义……(二)特困人员，是指无劳动能力和独立生活条件、无生活来源和无法定赡养、抚养、扶养义务人或者其法定赡养、抚养、扶养义务人无赡养、抚养、扶养能力的老年人、残疾人、未成年人以及其他特殊困难人员……"从上述条文中可知，老年人社会救助是地方政府社会救助立法重点关注对象，地方政府也通过制定规章确立政府救助老年人的法定责任。

二是老年人权益保障方面。如《河北省老年人优待办法》(2014)、《广东省老年人优待办法》(2014)、《陕西省老年人优待服务办法》(2012)、《吉林省优待老年人规定》(2007)、《湖北省关于老年人享受优待服务的规定》(2007)、《新疆维吾尔自治区优待老年人规定》(2004)等。这些地方政府规章中，都有关于老年人社会救助的内容。如《广东省老年人优待办法》第 10 条规定："各级人民政府应当建立和完善医疗救助制度，将农村五保供养老年人、享受最低生活保障的老年人，按照广东省相关规定纳入医疗救助范围。对户籍在本省行政区域内的农村五保供养老年人、享受最低生活保障的老年人、丧失劳动能力的残疾老年人、低收入老年重病患者、低收入家庭中的老年人等参加城乡居民医疗保险的个人缴费部分，政府予以全额资助。各级人民政府可结合实际，对户籍在辖区内的参加城乡居民医疗保险的 70 周岁以上老年人给予参保资助，有条件的村集体经济组织对参加城乡居民医疗保险的老年人应当给予资助、补助。各医疗机构应当为老年人就医提供方便，逐步设立优先就医专用通道等服务。基层医疗卫生机构应当为辖区内65周岁以上老年人建立健康档案，每年免费提供1次包括生活方式和健康状况评估、体格检查、辅助检查和健康指导的健康管理服务。”第11条规定：“各级人民政府应当将贫困老年人纳入特殊困难群体救助范围；对户籍在本行政区域内、生活长期不能自理、经济困难的老年人，应当根据其失能程度等情况给予护理补贴。户籍在本行政区域内的农村五保供养老年人、享受最低生活保障的老年人、生活困难的老年优抚对象，去世后遗体实行火化的，由户籍所在地人民政府免费提供殡葬基本服务。”第12条规定：“符合本省住房保障条件的老年人优先纳入住房保障范围。其中，对无收入或者低收入的孤寡老人租赁公租房的，免交租金。户籍在本省行政区域内的老年人在其产权或者承租住房拆迁（征收）安置中，同等条件下可享受优先选择楼层的待遇。”这些制度相较于中央层面的《老年人权益保障法》更加细化、具体，也更具可执行性，属于典型的执行性地方立法，为地方政府老年人权益保障工作提供了明确具体的制度依据。

三是最低生活保障方面。这方面可分为城市居民最低生活保障和农村居民最低生活保障两类地方政府规章。前者如《山西省城市居民最低生活保障实施办法》(2004)、《湖南省实施〈城市居民最低生活保障条例〉办法》(2003)、《新疆维吾尔自治区实施〈城市居民最低生活保障条例〉办法》(2003)、《湖南省农村最低生活保障办法》(2008)等；后者如《甘肃省农村居民最低生活保障办法》(2013)、《海南省农村居民最低生活保障办法》(2006)、《大连市农村居民最低生活保障办法》(2005)等。这些地方政府规章中均有关于老年人最低生活保障的内容。如《湖南省农村居民最低生活保障办法》第8条规定：“农村困难家庭申请享受农村最低生活保障待遇，应当符合下列条件：（一）具有当地农村户口；（二）共同生活的家庭成员年人均纯收入低于当地农村最低生活保障标准。”第9条规定：“本办法所称共同生活的家庭成员，是指：（一）配偶、共同生活的子女；（二）共同生活的父母、祖父母、外祖父母；（三）父母双亡或者无抚养能力，与兄、姐共同生活的未成年或者虽已成年但无独立生活能力的弟、妹；（四）父母双亡，与祖父母或者外祖父母共同生活的未成年或者虽已成年但无独立生活能力的孙子女、外孙子女；（五）共同生活并已形成赡养、扶养和抚养关系的家庭其他成员。”最低生活保障制度是老年人社会救助的一般性、常态化制度，具有很强的地域性特征，不同地区因其经济发展水平、社会进步状态和政府重视程度等的不同可能会有较大差别。

四是农村五保供养方面。各地方政府分别制定了许多针对农村五保供养措施的地方政府规章，如《陕西省农村五保供养服务机构管理办法》(2014)、《福建省实施〈农村五保供养工作条例〉办法》(2012)、《宁夏回族自治区农村五保供养办法》(2012)、《广西壮族自治区实施〈农村五保供养工作条例〉办法》(2010)、《山西省农村五保供养办法》(2011)、《天津市农村五保供养工作办法》(2010)、《广东省农村五保供养工作规定》(2010)、《山东省农村五保供养办法》(2010)等。以《广东省农村五保供养工作规定》为例，其第13条规定："老年、残疾或者未满16周岁的村民，无劳动能力、无生活来源又无法定赡养、抚养、扶养义务人，或者其法定赡养、抚养、扶养义务人无赡养、抚养、扶养能力的，享受农村五保供养待遇。已满16周岁但仍在接受义务教育、高中阶段教育的未成年人，无生活来源又无法定赡养、抚养、扶养义务人，或者其法定赡养、抚养、扶养义务人无赡养、抚养、扶养能力的，享受农村五保供养待遇。"第18条规定："农村五保供养包括下列内容：(一)供给农村五保供养对象日常基本生活所需费用，包括粮油、副食品、生活用燃料、水电、服装、被褥等生活开支和门诊医疗费用、零用钱等；(二)提供符合基本居住条件的住房、住院医疗、办理丧葬等开支。"五保供养制度作为农村老年人社会救助的重要制度，实施时间长，地方立法较为丰富、健全。

此外，在一些专项救助领域，如交通事故救助、法律援助等方面，各地方政府制定的地方政府规章也存在对老年人社会救助的内容。交通事故救助方面如《河北省道路交通事故社会救助基金管理办法》(2014)、《宁波市道路交通事故社会救助基金管理试行办法》(2011)、《深圳市道路交通事故社会救助暂行办法实施细则(试行)》(2009)。法律援助方面如《广东省法律援助经济困难标准规定》(2010)、《广州市法律援助实施办法》(2009)、《新疆维吾尔自治区实施〈法律援助条例〉办法》(2006)、《辽宁省法律援助实施办法》(2004)、《湖北省法律援助办法》(2003)。关于老年人法律援助方面，比较有代表性的如《辽宁省法律援助实施办法》。其第7条规定："公民因经济困难没有委托代理人的，可以就下列事项向法律援助机构申请法律援助：(一)依法请求国家赔偿的；(二)请求给予社会保险待遇或者最低生活保障待遇的；(三)请求发给抚恤金、救济金的；(四)请求给付赡养费、抚养费、扶养费的；

(五)请求支付劳动报酬的;(六)主张因见义勇为行为产生的民事权益的;(七)请求给予工伤待遇的;(八)主张因环境污染、公共卫生、安全生产产生的民事权益的;(九)残疾人(含退伍伤残军人)、老年人、未成年人请求人身损害赔偿的;(十)与公民基本生存条件密切相关的并且法律援助机构认为确需提供法律援助的其他事项。”

第二节 我国现行老年人社会救助制度体系

经过几十年的制度建设,我国老年人社会救助虽没有专门的立法,但随着我国法治进程的不断深化,尤其是社会救助制度的不断完善,老年人社会救助也初步形成了相对完整的制度体系。综合救助制度方面:最低生活保障制度为贫困老年人提供了最低限度的生活保障;农村五保供养制度则为农村孤寡老人的基本生活提供了全方位的救助服务;流浪乞讨人员救助管理制度也为流浪老年人的救助提供了法律依据。专项救助制度方面:住房救助保障了贫困老年人的住房需求,使得他们老有所居;医疗救助则为他们提供了最基本的医疗服务;法律援助制度也使他们遇到法律纠纷时能够获得专业的指导和帮助,而开发式助老扶贫,则使得贫困地区老年人获得了以发展为导向的、可持续的社会救助。

一、老年人长期生活类救助制度

(一)最低生活保障制度

最低生活保障制度指的是目前世界上绝大多数市场经济国家普遍实行的以保障全体公民生存权为目标的社会救助法律制度,它根据维持最起码的生存需求的标准设立一条最低生活保障线,每个公民当其收入水平低于该线时,就有权利得到国家和社会按照法定的程序和标准提供的现金和实物的救助制度。[①] 我国现行的最低生活保障制度由城市和农村两部分组成,并实施不同的保障水平。城镇居民最低生活保障制度始于1993年上海市的实践,上海市结合本地实际,借鉴对贫困人口进行规范救济的国际经验,率先出台了城市居民最低生活保障线制度。1997年,国务院发布了《关于在

① 参见袁鹰:《我国现行最低生活保障法律制度浅探》,载《山西广播电视大学学报》2005年第1期。

全国建立城市居民最低生活保障制度的通知》，要求在一定时限和一定区域范围内建立最低生活保障制度。1999年，国务院又颁布了《城市居民最低生活保障条例》，以行政法规的形式将最低生活保障制度确立起来。在农村最低生活保障制度方面，上海市在1994年开始探索，也走在全国前列。1995年，民政部结合农村社会保障体系建设试点工作，分别在山西省阳泉市、河北省平泉县、山东省烟台市、四川省彭州市等地开展农村居民最低生活保障制度建设试点。1996年，民政部印发了《关于加快农村社会保障体系建设的意见》，《农村社会保障制度建设指导方案》作为附件一同印发，要求把建立农村居民最低生活保障制度作为农村社会保障体系建设的重点来抓，逐步推进实施，促使农村居民最低生活保障制度建设工作在全国迅速开展起来。

城市居民最低生活保障的保障对象为持有非农业户口的城市居民，凡共同生活的家庭成员人均收入低于当地城市居民最低生活保障标准的，均有享受城市居民最低生活保障的权利。保障标准方面，依据《城市居民最低生活保障条例》的规定，我国目前的"最低生活保障线"是按照当地维持城市居民基本生活所需的衣、食、住费用，适当考虑水、电、燃煤费用以及未成年人的义务教育费用确定的，并根据物价适当调整。《城市居民最低生活保障条例》中的救助对象虽以家庭为单位，但许多规定都体现了对贫困家庭中老年人的特别照顾。

首先，在保障对象方面。凡是共同生活的家庭成员人均收入低于当地城市居民最低生活保障标准的即可享受该权利，根据婚姻法有关家庭关系的规定，老年人显然包括在内。

在最低生活保障标准方面，维持基本生活所必需的最低支出和财政承受能力是两个最主要的因素。城市居民的人均收入和人均生活消费水平、生活消费价格指数、上年物价水平、需要衔接的其他社会保障标准以及维持吃穿住等基本生存所需物品、维持当地最低生活水平所必需的费用和未成年人义务教育费用等，是确定基本生活水平时必须参照的因素。当地经济、社会发展水平、本区域内符合最低生活保障的人数、所需救济金额的年增长量等，则是确定财政承受能力时必须参照的因素。在测定最低生活保障标准以后，一般还要提出对某些对象上浮若干比例，如针对"三无"对象、社会福利机构中由国家供养的鳏寡孤独人员和精神病人、完全丧失劳动能力的残疾人和重病患者等，一般上浮10%～20%，作为对科学测定方法的重要补充。可见，老年人也是确定贫困家庭最低生活保障标准的重要考量因素。一般来说，有老年人的家庭能获得相对较高的保障，体现了对老年人的关怀。

在家庭收入的计算方面，《城市居民最低生活保障条例》规定，本条例中的收入"是指共同生活的家庭成员的全部货币收入和实物收入，包括法定赡养人、扶养人或者抚养人应当给付的赡养费、扶养费或者抚养费，不包括优抚对象按照国家规定享受的抚恤金、补助金"。应当计入收入的项目一般包括各类工资、奖金、津贴、补贴及其他劳动收入，储蓄存款及利息，股票等有价证券及红利，基本生活费、离退休金、失业保险费，出租房屋的租金，亲属的赡养费、扶养费、抚养费及继承的遗产、遗赠等。不宜计入家庭收入的项目有优抚对象的抚恤金、补助金、护理费、保健金等，军队干部、志愿兵转业费和退伍军人退伍费，义务兵津贴，独生子女费，异地安家的安家费，政府一次性奖金如科技成果奖、见义勇为奖等，工伤或因公死亡人员及其供养的亲属享受的津贴、护理费、一次性抚恤金、补助金、丧葬费等，因公致残、返城知青的护理费，特殊岗位补贴，商业保险赔偿费，在职人员按规定缴纳的住房公积金，社会保险费，其他不列入个人收入所得税范围的各种奖励金等。可见，低收入家庭中，老年人所享受的优待不计入家庭收入的总额中，也可视为是对老年人的一种救助措施。

我国农村最低生活保障制度也经历了一个不断发展的过程。"建立居民最低生活保障制度，不仅城市需要，农村也需要，经济发达地区需要，经济不发达地区更需要。"[①]农村人口依然在我国总人口中占据多数，对符合条件的农村居民实行最低生活保障制度，是农村社会保障工作的重要内容，也是我国最低生活保障制度建设必须迈出的一步。随着居民最低生活保障制度在城市的推广和普及，农村贫困家庭的生活保障问题提上议事日程。我国是个农业大国，农村人口多，且收入相对城市居民低，各地经济、社会发展又很不平衡。反映到农村最低生活保障方面就是各地发展不平衡，但都在参照城镇居民最低生活保障制度的经验和做法的基础上建立了最低生活保障制度。

在各地陆续探索的基础上，国务院于 2007 年又颁布了《关于在全国建

---

① 多吉才让：《中国最低生活保障制度研究与实践》，人民出版社 2001 年版，第 231 页。

立农村最低生活保障制度的通知》,从充分认识建立农村最低生活保障制度的重要意义、明确建立农村最低生活保障制度的目标和总体要求、合理确定农村最低生活保障标准和对象范围、规范农村最低生活保障管理、落实农村最低生活保障资金、确保农村最低生活保障制度的顺利实施等六个方面,对建立和完善农村居民最低生活保障制度做了全面部署。2007 年,十届人大五次会议决定,2007 年要在全国建立农村最低生活保障制度。"由城市低保制度向农村低保制度的转变,进而实现全社会的低保制度,这是我国社会保障制度建设的一个重大转折,有着深刻的社会意义。"①在此之前,我国城乡收入差距、福利待遇差距、发展机会差距等都给农民以强烈的被剥夺感,而农村最低生活保障制度的建立和实施则标志着全社会范围内公平底线开始构建,不仅城市居民可以享受最低生活保障权益,农村人口也可以享受最低生活保障权益。

农村最低生活保障制度的安排,也在许多方面体现了对农村老年人的照顾。首先,依据国务院《关于在全国建立农村最低生活保障制度的通知》,农村最低生活保障对象是家庭年人均收入低于当地最低生活保障标准的农村居民,主要是因病残、年老体弱、丧失劳动能力以及生存条件恶劣等原因造成的生活常年困难的农村居民。根据此项规定,年老体弱、丧失劳动能力等导致的贫困人口都被纳入保障范围,这为农村老年人提供了基本的生活保障预期。其次,在保障标准方面。农村最低生活保障标准由县级以上地方人民政府按照能够维持当地农村居民全年基本生活所需的衣、食、用水、用电等费用确定,并报上一级地方人民政府备案后公布执行。当农村老年人陷入贫困时,在吃穿用等基本生活需求方面可以得到保障。

目前,关于农村最低生活保障制度仍然没有全国统一的立法,地方表现出各自为政的做法,各地的分散规定不利于农村最低生活保障制度在全国的统一监管。就已有的规定而言,效力层次也很低,并且效力等级越低的规范性文件的规定越详细。规范农村最低生活保障的最高层次的法律文件是2007 年国务院颁布的《关于在全国建立农村最低生活保障制度的通知》,规范城市最低生活保障制度的主要法律规范是《城市居民最低生活保障条例》。两相比较,前者比后者晚了十年,且一个是政策性文件,一个是行政法

① 刘旭东:《我国最低生活保障制度的历史演进》,载《学术界》2007 年第 6 期。

规，二者效力层次差别很大。城市居民最低生活保障制度经过十年的完善已逐步走向成熟，其为在农村推行居民最低生活保障提供了很好的经验。获得社会救助是每一个社会成员基本的公民权利，农村居民的基本权益不能被继续忽视。

（二）五保供养制度

农村五保供养制度对象是农村的“三无”人员，“是一项有中国特色的乡村社会救助制度”①。五保供养制度始于20世纪50年代农业合作化时期，当时是通过村级集体经济保障的方式来供给的。1956年国务院会议通过的《一九五六年至一九六七年全国农业发展纲要》、同年第一届全国人大第三次会议通过的《高级农业生产合作社示范章程》都是较早提出五保供养制度的规范性文件。农村实行分田到户的生产责任制以后，五保供养进入“乡统筹、村提留”阶段。进入21世纪之后，随着农村税费改革的进行，农村五保供养开始由社区互济向国家救济的转变。2006年，新修订的《农村五保供养工作条例》出台后，五保供养正式进入国家救助阶段，由国家财政提供所需费用。经过几个阶段的发展，五保供养制度渐趋完善，目前面临的问题是与农村最低生活保障制度的协调问题。

农村“三无”人员实行五保供养面向乡村孤寡老人及孤儿等，是我国农村自新中国成立以来坚持至今并较为规范化的一种社会救助制度。《一九五六年至一九六七年全国农业发展纲要》第30条规定：“农业生产合作社对于社内缺乏劳动力，生活没有依靠的鳏寡孤独的社员，应当统一筹划，指定生产队或者生产小组在生产上给以适当的安排，使他们能够参加力能胜任的劳动；在生活上给以适当的照顾，做到保吃、保穿、保烧（燃料）、保教（儿童和少年）、保葬，使它们的生养死葬都有指靠。”《高级农业生产合作社示范章程》则明确规定：“农业合作社对于缺乏劳动力或完全丧失劳动力、生活没有依靠的老、弱、孤、寡、残疾社员，在生产上和生活上给以适当安排和照顾，保证他们的吃、穿和柴火的供应，保证年幼的受到教育和年老的死后安葬，使他们生养死葬都有依靠。”20世纪80年代初，农村实行“大包干”，集体经济解散，原来由村组集体供养的五保户的生活来源成了问题。民政部门及时采取措施，主要是对五保供养所需经费以乡镇为单位进行统筹，并大力发展

① 肖林生：《农村五保供养制度变迁研究：制度嵌入性的视角》，载《东南学术》2009年第3期。

农村敬老院,实行集体供养,政府给予必要的支持。1994 年,国务院发布《农村五保供养工作条例》,民政部发布《敬老院管理暂行办法》,正式通过法规的形式对五保供养的性质、对象、内容、形式等作出了明确规定。1997 年,为了规范和发展农村敬老院,民政部还颁布了《农村敬老院管理暂行办法》。农村五保供养制度逐步完善起来,并走向制度化和法治化。

根据《农村五保供养工作条例》的规定,老年、残疾或者未满 16 周岁的村民,无劳动能力、无生活来源又无法定赡养、抚养、扶养义务人,或者其法定赡养、抚养、抚养义务人无赡养、抚养、扶养能力的,享受农村五保供养待遇。供养内容包括:供给粮油、副食品和生活燃料;提供符合基本居住条件的住房;供给服装、被褥等生活用品和零用钱;提供疾病治疗,对生活不能自理的给予照料;办理丧葬事宜。供养标准不得低于当地村民的平均生活水平,并根据当地平均水平的提高适时调整。对未满 16 周岁或者已满 16 周岁但仍在接受义务教育的供养对象,应当保障他们依法接受义务教育所需费用。农村五保供养对象可自行选择供养形式,可以集中供养,也可以在家分散供养。集中供养的农村五保供养对象,由当地农村五保供养机构提供供养服务;分散供养的农村五保供养对象,可以由村民委员会照顾,也可以有农村五保供养服务机构提供供养服务。老年人是农村五保供养的重要对象,人们在步入老年阶段后可能遭遇各种自身无法预测和防范的困境,如果政府和社会不实施必要的救助,老年人很难走出困境。因此,农村五保供养从一开始就为农村的"三无"人员提供了一个最基本的保障,特别是对老年人来说更加宝贵。

近几年,在各级党委和政府的重视下,农村五保救济事业发展迅速,并在维护农村社会秩序、保护老年人权益方面发挥了重大作用。但随着市场经济体制的建立,农村经济形势及经营管理方式的变化,五保供养事业也出现了很多新问题,需要我们认真研究,逐步解决。

一是五保供养标准相对较低。近两年,虽然大幅度提高了五保供养标准,有的县还高于省要求,但随着物价的不断上涨和人民群众整体生活水平的提高,五保的供养标准相对来说较低。因县乡财力有限,提高供养标准难以实现。

二是五保对象日常管理和服务照料难度较大。从入户调查情况看,目前分散供养五保对象大多老弱病残、鳏寡孤独、瘸瞎疯瘫,自救能力最弱,且基数大，居住分散，流动较为频繁，动态管理难度大。加之一些五保对象性格孤僻，不易合群，因而精神普遍孤寂，有的五保对象虽有亲友资助，但难以做到尽心尽力。少数五保对象因重病、残疾或高龄会导致生活难以自理。所以，政府和社会对他们的关心和服务就显得尤为重要，需政府和社会加大人力和财力的投入，工作任务非常艰巨。

三是五保对象医疗依然是个难题。例如，安徽省合肥市肥东县40%以上五保对象常年有病，除一般小病尚能及时救助外，解决五保对象患大病住院治疗的巨额费用也依然是个难题。虽然政府已全额资助五保对象参加新农合并将其纳入民政医疗救助范围，但由于现行医疗体制自身的原因，五保对象患大病必须先交钱才能住院治疗。加之新农合报销比率有限，一些不在药品目录的医疗费用又无法报销，医疗救助的数额又较为有限，致使五保户医疗难问题突出。

四是五保的丧葬费无处解决。五保对象死亡后的丧葬问题一直是困扰其亲属和村(居、社区)、乡镇干部的一个难题，无专款解决。

五是乡镇敬老院管理水平滞后。敬老院的管理主体是乡镇，虽然业务部门常要求、常检查、常布置，但整体水平仍然不高。敬老院的机构性质不明确，工作人员配备不齐，工资福利待遇偏低，积极性严重受到挫伤；一些敬老院规模偏小，生活设施不完善；一些敬老院脏、乱、差无人过问，院长形同虚设；一些院长年龄偏大，工作难以胜任等等，所有这些，都严重地制约着敬老院的发展和管理水平的提高，亟待改进。[①]

二、老年人专项分类救助

(一)我国老年人医疗救助制度

医疗救助是指国家和社会针对那些因为贫困而没有经济能力进行治病的公民实施专门的帮助和支持。它通常是在政府有关部门的主导下，社会广泛参与，通过医疗机构针对贫困人口的患病者实施的恢复其健康、维持其基本生存能力的救治行为。[②] 医疗救助是保护人权的重要体现。1948年12月10日，联合国大会通过了《世界人权宣言》。其第25条规定："人人有权

① 参见杨凡：《农村五保供养的法律机制研究》，西南政法大学2011年硕士学位论文，第13页。

② 参见乐章：《社会救助学》，北京大学出版社2008年版，第145页。

享受为维持他本人和家庭的福利所需的生活水准，包括食物、衣着、住房、医疗和必要的社会服务；在遭受失业、疾病、残废、守寡、衰老或其他不能控制的情况下丧失谋生能力时，有权享受保障。”1978 年联合国的《阿拉木图宣言》指出，每个国家都要实现“人人享有卫生保健”的目标。20 世纪 80～90 年代，联合国多个国际组织的会议频频指出：每个国家都要使国民公平享受基本医疗保健服务，不分性别、年龄、职业、信仰等因素。可见，医疗救助在保障公民的生存权、健康公平权领域起着不可替代的作用。2002 年，中共中央和国务院作出了《关于进一步加强农村卫生工作的决定》，在全国农村建立新型农村合作医疗制度和农村贫困人口的医疗救助制度。这是中国历史上第一次由政府对全国农村贫困家庭实行医疗救助制度，主要对象为农村五保户和贫困家庭。

目前，在国家民政部门及相关部门的不断努力下，医疗救助资金投入逐年增加，医疗救助的覆盖面不断扩大，救助水平也不断提高。然而，随着我国老龄化的加剧，老年人逐渐成为“亚人口群体”。无论是在分享社会经济发展成果还是在个人物质、精神生活层面，他们都是掌握资源最少、选择能力最差、面临问题最多的一个社会群体。农村老年人更是面临着“经济”“医疗”等诸多问题。综观目前我国的农村医疗救助体制，主要是以农村五保老人、低保户、特困人口家庭等为救助对象，对于因长期患病等原因无力承担医疗费用而致贫的老年人尚未纳入到救助范围之中，并且，目前的农村医疗救助体制仍处于一种宏观的指导层面，对于具体的救助群体还未做明确的细分。同时，理论界也是普遍关注于“新农合”与医疗救助衔接的问题，在具体的操作性方面也没有一个明确的规定。因此，针对农村医疗救助体系中贫困老年人这一特殊群体在医疗救助过程中的细分，对于完善我国医疗救助体制和充分发挥其作用具有极大的意义。①

（二）我国老年人住房救助制度

住房救助属于住房保障的范畴，是针对最低生活保障家庭、分散供养的特困人员实施的。住房救助与住房保障既有联系又有区别，不能简单地画等号。换句话说，两者是“兜底线”与“保基本”的关系。住房保障是“保基本”的，覆盖的对象面宽一些；住房救助是“兜底线”的，覆盖面要比住房保障

① 参加田莉：《农村贫困老年人医疗救助体制探究》，载《经营管理者》2012 年第 8 期。

的范围小，需要住房救助的人是少数的。从这个角度来讲，住房救助可以看作是住房保障的一种特殊类型。由于住房救助是“兜底线”，是针对特别困难群体实施的特殊的住房保障，因而在具体实施中有一些特点：第一，出于保障困难群体住房权利的考虑，住房救助要优先安排、应保尽保。第二，实施住房救助后，由救助对象承担的住房支出极少、甚至是免费的。比如集中供养的救助对象，基本没有住房方面支出；承租公共租赁住房的，所负担的租金水平也低于其他保障对象。第三，考虑到救助对象生活很困难，支付能力极低、有些对象生活不能自理等实际情况，住房救助一般与解决衣食等其他基本生存需要统筹实施。近几年，通过实施保障性安居工程，已经解决了一大批群众的住房困难，社会救助对象的住房保障也取得了很大进展。下一步，贯彻十八大及十八届三中全会精神，落实《社会救助暂行办法》有关要求，住房和城乡建设部将指导地方继续加强保障性安居工程建设和管理，针对社会救助对象规范实施住房救助，尽快使社会救助对象能够住上合适住房。[①]

随着我国老龄化社会的到来，养老问题日渐突出，其中涉及老年住宅的住房救助制度体系的构建、填充和完善日渐引起人们重视。老年住房救助应充分体现“以人为本，敬老便老”的救助理念，一方面，这是解决老年人养老问题的关键和基础，是满足老年人最基本的养老需求、实现“老有所居”的内在要求；另一方面，住房救助是为低收入、生活困难或缺乏子女照顾的特殊老年群体所提供的专门性救助帮扶制度，它是政府履行社会保障职能，扶弱、助老、托底的政策表现，也是改善老年人居住环境，提升晚年生活品质的重要依托。因此，在老龄化高速发展的时代背景下研究老年住房救助制度具有非常紧迫、重大的现实意义。

法律法规是解决老年住宅问题的保障条件。我国针对老年养老居住问题的政策、法律法规和制度很不健全。对于民间兴办养老服务机构，在涉及相关养老服务的护理、收费标准等方面还不完善。1993 年，民政部与国家计委等十四个部委联合发布的《加快发展社区服务业的意见》以及在 1994 年由财政部和国家税务总局联合发布的《关于企业所得税若干优惠政策的通

① 参见季璐、白维军、刘红光：《我国城镇住房救助体系研究综述》，载《河北经贸大学学报》2015 年第 4 期。

知》，在总体上明确了社区福利事业单位可以享受优惠政策，明确规定了福利事业单位的确定，对所得税的减免优惠进行了规定，但是优惠措施的详细内容不明确，在具体操作中难以落实。2000年，为贯彻《关于加强老龄工作的决议》的精神，根据《关于对老年服务机构有关税收政策问题的通知》的规定，民营资本才正式进入福利事业领域，得到确认和国家的鼓励。之后又发布了《中国老龄事业发展"十五"计划纲要》等政策。虽然民政部门已经制定了鼓励民间养老事业发展的政策，但是缺少具体的引导和扶持，在具体层面上难以操作，如具体的优惠措施、价格体系、管理运行、税收政策和行为规范等。另一方面，老年住宅的服务对象是老年群体，但仍然属于普通房地产项目，资金和税收等方面没有任何优惠，这阻碍了投资者的积极性，而且对于老年人住宅的数量、分布点、收费标准、服务质量等也没有相应的法律、法规和制度的规定及监督。虽然在1999年颁布了《老年人建筑设计规范》，但因没有从老年人的年龄和健康状况考虑进行细分，对建设中对老年人的需求考虑也不多，因此具体实施很困难，基本没有得到落实，老年住宅在建设和开发中发展缓慢。[①]

为贯彻落实《社会救助暂行办法》(国务院令第649号)的要求，切实保障特殊困难群体获得能够满足其家庭生活需要的基本住房，必须不断完善住房救助和保障制度。2014年11月13日，住房城乡建设部、民政部、财政部三部门联合印发了《关于做好住房救助有关工作的通知》，对解决最低生活保障家庭、分散供养的特困人员做了相应的制度安排，其中就包括需要重点扶助的特困老年群体。《通知》规范了住房救助的方式，对城镇住房救助对象采取优先配租公共租赁住房、发放低收入住房困难家庭租赁补贴方式实施住房救助，其中对配租公共租赁住房的应给予租金减免，对农村住房救助对象优先纳入当地农村危房改造计划，优先实施改造。《通知》还要求各地区要结合实际，根据当地经济社会发展水平和住房价格水平等因素，合理制定、及时公布调整住房救助对象的住房困难标准和救助标准，并按年度实行动态调整，以确保救助对象住房条件能伴随着经济和社会发展水平的进步而相应地提高。

---

① 参见住房城乡建设部:《住房救助是"兜底线" 要优先安排 应保尽保》，载《城乡建设》2014年第3期。

此外，为解决孤寡老年人养老问题，我国还引入了“以房养老”制度。“以房养老”就是依据拥有资源在自己一生最优化配置的理论，利用住房寿命周期和老年住户生存余命的差异，对广大老年人拥有的巨大房产资源，尤其是人们死亡后住房尚余存的价值，通过一定的金融或非金融机制的融会以提前套现变现，实现价值上的流动，为老年人在其余存生命期间，建立起一笔长期、持续、稳定乃至延续终生的现金流入。2003 年，时任中国房地产开发集团总裁孟晓苏曾提议设立“反向抵押贷款”保险，让拥有私人房产并愿意投保的老年居民，享受“抵押房产，领取年金”的寿险服务。2004 年底，中国保监会计划在广州、北京、上海等全国几大重点城市，试点推出主要面向老年群体的住房逆向抵押贷款的寿险品种。2006 年、2007 年的全国两会上，也有政协委员提出类似建议。2011 年 9 月 28 日，全国政协举办“大力发展我国养老事业”提案办理会，“以房养老”的提案再次引发外界关注，却又因无相应法律保障而陷入难解困局。2013 年，国务院对外发布了《关于加快发展养老服务业的若干意见》。国家发改委、民政部联合召开新闻通气会，介绍了加快养老服务业发展的有关政策和情况，并提出作为金融养老、以房养老的方式之一，中国将逐步试点开展老年人住房反向抵押养老保险，具体政策在 2014 年一季度由保监会牵头出台。2014 年 6 月 23 日，中国保监会发布了《中国保监会关于开展老年人住房反向抵押养老保险试点的指导意见》，自 2014 年 7 月 1 日起至 2016 年 6 月 30 日在北京、上海、广州、武汉试点实施老年人住房反向抵押养老保险。

但“以房养老”政策在我国推行并不理想，实施一年，全国仅有 12 户签约。实际上，在中国推行以房养老最大的障碍，既不是南京民政部门所述的各方顾虑，也不是一些门外汉所称的房屋产权只有 70 年的现实羁绊（根据《物权法》的相关规定，住宅建设用地使用权期间届满的，自动续期），而是中国房地产市场和居民住房落后现状的严酷现实。众所周知，在现有的高房价背景下，七八成的城镇居民买不起房。很多市民都是生活在父母福利分房时代所取得的老屋下。对普通家庭来说，如果老辈把现有住房拿出去以房养老，绝大多数晚辈就无法靠自己的力量购买基本的体面的住房。这意味着，如果真的推行所谓的以房养老，数以亿计的普通百姓的子女将成为新的无房户。他们不是流落街头，就是要指望政府提供更多的廉租房或公租房，来解决起码的居住问题。但现实是，政府所能提供的保障房，连目前同样数以亿计的住房困难群体都难以满足，更难扛得起一下子新增出来的数以亿计的无房户住房问题。国外推行以房养老，有两个基本的前提：一是相对于收入来说，他们的房价水平并不高，一般家庭六年以内的全部收入就可以买得到一套一二百平方米装修好的现代住房；二是他们的人均住房水平都比较高，不少发达国家达到了人均六七十平方米以上。这就使得年轻人完全可以通过自己的努力，而不是仰仗父辈所拥有的“祖屋”，买得起、住得上好房。父母把其住房“以房养老”后，一般也不会使子女“住无所居”。[①]

（三）我国老年人法律援助制度

根据司法部《关于开展法律援助工作的通知》，“法律援助，是指在国家设立的法律援助机构的指导和协调下，律师、公证员、基层法律工作者等法律服务人员为经济困难或特殊案件的当事人给予减、免收费提供法律帮助的一项法律制度”。法律援助制度在我国并非自然生成，而是基于具体国情，在司法行政部门的推动下，从无到有逐渐建立起来的。1994 年初，中国司法部首次公开提出建立中国法律援助制度的设想，并陆续在北京、上海、广州、青岛等城市开始了法律援助制度的试点。1996 年 1 月，司法部有关领导在全国司法厅（局）长会议上再次提出将建立有中国特色的法律援助制度作为 1996 年全国司法行政工作的重点。同年 3 月，司法部批准成立国家法律援助中心筹备组，以推动全国法律援助试点工作的迅速开展。1996 年 3 月颁布的《刑事诉讼法》和同年 5 月颁布的《律师法》正式规定了法律援助的有关内容。同年 6 月，司法部发出了《关于迅速建立法律援助机构开展法律援助工作的通知》，随后着手组织有关人员制定《法律援助条例（草稿）》，以总结、规范各地已开展的法律援助工作。1997 年 4 月，司法部与最高人民法院联合下发《关于开展刑事法律援助工作的通知》。同年 5 月 2 日，中国法律援助基金会成立暨司法部法律援助中心揭牌仪式在人民大会堂举行。同月，司法部下发了《关于开展法律援助工作的通知》。11 月，又下发了《关于开展公证法律援助工作的通知》。上述几个规范性文件的下发大大推动了《刑事诉讼法》和《律师法》中规定的法律援助制度的贯彻、落实。1999 年初，司法部法律援助中心草拟了《法律援助法（示范法草案）》，旨在供立法机关参

---

① 参见《以房养老可行性分析 不适合中国国情》，载“广州本地宝”：http://gz.bendibao.com/gzsi/2012426/si96774.shtml，2015 年 8 月 25 日最后访问。

考并推动各地的法律援助工作。同年3月，第九届全国人大二次会议上，部分人大代表提出议案，要求制定《中华人民共和国法律援助法》，司法部就此作出答复：已将它正式列入司法行政法制工作五年规划，并将积极与国务院法制办公室和全国人大法工委进行协商，争取早日解决法律援助的立法问题。

1996年的《中华人民共和国刑事诉讼法》第34条规定："公诉人出庭公诉的案件，被告人因经济困难或者其他原因没有委托辩护人的，人民法院可以指定承担法律援助义务的律师为其提供辩护。被告人是盲、聋、哑或者未成年人而没有委托辩护人的，人民法院应当指定承担法律援助义务的律师为其提供辩护。被告人可能被判处死刑而没有委托辩护人的，人民法院应当指定承担法律援助义务的律师为其提供辩护。"这是我国立法史上首次将"法律援助"明确写入法律，是我国法律援助制度建设的一个重要里程碑。1996年5月15日通过的《中华人民共和国律师法》，对法律援助的有关内容作了专章规定。该法规定："公民在赡养、工伤、刑事诉讼、请求国家赔偿和请求依法发给抚恤金等方面需要获得律师帮助，但是无力支付律师费用的，可以按照国家规定获得法律援助。律师必须按照国家规定承担法律援助义务，尽职尽责为受援人提供法律援助。法律援助的具体办法，由国务院司法行政部门制定，报国务院批准。"这些规定明确了公民获得法律援助的范围和律师必须依法承担的法律援助义务，并为今后制定法律援助的专门立法奠定了法律基础。1996年8月29日，全国人大常委通过了《老年人权益保障法》，其第39条明确规定了对老年人提供法律援助的内容。1997年1月，司法部法律援助中心成立。随后，中国法律援助基金会经国务院批准成立。2003年7月16日，国务院公布了《法律援助条例》，自2003年9月1日起施行。该条例对我国法律援助的性质、任务、组织机构、范围、程序、实施和法律责任等基本问题作出了全面、具体的规定。它的公布实施标志着我国法律援助工作进入了法制化、规范化的新阶段，为进一步促进和规范法律援助工作提供了必要的法律法规保障，对保障困难公民获得必要的法律服务，促进社会公平正义和社会主义和谐社会建设，都具有重要作用。

在老年人法律援助方面，我国《老年人权益保障法》第55条规定："老年人因其合法权益受侵害提起诉讼交纳诉讼费确有困难的，可以缓交、减交或者免交；需要获得律师帮助，但无力支付律师费用的，可以获得法律援助。鼓励律师事务所、公证处、基层法律服务所和其他法律服务机构为经济困难的老年人提供免费或者优惠服务。”《法律援助条例》也明确将老年人有关事项列入了法律援助的范围。该条例第10条规定：“公民对下列需要代理的事项，因经济困难没有委托代理人的，可以向法律援助机构申请法律援助：（一）依法请求国家赔偿的；（二）请求给予社会保险待遇或者最低生活保障待遇的；（三）请求发给抚恤金、救济金的；（四）请求给付赡养费、抚养费、扶养费的；（五）请求支付劳动报酬的；（六）主张因见义勇为行为产生的民事权益的。”

2015年4月，司法部、全国老龄办印发了《关于深入开展老年人法律服务和法律援助工作的通知》，要求着力解决医疗、保险、救助、赡养、婚姻、财产继承和监护等老年人最关心、最直接、最现实的法律问题；要加大服务力度，进一步降低老年人法律援助的门槛，引导律师、公证、基层法律服务工作者和法律援助人员深入开展老年人法律服务和法律援助工作，不断提升做好老年人法律服务工作的能力。该通知提出，开展老年人法律服务和法律援助工作，重点要关注高龄、空巢、失独、失能半失能、失智及经济困难老年人法律服务和法律援助需求。要把民生领域与老年人权益保护密切相关的事项纳入法律援助范围，对经济困难但不符合法律援助条件的老年人、无固定生活来源的老年人追索赡养费案件等减免法律服务收费，对80岁以上的老年人办理遗嘱公证，予以免费。对老年人，特别是70岁以上以及行动不便、患病残疾的老年人实行电话和网上预约、上门服务。要开展专项活动，2015年10月要在全国范围内组织开展一次为期一个月的以法律服务和法律援助为主题的“法治阳光温暖老龄”专项服务活动，努力为老年人提供适应其群体特点、满足其特殊需求的法律服务和法律援助。要建设专门队伍，依托律师事务所、公证处、基层法律服务所设立一定数量的老年人公益法律服务中心，每个中心视情况安排律师、公证员、基层法律服务工作者，为老年人提供公益法律服务。[①]

三、我国老年人临时应急类救助

（一）城镇流浪乞讨救助

“流浪乞讨人员救助制度是指国家、各级政府和社会对流浪、乞讨人员

① 参见梁捷：《司法部：进一步降低老年人法律援助门槛》，载2015年4月14日《光明日报》。

进行物质救助的制度。流浪乞讨人员是指因自身无力解决食宿，无亲友投靠，正在城市流浪、乞讨度日的人员，或因其他各种原因遭遇生存危机，陷入困境居无定所的露宿街头人员。”①《贵阳市城市生活无着的流浪乞讨人员救助管理规定》第2条规定：“本规定所称城市生活无着的流浪、乞讨人员(以下简称流浪乞讨人员)，是指因自身无力解决食宿，无亲友投靠，正在城市流浪、乞讨度日的人员，或因其他各种原因遭遇生存危机，陷入困境居无定所的露宿街头人员。以乞讨为生或者行乞敛财等人员不属于国家规定的救助对象。”

新中国成立初期，针对城市的流浪乞讨人员，上海市委采取收容和组织劳动的方针。对各种性质不同的流浪乞讨人员予以不同的处理办法，希望使其通过学习技艺或劳动生产实现改造教育、自谋生路的目的。后来随着社会控制体系的加强，流浪人口大为减少，在城市的国家保障和农村的集体保障这两张安全网中，已经网罗了中国绝大部分人口，漏在网外面的或者挂在网边缘上的人是极少数。② 随着改革开放的不断深入，尤其是依法治国被确定为我国的治国方略，流浪乞讨人员的管理和救助措施也经历了由“收容遣送”到“救助管理”的制度性转变。收容遣送制度作为一项正式的法律制度始于1982年国务院《城市流浪乞讨人员收容遣送办法》的公布。20世纪80年代，随着农村经济体制改革的展开，我国农村人口向城市流动的问题开始突出，流浪乞讨人员增多。为了保障城市的公共秩序，维护改革开放的稳定局面，国务院于1982年发布了《城市流浪乞讨人员收容遣送办法》。该办法赋予收容遣送制度合法性的同时，也使收容遣送制度成为一项涉及社会救助、社会管理和社会治安的多元性社会事务行政管理工作。20世纪90年代以来，“三农问题”突出，加上城市改革的推进，随着社会结构的变迁，大规模的流动人口给城市的公共秩序带来了冲击。为了克服治安管理人员数量和能力不足的困境，1991年5月国务院印发《关于收容遣送工作改革问题的意见》，将无合法证件、无固定住所、无稳定收入的“三无”人员纳入收容遣送之列。后来，收容遣送人员又扩大到身份证、暂住证、务工证“三证”不全的流浪人员。这样，收容遣送制度就单纯地变为治安管理，社会救助的成分逐

① 俞德鹏等：《社会救助专项立法研究》，中国社会科学出版社2014年版，第388页。
② 参见朱靖：《城市流浪乞讨人员社会救助制度探析》，复旦大学2007年硕士学位论文，第13页。

渐丧失。

2003年，因“孙志刚事件”，收容遣送制度被废除，新的救助制度由《城市生活无着的流浪乞讨人员救助管理办法》建立起来。与《城市流浪乞讨人员收容遣送办法》相比，《城市生活无着的流浪乞讨人员救助管理办法》特别规定，县级以上城市人民政府“应当将救助工作所需经费列入财政预算，予以保障”，“救助站不得向受助人员、其亲属或者其所在单位收取费用，不得以任何借口组织受助人员从事生产劳动”，“不得限制受助人员离开救助站”，“救助站工作人员应当自觉遵守国家的法律法规、政策和有关规章制度，不准拘禁或者变相拘禁受助人员；不准打骂、体罚、虐待受助人员或者唆使他人打骂、体罚、虐待受助人员；不准敲诈、勒索、侵吞受助人员的财物；不准克扣受助人员的生活供应品；不准扣压受助人员的证件、申诉控告材料；不准任用受助人员担任管理工作；不准使用受助人员为工作人员干私活；不准调戏妇女。违犯前款规定，构成犯罪的，依法追究刑事责任；尚不构成犯罪的，依法给予纪律处分”。

据统计，近年来，流浪乞讨的老年人逐年增加。避免老年人走失、流浪是有效化解社会矛盾、构建和谐社会的一项重要内容。“走进救助站的老年人，大多数是三无人员，还有精神病患者和智障老人，他们中的很多人没有加入医保、社保。老年人沦落街头、生活无着落，具体原因各不相同，有的是子女不孝将其撵出家门，有的是老人赌气离家出走，有的是家庭生活贫困无法维持基本生活，有的是老人在外出行动时突发病症迷失方向甚至中风失语失忆，还有的是因老人本人心态失常、性情孤僻执意流浪的，也有以职业流浪为生的老年人。”①

《城市生活无着的流浪乞讨人员救助管理办法》第1条规定了其立法目的：“为了对在城市生活无着的流浪、乞讨人员实行救助，保障其基本生活权益，完善社会救助制度，制定本办法。”新办法实行自愿救助、无偿救助的原则。所谓自愿救助，是指求助人向救助管理站自愿救助，经询问符合救助对象的范围的，救助管理站应给予救助；同时，受助人可以放弃救助，告知救助管理站后自愿离站，救助管理站不得限制。所谓无偿救助，是指救助管理站不得向受助人及其家属和单位收取费用，也不得组织受助人从事生产劳动

① 孙伟：《流浪乞讨老年人救助问题初探》，载《中国民政》2012年第10期。

以自挣生活费及返家所需费用。该项临时救助制度为城市流浪乞讨老年人回归正常生活提供了保障。

(二)其他临时救助

老年人生活照料。"所谓老年生活照料,一个经典的定义是指老年人受身心健康状况或年老体衰的影响,在日常生活活动功能方面逐渐减弱,需要他人照料。"[①]我国老年人生活照料方面的法律制度建设起步较晚,目前还不够成熟。由民政部负责起草的《中华人民共和国老年人权益保障法(修订草案)》从"社会保障"一章拆分出一些内容,单独成立"社会照料"一章,这成为老年人权益保障法修订草案的重要亮点之一。新设立的"社会照料"一章共有7个条款,分别为总括规定、居家养老服务、配套设施、老年用品、社区为老服务、养老服务机构建设,以及社会组织培育、从业人员培养、政府监督等。相较于现行的《老年人权益保障法》,修订草案首次规定了居家养老服务,基本形成了"居家照料—社区照料—机构照料"三位一体的社会照料体系,特别强调了政府在社会照料体系建设中的应有职责,包括兴办公益性养老服务机构,培育和发展为老年人提供照料服务的社会组织,以及政府对养老服务组织和从业人员的监督管理,等等。但是总共由7个条款设计的社会照料制度在体系性方面存在不足,照料性规范的特色不明显。比如,配套设施、老年用品等规定与养老服务相关性不大,应纳入专门规定"福利设施"的相关章节。将"志愿者服务"分别列入具体的照料服务中,以服务提供者的定位予以体现,没有着重突出志愿服务在老年人社会照料领域的独特功能,不如单列条款更合适。[②]

除了以上几项老年人社会救助制度之外,在老年人社会救助制度体系中还有一个重要的方面需要关注,即开发式助老扶贫。扶贫是为帮助贫困地区和贫困户开发经济、发展生产、摆脱贫困的一种社会工作,旨在扶助贫困户或贫困地区发展生产,改变穷困面貌。开发式扶贫是在国家的支持下,利用贫困地区的自然资源,进行开发式生产建设,逐步形成贫困地区和贫困户的自我积累和发展能力,主要依靠自身力量解决温饱、脱贫致富的一种社会救助制度。也就是所谓"开发式扶贫""造血式扶贫""大扶贫"。开发式扶

① 程欣:《老年人生活照料研究综述》,载《赤峰学院学报(汉文哲社版)》2011年第10期。

② 参见肖金明:《建构完善的老年人社会照料制度》,载《浙江学刊》2012年第5期。

贫,是相对传统救济式扶贫而言的,就是动员、鼓励、引导贫困地区的干部群众大干苦干巧干,把自己的努力同国家的扶持有机地结合起来,通过开发自然资源和人文资源,发展商品生产,改善生产条件,增强自我积累、自我发展的能力。其实质在于通过帮助搞经济开发,达到脱贫目的。比之于救济式扶贫,开发式扶贫有"三个联系,两个结合,一个开发,一个目的"的显著特点。三个联系是:扶贫与经济发展紧密联系,与改善生产条件紧密联系,与市场经济体制下的商品性生产紧密联系。两个结合是:帮扶者与被扶贫的贫困地区的农民相结合,一方主动帮扶与另一方主动接受帮扶的相结合。一个开发是:帮扶者通过认真调查研究,帮助被帮扶者扬其所长,避其所短,物尽其用,人尽其才,在劣势中找优势,在资源中找经济优势,使资源优势变成商品优势。一个目的是:通过"三个联系,两个结合,一个开发",使贫困地区自我积累和自我发展的能力增强,从根本上消除造成贫困的根源,实现稳定脱贫,走上致富大道。[①]

开发式扶贫制度对于解决我国老年人社会救助问题具有十分重要的意义,与"积极老龄化"的理念具有高度契合性。老年人是个庞大的人群,不仅数量多,而且在具备一些共同特征基础上也具有很大的差异性,比如低龄老年人和中高龄老年人的差别、健康老年人和身患疾病老年人的差别、经济困难老年人和仅仅是精神需求得不到满足的老年人的区别等。在老年人救助方面我们也要对症下药,对不同的人群采用不同的措施和办法,这样才能事半功倍。我们"应当提倡巩固现有成功的助老扶贫经验,对低龄、健康、具有一定劳动能力的贫困老年人,尤其是农村贫困老年人,采取发展式扶贫救助的办法,建立起政府主导和协调的非政府组织、私人机构和社区组织等多方参与的扶贫网络。具备条件的地区,应积极扶持发展老年经济实体,优先吸收贫困老年人就业,并为贫困老年人提供就业介绍和创业辅导等服务。政府应增强对助老扶贫项目的管理和服务职能,做好扶贫项目的先期立项以及中后期的动态跟踪、评估、反馈和服务工作,选择适合贫困老年人的投资少、见效快、效益好的种植、养殖以及加工等项目。加强对贫困老年人的技术培训、指导和市场信息供给,注意物质扶贫与精神扶贫相结合,对项目在

① 参见王朝明:《中国农村30年开发式扶贫:政策实践与理论反思》,载《贵州财经学院学报》2008年第6期。

用地审批、资金供给、税收、公共设施费用等方面提供优先、优惠或减免。”①

第三节 我国现行老年人社会救助制度的不足

老年人社会救助应该与一个国家的具体国情相适应，根据我国的特殊国情，我们老年人社会救助有着与西方国家社会救助制度的相异之处，如我国老人社会救助水平比较低，救助内容还不够全面，这是受我国经济发展水平所限，是在当前的经济环境下无法逾越的一个阶段。再者，我国对老年人救助的关注起步较晚，许多问题也是近些年才逐渐获得关注，制度建设上虽然跟进迅速，也初步形成了较为完善的救助体系，但通过考察我国老年人社会救助制度的法律规定和运行效果可知，我国老年人社会救助法律制度中存在一些建构理念和制度设计的问题，应当予以关注并加以改善。

一、老年人社会救助理念滞后

老年人社会救助制度存在的问题首先就是理念方面的。奥格本“文化滞后论”指出：“物质文化总是先于精神文化发展，精神文化中理念文化总是滞后制度文化发展，理念文化滞后制度文化到一定程度时，必然造成社会问题，并阻碍制度文化的进一步发展。”②这一分析应用到我国老年人社会救助制度体系建设中颇为吻合，老年人社会救助理念对老年人社会制度建设会产生影响，一定制度体系体现的必然是相应的救助理念。而且理念的影响是全方位的，如制度体系、救助内容、救助方式、救助效能等。梳理我国老年人社会救助制度的发展过程，我们发现与传统封建社会时期的救助相比，当前的救助理念已经大为改进，政府不再将社会救助作为控制民众的手段，社会救助也不再是基于阶级统治的需要而实施，社会救助更不是统治者高高在上的恩赐。但是，我们当前的老年人社会救助理念仍然存在着问题，依法救助、效益救助、以人为本救助、责任救助、科学救助等方面都有待提高。

依法救助本应是最基本的理念。依法救助就是要“依据法律法规开展

① 乐章：《社会救助学》，北京大学出版社 2008 年版，第 181 页。

② 参见汪雁 、慈勤英：《城市贫困人口社会救助理念建设滞后的探讨》，载《人口学刊》2000 年第 6 期。

社会救助，概括起来就是依法维权、依法行政、依法施救”[①]。老年人获得社会救助是宪法赋予的合法权利。在宪法的原则性规定之下，理应有相关的配套法律法规等作为老年人权益保障的直接依据。近年来，我国相关法律法规建设成绩较多，包括《老年人权益保障法》《社会救助暂行办法》等。但是，目前的老年人社会救助制度建设、救助开展中仍然存在着未能从保障老年人合法权益出发的问题。比如，政府部门的一些工作人员并未充分认识到对老年人进行救助是政府的当然责任，反而是将救助作为政府的民生工程。效益救助则强调救助工作要强调效能，提高效率。尽管救助工作不能按照经济学的投入产出比来分析到底是否有意义和价值，但老年人社会救助工作的目标是明确的，就是帮助老年人走出困境。那么，救助过程要高效、救助结果要如预期才行。这就要求提高救助的信息化水平、监督水平等。目前，我国在老年人社会救助领域的信息化水平、监督水平还不尽如人意，正因为如此，才出现了一些应当获得救助的人没有获得救助，而明显不符合条件的人员却获得救助的情形，违规操作侵蚀了有限的社会救助资源。

对老年人进行救助就要站在老年人的立场上，他们实际遭遇的困境决定了救助的内容，而不是事先设计好救助内容，却对老年人的现实需要漠然置之。我国有关老年人的社会救助制度不断发展的过程，就是一个不断地发现老年人的需要、不断地满足老年人的需要的过程。最低生活保障制度满足的是老年人最低生活水平的需要，住房救助满足的是老年人基本住房的需要，法律援助满足的则是老年人法律服务方面的需要。但是，我们相关的服务性内容还有待加强。对老年人进行救助和对其他群体进行救助还是有区别的，要多为老年人提供服务类的社会救助，满足老年人的精神需求。此外，在救助申请程序方面也要考虑老年人的实际情况，要便利老年人进行申请。

此外，责任救助和科学救助理念也很关键，也是我国老年人社会救助需要改善的方面。责任救助就是在明确各方责任的基础上实施的救助，政府是老年人社会救助的当然责任主体，应承担老年人社会救助的兜底责任，但社会组织也是重要的救助主体，特别是在救助形式日益多样化的背景下更应受到重视。对老年人的各类救助在体现党和政府对老年人的关怀的同

---

① 唐白玉:《创新救助理念　推动社会救助工作科学发展》，载《中国民政》2010 年第 8 期。

时，更应该从政府责任的角度来看待这个问题，老年人社会救助是政府的责任，不是哪个部门、哪些人对老年人的怜悯。科学救助则要求救助标准、救助对象的确定及救助机制的设计等都要科学高效，保证救助公正、公平进行。目前，在救助标准确定方面，我们还需要不断地改进；居民收入调查方法也需要不断地调整，保证调查结果的客观、准确；救助机制也要不断协调，减少救助项目之间的交叉重叠问题。

救助理念的滞后会影响到救助制度的设计，影响到救助活动的开展。比如，依法救助责任理念的滞后既影响到已有的法律法规的贯彻落实，也影响到法律法规体系的完善，还影响到救助活动的规范进行。以人为本救助理念的缺失也会使原本就是救人于危难之中的行为缺少人情味，甚至可能会侵犯人们的隐私。老年人要享受最低生活保障，那就需要接受相关部门工作人员的收入调查，调查的方式有多种，比如走访，工作人员在实际运用这种方式时要注意尊重申请人的隐私和人格。科学救助理念的滞后则可能导致救助项目既不互相衔接，又可能交叉重叠，导致救助不公现象的发生。制度变革，理念先行。没有先进的理念，制度发展则会举步维艰。而我国现行老年人社会救助理念的滞后既是老年人社会救助存在的问题，又是其他问题存在的重要原因。

二、政府救助责任意识有待进一步加强

我国老年人社会救助制度存在的问题还表现为政府的责任意识有待进一步加强。“政府是社会救助的当然责任主体”[①]，这是由社会救助的性质和政府的职能共同决定的。从社会救助性质来看，受助者不以缴费为前提，一定程度上不排他，而且收入在不同阶层的转移有助于社会公平正义的实现，这些性质决定了以提供公共产品和公共服务、实现社会公平正义为目的的政府需要承担起老年人社会救助这个责任来。特别是在我国这样一个老年人口绝对数量大、老龄化速度快、未富先老的背景下，政府的救助责任意识更是需要加强。人口老龄化给我国的政治、经济、社会等所有方面带来深刻的影响。随着人口老龄化的加快、家庭规模的缩小、家庭养老能力的下降，老年贫困问题日益引起社会重视，直接影响到社会的和谐，因而越来越需要

① 杨昆：《社会救助制度中的政府责任及其合理定位》，载《重庆社会科学》2005年第12期。

政府作为社会公共管理机构来承担相应的责任，统筹解决相关的问题。我国政府应围绕以人为本的执政理念，以公民社会为动力的社会结构重塑，以公平、公正为核心的制度伦理建设和以关怀老年群体为主流的道德方向引领为目标，实现对老年群体的伦理关怀。政府有责任保证老年人的生存权、健康权、财产权，并通过积极的社会政策行动促进老年人各项权利的实现。

政府运用强制性手段实现意思自治所无法实现的方案，政府命令式的制度变革比自下而上的制度演进效率更高，能够提供更好的老年福利。尽管社会和市场也能够发挥一定的作用，但老年救助作为一种特殊的公共责任，政府无疑应居于主导地位。我国政府在老年救助中存在的问题主要包括以下几种情况：

首先，我国老年救助制度缺乏良好的顶层设计，没有形成整体的制度框架并在实施过程中通过法律修正案的方式对出现的问题进行不断完善。政府是老年人社会救助制度和政策的供给者，政府要密切关注贫困老年人需求，并及时向立法机关传递这些信息，提供修改和完善社会救助相关法律法规的依据。同时，政府也可以"以立法机关制定的相关法律为先导，制定出符合实际情况的、具有可操作性的具体社会救助政策，并组织实施"[①]。但我国老年人社会救助制度的设计与社会救助整体制度的设计类似，更多的是一种"救火式"模式，即在问题发生以后就问题出台政策，单独地解决这些问题。这与新中国成立后很长一段时间之内财力不足有关，但"救火式"模式限制了老年人社会救助制度的发展，造成救助项目之间的交叉重叠，老年人社会救助制度的发展也缺乏明确的方向性指引。

其次，缺乏中央政府和地方政府的配合，中央政府和地方政府的责任范畴模糊。老年人社会救助需要中央政府和地方政府的密切配合，"由于委托代理问题的存在，以及地方政府存在信息优势，大多数国家的救助管理都是以地方政府为主体的"[②]。但是救助资金安排各国却有不同的特色，既有以中央财政为主的，也有以地方财政为主的。我国目前老年人社会救助是中央和地方合作、中央主导的模式，但这种模式是中央和地方博弈后默认的一

① 杨昆：《社会救助制度中的政府责任及其合理定位》，载《重庆社会科学》2005 年第 12 期。

② 参见杨红燕：《中央与地方政府间社会救助支出责任划分——理论基础、国际经验与改革思路》，载《中国软科学》2011 年第 1 期。

种模式，缺乏明确的法律法规作为依据，这实际上造成了中央和地方政府的责任不明。比如，在中央政府承担绝大部分的社会救助财政投入之后，地方政府所承担的财政补贴责任却不明确。在分税制的条件下，老年救助更需要发挥地方的作用，在中央政府之外，根据本地的财政收入和老龄化状况，对贫困或有特殊需要的老年人提供救助，加大政府投入，提高政府公共产品的供应能力。关于中央政府和地方政府在老年人社会救助中的财政投入比例、中央政府和地方政府在老年人社会救助中的责任划分有待进一步明确。

最后，老年人社会救助的保障措施有待加强。老年人社会救助牵涉面广，组织体系复杂，需要政府加强救助组织建设，为救助提供组织保障；加大老年人社会救助宣传力度，广泛动员社会力量参与；需要培育社会组织发展，为民众参与提供有效载体。在社会救助组织体系方面，我国目前各个部门基本上处于各自为政的状态，民政系统、教育系统、卫生系统等各个系统都参与其中。按照相关规定，民政部门应在救助过程中发挥协调作用，但是一个协调机构在短期内是难以克服我国长期形成的救助组织分散、各自为政的局面的。此外，老年人社会救助宣传力度也有待加强。在有些人看来，贫困人口是社会的负担，是他们自身不努力、不上进造成的。事实上，人们陷入贫困的原因并不是单一的，个人的原因不能忽视，但社会转型、社会结构调整等方面的原因也不容忽视。对包括老年贫困人口在内的弱势群体进行救助是政府和社会的责任，但这种观念尚未完全建立起来。老年人社会救助需要政府积极培育相关社会组织的发展，动员社会工作机构等介入老年人社会救助中。由于政府管理体制、公民社会发育程度等多方面的原因，我国社会组织的发展还有一些问题，表现在老年人社会救助领域就是社会工作机构少、参与人员少、提供的服务少等。

随着福利社会的形成，政府应在老年救助中承担越来越多的责任。政府社会福利责任理论有两个主要范式：工业主义范式认为，政府社会福利责任的建立是对家庭和社区功能的补充；公民权利范式主张公民接受社会福利权利和政府社会福利提供责任呈对应关系。我国在改革之前和之后的一段时间实施的是政府高度干预社会、大政府责任下的补缺型社会福利，是典型的工业主义范式。我国社会福利制度转型要从工业主义范式转向公民权利范式，建立组合式普惠型社会福利制度。我国作为一个传统上的管理型政府以及长期推行补缺型福利的国家，转型不是短期内能够完成并在各个领域得以真正体现的。面临巨大的老龄化压力，应进一步推动政府转型以有效保护老年人的权利，构建老龄化社会中的善治政府。善治政府应当是一个责任型的政府，职权应当服务于职责，职责源自于职能，政府应当服务于老年人的物质文化生活需要，有效回应老年人在收入安全、住房、医疗、照护等领域的需求，融管理于服务之中，同时以服务实现对老龄化社会的管理，以社会资源支持中低收入老年人，贯彻权责统一原则。

三、老年人社会救助法律法规体系仍需完善

老年人社会救助要依法进行，前提是要有法可依，社会救助法律法规体系的完善刻不容缓。依法实施老年人社会救助是政府责任的具体体现。正如洛克认为，为了保护人们自己的私有财产，“他们甘愿各自放弃他们单独行使的惩罚权力，交由他们中间被指定的人来专门加以行使；而且要按照社会所一致同意的或他们为此目的而授权的代表所一致同意的规定来行使。这就是立法和行政权力的原始权利和这两者之所以产生的缘由，政府和社会本身的起源也在于此”①。专门制定法律和行政法规等不仅能够使老年人救助计划和项目的管理运作有着明确的规范，实现老年救助的法制化，公平、公正地实施救助，而且也能使救助计划和项目的持续性得以保证，实现老年救助的法治化，有效地提升救助的效果及减少老年贫困人口的比例。这一点也得到英国、日本等发达国家社会救助发展实践的印证，特别是英国，在社会救助实施之初即颁布了专门的法律法规，其后随着社会救助实践的发展，不断地修改和完善社会救助法律法规，使得社会救助工作的开展有章可循。英国在社会救济发展过程中，《伊丽莎白济贫法》《新济贫法》《国民救济法》《国民保险法》中的残疾给付以及《家庭补助法》等都发挥了重要作用。②

老年人社会救助实施过程中，必须要有规范的技术操作准则、较为完善的内容体系和科学合理的救济实施标准，否则不利于社会公平的实现和资金使用效率的提高。老年人社会救助的对象及经费来源、老年人社会救助中的法律责任、违法行为的制裁等都需要明确而统一的法律法规来规范。

---

① ［英］约翰·洛克：《政府论》下篇，瞿菊农、叶启芳译，商务印书馆 1982 年版，第 78 页。

② 参见冯英 、聂文倩：《外国的社会救助》，中国社会出版社 2008 年版，第 30 页。

目前,我国老年人社会救助立法内容非常不完善,具体表现在:第一,老年人社会救助的基本原则尚不明确,影响了救助功能的发挥。第二,老年人社会救助资金保障不充足,经费分担不合理,导致一些农村和经济欠发达城区救助水平偏低、部分应救助的困难老年人未能纳入社会救助的范围。第三,现行各项老年人社会救助制度的救助标准过于原则,各地制定具体救助标准时缺乏统一的依据,随意性过大。第四,对老年人社会救助申请的审查程序不严格,申请人骗取社会救助待遇的现象时有发生。①

借鉴国外的社会救助发展经验,总结我国老年人社会救助的经验教训,我国社会救助也逐渐抛开原来那种随意性较强的方式,开始在法治化的轨道上迈进。社会救助法律体系建设是一个庞大的社会系统工程,体系由社会救助综合性法律、法规、规章和社会救助专项(单行)法律、法规、规章两大部分,相应的社会救助立法就分为社会救助综合立法和社会救助专项(单行)立法两部分。②

社会救助综合性法规是"全面规范社会救助关系的行政法规和地方性法规",一直处于社会改革领先地位的广东省早在 1998 年就通过了《广东省社会救济条例》。国务院在 2014 年 2 月出台了《社会救助暂行办法》,对最低生活保障、特困人员供养、受灾人员救助、医疗救助、教育救助、住房救助、就业救助、临时救助、社会力量参与、监督管理、法律责任等方面作出规定,成为推动我国社会救助发展的重要举措。在该办法出台之后,甘肃、浙江等地陆续出台了社会救助条例。这是我国社会救助领域综合性法规建设的重大进步。但我们要清醒地认识到《社会救助暂行办法》的出台实际上是一种妥协,在社会救助需求量较大、社会各界都高度关注社会救助法规建设的情况下,只能说是一种过渡性举措。《社会救助暂行办法》仍然存在政府责任不充分、救助权利体系不完善、救助途径不通畅、救助监督不全面等问题。许多救助更多地依靠行政部门的规定或政策执行,且各地出台的实施办法在救助调查、机构审批、救助实施、监督审查等方面缺乏规范性和专业性。从长远来看,出台一部全国统一的《社会救助法》来统帅全局势在必行。

专项立法和综合性立法的目的是不同的,专项立法的重要性也不亚于

---

① 参见钟妮:《中国社会救助法律制度研究》,复旦大学 2009 年硕士学位论文,第 39～40 页。

② 参见俞德鹏等:《社会救助专项立法研究》,中国社会科学出版社 2014 年版,第 37～38 页。

综合性立法。专项立法的近期目标应该包括最低生活保障法、贫困孤残供养法、法律援助法、流浪乞讨人员救助法等。[①] 在最低生活保障方面，国务院于 1999 年通过的《城市居民最低生活保障条例》是最低生活保障领域最高级别的法规，但这一保障标准的制定依据过于抽象，最低生活保障标准的确定方法不明确。农村居民最低生活保障最直接的依据则是 2007 年国务院下发的《关于在全国建立农村最低生活保障制度的通知》。该通知统领我国农村居民最低生活保障工作近二十年，依据效力层次低、权威性弱等问题使得农村最低生活保障工作开展难度很大，特别是在困难地区的财政投入方面，低保金拖欠现象时有发生。最低生活保障方面法律法规存在的问题影响到老年人社会救助的成效，尽管经过了多年的努力，但农村老年人贫困问题仍然触目惊心，其中救助依据的法律效力层次过低不得不说是一个重要的原因。

专项立法方面，不止是最低生活保障的法律依据有待完善，各专项救助的相关法律也有待完善。在医疗救助方面，《国务院关于印发完善城镇社会保障体系试点方案的通知》(国发[2000]42 号)规定“逐步建立社会医疗救助制度”，《关于建立城市医疗救助制度试点工作意见》(国办发[2005]10 号)要求要建立适合我国国情的城市医疗救助制度，《关于进一步完善城乡医疗救助制度的意见》(民发[2009]81 号)提出要完善医疗救助制度，并提出要强化政府责任。《转发民政部等部门关于进一步完善医疗救助制度全面开展重特大疾病医疗救助工作意见的通知》(国办发[2015]30 号)要求保障困难群众基本医疗权益。从仅仅帮助困难群众到保障困难群众权益，再到确立政府责任，这些都是专项立法方面的进步。但是，从医疗救助发展历程也可以看到法律法规依据缺失的现象非常严重。各类专项立法方面都存在这个问题。

我国社会救助法律法规体系不健全的原因是复杂的，救助理念、救助实践发展等都是影响因素。从救助理念来看，只有在真正地将社会救助作为老年人等弱势群体的合法权益的背景下，才有可能构建完善的社会救助法律体系。否则，将社会救助作为权宜之计，或者将社会救助降低到形象工程的层次，社会救助法律法规体系不会健全，仅有的依据也是效力层次不高的

① 参见俞德鹏等:《社会救助专项立法研究》，中国社会科学出版社 2014 年版，第 49 页。

规范性文件。从我国救助实践来看，救助从一开始就是缺乏系统规划的，出现什么问题就采取什么措施。在老年人社会救助领域，由于农村有大量“三无”人员，五保供养制度就应时而生。客观地评价，五保供养制度在保障农村贫困人口权益方面确实发挥了很大作用。但是，与城市最低生活保障制度对应的农村最低生活保障制度实施之后，如何协调二者之间的关系就成为一个问题。这只是社会救助领域问题的一个侧面，还有很多问题悬而待决，而这些都是由法律法规依据不明确、制度不完善等造成的。梳理我国社会救助法律法规体系，确保各项法律之间的协调一致，并根据社会救助实践的发展对社会救助法律法规进行修订和完善，本身也是法律法规体系建设的重要内容。

四、老年人社会救助项目体系有待协调和优化

协调的老年人社会救助项目体系是在充分地考虑贫困老年人需求的基础上设计的，既要做到项目内容保障贫困老年人需求无遗漏，又要做到各个保障项目之间互相配合、边界清晰、不交叉重叠等。我国老年人社会救助项目体系建设从属于社会救助整体的体系建设，受到整体建设进度、项目设计、理念等的影响，在考虑贫困老年人需求、制度协调性方面都存在着问题。未充分考虑贫困老年人的现实需求，导致一些该保障的内容未纳入保障范围，该保未保的事实与应保尽保的理念相冲突。缺乏系统的规划，导致不同救助项目之间的交叉重叠，既浪费了救助资源，又降低了救助的公平性。

老年人的需要可分为三大类，即生存性需要、发展性需要和价值性需要。生存性需要即基本生活权益，主要包括生命、健康和安全等，这是老年人生活质量的基本保证。发展性需要主要包括情感需要，包括政治、教育、文化等。价值性需要侧重于老年人自我价值的实现。三项需要中首要的就是老年人的生存性需要，属于基本权利的范畴。由于老年人生理上的弱势和社会制度安排的不足，其基本权利的实现可能发生困难，故他们需要获得倾斜性的保护。但发展性需要和价值性需要同样需要关注，如果仅仅关注生存性需要，社会救助就会缺乏全面性。因此，在老年人社会救助中，既要关注生存性需要，同时也要适当地考虑发展性需要和价值性需要，并根据不同老年人的情况实施不同的救助。我国老年人社会救助尚未做到这一点，一刀切现象仍然存在着，服务型救助缺失严重。

人们在步入老年阶段后，各种急慢性病发病几率增加，体力衰退，原来最基本的饮食、洗浴、穿衣等日常生活功能也开始衰退，需要他人的帮助才能完成。特别是那些失能和失智的老人需要获得更多的帮助才能维持生存。那些健康老年人也需要大量的服务型救助，老年人容易产生孤独感，融入社会困难，服务型救助必不可少。戴维·米勒认为，服务型给付是指非产品的公共利益给付。该种类型的给付具有三种基本特征：(1)不可能只提供给社群中的某个人而不提供给其他人，若同一社群的某个人享有，则必然同时自动地认为社群中其他成员享有。(2)这种利益具有相关性，即它不仅有利于某个人，而且有利于与它相关的许多人。(3)这种公共利益还会涉及某些基本的人际原则。那么，服务型救助由政府承担兜底责任是再合适不过了。我国现有的对老年人的救助，无论是最低生活保障、住房救助、医疗救助，还是五保供养及流浪乞讨人员救助等都将重点放在老年人的生存性需要的救助方面。当然，各专项救助类型已开始考虑将发展性因素纳入救助范围，尽可能地完善对老年人的救助内容。我国老年人社会救助的现状与我国社会救助发展水平、国家财政投入力度、救助理念等相关。生存性救助说明我们还处于老年人救助的较低层次，这又是政府财政投入不足、救助理念滞后等多种因素共同造成的。

另外，老年人社会救助的内容上过于强调事后的救助，事前的预防机制有待完善。做好老年救助工作应当未雨绸缪，解决老年贫困问题除应对已经陷入贫困的老年人提供救助外，还应努力减少老年贫困人口的增加。我国现行的老年救助制度主要面向低收入老年群体实施，目的是绝对减少贫困人口数量，忽视了对中等收入老年人等边缘贫困群体提供有效的救助措施，因而经常导致老年人由于物价提升、医疗或看护费用支出增加等返贫现象的发生。这表明，我国老年人社会救助的内容有待进一步充实，制度体系有待进一步健全。

救助的形式过于单一化。老年救助以生活救助为主，除基本的营养、医疗、住房支持外，缺乏丰富多样的形式，如老年牙科补助、房屋租赁补助等。我国的救助制度在制定时通常确定定额的救助数目，缺乏根据物价水平灵活调整的机制，没有规定给付金额随物价波动调整的“物价联动制”，导致给付金额因物价上涨而贬值。老年救助制度应进一步做好现金救助和实物救助的结合，通过形式多样的救助项目落实以人为本的理念。

老年人社会救助项目体系有待优化还表现在：规避既有救助项目之间的交叉重叠，应当确保统一的、整合的社会救助体系能够发挥更大的综合性效益，避免因制度衔接不好而出现制度漏洞、覆盖缺陷和重复受益等现象。[①]制度漏洞指的是应该纳入救助范围的，但未纳入救助范围，这与国家的财政投入力度相关，财政投入少必然造成救助水平低、覆盖面窄。我国国家财政对农村困难群众基本生活救助投入明显偏低，导致一些地区的社会救助工作与困难群众解困需求还有较大差距，而且加剧了区域间发展的不平衡。[②]老年人社会救助本身担负的就是为老年人提供安全网的功能，让那些深陷困境的老年人能够走出困境，保障其基本的生活需求。但制度漏洞的存在表明，目前我国编制的老年人社会救助体系尚未充分发挥安全网作用，制度漏洞就是“安全网”的漏洞。

重复受益问题也是客观存在的问题。老年人社会救助是一项很复杂、很精细的工作，管理体制、管理人员素质都很重要。目前大体还是一种分散式的管理体制，缺乏强有力的管理中心。再加上管理人员的非专业性，老年人社会救助管理基本上还处于粗放式管理阶段。比如，在一些地方的社会救助管理中，为了降低管理成本，减少审查环节，将专项分类救助和最低生活保障制度叠加，“以最低生活保障资格作为享受专项分类救助的条件，造成最低生活保障制度的‘含金量’偏高，不利于受助者的工作激励”[③]。降低管理成本、增加申请救助的便利度这些做法初衷都是好的，但是采取的策略和办法是有问题的。社会救助需要减少成本，但是不可否认社会救助工作确实是需要花费一些成本的，在任何国家都是这样，不可能零成本维持社会救助管理体制的运转，机构要建设，人员还要配备，因此只能通过科学化的管理来提高效能，不能通过粗放式管理、压缩一些必要的环节来开展救助、减少成本。

这种粗放式的管理客观上造成了有限社会救助资源的浪费，一些本该

---

① 参见郑功成主编：《中国社会保障改革与发展战略》（救助与福利卷），人民出版社 2011 年版，第 69 页。

② 参见郑功成主编：《中国社会保障改革与发展战略》（救助与福利卷），人民出版社 2011 年版，第 6 页。

③ 郑功成主编：《中国社会保障改革与发展战略》（救助与福利卷），人民出版社 2011 年版，第 21 页。

享受专项救助的老年人可能会因为受益叠加而失去机会，而那些已经享受最低生活保障的人员又继续享受了各项专项救助，造成救助不公。老年人社会救助制度存在的问题还包括不同救助项目之间存在交叉，即两项或多项救助制度由于在制度设计时未充分考虑制度协调问题，造成项目和项目之间的交叉。项目和项目之间本该是互不相交的，所以目前的项目之间的交叉重叠损害了社会救助的整体效益。我国老年人社会救助项目之间之所以出现这种情况还是与救助制度发展的路径高度相关，没有宏观的统一规划，没有有计划性的路径设计，很容易出现这样的问题。

五、老年人社会救助的城乡分治

在新中国成立之后，为了实现工业的快速发展，城乡之间实行了不同的政策，导致城市和农村在资源分配方面产生大差异。以户籍为基础的城乡二元格局影响到社会管理的方方面面，表现在社会救助方面则是城乡二元的社会救助体系，相关条例都明确地冠以“城市”或“农村”的定语，表达出地域和对象的不同。在农村，五保供养制度较早推行，在“三无”人员供养方面发挥作用。之后，最低生活保障制度、各类专项救助制度推行，与五保供养共同构成农村的社会救助体系，这其中就包括老年人的社会救助体系。在城市，最低生活保障制度推行相对较早，各专项救助制度推行得成效也较为显著。新中国成立后，我国社会救助制度的发展轨迹明显呈现城乡两条路径，本来同属于一国的公民应该享受平等的受救助权，但是，我国城乡二元的局面割裂了社会救助进行统一制度设计的可能性，制度运行几十年来始终处于二元分治状态。同样是贫困老年人，属于城镇居民的就按照城市居民最低生活标准来适用，属于农村居民的则按照农村居民最低生活标准来适用。

问题的关键还在于，在老年人社会救助城乡分治的情况下，救助的标准是不同的。以目前城乡已全覆盖的最低生活保障为例，城市和农村的最低保障水平是不同的，而且差距很大。事实上，我国是个农业大国，农村人口占总人口的比例很大，且我国的老年人贫困也主要发生在农村。中国13亿人80%是农民，尽管“三农”问题在我国一直被视为一个特别重要的问题，但农民一直争取不到与城市居民同等的地位。户籍、教育、社会保障、基础设施等，都明显地将二者区分得清清楚楚。农民社会救助权问题远没有城镇居民生存权保障那样来得重要和迫切。城镇人口中较早推行了各项社会保险政策，城镇人口能够获得相对较好的社会保障。而广大农村人口，在很长的一段时间之内，即使没有遭遇贫困，也因为缺乏保障措施而对可能产生的生活困境表现出高度的警惕，大部分农民都生活在裸社会保障的状态。

时代在不断地变革和发展，与城市化进程相伴随，越来越多的农民进入城市工作和生活，从农村到城市的人口流动加剧。城乡在老年人社会救助方面严格的二元格局也被打破，如在自然灾害等发生时的救助已实现城乡统筹，不再对城市和农村作出区分，这是一个好的开端。再如，尽管城市和农村贫困老年人在领取最低生活保障金时金额方面还是有差别，但农村也基本做到了最低生活保障全覆盖，这就走出了社会救助城乡统筹的重要一步。更为重要的是，《社会救助暂行办法》的出台为老年人社会救助城乡统筹提供了强大的支撑。2014 年 3 月 14 日，在湖南省长沙市召开的全国民政系统贯彻落实《社会救助暂行办法》的视频会议上，民政部部长李立国表示："社会救助要突破城乡二元思维，统筹城乡发展，努力实现城乡居民在社会救助方面权利公平、机会公平、规则公平。"《社会救助暂行办法》是我国第一部统筹各类社会救助制度的行政法规，首次将救急难、疾病应急救助、临时救助等方针、政策纳入法制安排中，是我国统筹构建社会救助制度体系的标志。该办法在梳理、归纳原来以其他法制形式分立的社会救助制度的同时，对各项社会救助也作出了一系列新规定，"统筹城乡社会救助发展"就是其中重要的一项。李立国指出，在最低生活保障方面，《社会救助暂行办法》规定了相同的制度安排和申请流程，实现了困难群众申请低保的权利公平；在特困人员供养方面，该办法将传统的农村五保供养制度与城市"三无"人员救助制度，统一为特困人员供养制度；在医疗救助方面，该办法不再区分城市医疗救助和农村医疗救助，而是规定了相同的制度安排，实现了救助内容、救助方式、救助资金和救助程序的城乡统筹。①

在法律制度层面上，城乡老年人社会救助制度也在逐步融合，除了《社会救助暂行办法》外，最低生活保障制度方面，随着农村居民最低生活保障体系的完善，一些地方开始探索将城市居民最低生活保障制度与农村居民最低生活保障制度并轨，如《厦门市最低生活保障办法》(2014)、《南京市城

---

① 转引自谢樱：《社会救助要突破城乡二元思维》，载 2014 年 3 月 14 日《北京日报》。

乡居民最低生活保障条例》(2010)、《重庆市城乡居民最低生活保障条例》(2008)、《广州市最低生活保障办法》(2015)、《长春市城乡居民最低生活保障办法》(2014)等。这些条例、办法都是推动我国老年人社会救助从城乡分治向城乡一体过渡的重要举措。当然,我们也必须认识到城乡二元的老年人社会救助体系不是在短时间之内形成的,能够存续这么长的时间肯定有着深刻的社会原因。而且老年人社会救助水平与地方政府财力有很大关系,要实现城乡统筹、区域平衡,还有很长的路要走。

六、老年人社会救助机制不健全

(一)救助程序不科学

我国老年人社会救助方面的法律规范并不少,但这些法律中的程序规范却严重缺乏,即便存在于少数的法律条文中,也是非常简单的流程性规定,主要是申请、审查、批准、实施或者是简单的交接登记手续等。“社会救助法律规范散见于社会保障体系这一现象本身,就预示着社会救助程序规范很不发达。即便存在些许程序规范,也主要是程序性和流程式的规范,能够体现老年人社会救助利益各方相互监督制约的程序规范甚少,这就使得实体权利义务的实现缺少了能产生督促力和启动力的程序保障”。“听证程序、公开程序本应该是行政行为做出时遵循的基本程序,但是在社会救助中这两项重要程序却被忽视了。”[①]从中可以推论出:老年人社会救助程序的欠缺将会导致社会救助主体的自由裁量权得不到程序的控制,也会使公民无从了解自身如何向政府要求实现被救助权。只有建立严谨合理的老年人社会救助程序,才能保证社会救助主体的权力在合法的轨道上运行,从而保障公民的基本权利。

此外,我国的救助流程不仅复杂,而且通常需要贫困老年人亲力亲为,致使一部分贫困老年人由于“福利污名”(welfare stigma)或者个人自尊的原因,不愿参与救助项目。而且,部分地区对老年救助对象的年龄要求相对偏高。如北京规定 70 岁以上低收入老人的低保收入可以上浮 10%,内蒙古、山西、宁夏和辽宁等地方均规定 80 岁以上的低收入老人才可获得高龄津贴。救助资格和救助流程的设定对于低收入或特殊需要的老年人都有着较

---

① 柳砚涛:《行政给付制度研究》,苏州大学 2005 年博士学位论文,第 38 页。

大的影响，如果救助资格过于严格或者救助流程繁琐，都会导致实际上得到救助的老年人比例偏低。实践中，我国的老年救助欠缺明确的实施细则和规范的救助流程，既不利于实现老年工作法治化和规范化，也不利于保证老年救助工作的稳定性和提高老年救助效率。

（二）监督问题突出

任何一项管理活动都必须要有相应的监督机制；否则，管理活动的开展就可能会因为失去约束而偏离原来的轨道，导致预期目标的落空。具体到社会救助工作中，政府部门监督管理的目的在于规范被救助者的行为，避免某些不合条件的人趁机钻营，造成宝贵救济资源的浪费[①]；也在于防止社会救助管理部门工作人员舞弊，徇私枉法，将救济资源当作捞取个人财富的手段。监督的重要性就凸显出来。对于老年人来说，社会救助监督更加重要，因为老年人相对于年轻人而言主张自身利益的能力会弱一些。我国目前的社会救助管理体制主要问题在于监督机构分立、监督成效不显著。监督体制由行政监管、司法监管、社会监督等组成，行政监管是在行政系统内部的监管，监督老年人住房救助、法律援助等是否规范进行。但这些援助项目都是由不同的行政部门来负责的，如住房由建设部门负责、法律由司法部门负责，部门分散，监督不力。目前，统一的监督管理部门尚未成立。

监督问题也与社会救助程序有关，程序本身就是规范救助行为的重要保障。在社会救助程序尚不健全的条件下，老年人社会救助监督力度需要加强，以保证每个环节都按照法律法规的要求进行。除了行政监督之外，我们也要发挥司法和社会监督的作用。司法监督权威性强，社会监督监督主体多，都有利于提升监督效果。一些基层政府在实施社会救助时，由于未按照程序要求开展工作，比如没有必要的公示程序，评选标准不公开等，结果享受到低保等救助的都是与社会救助管理人员有或多或少关系的人。各地陆续曝光的低保欺诈事件、低保舞弊事件都在倒逼着政府构建更为科学、高效的老年人社会救助监管体系。民政部曾下发《关于建立健全社会救助监督检查长效机制的通知》，要求构建社会救助的长效机制，明确监督检查内容，且各级民政部门也在民政部的统一部署下开展社会救助专项检查活动。但老年人

---

① 参见石绍斌：《论我国社会救助中的监督管理机制——基于“张海超事件”后续发展的思考》，载《江汉大学学报（社科版）》2014年第6期。

社会救助监督问题最终还是要靠长效机制来保障救助活动规范进行。

（三）筹资机制不规范

老年人社会救助需要大量的资金投入，因此，老年人社会救助水平通常受到一个国家经济发展水平的限制。但是，影响老年人社会救助水平的重要因素，除了政府财力之外，还有筹资机制。科学、规范的筹资机制能够保障老年人社会救助所需要的经费。我国老年人社会救助筹资机制不规范表现在两个方面：第一是中央政府和地方政府的财政责任划分不明确；第二是对社会资金吸纳较少，已经吸纳的社会资金运作效率又低。老年人社会救助中央政府和地方政府的财政责任划分是每个国家在实施救助时都会碰到的问题，并且各个国家的财政投入比例安排不尽相同。我国的财政投入存在的问题在于没有明确的规范，尽管实际上中中央政府没有“赖账”，会保证老年人社会保障中央政府支付的费用，但是在缺乏明确的法律、法规甚至是红头文件规定的情况下，这并不是一种规范化的中央和地方财政投入常态化机制。我国老年人社会救助筹资机制存在的问题还在于不善于利用民间资本，在吸纳社会资金方面建树不多。老年人社会救助的救助主体有政府和社会，社会力量理应在老年人社会救助中发挥作用。这里的作用既包括志愿者等提供的服务，也包括捐助的物资以及现金等财物。低水平的社会资金吸纳与吸纳捐款的管理水平偏低、接受社会捐助站点和网络建设滞后有直接关系。

（四）信息管理水平低

实现老年人社会救助管理现代化还要借助于信息手段，“各种社会救助资讯尤其是受助对象的完整信息能够全国联网并实现数据化、信息化”[①]。社会救助工作的全程应能够通过网络途径查询，并接受社会各界监督，这将是我国老年人社会救助工作努力的方向。从现有情况看，一方面老年人社会救助分散在不同的系统内部，每个系统都会有自己的一套管理系统，收集相应救助项目所需要的受救助者信息。而不同的救助项目需要的信息可能相同，也可能不同，在申请项目时，申请人要填写相关信息。但是，不同的系统之间并没有联网，即不同的系统之间没有实现信息共享。管理部门的分

① 郑功成主编：《中国社会保障改革与发展战略》（救助与福利卷），人民出版社 2011 年版，第 20 页。

散造成了多遍、重复收集信息，而申请人也多次、反复提供信息，管理部门浪费了人力、物力。另一方面，社会救助的系统与银行、税务、公安等部门的相关联信息未实现共享。在调查申请最低生活保障的人员家庭收入时，银行、税务等部门的信息很重要，工作人员也需要借助银行、税务等部门的帮助。信息共享不能实现，会增加部门之间的沟通成本，花费更多的时间成本。

（五）责任追究机制待完善

老年人社会救助工作，有监督管理就要有责任追究；否则，监督只能流于形式。责任追究既有对社会救助管理机构、管理人员的责任追究，也有对接受救助人员的监督。社会救助管理机构、管理人员若在受理社会救助申请、发放救助物资和款项等过程中有滥用职权、玩忽职守、徇私舞弊行为的，应当承担相应的法律责任。社会救助实践中出现的“关系保”“人情保”等都说明管理人员的违规行为仍然存在着，问题可能出在监督管理方面，也可能出在责任追究机制方面。健全的监督管理机制和完善的责任追究机制配合则能够大大减少违规操作行为的发生。社会救助申请人采取续保、隐瞒、伪造等手段骗取社会救助资金、物资或服务的，也要处以罚款，并根据情况决定是否给予治安管理处罚。申请人的欺瞒行为影响了社会救助工作的正常开展，需要严肃应对。在老年人社会救助工作实践中，管理机构和管理人员违规操作的行为更为常见，通常表现在通过“暗箱操作”将一些不符合条件的老年人纳入救助范围，有的是该老年人知情并获益，有的则是该老年人并不知情而由管理人员从中截留补助而获益。应当加大老年人社会救助责任追究力度，完善责任追究机制，保障老年人社会救助工作规范开展。

七、老年人社会救助的社会组织参与程度低

公民社会理论起源于西方，它以国家和社会的分离为基础，其传统可以追溯到古希腊时期。基于全球化进程中的福利国家危机、凯恩斯主义失灵、公共行政运动的扩张和民权运动的发展，公民社会理论开始复兴，并成为当代世界一股重要的社会政治思潮。起源于英国《沃尔芬德的志愿组织的未来报告》的福利多元主义理论当前在西方国家受到广泛的关注。该理论认为，尽管政府应在老年社会福利体系中发挥主导性作用，但社会力量也不容忽视。我国老年人社会救助制度体系建设也不例外，也需要吸纳社会力量。我国老龄化进程中，家庭结构的核心化以及空巢老人大量出现导致传统家

庭功能弱化,老年人照护出现明显的供需失衡,独居的老人精神需求得不到满足,还有一些自己经济状况不佳而子女生活有困难的老人,国家和社会在老年人社会救助中要扮演重要的角色。对于社会组织等社会力量来说,在一些服务型救助项目中具有很大的优势,可以发挥重要作用。

然而,考察目前我国政府与社会组织的合作救助方式,尤其是社会组织老年服务性救助机制,主要存在以下问题:

首先,政府对社会组织参与老年救助的补充性优势重视不足。在改革开放之前,社会救助工作基本上是政府在单独进行,互动主要发生在不同层级的政府之间,政府很少与社会力量有互动,那时也没有那么多的潜在合作伙伴即社会组织存在。但随着社会的发展和进步,公民政治素质提高,公民社会发展具备了良好的基础,大量的社会组织出现,并在一些领域发挥了很大的作用,彰显了自身的力量。这时,情况就发生了很大变化,政府不应再忽视社会组织的力量,单靠自身力量来开展复杂的老年人社会救助活动。老年人社会救助本身是复杂的,而且形式多变,若不能跟上老年人社会救助需求的变化,救助工作成效就会大打折扣。因此,一些专业性较强的老年人社会救助工作可以借助于社会组织的力量开展。但政府观念转变需要一个过程,社会组织的补充性资源优势尚未完全发挥出来。

其次,社会组织的发展是新公共服务主义和福利多元主义的要求,应当给予社会组织更自由的发展空间。面对加速型的老龄化社会,我国政府财力和经验有限,需要强化社会组织的公共治理主体功能,应鼓励社会组织在政府的管理之下寻求更多自由发展的空间,发挥社会组织为老年人提供服务性福利的作用,实现社会管理创新。但我们对社会组织一贯采用较为严格的管理举措。比如传统的双重管理体制,社会组织只有找到业务主管部门,才能到民政部门进行登记,受到双重的管理。这种管理体制的核心要义在于便利政府的行政管理和社会控制,却不利于社会组织的发展。一些与老年人社会救助相关的社会组织,如各类社会工作机构,其生存发展也受到政府管理体制的影响。近几年,政府的社会组织管理体制开始松动,改革了一些管理措施,便利了社会组织的发展。

最后,在处理与社会组织关系的过程中,政府定位不清。传统意义上,政府对社会组织单纯地承担管理性角色,政府是管理者,社会组织是被管理者,二者之间的关系是不对等的,政府处于明显的优势地位。随着社会组织数量增加、规模加大，特别是社会组织参与到政府购买一些老年人社会救助服务或项目时，政府和社会组织的关系会发生微妙的变化，已经从原来的管理者和被管理者的关系发展到平等的契约关系。在这种平等的契约关系中，政府负责提供购买所需资金，社会组织来具体实施老年人社会救助，同时又包含着政府对社会组织提供产品和服务的监督。政府应是监督者和仲裁者，应当为老年救助服务机构的设置、市场准入资格及盈利规模进行监管和约束，对于救助提供过程中出现的法律问题予以解决。但目前情况下，政府在老年人社会救助领域与政府互动时尚未认清位置、对社会组织内部管理干预过多、对社会组织提供服务质量监督不力等问题，削弱了二者合作的效果。

结　语

改革开放后，经过三十多年的制度建设，我国老年人社会救助制度已经形成了相对完善的制度体系。就规范层面而言，宪法中的物质帮助权的规定是老年人社会救助的直接依据，此外，法律、行政法规、部门规章、地方性法规、地方政府规章等层面的法律文件中也都包含老年人社会救助的规定。就制度层面而言，我国老年人社会救助制度既包括最低生活保障制度、农村五保供养制度、流浪乞讨人员救助管理制度等老年人长期生活类救助制度，也包括医疗救助、法律援助等专项救助制度，还包括开发式助老扶贫制度等。其中，最低生活保障制度为贫困老年人提供了最低限度的生活保障；农村五保供养制度则为农村孤寡老人的基本生活提供了全方位的救助服务；流浪乞讨人员救助管理制度也为流浪老年人的救助提供了法律依据；住房救助保障了贫困老年人的住房需求，使得他们老有所居；医疗救助则为他们提供了最基本的医疗服务；法律援助制度也使他们遇到法律纠纷时能够获得专业的指导和帮助；而开发式助老扶贫，则使得贫困地区老年人获得了以发展为导向的、可持续的社会救助。

在肯定成绩的同时，我们也应当正视我国老年人社会救助制度的诸多不足。通过考察相关法律规定和制度运行效果可知，我国老年人社会救助法律制度中存在一些建制理念和制度设计的问题，应当予以关注并加以改善。

第一，我国老年人社会救助理念滞后，依法救助、效益救助、以人为本救助、责任救助、科学救助等方面都有待提高。

第二，政府救助责任意识有待加强，应从工业主义范式转向公民权利范式，建立组合式、普惠型社会福利制度。

第三，老年人社会救助法律法规体系仍需完善，如基本原则尚不明确，救助资金保障不充足，救助标准不统一，审查程序不严格。

第四，老年人社会救助项目体系有待协调和优化，对老年人发展性需要和价值性需要的关注不够，救助的事前预防机制有待完善，既有救助项目之间有交叉重叠现象等。

第五，老年人社会救助的城乡分治，即对城市和农村的老年人社会救助，适用不同的法律法规，实行不同的救助制度。在农村即实行五保供养制度、农村最低生活保障制度；在城市则有城市最低生活保障制度、城市流浪乞讨人员救助制度等。

第六，老年人社会救助机制不健全，表现在救助程序不科学、监督问题突出、筹资机制不规范、信息管理水平低、责任追究机制待完善等方面。

第七，老年人社会救助的社会组织参与程度低。这主要表现在：政府对社会组织参与老年救助的补充性优势重视不足；社会组织在发展过程中没有得到足够的自主空间；政府在处理与社会组织关系的过程中自身定位不清；等等。

第四章

老年社会救助域外及我国台湾地区的法制经验

老龄化加快导致老年社会问题凸显，其中老年人基本生活保障问题已引起整个社会的重视。美国通过《社会安全法》建立了基本的社会保障制度，政府所构建的基本养老保障制度、补充收入保障制度、住房计划、医疗计划和食品计划等为减少老年贫困提供了制度依据。加拿大既有作为老年经济安全基石的养老金计划，也有补充收入保障制度保证低收入老人基本生活，同时积极开展老年住房救助和医疗救助项目，实现对老年人的保障。日本低收入老年人的生活受到公共年金制度、现金援助制度、医疗保险制度、长期护理保险制度、就业救助机制的保障，这些制度构成日本老年人基本生活保障的核心。我国台湾地区人口结构呈现少子化和高龄化，老年人口迅速增长，政府积极运用基本经济安全、特别生活保障、安养照护和医疗保障等手段开展老年救助。老年救助法律的发展通常分为四个阶段：孕育阶段、形成阶段、扩展阶段和完善阶段。美、加、日及我国台湾地区都较早地进入老龄化社会，老年救助法律处于扩展或完善阶段。而我国基本是在没有充分准备的情况下进入老龄化社会的，老年救助立法尚处于形成阶段。有效学习和借鉴其他国家和地区老年救助的先进法制经验，对做好我国老年人权利保护工作有着重要意义。

第一节　美国老年社会救助的法制经验

据美国人口统计机构数据显示，2000年，美国65岁以上的老年人口为3480万，占总人口的12%。由于人口寿命普遍延长，近年来美国老龄化趋势明显，每天都有上万人达到65周岁。尤其是2010年后，美国1946～1964年婴儿潮期间出生的人口陆续达到65岁，老年人口比例迅速升高。据估计，至2020年，美国老年人口将达到5400万左右，1/6的美国人超过65岁；至2030年，美国老年人口将达到7030万，占总人口的31%。

20世纪30年代，美国大萧条发生后，整个社会面临经济恐慌的问题，为保证社会稳定，总统罗斯福向国会建议实施社会安全计划，并提出社会保障的方案供国会参考。1935年8月，美国国会通过《社会安全法》(Social Security Acts)，建立基本的社会保障制度，主要是保障被保险人退休后的经济安全。《社会安全法》是美国社会福利制度的重要变革，它结束了美国三百多年以来地方政府主导社会保障的历史，开启了联邦政府统一担当社会保障责任的时代。该法从两个方面保障美国人的基本生活：第一，通过缴费型的社会保障制度即提供老年退休保险和失业保险等，避免未来可能产生的经济风险。第二，通过非缴费型的社会保障制度，由联邦政府以征收的税金直接实施或支持各州开展救助项目，化解现实已经存在的经济风险。

根据生命周期理论，人们在儿童时期、生育初期以及老年时期最容易陷入贫困。如果缺乏倾斜性保护，特别容易出现老年人的贫困率比其他年龄层都高的问题，主要原因是老年人退出劳动力市场缺乏工资性收入、缺乏足够的来自家庭供养与生命周期的转移所得(即尚未领取政府给付之前的所得)以及缺乏完整的老年社会保障制度。美国政府重视老年福利，1965年制定的《老年人法》(Old Americans Acts)规定政府有责任协助老年人获得以下福利平等的机会：(1)退休后有适当的收入，维持美国生活标准；(2)获得生理与心理的健康，不受经济影响；(3)获得设计完善、位置适当的老人住宅；(4)需要机构照料之老人可获得充分的照顾；(5)就业机会，不因年龄而受歧视；(6)对经济有贡献后，可获得健康、光荣及庄严的退休；(7)每人拥有自由、独立及安排处理自己生活的自主权。制度的保障是福利实现的根本保证，美国基本养老保障制度、补充收入保障制度、住房计划、医疗计划和食品计划等为实现老年福利、减少老年贫困提供了依据。社会救助与贫困问题息息相关,社会安全与老年救助体系能够有效地预防贫穷,比传统的济贫措施能够更为广泛地预防贫穷;能够缩小收入差距,通过基本社会保障保险费与国家的分担以及针对低收入群体的特别补助,从而有效地避免贫富悬殊;能够将风险分摊给整个社会承担,由全体国民或者是国民的大部分承担社会责任,能够促进整个社会的团结;能够实现对失业、疾病和衰老等社会问题的救助,从而有效地避免了市场失灵,实现社会的稳定发展。[①]

一、老年基本社会保障制度

美国养老保障制度建立已达两百多年,现行的养老金制度主要由三部分构成:第一部分是养老、遗属及残疾保险(Old Age, Survivors and Disability Insurance, OASDI);第二部分是政府部门的公共退休金计划和私企或非营利机构的雇主退休金计划;第三部分是个人自愿缴费的养老金账户。其中 OASDI 是整个养老保障体系中最基本的社会保障制度,覆盖高达 96%的就业人口。OASDI 施行强制性的参保方案,普通劳动者均需加入,不仅保障被保险人退休后的基本生活,还保障其老年配偶、遗属的基本生活。1956 年,该法修订后又增加残疾人的保障,形成美国当前的基本养老保障制度——养老、遗属及残疾保险计划。该计划由联邦政府下属的独立机构社会保障管理总署(U. S. Social Security Administration, SSA)主管,由其设在各州的服务处具体执行。为使养老给付能够适应经济的发展,养老、遗属及残疾保险在 1972 年开始采用生活费津贴(Cost of Living Allowance, COLAs)办法,施行物价联动机制,规定养老给付随物价调整。在美国,退休后的社会保障被视为权利而非福利。随着老年人口的增加,政府的社会保障支出负担加重。为减轻财政压力,1983 年国会修订法律规定养老给付应征收所得税,并在 20 世纪 90 年代开始实施延迟退休计划。在所有OASDI 受益人中 4/5 为 62 岁以上的老年人,其中包含 22%的 75～84 岁和 10%左右 85 岁及以上的老年人。[②] 目前,该计划是美国最为基础性的养老保障制度,

---

① Ailsa McKay, *The Future of Social Security Policy: Women, Work and A Citizens Basic Income: A Feminist Economics Perspective*, London Routledge, 2005, p. 23.

② Office of Retirement and Disability Policy of Social Security Administration, Fast Facts & Figures About Social Security, 2014. SSA Publication No. 13-11785. 2014, p. 17.

也是最为重要的社会安全制度。

OASDI的资金来源主要是被保险人和雇主，通常二者各自分担一半，自营业者需自行负担全部保险费。由于老年人平均寿命延长，OASDI计划遇到巨大挑战，美国政府决定以延迟给付年龄的方式予以应对。从2000年开始，养老金的给付年龄逐渐提升，被保险人满65岁时可领取养老金，对不同年份出生者的退休年龄逐年增加两个月，至2022年时需满67岁时才可领取（表4-1）。另外，OASDI的受益者除被保险人外，还有被保险人的家属，该项给付称为家属津贴（dependency allowance）。家属津贴的给付额度为被保险人养老金的1/2，给付对象为65岁以上的配偶（如结婚十年以上，离婚配偶仍享有领取资格）、16岁以下的子女或22岁以下有残障的子女或孙子女，但家庭总计的支付额度以被保险人养老金的188%为限。OASDI是救助老年人摆脱困境的基本手段，自1959～1974年，由于一系列有效的社会保障政策的推出，美国老年贫困人口比例从35%减少至15%，之后每年持续递减。至2013年，美国65岁及以上贫困人口比例降至9.5%。

表4-1 养老金给付年龄对照表

出生年份（年）	1937前	1938	1939	1940	1941	1942	1943～1954
年龄	65岁	65岁零2个月	65岁零4个月	65岁零6个月	65岁零8个月	65岁零10个月	66岁
出生年份（年）	1955	1956	1957	1958	1959	1960	1960后
年龄	66岁零2个月	66岁零4个月	66岁零6个月	66岁零8个月	66岁零10个月	67岁	67岁

资料来源：美国统计局网站：2013 Highlights http://www.census.gov/hhes/www/poverty/about/overview/.

二、现金保障制度

1935年的《社会安全法》建立的非缴费型社会保障制度包括老年人救助（Old-age Assistance）、盲人救助（Assistance to the Blind）和残疾人救助（Assistance to the Disabled），由联邦政府提供指导和财政援助，具体事务由各州政府办理。但在救助制度运行中，由于存在各州救助标准差异过大以及州政府逃避救助责任的问题，1972 年，联邦通过立法对各州负责的老年人、盲人和残疾人救助三个项目进行改革，将三项救助计划合并为补充收入保障制度(Supplemental Security Income, SSI)，并改由联邦政府直接负责管理。补充收入保障制度成为美国历史上第一个也是唯一一个由联邦政府主管的救助计划。① 变更为联邦救助计划的 SSI 仍然属于《社会安全法》建立的社会救助体系的一部分，美国各州均须适用该项制度。与基本社会保障制度的资金来源和发放依据不同，补充收入保障制度由美国财政部通过一般税收(个人所得税、营业税或其他税收)进行支付，以家庭资产调查(means-test)为依据进行发放。2013 年，美国共有 8400 万人接受 SSI 项目救助，65 岁及以上老年人受助人数为 2100 万，占 SSI 受助比例的 25.2%。SSI 救助额度根据通货膨胀率每年调整一次，2013 年平均每人每月为 529 美元，联邦与各州为救助老年人总支出为 55 亿美元。② SSI 通常被视为底线性的保障制度，也与其他救助制度形成关联，SSI 合格者可自动享受医疗救助和营养救助。据统计，2013 年，2100 万 SSI 项目受助老人中，仅受到 SSI 救助的老人只有 931 万，另有近 1200 万人同时享受 OASDI 和 SSI 福利。③ 根据官方人口统计数据，20 世纪 60 年代末，与 18～65 岁成年贫困人口比例相比，老年贫困人口比例高出 18 个百分点。但自 1993 起，二者贫困比例等同且老年贫困人口常常低出一两个百分点，SSI 在增加老年人收入、减少老

---

① 补充保障计划最初由州政府管理，1972 年以后由联邦政府管理。在责任分担方面，主要体现在州政府对联邦政府待遇水平的补充上。这种补充分为自愿补充和强制补充。随着联邦待遇水平的不断提高，目前只有少数几个州还在提供强制补充待遇，大部分州提供的是自愿补充待遇。美国社会保障署在管理运行补充收入保障计划时遵循以下六项原则：(1)资格要求和待遇标准是全国统一的，并且资格标准的确定必须是客观的；(2)作为对老年人、残疾人和盲人的最后救助，他们的收入和资产必须低于特定的标准；(3)鼓励和创造条件让补充收入保障的接受者工作，以减少他们对公共救济的依赖；(4)在提供救助时应遵循高效和经济的原则；(5)引导州政府对联邦政府提供的待遇水平进行补充，并且保证现在的待遇不低于以前州政府提供的水平；(6)补充收入保障计划要和食品券、医疗救助和其他救助计划进行适当协调。(参见孙守纪：《美国补充收入保障计划及其启示》，载《美国研究》2010 年第 4 期)

② Social Security Administration, Annual Report Supplemental Security Income, 2013, September 2014, pp. 16-21.

③ Office of Retirement and Disability Policy of Social Security Administration, Fast Facts & Figures About Social Security, 2014. SSA Publication No. 13-11785, September 2014, p. 33.

年贫困比例方面发挥了巨大的作用。①

为使部分有工作意愿的老年人能够通过继续工作获得收入，根据《美国老年人社区服务就业法案》，政府应当为55岁以上就业困难的低收入老年人提供就业信息、就业机会以及就业技能训练，并且60岁以上的老年人享有优先权。地方政府劳工部门和社区应当为老年人提供自然资源保护、社区美化等方面的工作，在促进社区发展的同时提高低收入老年人的生活品质。2000年，美国开始实施《高龄公民自由工作法》(The Senior Citizens' Freedom to Work Act)，该法删除了65岁自动退休获得养老金的相关规定，并规定对中高龄劳工提供就业安全、退休年金等各种保障制度以及相关的救助与福利服务等措施，作为必要的生活保障。

三、老年医疗照顾与救助项目

1965年之前的美国医疗保险体系以民营健康保险为主，以雇主为员工缴纳保费为健康保险的主要形式，这导致公共健康服务明显不足，许多民众尤其是需要医疗服务的老年人因无力负担昂贵的医药费而面临健康风险，医疗保险的覆盖面饱受诟病。1965年，美国制定《社会安全法》，设立政府机构办理的两大公共医疗保险体系：老年人健康保险体系(Medicare)和低收入群体医疗救助体系(Medicaid)。美国政府医疗保险制度的支出额占联邦财政总支出的10%左右，是仅次于社会保障制度的第二大政府支出项目。目前，整体而言，美国的医疗体系仍以商业保险为主，政府主要承担老年人和低收入群体的医疗费用，其他群体的医疗保险由民间商业保险公司提供。

《社会安全法》第十八章规定，政府应为年龄达到65岁以上、具备领取基本养老金资格的老年人提供健康保险，即老年人健康保险。老年人健康保险体系由联邦政府负责管理和运行，主要受益对象为65岁以上的老年人，另外还包括残疾人和末期肾衰竭患者等，具体包括住院保险(Part A)和门诊保险(Part B)两部分。在美国，符合下列条件的65岁以上美国公民或永久公民都可享有住院保险(Part A)：第一，正在领取或有资格领取老年、遗属及残疾保险金(OASDI)；第二，正在领取或有资格领取铁路退休福利；

① Nicholas, Joyce, and Michael Wiseman, "Elderly Poverty and Supplemental Security income," *Social Security Bulletin*, 69.1.2009, pp.45-73.

第三，本人或配偶(在世或过世，包括离异的配偶)交纳联邦医疗保险费达到规定期间；第四，交纳联邦医疗保险费达到规定期间工作者的被抚养父母。住院保险是强制性保险，主要收入来源是医疗保险费即雇主和雇员缴纳的联邦工资税和联邦配套资金，雇员年满65岁时不必继续支付，但在就医时仍需要承担部分医疗费用，用以支付住院、短期护理之家和短期居家医疗服务的费用。在被保险人患病时，可获得住院服务、专业护理服务、安宁医疗服务和居家健康照护。住院服务是指作为被保险人的老年人因病住院，产生的费用由住院保险支付。专业护理服务是指被保险人出院后若需要接受专门护理，由专业机构给予照护，每一期给付期间最长100日，前20日费用由住院保险支付，自第21日至100日由老年人自行负担。安宁医疗服务是指被保险人如经医生证明属于生命晚期，生存期间不超过六个月，则由专业机构提供服务，由住院保险支付。居家健康照护是指被保险人在医院或专业护理机构治疗后，还需要专业服务，但被保险人无法外出接受专业服务或者经医生证明患者必须在家接受专业服务时，被保险人可居家接受持续性的专业护理，由住院保险承担费用。门诊保险(Part B)是选择性保险项目，由被保险人自愿选择加保，主要用以支付医生医疗费用和辅助性医疗服务费用，由所有参加OASDI的被保险人以社会安全税(工资收入的1.45%，自营业者收入的2.9%)的形式支付，保险对象可以获得医生诊疗服务、门诊医院照护服务和部分居家健康照护服务等，95%以上的雇员都会参加。

低收入群体医疗救助体系属于典型的医疗救助项目，是为生活贫困者免费诊治疾病、提供药品、住院、看护以及免费接送服务的一项制度。这是一项由联邦和各州合作推动的制度，以州政府负责管理和运行为主、联邦政府提供辅助。联邦政府通常为低收入群体医疗救助体系制定宏观的纲领式意见，由各州根据指导性意见构建本州的受助条件、医疗服务类型(type)、补助额度(amount)、持续期间(duration)和救助范围(scope)及救助对象自付比例等计划，并做好计划的管理工作。受益对象为包括老年人在内有医疗需求的低收入群体，尽管受益对象并无缴费义务，但低收入群体医疗救助的保险范围和资格限制各州标准不同，并非所有的低收入人群都可受到救助，其主要以收入调查为发放依据。有资格领取补充收入保障(SSI)的低收入老年人可自动成为低收入群体医疗救助体系的受益人。在支付方面，州政府将医疗费用直接拨付给参与低收入群体医疗救助保险的提供者而非向受助者个人支付,医疗提供者须按照医疗救助规定的收费标准收取诊治费用。该项保险计划的资金来源于一般税收,由联邦政府提供辅助的财源支持,通常根据各州的投入经费和办理事务情况补助50%～83%的费用,具体对各州的补助比例由联邦政府决定。一般而言,较为富裕的州获得的补助比例较低;相反,较为贫困的州获得的补助比例较高。

老年人晚年通常需要有人照顾,而照顾者由于经济、专业、心理压力等问题可能会影响老年照顾的效果。为提高老年人的生活品质,提高老年照顾的质量,2000年《美国老年人法》修正案通过了一项新的服务计划——老年照顾者支持方案,要求各州政府与当地的老年人服务机构向家庭照顾者提供五项服务,为其提供帮助。服务项目如下:第一,为老年人照顾者提供资讯服务,获得相应的医疗和照顾信息;第二,协助照顾者获得服务,能够积极利用政府福利以及社区提供的服务;第三,为照顾者个人提供心理咨询,减轻心理压力,组织支援团体,同时加强对照顾者的教育培训,提高照顾者的专业性;第四,帮助照顾者为老年人提供喘息服务,减少照顾过程中的困难;第五,其他辅助性服务,为照顾者的服务提供补充,使照顾者能够有灵活的时间应对生活中的其他问题。在提供服务过程产生的经费由联邦及地方财政共同分担。

四、老年食品与营养救助计划

有研究者将老年人食物缺乏(food insecurity)情况分为三个层级:第一层级,低收入老年人依赖食品救助项目满足生存需要;第二层级,较为严重的食物缺乏,表现为满足生存需要的食品质量低劣和食物焦虑;第三层级,更加严重的食物缺乏,老年人不得不在紧急情况下借钱购买食物或者忍受饥饿。[①] 针对低收入群体的食品救助,美国自20世纪30年代开始推行食品券项目(The Food Stamp Program, FSP),即向低收入家庭发放可用于在指定商店购买食品的代币券。60年代,美国国会通过食品券法案(The Food Stamp Act),主要为低收入的个人或家庭提供直接的食物援助,并在农业部成立食品与营养局主管食品券项目。2008年,《食物、保护和能源法案》(又

① Wolfe W S, Olson C M, Kendall A, etal, "Understanding food insecurity in the elderly: a conceptual framework," *Journal of Nutrition Education*, 1996, 28(2), pp. 92-100.

称《2008年农业法案》)正式将联邦食品券项目更名为“补充营养援助项目”(Supplemental Nutrition Assistance Program, SNAP),进一步彰显了项目的功能目标从解决温饱问题上升到提高营养水平。[①] SNAP项目与补充收入保障(SSI)等现金援助项目有着明显的区别,主要补助30%以上收入用于食品支出的个人或者家庭,以满足基本生存的需要,属于实物援助项目;另外,对老年人的界定不以65岁为标准,而是达到60岁即可。

FSP和SNAP的规定主要适用于低收入家庭,针对有60岁及以上老年人的低收入家庭又作出了特别规定,主要体现为在收入和财产审查方面对老年人作出更为宽松的限制。以2015年联邦立法针对三口之家的规定为例,通常一个低收入家庭要获得SNAP救助需满足三个条件:第一,家庭毛收入不得超过贫困线收入的130%,即2144美元/月。但如果家庭有60岁及以上的老人无须满足此条件。第二,家庭净收入扣除育儿费用和房屋支出等法定项目后的收入必须低于贫困线(1650美元/月)。第三,(各种法定项目扣除之后的)家庭资产低于2250美元,但如果家有60岁及以上的老人则为3250美元。[②]

针对部分低收入老年人的特殊需要,美国还有专门的老年营养方案。老年营养方案的对象是60岁以上不能负担适当伙食费用的老年人,也包括营养不良及生理心理不健全的老年人,所提供的服务包括定点用餐、送餐服务、社会服务等。主管部门应考虑老人收入确定收费标准,以确定老年营养服务所产生的费用。如果老年人无力承担费用,经审查确定后也可免费获得食物。送餐到家方案可以收费,用于支持相关成本,以使老年人更容易获得餐饮服务。[③]

五、老年住房救助计划

根据美国《公共住房法》(Public Housing Act),政府负有为老年人和残

① 参见朱春奎、陆娇丽:《美国食品券项目的历史发展与运营管理》,载《南京社会科学》2012年第7期。

② The Center on Budget and Policy Priorities, Policy Basics: Introduction to the Supplemental Nutrition Assistance Program (SNAP), http://www.cbpp.org/files/policybasics-foodstamps.pdf, 2015.

③ 参见吕宝静:《高龄社会之老人健康与社会照顾》,载“台湾政治大学网站”:http://nccuir.lib.nccu.edu.tw/handle/140.119/4953.

疾人提供住房支持和服务的义务。为实现老年人住有所居，美国设有老年住房救助计划，主要包括公共老人公寓和《公共住房法》第202节住房项目。

公共老人公寓是介于老人住宅与养老院之间的为退休老人提供的低廉住所，主要由联邦政府出资并由美国住房和城市发展局(The Department of Housing and Urban Development，HUD)负责开发管理，服务对象主要是65岁以上的长者。[①] 据统计，目前美国有120万户家庭居住在公共老人公寓，大多由私人或教会经办，政府给予部分补贴。公寓不仅满足老年人基本生理需求，还增设相应的老年人服务配套项目，如一般服务配套设施(包括生活服务、娱乐服务、教育服务)和医疗服务配套设施(包括个人照护、医药指导)。根据不同的目标服务人群，公寓类型、户型、相应的配套服务功能都有所不同。[②] 以满足老年人的居住需求为标准可划分为三类：自立退休公寓(Independent Retirement Housing)、协助生活公寓(Assisted Living)和老年人长期护理照顾公寓(Housing Providing Nursing Care Services for Seniors)。自立退休公寓通常服务自由行动老人，服务内容包括提供三餐、举办活动及清洁打扫等；协助生活公寓通常服务有特殊需求的老人，为其提供日常生活的协助性照顾，服务内容主要包括个人看护等；老年人长期护理照顾公寓主要服务暂时或长期生病无法自理生活的老年人，服务内容主要包括长期护理或养护等。

《公共住房法》第202节住房项目，要求美国住房与城市发展局应努力为老年人和残疾人提供独立的生活环境，应当提供经费，为老年人和残疾人提供包括作为硬件的居住房屋和作为软件的相关服务，如卫生、营养及交通保障等。该法第202节(a)(1)项规定，本节规定的目的是资助私立非营利机构为老年人及家庭提供住房及相关设施。第(d)(8)项规定，“相关设施”是指适宜老年人居住的社区餐厅、食堂、医院、社区场地等新建或改建的基本服务设施。该项立法规定，向私立非营利机构提供免息贷款或补贴，鼓励他们为低收入老年人房屋提供建设、改建或购买服务，但要求所开发的老年住房具备相关的养老服务支持，并且能够至少服务40年。20世纪90年代

---

① 参见张恺悌、郭平主编：《美国养老》，中国社会出版社2010年版，第138～139页。

② 参见王方兵、吴瑞君、桂世勋：《老龄化背景下国外老年人住房发展及经验对上海的启示》，载《兰州学刊》2014年第11期。

之前,《公共住房法》第202节项目主要向开发者提供无息贷款支持,90年代之后,主要向开发者提供开发补贴。除私立合作机构可获得支持外,入住202节项目住房的老年人还可获得租金补贴,以保证低收入老年人能够向私立合作机构支付经HUD批准的成本租金。该项目将低收入老人的住房和养老服务实现有效衔接,因而广受欢迎。该项目是住房和城市发展局管理的直接投资最大的建设项目,也是联邦政府投资的仅服务于老年人的住房服务项目。由于对于私立非营利机构筛选严格、补贴流程规范,202节贫困老年人住房项目与其他政府和私立组织合作的导向型补贴项目相比发生的违约率更低,财务稳定性更高。[①] 尽管202节限定每个具体的支持项目不超过50套房屋,但依然成果丰硕。自1959年成立以来,住房与城市发展局支持建立了约6200个支持项目,约为低收入老年人提供了250000套房屋。

第二节 加拿大老年社会救助的法制经验

加拿大政府"基于每个公民都有权利在他(她)需要的时候得到社会援助,享受社会资源的价值理念"[②],为其公民特别是老年人群体建立了一个可靠的社会安全网,以化解他们所遭遇的各种经济和社会风险,政府主导构建的社会保障和救助制度几乎惠及所有国民。20世纪80年代以来,加拿大老年人贫困的状况得到极大的改善。20世纪70年代初,一对70岁的老年夫妇通常仅能够获得老年保障年金和少量的保证收入补贴,另外还可能包括通常是丈夫一方雇主提供的养老金。加拿大政府运用其国家强制手段,利用《老年保障法》《养老金计划法案》《住房法》和《卫生法》等法律和一系列行政命令形成顶层设计,以消除以老年贫困为制度的设计理念,形成整体的制度框架,并在实施过程中通过法律修正案的方式对出现的问题进行不断完善,保证即使没有或者只有很少收入的老年人都能取得一定的养老金,以维持基本的生活水准。当前,同样一对70岁的老年夫妇可能获得更多的收入来源,包括加拿大/魁北克养老金、激增的保证收入补贴、注册退休储蓄金以

---

① Haley, Barbara A. and Robert W. Gray, *Section 202 Supportive Housing for the Elderly: Program status and performance measurement*, Washington, DC: US Department of Housing and Urban Development, 2008, p.14.

② 仇雨临:《加拿大社会保障制度对中国的启示》,载《中国人民大学学报》2004年第1期。

及来源于夫妇双方雇主提供的养老金。另外，住房补贴和医疗保障计划的推行也减轻了老年人的经济负担，减少了老年贫困人口的比例。经过政府近四十年的努力，无论从层次还是组成而言，加拿大老年人收入都发生了翻天覆地的变化。[①] 2021 年，65 岁及以上的老年人将占加拿大人口的 18%，其中 75 岁及以上的中高龄老年人将占据 2/5 以上，这需要加拿大政府更加积极地通过法律、政策、计划和服务等不断响应人口老龄化的需要，做好老年经济安全和老年救助工作。

一、加拿大基本社会保障制度

1942 年，英国社会保险与服务委员会主席威廉·贝弗利奇向英国内阁提交了《社会保险及相关服务报告》，分析英国社会保障存在的问题，并提出以社会保险的方式完善社会保障制度，即著名的《贝弗利奇报告》。贝弗利奇模式对加拿大产生了重大影响。加拿大政府指派伦纳德·马什完成《加拿大社会保障制度报告》(The Report on Social Security for Canada，也称为《马什报告》)，对加拿大社会保障制度的构建提出政策建议。以《马什报告》为依据，1951 年，加拿大制定了《老年人保障法》(Old Age Security Act)和《老年人援助法》(Old Age Assistance Act)。根据《老年人保障法》，联邦政府筹资构建普遍性的养老金制度，为居住在加拿大二十年以上超过 70 岁的老年人提供养老保障。根据《老年人援助法》，以收入调查为基础，为加拿大 65～69 岁之间的老年人提供养老金。根据这两部法律，加拿大双轨制的养老金体系基本形成。随着老龄化问题的进一步凸显，既需要综合运用各种资源完善养老保障体系，又需要扩大养老金的覆盖面，以《老年人保障法》为基础，加拿大于 1965 年 3 月通过了《养老金计划法案》(Canada Pension Plan Act，CPP)，适用于除魁北克省之外的所有地区。同年 6 月，魁北克省制定了《魁北克养老金计划法案》(Quebec Pension Plan Act，QPP)。新法不仅改变了原有的双轨制养老体系，而且大大拓展了养老金的覆盖面，不再仅限于保障老年人自身，而是扩展至其家庭。

目前，加拿大养老保险制度包含三个支柱："加拿大/魁北克养老金计

① Milligan，Kevin，"The Evolution of Elderly Poverty in Canada，" *Canadian Public Policy* 34，4，2008，pp. S79-S94.

划”(Canada Pension Plan/Quebec Pension Plan,CPP/QPP)、“企业养老金计划”和“个人商业养老保险计划”。加拿大重视运用社会保障制度作为解决社会教育、医疗、失业、老年和儿童问题的主要手段,其中针对老年人、残疾人和遗属的制度称为“加拿大公共养老金制度”(Canada's Public Pensions System),CPP/QPP 就属于公共养老金制度的其中之一。加拿大养老金计划(CPP)和魁北克养老金计划(QPP)在设立目的、制度构成、缴费和收益率以及适用范围等方面有着极大的相似性,可以视为一种制度。[①] CPP/QPP 计划包括四部分:退休金、遗属抚恤金、残疾福利和儿童福利。其中遗属抚恤金是给予已故的加拿大养老金计划缴费者的配偶或同居者及其供养子女的一项福利。它包括三个方面:死亡抚恤金、遗属养老金和子女补助。残疾福利是一种按月发放的福利,适用于那些工作时向加拿大养老金计划缴费,后来由于残疾的原因不能工作的人们,其最主要的目的是代替一部分雇佣收入。儿童福利与上述的子女补助极为相似,但它不仅包括子女补助的覆盖范围,还包括为残疾缴费者所抚养的子女提供的福利。[②] CPP/QPP 属于缴费型强制保险项目,由雇员、雇主和个体经营者缴纳,雇员雇主各自承担 50%,如果是个体经营者则自行负担全部费用。根据 2012 年确立的缴费标准,该养老保险费率为 9.9%,其中雇员缴纳 4.95%,雇主缴纳 4.95%,最大缴费额为 2306.7 加元。“加拿大养老金计划的筹资模式是一种将完全积累式和现收现付式相结合的混合模式,一方面可以保证资金在一个较长时期内供应充足,另一方面又可以有效缓解资金贬值的压力。”[③]18 岁以上 69 岁以下的加拿大居民均属于缴费主体,然而一旦开始领取养老金则停止缴费。参保人员可在 65 岁以后领取养老金;对于 60～64 岁的老年人,如果已停止工作且收入低于规定额度也可以开始领取养老金。CPP/QPP 于 1967 年底开始面向社会支付,养老金领取的数量以缴费的数额多少和缴费的时间长短为主要依据,具体数量根据社会平均工资额度的变化而发生变化,CPP/QPP 福利属于应税收入。另外,退休年龄的选择也会对养老金的数额产生

① Wiseman, Michael, and Martynas Ycas, *Canadian Safety Net for the Elderly*, The Social Security Bulletin, 2008, p. 53.

② 参见张珂:《加拿大养老保障制度研究》,武汉科技大学 2008 年硕士学位论文,第 14～15 页。

③ 张丽君、马博伦:《加拿大养老保障体系对我国建立养老保障制度的启示》,载《开发研究》2013 年第 4 期。

影响。根据加拿大法律,65 岁之前属于提前退休,每提前一个月,CPP/QPP 收入减少 0.6%,65 岁之后属于延迟退休;每延迟一个月,CPP/QPP 收入增加 0.7%。该项养老金发放水平根据个人缴费年限和当时社会平均工资的状况来确定,替代率为 25%左右。(见表 4-2)①

表 4-2　　加拿大 2012 年和 2013 年当年退休老人 CPP 收入表②

当年退休老人 CPP 最高月收入		
年份 年龄	2012 年	2013 年
65 岁退休	986.67 加元	1012.50 加元
60 岁退休	678.83 加元(相比 65 岁退休收入减少 31.2%)	684.45 加元(相比 65 岁退休收入减少 32.4%)
70 岁退休	1365.55 加元(相比 65 岁退休收入增加 38.4%)	1437.75 加元(相比 65 岁退休收入增加 42%)

CPP/QPP 的实施对于加拿大减少老年贫困率发挥了重要的作用,据统计,从 1976 年至 2010 年之间,加拿大老年贫困率由 36.9%降至 12.3%,下降近 25 个百分点,而这很大程度上归因于 1966 年实行的 CPP/QPP。

二、补充收入保障制度

补充收入保障制度属于加拿大公共养老金制度的范畴,与美国的补充收入保障制度不同。加拿大补充收入保障制度包含三个部分,这构成加拿大老年救助制度的主要内容。第一,老年人保障计划(Old Age Security, OAS)。OAS 的产生早于 CPP/QPP,创立于 1952 年。该计划资金源于财政税收,属于非缴费型保障项目且仅面向加拿大 65 岁及以上老年人,但具有一定居住资格限制,要求需是 18 岁以后在加拿大居住至少十年的 65 岁及以上的加拿大公民或合法居民。在加拿大居住四十年以上的老年人可全额

① 参见王倩、崔彩贤等:《加拿大多支柱养老保障制度对我国农村养老体系创新的启示》,载《中国劳动》2015 年第 4 期。

② PBI Actuarial Consultants Ltd., 2013 Guide to Government Benefits in Canada. http://www.pbiactuarial.ca/wp-content/uploads/2013/02/2013-Guide-to-Government-Benefits.pdf.

享受该项福利，否则将根据居住时间递减相应额度。OAS为所有符合资格的加拿大老年人每月发放老年人福利金，但该项福利也属于应税收入。基于该项目的老年救助性质，对于个人所得税缴纳额较高的高收入老年人被排除在外。1989年，该计划引入“返还”(claw back)政策，即领取者收入超过某一水平(例如，2010年的标准线是67668加元/年)必须返还部分甚至全部OAS，具体标准为返还超出标准线部分的15%直到全部返还。目前，大约有5%的老年人受此政策影响。[①] 第二，保证收入补贴计划(Guaranteed Income Supplement,GIS)。它是一种年度保障收入，主要面向低收入和中等收入老年人，发放依据是收入调查(income-test)或者家计调查(means-test)，与退休前工作类型和缴费额无关。GIS发放金额根据老人的年收入以及配偶或同居伴侣的年收入总和确定。该计划资金同样源于财政税收，约覆盖近1/3的加拿大老年人，该项福利不属于应税收入。第三，联邦配偶津贴(Federal Spousal Allowance)或鳏寡津贴(Allowance for Survivor)。如果配偶一方正在享受GIS津贴，而其配偶或同居伴侣年龄介于60～64岁之间，则另外一方可领取联邦津贴。年龄介于60～64岁之间的鳏夫或者寡妇可以向政府申请鳏寡津贴。为应对人均寿命增加所带来的政府财政负担加重的挑战，加拿大政府在2012年财政预算告中宣布将老年保障金的领取年龄从65岁逐渐提高到67岁，这一目标的实现要用六年的时间；此外，配偶或遗属津贴的领取年龄也将从60岁逐步提高到62岁。2012年，全国约有500万人享受老年保障金，总支出约为400亿加元，该层次替代率水平约为15%。[②]（见表4-3）

表4-3　　加拿大补充收入保障制度收入表[③]　　单位:加元

补充收入保障(最高月收入)	2012年10月1日	2013年1月1日
老年保障计划(OAS)	544.98	546.07

① 转引自孙洁、孙守纪:《非缴费型养老金计划及其减贫效果比较研究——美国和加拿大的比较分析》，载《学习与实践》2013年第8期。

② 参见王倩、崔彩贤等:《加拿大多支柱养老保障制度对我国农村养老体系创新的启示》，载《中国劳动》2015年第4期。

③ PBI Actuarial Consultants Ltd., Guide to Government Benefits in Canada 2013. http://www.pbiactuarial.ca/wp-content/uploads/2013/02/2013-Guide-to-Government-Benefits.pdf.

续表

保证收入补贴计划(GIS) 单身	738.96	740.44
夫妻(每人)	489.98	490.96
联邦配偶津贴	1034.96	1037.03
鳏寡津贴	1158.69	1161.01

除了联邦救助项目外，各州也为保证低收入老人基本生活做出努力。阿尔伯塔省(Alberta)为在本地居住超过三个月的65岁以上中低收入老年人提供老年津贴(Seniors Benefit)，安大略省(Ontario)设立了安省最低生活保障制度(Guaranteed Annual Income System, GAINS)，规定年满65周岁以上的安省居民，正在领取OAS和GIS福利金，且全年总收入低于安大略省低保水平，可以申请领取GAINS，以确保符合条件的安省老年人获得受到最低收入的保障。然而，也有一些州为老年救助设置了较多的限制条件，如新不伦瑞克州(New Brunswick)规定，低收入老年人每年可获得本州提供的400加元补贴，但要求在受益前的税收年度为该州居民，且必须具有保证收入补贴计划、鳏寡津贴或联邦津贴其中之一的领取资格。如果夫妻双方均为GIS受益者且在一起居住，则只可获得一份补贴。如果夫妻双方分开居住(例如其中一方在养老院)，则双方均可获得。① 各州普遍提供老年人特别需要补助(Special Needs Assistance for Seniors)，这是针对符合资格要求的低收入老年人提供的救助项目，它为老年人一年中一次性过高的支出项目提供补贴，包括住房、医疗、耐用生活品方面的消费等，该援助计划旨在减少老年人为便利生活环境而产生的经济负担。阿尔伯塔省为本地65岁及以上、收入不超过一定额度的中低收入老年人一次性提供5000加元的特别需要补助，具体额度包括要求单身老年人年收入不得超过25100加元和老年人夫妻双方年收入不得超过40800加元。

另外，救助流程简便也是加拿大老年服务的一大特色。在加拿大，老年

① Senior and Healthy Aging Secretariat Department of Healthy and Inclusive Communities, Seniors' Guide to Services and Programs 6th edition, 2013, pp. 3-4.

保障计划(OAS)和保证收入补贴计划(GIS)构成老年救助最后的“安全网”,申请流程相当简便。计划由加拿大人力资源和社会发展部主管,支付由加拿大税务局承担。通常,加拿大居民会在满 65 周岁前的半年左右收到主管部门寄送的 OAS 和 GIS 的申请表以及申请资格要件的通知。主管部门在收到确认后会进行收入调查,掌握申请老年人的收入后发回确认邮件。在相关信息经申请老年人确认后,两项福利会通过银行账户直接支付。在整个流程的所有阶段均无须老年人到主管部门办理,十分便利。①

三、老年住房救助项目

加拿大社会保障住房主要分为三种:公共住房、非营利住房和合作住房。其中《国家住房法》(National Housing Act, NHA)中规定的公共住房是最早和最主要的社会保障住房形式,主要针对低收入群体进行救助。公共住房最初强调为家庭而建,后来强调为老年人而建。1970 年之前,3/4 的公共住房是以家庭为导向的;而 1970 年后,57%的公共住房是为老年人建设的。② 在加拿大联邦政府开展的低收入家庭住房救助项目中,针对老年人开展的为老年人住房修缮项目(Home Adaptations for Seniors' Independence Program, HASI Program)很有特色。HASI 项目设立目的是使低收入老年人能够在家庭独立生活更长的时期。根据该项目规定,政府一次性为住房所有人提供最高 3500 加元的可免除贷款(a forgivable loan)③,用于小型修缮,用于加装楼梯扶手、厨房水龙头手柄、拓宽通道和消除室内高低差等,以使因年龄问题产生不便的老年人能够在家庭中更安全和更便利地生活。申请条件包括:65 岁及以上的申请人;因年龄造成生活不便;家庭收入低于本地一定标准;本地永久居民。如果修缮后老年人居住该房屋满六个月以上,则贷款无须归还。另外,为使低收入老人能够在自己的公寓里独立自主地生活,加拿大设有支持型生活住房(Supportive Housing)项目,为住

---

① Wiseman, Michael, and Martynas Ycas, *Canadian Safety Net for the Elderly*, The Social Security Bulletin, 68. 2008, p. 57.

② 参见詹浩勇、陈再齐:《加拿大社会保障住房的发展及其启示》,载《商业研究》2012 年第 4 期。

③ “a forgivable loan”是一种特殊的贷款形式,是一种经过一定时期在相应条件均满足时贷款部分甚至全部均可免于归还的贷款。其更类似于一种拨款(grant),主要是激励借款对象实现一定的目标而设置的一种贷款形式。

在特定住房的老年租客提供个人支援服务。服务项目包括个人支援/陪同服务和基本家务服务,并有工作人员24小时处理定期护理和紧急需求。

除联邦救助项目外,联邦与州政府合作救助项目以及州政府针对老年住房开展的救助项目也为低收入老年人住房提供了多样化的解决方案。根据联邦政府和各州政府签订的协议,州政府应为联邦政府的经济适用房项目提供资助。以阿尔伯塔省为例,为帮助卑诗省中低收入老年人减轻租金的负担,加拿大政府和卑诗省政府推出长者租客居住援助计划(Shelter Aid for Elderly Renters, SAFER)。SAFER计划为年满60岁且在私人市场支付房租的卑诗省合格居民提供月度补助。合格居民是指:年满60岁;申请之前的12个月整段时间一直居住在卑诗省;系加拿大公民或准许在加拿大定居或者具有公约难民身份的人士。如果老年人使用30%以上的家庭月收入(税前)支付房屋租金,SAFER计划将补贴老年人总收入30%和所支付租金之间的部分差额。这项计划使用下滑式的比率,使收入最低的老年人可以得到最多的补助。具体补助数额的考虑因素包括:家庭人数、租金和居住的地区。不管实际租金多少,SAFER将在计划规定的最高租金上限范围内,向中低收入老年人提供相应的补助。中低收入老年人可根据自身的经济状况和租房状况向卑诗省房屋局提交申请,经审核后成为补助受益人,但在其搬迁、租金上调或收入发生变化时负有立即通知房屋局的义务。根据《2014～2019年联邦与阿尔伯塔省经济适用房投资协议》,阿尔伯塔省每年投资2000万加元建设经济适用房,投资重点包括新增住房供应以及老年公寓项目投资。另外,阿尔伯塔省还开展了丰富多样的州救助项目,包括社区住房项目(The Community Housing Program)、老年人自足房屋项目(Seniors' Self-contained Housing Program)、老年公寓项目(The Seniors' Lodge Program)。新斯科舍省(Nova Scotia)以房产税减免的方式为老年人提供救助。根据该省税收法规,接受GIS或联邦津贴救助的老年人可以获得房产税50%的折扣,但最高免税额不得超过800加元。

加拿大联邦政府兴建了许多为老人服务的养老机构,地方政府机构对老年公寓的开发和建设也制定了一系列鼓励政策,如鼓励建设廉租老年公寓以供具有完全自理能力的老年人居住,鼓励老年人长期护疗中心建设以供那些失去自理能力的老人居住等。在廉租老年公寓方面,加拿大设有中央与城市、省与城市合作项目,中央与省政府提供90%的财务支持,城市提供10%的财务支持以用于此类项目的建设。公寓运营方面的赤字则由市政承担主要部分，租金固定在老年人或者老年人夫妻收入的25%。老年人长期护疗中心的建设由州政府负责，州政府自己建设或者提供财务支持由开发商建设。最新实行的项目在安大略省，省政府为某些批准的项目提供长达二十年的财政支持，每年为每套公寓提供3780加元的赞助。[①]

四、医疗救助制度

二战前后，加拿大实行类似于美国的私营医疗保险制度，个人尤其是老年人支付能力的不足直接影响了就诊的可能性。1943年，有关加拿大医疗保险问题研究的《西戈蒂报告》对政府产生重大影响，引起社会关注。该报告以福利国家为基本理念，提出构建联邦与各省联合的医疗保险计划，由联邦政府负责制定标准和提供资金援助，由各省政府具体负责运营，向公众尤其是需要就医的老年人提供医疗保险。受该报告影响，萨斯喀彻温省(Saskatchewan)于1947年首先推行公共医疗保险计划，带动了各省建立本地的全民医疗服务体系，并迅速得到推广。1957年，联邦政府通过《医院保险和诊断服务法案》(The Hospital Insurance and Diagnostic Services Act)，正式形成由中央政府主导并筹资的全民医疗保险计划，包括老年人在内的各社会群体获得公共医疗的保障，大大降低了就医的经济负担。1966年，联邦制定的《医疗服务法案》(The Medical Care Act)确立了联邦政府与省政府的费用分摊机制，实现加拿大医疗卫生服务的普遍性和公共管理性。为修正在医疗服务过程的弊端，加拿大联邦政府于1984年制定了《加拿大卫生法案》(Canada Health Act)，这构成当前加拿大医疗保障体系的基石。目前，加拿大医疗保障体系主要包括三部分：公共医疗体系(Public Health System，PHS)、医疗救助体系和私人医疗保险制度。PHS覆盖了包括加拿大老年人在内的大多数居民，由联邦和州政府承担医疗费用。医疗救助体系主要为低收入群体和65岁以上的老年人提供包括免费药品、家庭护理和长期护理在内的医疗救助服务。通常，老年人和低收入群体在门诊购买药品可获得财政补助，而如果住院治疗则由公共医疗体系和医疗救助体系全

---

① 参见周鹏飞：《我国老年公寓发展问题研究》，财政部财政科学研究所2014年博士学位论文，第51～52页。

额承担费用。

各州政府为使低收入老年人门诊用药获得更多的补助，通常会针对低收入老年人提供处方药物补助。例如，新不伦瑞克州(New Brunswick)处方药项目(Prescription Drug Program)规定，65岁及以上老年人满足以下条件，可获得购药救助：第一，享受联邦保证收入补贴计划(GIS)；第二，满足相应收入条件，即独自生活老人年收入低于17189加元、夫妻双方均达到65岁且总收入低于26955元、夫妻双方与一位65岁以下人士共同生活且总收入低于32390元；第三，在新不伦瑞克州医疗保险部门注册；第四，65岁以后未享受其他任何处方药物救助计划。符合条件的老年人可获得处方药项目目录中药品的相应补助。[①] 阿尔伯塔省除提供处方药物补助外，还有其他多项老年医疗救助项目。阿尔伯塔每日生活救助项目(Alberta Aids to Daily Living)通过为残障人士、患有慢性疾病和绝症的人士提供基本的医疗设备和帮助，以使他们在社区的正常生活得到保证。老年人牙科与视力补助项目(Dental and Optical Assistance for Seniors)为中低收入的老年人接受牙科检查、清洗、补牙、义齿以及眼科检查、治疗产生的费用提供补助，能够享受津贴(Seniors Benefit)的老年人可自动获得该项补助。加拿大老年救助项目的设置体现了多层次的理念，既有类似于补充收入保障制度、体现生存权保障理念、增加老年人收入的救助措施，也有类似于老年人牙科补助、住房修缮补助等体现国家义务理念，具有较强人文关怀的救助措施。

老年人患有生理、认知或者精神健康疾病时，需要家人提供长期的照顾和居家护理，但当前的照顾和护理工作更为复杂，所耗费的时间更长。为鼓励家人护理有照顾需求的老年人，加拿大的多数地方均立法规定为照顾者提供一定的照顾者免税额。以安大略省为例，由社区护理服务中心(Community Care Access Canters)或社区支援服务机构(Community Support Services)为包括老年人、残疾人在内有照顾需求的人士提供评估，照顾者本人可获得一定的税务优惠。这些税务优惠是不可退还的免税额，而非现金补助，只能用来抵销照顾者应该缴纳的联邦税和省税，即可以为照顾者本人减少税务支出，相当于增加了照顾者本人的收入，减轻了照顾者的经济负

---

① Senior and Healthy Aging Secretariat Department of Healthy and Inclusive Communities, Seniors' Guide to Services and Programs, 6 th edition, 2013. pp. 13-14.

担。如果老年人患有身体或精神障碍，照顾者本人还可额外申请照顾家人免税额（Family Caregiver Amount），即 2000 加元不可退还的免税额度。[①] 老年人在生命终结前多数会经历病危的阶段，这期间老年人自身需要照顾，而照顾者本人不仅受到生理和精神的压力，还可能遭受经济和工作上的巨大压力。因为在这段期间，照顾者可能不得不面对继续工作和照顾老年人的困难选择，为此，加拿大联邦政府专设病危亲属照护津贴项目（Compassionate Care Benefit Program）。该计划从属于联邦政府就业保险计划（Employment Insurance），由政府为必须暂时离开工作岗位的照顾者发放病危亲属照护津贴，使照顾者能够照顾在二十六周内有重大生命危险的病危家人，最长发放期间为六周。另外，考虑到许多照顾者还希望能够保留工作，多数省份立法规定雇主应当为有资格领取病危亲属照护津贴的照顾者保留工作，为其在二十六周内提供最长八周的家庭病假，但病假期间可不发放薪水。

第三节　日本老年社会救助的法制经验

日本是世界上老龄化问题最为突出的国家，也是亚洲最早进入老龄化的国家。日本在 20 世纪 40 年代末经历了持续的生育高峰，尤其是 1947～1949 年三年间出生了 806 万人，这一阶段在日本称为“团块时代”。此后，日本出生率急速下降，1955 年逐渐开始了人口出生率下降和人口老龄化的历程。[②] 1970 年，日本 65 岁以上的老年人口比例达到 7%，进入老龄化社会。此后仅用了短短二十四年的时间，老年人口比例翻了一倍，在 1994 年达到 14%，进入老龄社会。与欧美发达国家相比，日本人口老龄化的速度最快。据估计，从 1990 年到 2020 年，日本的老龄人口比重将提高 15.7 个百分点，而美国、法国、英国和瑞典分别提高 3.9 个百分点、6.8 个百分点、3.4 个百分点和 3.2 个百分点。日本老龄人口的增加速度不仅遥遥领先于其他欧美

① A Guide to Programs and Services for Seniors in Ontario，http://www.seniors.gov.on.ca/en/seniorsguide/，2015 年 7 月 30 日访问。

② 参见王伟：《日本少子老龄化的成因与影响分析》，载《人文与社会》（台湾）2006 年第 12 期。

发达国家,还超过了前三十年增加速度的一倍以上。[①] 由于老龄化趋势非常明显,老年人口依赖比[②]迅速升高,目前日本在男女综合平均寿命、老龄化速度以及老年人口依赖比三个方面均居世界第一,这给日本经济和社会带来沉重的压力(见表 4-4)。当前,日本中低收入老年人生活受到公共年金制度、现金援助制度、医疗保险制度、长期护理保险制度、就业救助机制的保障,这些制度也构成日本老年基本生活保障的核心内容。

表 4-4　　日本老年人口比重及老年人口依赖比[③]

年份	1980 年	1990 年	2000 年	2005 年	2010 年	2015 年	2030 年	2055 年
人口总数（千人）	117060	123611	126925	127787	127176	125430	11224	89930
65 岁以上人口比重(%)	9.10	12.1	17.3	20.2	23.1	26.9	31.8	40.5
老年人口依赖比(%)	13.5	17.3	25.5	30.5	36.2	44.0	54.4	79.4

一、日本基本养老金制度

日本现行的公共养老金制度在覆盖的范围上已经相当完备,从制度上可分为国民年金、厚生年金保险和共济组合年金三个部分,其中国民年金是第一支柱,厚生年金保险和共济组合年金构成第二支柱。根据日本厚生劳动省的资料,公共养老金是日本老年人的重要收入来源。2012 年,老年人每年平均收入约有 69%来自公共养老金。此外,56.8%的老年人依靠公共养

① 参见王伟:《人口老龄化对日本经济的影响及日本政府的对策研究》,东北财经大学 2007 年硕士学位论文,第 5 页。

② 老年人口依赖比计算公式:老年人人口依赖比=65 岁以上/15～64 岁。

③ 参见蔡玉石:《日本因应高龄化国民年金制度改革及对台湾的启示》,载《经济研究》(台湾)2009 年第 9 期。

老金作为唯一收入来源。[①] 日本除了发达的公共养老金外,私营企业的养老金制度的也有相当的发展。[②]

国民年金是国家运营的一项制度,帮助被保险人在年老、疾病或受伤丧失重要谋生手段时可以有稳定的收入来源。20 岁以上 60 岁以下在日本居住的本国国民均需参加(见表 4-5),属于强制社会保险。在日本国内拥有住所的 60 岁以上 65 岁以下人士以及在海外居住的 20 岁以上 65 岁以下拥有日本国籍的人士可自愿参加国民年金计划。政府是国民养老金的主管部门和经营主体,同时也是保险人,业务运营机构在中央为社会保险厅,在地方的负责人为都府道的知事以及市町村的长官,有权利向投保者征收固定的金额作为保险费。国民年金的保险费为定额,2013 年度为每月 15040 日元。被保险人可自愿缴纳附加保险费,每月 400 日元,缴纳附加保险费的被保险人可领取的养老金为基础养老金加上附加养老金(附加养老金=200 日元×缴纳月数的附加养老金)。被保险人如遇经济困难,可向主管部门申请免交部分或全部保险费,由主管部门根据免除制度进行审查确定。根据权责一致的原则,部分免交保险费的被保险人年龄达到 65 岁时能够获得全额养老金的 75%,全部免交者能够获得全额养老金的 50%。这不可避免地减少了部分老年人的养老金收入。为弥补部分老年人养老金数额的不足,厚生劳动省自 2015 年起向养老金低于一定标准的老年人发放每月 5000 日元的生活津贴。

表 4-5　　年金被保险人身份及保险费(以 2008 年为例)[③]

参加保险者身份	参加保险种类	保险费
自营业者、农业者、学生(20 岁以上未满 60 岁)	国民年金(第 1 号保险者)	每月 14400 日元(2008 年水准)

① 参见香港特别行政区立法会:《内务委员会辖下扶贫小组委员会访问团前往台湾及日本进行职务访问以考察当地扶贫经验的报告》,香港立法会 CB(2)1266/13-14 号文件附件 1,2013 年 8 月,第 21 页。

② 参见叶至诚:《老人福利国际借鉴》,台北秀威资讯科技股份有限公司 2011 年版,第 81 页。

③ 蔡玉石:《日本因应高龄化国民年金制度改革及对台湾的启示》,载《经济研究》(台湾)2009 年第 9 期。

续表

参加保险者身份		参加保险种类		保险费
受雇者	厚生年金适用之私人企业受雇人（未满 70 岁）	国民年金（第 2 号保险者）	厚生年金	厚生年金每月所得之 14.9%，雇主及受雇者各自负担一半
	公务员及私立学校教职员	国民年金（第 2 号保险者）	共济组合年金	根据投保制度每月为所得的11.8%～14.8%，机关及个人各自负担一半
家庭主妇等（受第 2 号保险人扶养 ）		国民年金（第 3 号保险者）		不需另外缴纳

缴纳保险费的老年人有权达到法定条件时领取国民养老金。当前，日本国民养老金的给付部分源于所收取的保险费（随收随付制），1/3 左右由政府补助，行政费用全部由政府承担。被保险人投保年限（包含缴费期间及免交期间）超过二十五年或年满 65 岁时可向主管部门申请给付，缴费满四十年可全额领取国民养老金。国民年金的被保险人也可以要求 60 岁之前或 70 岁之后领取，提前领取会减少领取额度；相反，延后领取可增加领取额度。厚生年金和共济年金计划属于收入关联型年金计划，参保的老年人在退休时除可领取国民年金外，还可领取厚生年金或共济年金。鉴于部分老年人缴纳保险费时间低于二十五年而无法获得养老金，日本已放宽领取养老金的资格标准，将缴纳保险费时间由二十五年放宽至十年，从而使更多的老年人获得基本的养老保障。

由于日本老龄化问题严重，领取养老金的人数持续增加，养老年金空洞化问题突出，另外行业养老金数额存在明显差异也引发社会质疑。对这些问题，日本政府已通过立法进行如下改革：第一，推迟支付养老金的时间。将养老保险金的支付时间从 60 岁逐步过渡到 65 岁，领取开始年龄每三年上升 1 岁，男性从 2013 年开始到 2025 年为止完成这一过渡时期，女性从 2018 年开始到 2030 年结束这一过渡期。第二，实施在职老年人养老金制度。60 岁以上的老年人相继开始领取养老年金并停止缴纳各项保险金，但基于促进老年就业政策的推行，很多在职老年人事实上领取了双份工资，这加大了与其他年龄段人口收入的差距，也产生了负担不公平的问题。日本早期实行在职老年人一律减少20%养老金的措施，目前已为65岁以上在职老年人根据工资收入情况减少给付养老金的政策所代替，力图促进养老年金的给付与负担的公平合理，减少养老年金的财政压力。[①] 第三，制定《受雇者年金一元化法》，分阶段提高保险费并逐渐实现统一化。新法规定自2015年10月起将共济组合年金并入厚生年金，完成第2号保险者的单一化体制，并明确了年金一元化的整体改革方向。厚生年金预计至2017年提高至18.3%，公务员共济年金于2018年提高至18.3%，私立学校教员共济年金将于2027年提高至18.3%。

二、现金救助机制

日本政府负责处理贫困问题的机构是厚生劳动省，贫困救助的主要制度是公共援助制度。该项制度设立的主要目的是保证有需要的公民达到最基本的生活水平，协助他们实现自力更生，主要法律依据是1950年制定并屡经修订的《生活保护法》。该项制度援助以贫困家庭为保障对象，包括老年人家庭、患病与残疾人家庭、单身母亲家庭和其他家庭等，以现金救助为主要救助方式，具体内容包括生活援助、教育援助、医疗援助、房屋援助、长期护理援助等，旨在保证有需要的公民享有最基本的生活水平。2010年，公共援助制度受益家庭中，老年人家庭占42.9%。2011年，104万公共援助受助者中，51.1%是50岁以上的老年人。可见，老年人在公共援助制度下接受援助的比例最高。[②] 老年人接受的援助形式包括生活援助、房屋援助、医疗援助、长期护理援助、殡葬援助等。通过在各都府道县实施的“生活福祉金贷付制度”，老年人家庭能够获得低息或免息贷款，确保他们生活安稳，促进经济独立。根据公共援助制度，为老年人家庭提供的贷款种类主要包括生活保障、住房改造、长期护理以及其他紧急开支所需要的费用。各项贷款的还款期根据贷款的类别为3～14年不等。“生活福祉金贷付制度”中有一项不动产担保型生活资金，针对低收入老年人和受保护的老年人家庭（仅有

---

① 参见王伟：《日本少子老龄化的成因与影响分析》，载《人文与社会》（台湾）2006年第12期。

② 参见香港特别行政区立法会：《内务委员会辖下扶贫小组委员会访问团前往台湾及日本进行职务访问以考察当地扶贫经验的报告》，立法会CB(2)1266/13-14号文件附件1，2013年8月，第25页。

老年夫妇和孤寡老人的家庭）提供逆向不动产抵押担保服务，即以低收入老年人或受保护的老年人家庭自有不动产为抵押，向其按月提供生活资金，以老年人死亡或者抵押期限届满为止。（见表 4-6）

表 4-6　　老年福祉贷款的种类和相关内容

<table>
<tr><th colspan="2">种类、贷款的要求</th><th>贷款额度</th><th>贷款期限</th><th>据置期间①</th><th>偿还期间</th><th>贷款利息</th><th>担保人</th></tr>
<tr><td>不动产担保生活资金</td><td>低收入老年人以其自有不动产进行抵押，可获得生活必需的福祉贷款</td><td>不超过不动产估价的 70%，且每月支付不超过 30 万日元</td><td rowspan="2">借款人死亡或贷款达到期限</td><td rowspan="2">合同终止后三个月以内</td><td rowspan="2">据置期间终了时</td><td rowspan="2">年利率 3% 或者长期贷款利率中最优惠利率</td><td>需要（未来继承人）</td></tr>
<tr><td>受保护家不动产担保资金</td><td>受保护家庭的老年人以其自有不动产进行抵押，可获得生活必需的福祉贷款</td><td>不超过不动产估价的 70%，且每月支付不超过社会平均生活标准的 1.5 倍</td><td>不需要</td></tr>
</table>

过早退休不但会减少老年人收入，同时也会减少其国民年金的领取数额，增加老年贫困的可能性。国际经济合作组织曾就老年人就业问题向各国政府提出建议：第一，提高老年人口在劳动力市场中的流动性；第二，除鼓励老年人持续就业外，应同时提供劳动者多元化的退休选择计划；第三，降低老年人口持续工作或再就业的各种障碍；第四，采取各种措施鼓励雇主雇佣老年人的意愿；第五，增强老年人的就业能力。延长老年人的就业期，提高老年就业率，能够降低老年贫困发生的可能性。尽管日本人口老龄化问题突出，但却维持了较高的老年就业率。日本政府为应对老龄化加速的问题，通过完善相关法律促进老年就业，增加老年人的收入。1971 年，日本政府制定了《老年人雇佣安定法》和《老年人雇佣安定法实施细则》，提供完整

① 所谓据置期间，是指仅需归还利息而不需要归还本金的期间。这是为了减轻借款人的压力而作出的一种合同制度设计。

的法律框架推动老年就业，明确政府、企业和社会组织在推动老年就业中各自应尽的责任。日本公司大多采取强制退休制度，当雇员达到某指定年龄时，雇佣合同便会自动终止。根据《高年龄者雇佣安定法》，企业不得把强制退休年龄设定于 60 岁以下。之后，1976 年制定的《老年人雇佣安定等相关法律施行令》和 2000 年制定的《老年人雇佣安定对策基本方针》又进一步完善并推动了老年就业的法律。2004 年，日本政府修订《老年人雇佣安定法》，其中最为重要的是将雇佣年龄由 60 岁延长至 65 岁，要求企业落实社会责任，完善自身的退休规则以推进老年就业。新的法律为企业确定了三个改革方向，要求必选其一：第一，将退休年龄由 60 岁延长至 65 岁，延长退休年龄；第二，继续雇佣，即使达到退休年龄，但企业仍继续聘用；第三，废除退休年龄。2004 年至 2006 年为过渡期，之后逐渐落实实施。另外，根据劳资双方的协议，大企业从 2009 年开始实施，中小企业从 2010 年开始实施。同时，政府在各地设有特殊的就业机构——银发人力资源中心（the Silver Human Resource Centers），向已达到退休年龄的老年人提供免费的职业介绍服务。该机构最初产生于 1980 年，由政府提供财政支持设立，获得修订后的《老年人雇佣安定法》的认可，还在 1996 年成立了全国范围的银发人力资源中心联合会。银发人力资源中心向老年人提供的职业介绍多与社区服务相关，主要工作内容包括参与社区幼儿园工作（如做沙包、送礼物、游戏）、区内道路清扫、区内美化活动、公共设施的更换等，以上这些措施有效地推动了老年人就业人数的增加。目前，日本有 50％的企业愿意雇佣员工至 65 岁，有 20％的企业愿意雇佣员工至 70 岁。[①] 2013 年，日本 65 岁以上的老年人就业人数达到 636 万人，占日本就业者整体的比例首次超过了 10％。[②] 总之，以多元化的社区参与方式、灵活性的工作时间安排和更好的工作环境为激励手段，达到了充分利用劳动资源、为老年人提供就业机会、满足社区发展需求、维持老年人精神和身体健康、提高老年人整体收入的目的。

① 参见甄国清：《政府如何因应高龄化问题做法——高龄人力运用之探讨》，载《台湾文官学院 T&D 飞讯》2013 年总第 165 期。

② 参见中国公益研究院养老研究中心：《日本老年人就业走在世界前列》，载《每周养老动态》2014 年总第 88 期。

三、医疗救助机制

日本公共医疗保险体系创立于1927年，后日本政府又陆续推出自营业者保险等医疗保险计划，至1961年，日本建立起全民性的医疗保险制度，从而实现了全民皆保的目标。目前，日本厚生劳动省下设的健康保险局负责全国医疗保险制度的统筹规划工作。日本的医疗保险属于强制性保险，除短期旅行者(包括以特定活动的居留资格如就医入境，或者为了照顾就医的患者而在日本停留，或者暂时被派到日本)外，在日本合法居住的人士均需加入以下三种医疗保险计划的其中之一：由雇主提供的雇员健康保险、由被保险人居住的地市提供的以社区为基础的国民健康保险、为75岁以上老年人设立的老年医疗保险(Long Life Medical Care System)。雇员健康保险是以就业为本的保险制度，根据职业不同分为企业健康保险、船员保险和共济组合(公务员和私立学校教师)保险，其中健康保险又可分为会社保险和政府保险两类。会社保险由雇员超过700人的公司筹资管理和运行，政府保险由政府为雇员人数在5～700人之间的中小型公司设立，具体由全国健康保险协会运行和管理。国民健康保险的对象为不符合雇员健康保险的其他居民，具体包括雇员少于5人的公司中的员工、退休人员[①]、自营业者、失业者和农民。在日本，参加医疗保险的人员可获得保险证，当患病或受伤治疗时，个人承担的医疗费通常在10%～20%之间，由参加保险的类别、缴纳保险费的额度以及个人的收入确定，最多不超过30%。

1973年被称为日本的“福利时代开元之年”。当年，日本开始实行老年人免费医疗制度，具体福利措施包括对70岁以上的老年人实行免费医疗、新设高额医疗护理费支付制度及提高丧葬费额度等。但由于老龄化问题的加重，老年人医疗费用增幅明显，财政压力持续增加。据统计，老年人免费医疗制度实施后，老年人的医疗费每年占全国医疗费的一半以上。1979年后，日本进入限制福利的时代。为平衡各项医疗保险制度间的财政收支，日本于1982年制定《老年人保健法》并进行多次修订，秉承公平正义原则，将

① 通常雇员首先参加雇员健康保险计划，退休后则按居住地转入地市政府管理的国民健康保险计划。

保健和保险相结合，以自助与互助为理念，共同负担。[①] 鉴于日本每位老年人的平均医疗费用约相当于全体国民平均医疗费的3倍，日本于2006年再次开始医疗保险制度改革。2008年4月，日本推出全新的老年人医疗保险制度——后期高龄者医疗制度。根据该项制度，75岁以上老年人的医疗保险从之前的健康保险中独立出来，老年人达到75岁时自动加入后期高龄者医疗体系，这被认为是1983年《老年人保健法》实施以来最大的变革。

日本的医疗卫生体系传统上采取自上而下的“垂直命令”式管理，目前已变更为主管部门自主决策、居民参与型管理方式，由厚生劳动省及都府道县给予政策引导、技术指导和资金补贴，充分发挥市町村自主权，最大限度地调动了地方积极性。后期高龄者医疗制度即是这项改革的典型体现。该医疗体系由市町村作为营运单位，相关主管部门有权决定本地医疗保险的缴费额度，同时承担医疗保险金的给付工作。该项制度明确区分了医疗给付的财政来源，50%来自政府补助津贴，10%来自75岁以上老人所缴保险费，40%来自0～74岁被保险人缴给保险人(国家健康保险公会及劳工健康保险公会)的保险费，三者共同形成后期高龄者医疗保险基金。后期高龄者保险的保险费由两部分组成：被保险人交付的固定金额；根据个人收入计算的缴费金额。该项规定充分考虑了中低收入老年人的经济承受能力，有利于降低中低收入老年人的经济负担。75岁以上老年人就医时自付比例通常为10%，并设有上限。[②]（见表4-7）

表4-7 日本后期高龄者医疗保险制度统计资料[③]

年份	2011年3月	2011年3月	2010年12月	2010年12月	2010年12月
项目	保险机构	保险对象人数	保险对象平均年龄	保险对象平均每人收入	保险对象平均每人列入保险费计算额度
数据	47个	1434万人	81.9岁	80万日元	67万日元

① 参见叶至诚：《老人福利国际借鉴》，台北秀威资讯科技股份有限公司2011年版，第27页。

② 参见徐瑞祥：《〈日本老人健康促进政策及代谢症候群防治工作〉考察报告》，台湾国民健康局2009年版，第18页。

③ 参加黄三桂：《〈考察日本医疗保险制度〉考察报告》，台湾健康保险局2013年版，第28页。

续表

年份	2010 年 12 月	2010 年 12 月			
项目	保险对象平均每人保险费	保险对象平均每人医疗费用	国库辅助比	国库补助额度（以 2012 年预算估计）	无
数据	6.3 万日元	90.5 万日元	约为给付费用的 50%	6 兆 1774 亿日元	无

后期高龄者医疗制度的构建体现了日本的医疗保险理念从以生存权保障为理念向以社会连带为理念的转变。以生存权保障为理念体现了政府的救助责任，以政府收取的税费以及国民缴纳的保费为手段，将国民作为保障的对象。但由于老龄化的加速，政府难免力不从心，承受了巨大的财政负担。社会连带体现了医疗保险的负担公平，并以给付公平作为负担公平的前提。老年人医疗费的均衡负担以制度间的连带为保障，通过调整前期高龄者的负担比例和后期高龄者的给付比例，以世代间的财富转移实现年轻世代对老年世代医疗费的负担，并以公法上债权债务的履行作为保障，即以中央政府、都府道县以及市町村等独立的行政主体共同负担公法的给付义务和管理职责实现制度间财政调整的目的。①

四、介护保险救助机制

日本是世界上老龄化最为严重的国家，在老龄化的进程中，除了阿尔茨海默病、老龄化疾病等病症多发外，还出现了一些新的社会问题。传统上，由于生病的老年人居住家中会给家庭带来负担，因而通常会因病情恶化逐渐转入医院治疗、照护直至去世，这使医疗体系承受着巨大的压力。鉴于老龄化逐渐加重的状况，日本政府提倡居家照护，主要理由是：有家人陪伴、减少医疗费用及减轻医疗体系负担等。政府介入长期照护保险，能够以较为优惠的价格统一购买照护服务，在保证服务品质的同时减轻个人经济负担。另外，受到日本社会家庭功能转变的影响，以往由家庭承担的照顾老年人的

① 参见李文静：《高龄化背景下老年人医疗保险之立法因应——日本老年人医疗保险立法之考察》，载《比较法研究》2013 年第 3 期。

责任逐渐转移向社会。在社会福利多元化的大背景下，福利的提供者由传统上的政府转变为民间组织和政府共同承担，因而，由社会组织和政府合作开展老年照护工作成为老龄化社会的必然结果。介护[①]保险制度是老年人医养结合的典型运用，既能保障老年人生活不便时得到有效的照护、有病能够得到及时的医疗和护理，又能提高劳动人口照护老年人的效率（节约劳动人口的劳动力）。通过专业人员定期上门提供医疗护理和康复指导，还能够延缓衰老进程、促进和维持健康状况、节约医疗费用。

日本1997年12月制定完成《介护保险法》，于2000年4月正式实施，并根据老龄化状况不断进行修订（见表4-8）。该法主要目的是减轻家庭照顾负担，通过社会共同参与老年照护，降低老年人晚年生活的风险，使老年人能够老有所终。该法第一条即明确了适用对象、制定理念和制定目的：本法适用对象为因年龄增加身心变化产生疾病，造成淋浴、如厕、进食等日常生活困难，而需要保健、看护、疗养或其他医疗服务的民众；本法基于国民共同连带的理念制定照护保险制度，规定必要的保险给付等相关事项；本法目的在于使上述民众具备独立应付日常生活的能力，同时给付必要的医疗及福利费用，从而提升国民的医疗服务水平，增进人民福利。

表4-8　日本老年人口比例与介护保险法修订进程

65岁以上人口占总人口比例（年份）	主要政策
15.3%（1997年）	制定完成《介护保险法》
17.3%（2000年）	开始实施介护保险
20.2%（2005年）	2005年修订《介护保险法》，开展介护预防，创设地区密集型介护设施

① “介护”内涵较广，为老人煮饭、喂饭、洗衣、洗澡、整理房间，陪老人谈心、读报、逛街、游公园、去医院看病，甚至护送老人访亲拜友等等，皆属于“介护”的服务范畴。日本“介护”根据照顾程度不同从低到高共分五级，一级可享受每周3次、每次3个小时的“介护”，五级即全天“介护”。我国香港对此称谓是“低度照顾”“中度照顾”和“重度照顾”，我国台湾法律（2007）的称谓是“安养”“养护”和“长期照护（含失智照顾）”。日本的职业称谓是“介护福祉士”。我国香港的职业称谓叫“起居照顾员”，我国台湾的称谓叫“照顾服务员”。

续表

65岁以上人口占总人口比例(年份)	主要政策
22.3%(2008年)	开办后期高龄者医疗保险制度,修订《介护保险法》
25.1%(2013年)	2011年修订《介护保险法》,2012年开始整合医疗与介护服务地区综合服务

介护保险制度以老年人的自立援助为出发点,以介护对象本位、社区主义、普遍主义和综合性服务为服务方式,使老年人能够就近得到服务并独立生活。介护保险改变了传统上由公立机构或非营利组织独占老年照护服务的格局,引入了市场机制,向一般的企业和营利性组织开放。这不仅增加了老年照护的资源,也提高了老年照护的品质。老年人可以根据自己的需求进行主动选择,可在多种机构获得医疗、福利服务等综合性服务。介护保险的保险人由与民众接触最为密切的市町村担任,相应主管机关负责保险费的计算、征收及管理,核定支付保险金并监督相应机构提供的介护服务。根据《介护保险法》的规定,介护保险被保险人为40岁以上国民,被保险人分为两类:第一类为65岁以上的老人,第二类是40~64岁以上的人。介护保险的保险费在市町村一级地方政府机构承担12.5%,其上一级地方政府机构都道府县承担12.5%,中央政府承担25%(其中的5%作为市町村介护保险的调整补助金,对经济状况不佳的市町村给予特别资助),另外的50%以被保险人缴纳保险费的方式筹集,其中第一类被保险人承担20%左右,第二类被保险人承担30%左右。介护制度出台后,在保费的收取方面,规定65岁及以上老年人的保费依照个人及家庭收入区别征收。以日本那霸市介护保险分级表为例,2012~2014年度,基准额为67764日元,再依被保险人所得与家庭成员收入情况,根据10级介护保险费分级表,供65岁以上参加国民健康保险的老年人参照缴纳介护保险费。(见表4-9)

表 4-9　日本那霸市 2012～2014 年 65 岁以上介护保险费标准

收入档次	对 象	保险费比例	保险费(年)
第一档次	本人为生活保障金领取者或本人为老年福利养老金领取者且家庭内所有成员均为非居民纳税人	基准额×0.5	33876 日元
第二档次	家庭内所有成员均非居民税纳税人，上一年合计收入金额加纳税养老金收入额低于 80 万日元者	基准额×0.5	33876 日元
第三档次	家庭内所有成员均非居民税纳税人，上一年合计收入金额加纳税养老金收入额超过 80 万日元者	基准额×0.75	50820 日元
第四档次	收入档次第 5 档对象中，公共养老金收入加合计收入金额低于 80 万日元者	基准额×0.91	61656 日元
第五档次	本人并非居民税纳税人，其他户籍内成员为居民税纳税人	基准额×1.0	67764 日元
第六档次	本人为居民税纳税人，上一年合计收入金额低于 125 万日元	基准额×1.16	78600 日元
第七档次	本人为居民税纳税人，上一年合计收入金额在 125 万日元以上 200 万日元以下	基准额×1.25	84696 日元
第八档次	本人为居民税纳税人，上一年合计收入金额在 200 万日元以上 400 万日元以下	基准额×1.5	101640 日元
第九档次	本人为居民税纳税人，上一年合计收入金额 400 万日元以上 600 万日元以下	基准额×1.75	118584 日元
第十档次	本人为居民税纳税人，上一年合计收入金额在 600 万日元以上	基准额×2.0	135528 日元

参与介护保险需要使用介护服务的老年人向作为保险人的市町村行政机关提出申请，行政机关指定调查员根据老年人提供的医生意见和实地走访结果制作调查报告，交由医生、护理人员和社会福利人员共同组成的认定委员会进行审查，确认老年人的介护等级（要支援 1～2 级，要介护 1～5 级，

共7级,每1级都有固定的支付限额)。市町村主管机构确认审定结果后,向被保险人发放通知书,听取被保险人和家属的意见,制作介护服务计划书,并依据计划书支付介护保险金。

被保险人接受介护服务的支付标准由主管部门厚生劳动省下属的老年人保健局根据各项服务性质、内容、使用时间长短、提供服务的专业性及使用者需照护程度等事项审议订立,原则上每三年修订一次,以实物支付为原则,没有现金支付。老年人在使用介护服务时,通常需自付10%。鉴于近年来使用介护服务的人数大大增加,财政压力巨大,日本政府已修订自付标准,规定自2015年8月1日起,65岁以上老年人年收入所得超过160万日元时需自付介护服务费用的20%,但中低收入老年人自付比例不变。介护保险制度对低收入老人还有特别的救助机制,如地方政府根据本地财力和老年人收入可自主决定是否取消10%的老人自负部分,对于进入机构接受介护服务的低收入者,为了使负担不至于太重,各地均规定了较低的上限,如果超过上限则以补贴方式予以退还。另外,低收入老年人在介护机构内的用餐费用也比一般老年人更为低廉。

五、住宅救助机制

2001年之前,日本老年住宅的提供主要由中央、地方政府以及公立住宅经营机构负责,但由于老龄化加速以及政府财政压力过大,公共部门财政预算无法支撑庞大的老年住宅开支。2001年4月,日本公布《确保高龄者居住安定法》。其主要政策变革包括两点:第一,重视营利法人的市场作用,通过放开老年住宅市场,充分运用民间资金投入老年住宅的新建和改造;第二,重视现有住宅的再利用,通过市场化手段实现对已建成住宅的改建和收购,发挥现有住宅的老年救助功能。

日本老年人住宅政策的目标是根据老年人身心机能和个人需求差异提供不同的服务与居住设施,尽量提供单人住房,努力推动机构家庭化。日本老年人的居住设施大致分为三种形式:医疗养护——源自医疗体系,由厚生劳动省主管,包括以介护为主要功能的特别养护老人院和以康复为主要功能的介护疗养型医疗机构等;特定设施机构——由厚生劳动省主管,包括养老院、智障老人之家等;老年住宅——由国土交通省主管,包括高龄者专用住宅、高龄者顺利入住租赁住宅等(见表4-10)。除老年人自有住宅外,多数居住设施以中低收入或低收入老年人为服务对象，其中，高龄者顺利入住租赁住宅、银发住宅、养护老人之家和团体家屋较为典型。鉴于多数出租人担心拖欠租金问题，老年人租赁民间住宅存在较多困难，国土交通省创设高龄者顺利入住租赁住宅制度。根据该制度，政府不但对可向老年人租赁的住宅进行登记并为老年人提供租赁信息，还为承租的老年人向出租人提供租金担保。保证期间以两年为原则，以增加房主租赁房屋给老年人的意愿，从而达到使老年人顺利入住的目的。该项住宅制度还创设了高龄者终身租赁住宅模式。为了减少老年人担心房东随时要求退租的不确定性，确保老年人能够长期安心居住，国土交通省住宅局可以根据老年人的需求与房东签订租赁合同，约定以承租老年人死亡为合同终止日期，也可约定同住的配偶能够继承此合同继续居住。银发住宅是公立公寓式出租住宅，以 60 岁以上的低收入老年人为接收对象，并且附有照顾老年人的专业服务，主要包括提供生活咨询及日常生活服务支援，租金具有明显的公益性质，依据老年使用者的收入多寡进行收取。养护老人之家以帮助 65 岁以上可自立生活但缺乏居家生活能力、有身心障碍或者经济贫困的弱势老年人为服务对象。团体家屋源于瑞典，收住对象限于失智老人，可提供模仿家庭生活的居住环境，每一个家屋以 5～9 人为一单位。照顾住宅以轻度失能者为对象，可为入住老年人提供居住、守护、住宅介护和膳食服务等。

表 4-10　　老年人居住设施的类型①

类别	名称	居住对象身体条件	居住对象收入状况	设置主体	政府主管部门
介护设施	特别养护老人院	要介护	中低收入	地方公共团体 社会福利法人	厚生劳动省
	老人保健设施	要介护	中低收入	地方公共团体 医疗法人	
	介护疗养型医疗设施	要介护	中低收入		

① 于喆、林文洁:《为老年人构筑可持续居住环境——以日本高龄者住宅为例》,载《城市建筑》2011 年第 1 期。

续表

类 别	名 称	居住对象身体条件	居住对象收入状况	设置主体	政府主管部门
特定设施	收费老人院	虚弱——要介护	中高收入	营利法人	厚生劳动省
	低费老人院	虚弱——要支援	中低收入	地方公共团体 社会福利法人	
	智障老人之家	要介护	中低收入	营利法人	
	养护老人院	虚弱——要介护	低收入穷困	地方公共团体 社会福利法人	
租赁住宅	高龄者顺利入居租赁住宅	虚弱——要支援	中低收入	营利法人 医疗法人 地方公共团体 社会福利法人	国土交通省
	高龄者专用租赁住宅	虚弱——要支援	中低收入		
	高龄者优良租赁住宅	虚弱——要支援	低收入		
	银发住宅①	虚弱——要支援	低收入	地方公共团体	

为鼓励老年人居家养老，减轻社会养老的压力，对于老年人自有住宅，日本政府设有老年人住宅改建贷款特别偿还制度，以改善老年人的居住环

① 以位于北海道千岁市的银发住宅项目为例，该项目建于 2005 年，基本理念是“与自然环境相协调，创造健康、充满活力的居住环境”，基本目标是创造与环境共生的居住环境，形成互相支持的社区交流环境，构建基于通用设计视点的居住环境。住宅楼栋为南向和西向，确保每户 3 小时以上的日照；住宅楼栋合围形成的场地中日照条件良好之处设儿童游戏场，住户通过阳台或公共走廊可以很方便地看到儿童游戏场；同时，还设有供居住者集会或与周边居民交流的、与儿童游戏场共同使用的多功能交流广场。住宅楼栋共 5 层，有住户 148 户。其中高龄者住宅 35 户、残疾人住宅 2 户、普通住宅 113 户。两户残疾人住宅位于住宅一层西北角，每户设坡道和独立的出入口，其他住户设两处集中的出入口。根据相关规定，每 30 户左右银发住宅设一名生活辅助员。考虑到生活辅助员服务的便利性、高龄者尽可能短的步行距离以及为促进与其他住户之间的交流等问题，面向高龄者的住户应设置在各层的电梯附近。此外，每 4～8户为一单元并设置了交流空间，既可作为长廊的休息处，又可导入南侧温暖的阳光。银发户内设计主要考虑的问题有：出入口尺寸、无障碍设计、便于介护的卧室尺度、轮椅回转所需的尺度、方便轮椅使用者使用的厨房操作台和方便高龄者使用的浴室设计。

境。该项制度主要提供两种形式的改建贷款，以特别方式进行偿还，并由公立机构“高龄者居住支援中心”为老年人的改建贷款提供债务担保。第一种形式是对老年人现有住宅无障碍化改建贷款提供支持。老年人由于身体机能退化，居家生活面临现实困难，该项目可为老年人房屋走廊及浴室拓宽（保证轮椅通行）、室内扶手加装，室内高低差消除等改建项目顺利获得贷款提供支持，贷款限额为 500 万日元。特别偿还方式主要体现在老年人每月只需支付利息，本金在其死亡时由继承者一次性偿付。第二种形式是鼓励老年人参与老旧房屋共同改建工程。政府为充分利用现有老旧住宅，实现资源利用最大化，发挥现有住宅的老年救助功能，老年人可向日本政策性金融机构“住宅金融公库”贷款进行老旧房屋改造，贷款限额为 1000 万元。采用特别偿还方式归还，老年人每月只需支付利息，本金在老年人死亡时由继承者一次性清偿。

日本的老年人住宅和机构不仅重视硬件设施，也同样重视软件环境。每种中老年住宅都以相应的医疗政策、社会福利政策和住宅政策为基础，为老年人提供积极的保障（见表 4-11）。日本公立的老年人住宅都具有三个共同特征：第一，安装紧急服务装置，便于老年人在发生紧急情况时能够及时获得必要的帮助，减少老年人独自在家生活的风险。第二，无障碍的环境，通过安装扶手、加宽通道及浴室、改造厕所等方式，便利老年人的日常生活，提高生活质量。第三，良好的照顾服务，有专业人员为老年人的生活提供咨询和服务，满足老年人日常生活的需求。

表 4-11　　老年人住宅及机构的政策基础①

政策基础	服务设施及内容
医疗政策	医疗设施中附属照护设施：以中重度失能者为对象
社会福利政策	1. 特别护理之家：以中重度失能者为对象 2. 团体家屋：以失智者为对象 3. 照顾住宅：以轻度失能者为对象，提供居住、守护、居家介护、膳食 4. 小规模多功能：居家护理、短暂住宿、家庭访问、日托、提供膳食

① 廖慧燕：《〈无障碍住宅、社区及都市环境规划设计研习〉考察报告》，台湾建筑研究所 2010 年版，第 18 页。

续表

政策基础	服务设施及内容
住宅政策	1. 银发住宅(公共):以轻度失能为对象,提供住宿、居家介护、守护 2. 高龄者专用住宅(私人):以轻度失能为对象,提供住宿、居家介护、守护、膳食

日本的非营利组织在贫困老年人的住宅救助方面也发挥着积极的作用。1990年成立的社会组织“自立支援中心”,在全国设有多处福利设施,为包括贫困老年人在内的受援助对象提供住宿和生活支援服务。该中心制定的“出租房屋计划”主要为贫困老年人租赁住宅提供帮助,具体是由中心主动联系在老旧小区内拥有住宅的老年人,与其协商进行翻新改造,出租给社区内其他贫困的老年人(通常为公共援助的受助人)。中心负责向承租人收取租金。根据该计划,作为承租人的贫困老年人通常以公共援助金支付租金,中心从租金中收回改造费用。[①] 这既能帮助一般老年人进行房屋改造,也能帮助贫困老年人获得可租赁的房屋,改善贫困老年人的居住环境,因而收到了良好的社会效果,获得了政府的高度肯定。

第四节　我国台湾地区老年社会救助法制经验

老龄化社会已成为当前世界各国和地区不可逆转的趋势,我国台湾地区也不例外。台湾地区人口结构明显呈现少子化和高龄化趋势,老年人口迅速增长。台湾地区65岁以上的老年人口1993年时达到7%,按照国际标准进入老龄化社会。由于国民平均寿命延长,且生育率持续降低,据估计,2017年时将达到14%,按照国际标准进入老龄社会。而且至2025年时将达到20%,按照国际标准进入超老龄社会。就老年人口总数而言,65岁以上的老年人在1993～2036年将会增加3倍(见表4-12)。如此迅速的老龄化现

① 参见香港特别行政区立法会:《内务委员会辖下扶贫小组委员会访问团前往台湾及日本进行职务访问以考察当地扶贫经验的报告》,香港立法会CB(2)1266/13-14号文件附件1,2013年8月,第27页。

象,在全球老龄化的趋势下仅次于日本。①

表 4-12　　台湾地区老年人口数与老年人口依赖比②

年　份	65 岁以上人口(千人)	占总人口比例(%)	老年人口依赖比(%)
1951 年	193	2.5	4.4
1971 年	454	3.0	5.2
1993 年	1491	7.1	10.5
1995 年	1626	7.6	11.1
2000 年	1921	8.6	12.3
2011 年	2395	10.0	14.3
2036 年	5606	21.7	35.4

老年人已退出劳动力市场,其所得来源主要来自各类转移,可分为三种类型:第一,家庭内转移,即子女转移资源给老年父母;第二,生命周期转移,即个人储蓄或投资将资源由生命早期转移至晚期;第三,社会转移,即通过社会税收将资源由成年人口转移至老年人口。换言之,老年人的生活保障有赖于这三者之间的搭配与组合,而这三者之间也随着社会的发展而发生变化。近年来,台湾家庭形态发生改变,尽管核心家庭仍为主流趋势,但核心小家庭和单身家庭比例大大增加。历年来,台湾家庭中以父母和未婚子女组成的核心家庭所占比重最大,但根据统计,核心家庭比例已由 1994 年的 54.31%逐年下降至 2006 年的 44.66%。而同时,夫妻二人组成的核心小家庭则成长迅速,由 9.99%上升至 15.03%。另外,单身家庭大幅增长,由 6.99%上升至 10.54%。③ 近年来台湾地区所做的老年人口调查数据显示,65 岁以上老年人依靠子女奉养的重要度明显下降,而依靠个人薪资、储蓄投

① 参见叶至诚:《老人长照政策》,扬智文化事业股份有限公司 2012 年版,第 4 页。

② 参见孙健忠:《台湾老年经济安全保障试析》,载《台湾政策论坛》2002 年第 3 期。

③ 参见叶至诚:《老人长照政策》,扬智文化事业股份有限公司 2012 年版,第 15 页。

资以及政府救助的重要度[①]有所提升。由此可见，家庭的照顾能力大大降低，供需失衡的老年人照顾问题是政府必须面对的问题，而家庭结构的变迁是必须加强社会支持养老的重要原因。[②] 面对老龄化社会的压力，台湾地区政府积极推进老年救助政策，台湾老年减贫工作取得了较好的效果。以台北市为例，20 世纪八九十年代，老年人贫困率比其他年龄层都高，但到 2006 年，全体人口贫困率开始高于老年人贫困率，且尽管全体人口贫困率持续增加，但老年人贫困率维持稳定的状态，这与建立健全的老年经济安全保障措施有着密切的联系。[③]

积累数十年的老年经济安全保障的经验，并积极借鉴各国的经验和教训，台湾地区认为完全依赖福利政府无法维持制度的长期运行，应当整合社会和家庭等各种资源，建构 21 世纪的老年人经济安全保障体系。老年经济安全保障不能脱离整体经济的发展，事实上，它是整个经济发展中重要的一环。经济的持续发展是老年经济安全的保障，必须依据现实制定合理的方案，尤其是养老金制度一定要避免脱离实际。老年经济安全应当坚持权利与义务并重，老年民众享有晚年的保障是必要的，但应与其先前所尽的义务相关联，除非缺乏相应的能力。老年经济安全保障还应重视社会组织和家庭的责任，只有多管齐下、多措并举，才能真正保证制度的有序发展。

一、台湾地区的国民年金制度

我国台湾地区对老年经济安全的保障最早是采用社会救助的方式，即只对贫困老年人提供生活扶助，主要是事后救济。20 世纪 90 年代末，面临巨大的老龄化压力，老年人经济问题突出，台湾政府与社会开始积极规划建

---

① 重要度不同于百分比。重要度计算公式：重要度＝(1×主要百分比＋1/2×次要百分比)×100。

② 在传统社会中，确保退休后收入主要有两种保障方式：其一是在青壮年时增加个人储蓄以在老年后使用，即生命周期中的资产转移(life－cycle transfer)；其二是老年后的生活问题由子女保障，由下一代负责上一代的扶养，即生命周期中的世代转移(family transfer)。随着工业化的发展和城市化进程的加快，大家庭制度已经逐渐解体，家庭结构发生变迁，小家庭尤其是核心小家庭代替大家庭成为主要的家庭模式。相应的，社会中对于子女的认识也发生变迁，不再依赖子女即世代转移的模式实现老年供养，这就使得老年人问题由过去的个人问题转变为社会问题。社会中的退休老人在青壮年时期为社会做出多年贡献，一旦停止工作，将面临收入降低或停止的问题。保证老年人在退休后的基本生活问题，是家庭结构变迁大背景下应对老龄化问题的重要内容，也是促进经济社会稳定与发展的重要挑战。当前社会，老年人除可通过以上转移外，也可通过社会的转移性支付，实现当代或隔代的收入分配。

③ 参见孙健忠：《台湾贫穷老人的社会给付》，两岸社会福利学术研讨会论文，2010 年。

立国民年金制度。在国民年金制度设立前,尽管台湾已有劳工保险、军人保险、公教人员保险(含原公务人员保险与原私立学校教职员保险)及农民保险等以在职劳动者为保险对象的社会保险,但仍有300多万年满25岁、未满65岁的国民无法参加任何社会保险。这些人多数是处于经济弱势地位的失业人员或家庭主妇,养老保险制度的缺失严重威胁着他们的老年经济安全。

2008年,台湾推出国民年金制度,于当年10月开始实施,主要目的是使那些在其他社会保险计划如劳工计划、农民保险、政府雇员保险和军人保险中未能获得社会保障的国民,在年老或出现残疾时,能够获得最基本的经济保障和生活保障。新的国民年金制度源于英美国家的社会安全理念,其不再以社会中某一阶层或职业为保障对象,而是认为任何一个"个人"均构成社会的主体,保障其免受年老等社会危险的侵害是实现"个人"作为社会成员权利的基本要求。国民年金制度能够建立一个完整的社会安全网,实现全民皆保的目标。台湾"内政部"是国民年金制度的主管机关;台湾劳工保险局担任保险人,是办理具体保险事项的机关。在保险费方面,根据台湾《国民年金法》的规定,国民年金的保险费率[①]第一年为6.5%,费率在第三年开始调高0.5%,以后每两年调高0.5%,直至保险费率的上限为12%,如果届时年金保险基金余额足以支付未来二十年保险给付时,保险费率不再继续调高。投保工资基数以该法实施第一年劳动保险工资分级表第一级(17280元台币)为基准,从第二年起,根据中央统计部门发布的消费者物价指数累计增长5%时确定调整幅度。国民年金设有定期调整机制和物价联动机制,这能够避免因通货膨胀造成给付的缩水,以确实保障给付对象的生活需要。对于收入不同的被保险人,保险费收取的标准有明显区别(见表4-13)。如果无法一次缴纳保险费或者利息,可以向保险人分期或延期缴纳。

① 所谓保险费率,是指应缴纳保险费与保险金额的比例,它是保险法人按保单金额向投保人收取保险费的标准。

表 4-13　　台湾“国民年金”缴费政府补助比例表

一般被保险人	自付 60%，政府补助 40%
低收入家庭	政府全额补助
中低收入家庭	家庭每月人均收入为最低生活费 1.5 倍以下，自付 30%，政府补助 70%
	家庭每月人均收入介于最低生活费 1.5～2.5 倍之间，自付 45%，政府补助 55%
残疾人士	极度或重度残疾人士，政府全额补助
	中度残疾人士，自付 30%，政府补助 70%
	轻度残疾人士，自付 45%，政府补助 55%

保险给付包括老年年金、身心障碍年金和遗属年金三部分。老年年金的给付标准分为两种，可由被保险人选择要求给付：第一，保险给付＝月投保金额×保险年资[①]×0.65＋3000 元台币。第二，保险给付＝月投保金额×保险年资×1.3。但是，有欠缴保险费期间不计入保险年资的事项、保险事故前一年有欠缴事项、已领取相关社会福利津贴[②]或已领取其他社会保险养老金[③]的，只可以第二项标准获得给付。老年年金除按规定标准给付外，对于中低收入的老年人，还可每月领取 3000 元台币保证年金[④]，但年收入超

① 所谓保险年资，是指被保险人依本法规定缴纳保险费之合计期间，其未满一年者，依实际缴纳保险费月数按比率计算；其未满全月者，依实际缴纳保险费日数按每月 30 日比率计算。

② 所谓相关社会福利津贴，是指低收入老人生活津贴、中低收入老人生活津贴、身心障碍者生活补助、老年农民福利津贴及荣民就养给付。

③ 所谓其他社会保险养老金，包括公教人员保险、劳工保险、军人保险及农民健康保险。

④ 在《国民年金法》通过之前，台湾还设有敬老津贴。敬老津贴针对 65 岁以上的中低收入老年人，目前敬老津贴已被并入保证年金，改由保证年金统一发放。

过50万元台币、自有不动产价值超过500万元台币和已领取公教退休金的老年人除外。鉴于台湾地区2012年土地、房屋等不动产升值幅度较大，部分老年人因不动产升值丧失老年保证年金的领取资格，立法部门作出特别规定，原已领取基本保证年金的老年人，如果土地及房屋没有增加，只是因土地现值调整造成价值超过500万元台币以上者，仍然可以继续领取年金，以保障他们的权益。身心残障年金的适用对象是重度以上残疾且经证明丧失工作能力的人，给付标准为保险给付＝月投保金额×保险年资×1.3，另外还可获得每人每月4000元台币的保证年金。为照顾弱势群体的基本经济生活，避免因通货膨胀造成收入减少，2011年建立了保证年金调整的制度化机制，老年基本保证年金由3000元台币调增为3500元台币，身心障碍基本保证年金由4000元台币调增为4700元台币，未来则每4年参照消费者物价指数成长率，定期调增各项给付金额。遗属年金给付对象为被保险人死亡后，与被保险人存在血亲关系且符合法定要件的配偶、子女、父母、祖父母、孙子女或兄弟姐妹等。受领遗属年金给付的顺序如下：配偶及子女；父母；祖父母；孙子女；兄弟姐妹。前一顺序领取遗属年金的对象存在时，后一顺序的遗属不再享有领取资格。考虑到国民年金的基本生活救助功能，避免包括老年人在内弱势群体的年金收入因其他债务原因导致扣押、抵销或挪用，《国民年金法》2014年进行了修订，规定国民年金制度下各项年金的领取者必须提供保险人出具的证明文件并需在金融机构开立专户，各项年金必须存入保险对象账户。专户内的存款，不得作为抵销、扣押、供担保或强制执行的标的。在我国台湾地区，由于国民年金主要以老年人为保障对象，因而国民年金也常被称为“敬老年金”或“老人年金”。

对于老年人及其他被保险人就领受资格、年资、保险、利息及给付额度等有关年金权益事项与办理机构产生的争议，台湾地区还专门出台《国民年金争议事项审议办法》，提供了相应的行政救济程序。该救济程序的典型特征是设定行政诉讼前置程序，以强化行政机关救济功能。被保险人及受益人对保险人所核定问题发生争议事项时，应于收到核定通知文件次日起六十日内，填写国民年金争议事项审议申请书并提交相关证件及证明，向由政府机关代表、被保险人代表及专家各占1/3为原则建立的“国民年金监理会”申请审议。保险人收到审议申请书后，应先行审查原核定是否合法妥当，如果认为申请理由正当，应重新核定，并应通知申请人及告知监理会。

如不同意重新核定，保险人应提出意见书，连同申请书及其他必要案卷提交国民年金监理会。监理会本着专业、独立和效率的原则进行审查，作出是否受理、撤销或驳回的决定。对于审议结果不服时，申请人可依法提起行政诉讼。据统计，国民年金监理会处理的争议在法院的诉讼维持率接近95%，因而，该前置程序便利了老年人等被保险人争议的解决，有利于他们权益的保护。

二、台湾地区的老年生活救助

我国台湾地区贫困线以家庭中每人每月平均收入低于最低生活费用进行认定。根据台湾政府2013年6月修订的《社会救助法》规定，最低生活费由政府、直辖市主管机关参照统计机构所公布的本地区最近一年人均收入中位数[①] 60%确定，并于新一年度计算得出的数额较现行最低生活费变动5%以上时进行调整。2013年，台湾贫困线标准为每人每月10244元台币[②]，台湾各地每月的最低生活费用为8798～14794元台币不等。《台湾社会救助法》是台湾社会救助制度的法律依据，为需要的公民提供援助，以使他们摆脱贫困。受助的对象包括低收入户、中低收入户、老年人、残疾人、失业人士等，提供的救助包括生活补助、医疗补助以及脱贫自立的支援等。

政府为贫困老年人提供的经济保障主要包括中低收入老年人生活津贴、不以缴费为基础的基本养老金和不动产逆向抵押贷款等。第一，中低收入老年人生活津贴属于“残补式”补助金。早期的台湾社会福利未能回应台湾社会的需求，主要体现在社会福利涵盖的人群有限、社会福利支出仅占政府总支出的零头。由于当时能够领取退休金的人数有限，且即使能够领取退休金的普通劳工领取额度普遍不高，这强化了社会对老年特殊补助的需求。老年特殊补助能够引起整个社会对老年人的关注，因而为老年人发放特殊补助的方式保留至今，成为台湾老年救助的一种重要形式。依据《老年人福利法》，1994年，台湾地区开始发放中低收入老年人生活津贴。根据世界银行2005年提出的多层次老年经济保障模式，中低收入老年津贴属于第

---

① 人均收入中位数是指将所有调查户按人均收入水平从低到高顺序排列，处于最中间位置的调查户的人均收入。

② 各地最低收入水平根据本地经济状况存在差别，如当年台北市为14794元台币，高雄市为11890元台币，新北市为11832元台币，台南市为10244元台币。

零层或称基层社会保障[①]，主要是为终身贫穷资源不足的老年人、不适用任何法定年金制度的老年人或非正式部门的老年人提供保障，目的是为贫困老人提供最低生活保障。中低收入老年人生活津贴以收入调查为依据，满足一定条件的老年人，家庭每月人均收入介于最低生活费1.5倍至2.5倍之间的每月可获得3600元台币的中低收入老年人生活津贴，而家庭每月人均收入为最低生活费1.5倍以下的每月可获得7200元台币的低收入老年人生活津贴。以台北市2012年规定的中低收入老年人生活津贴领取条件为例：拥有台北户籍并实际居住，最近一年居住台湾地区超过183天；年满65岁；未经政府公费收容安置；家庭总收入平均分配全家人口，每人每月金额符合规定（2012年度为27011元台币）；全家所有人口存款（含股票投资）的合计限额，单一人口家庭为250万元台币，每增加一人可增加25万元台币；全家人口的土地与房屋合计价值不超过710万元台币；未入狱服刑、因案件被羁押或依法被监禁。家庭总收入平均每人每月超过19332元台币，但在27011元台币以下者，每月发给3600元台币。家庭总收入平均每人每月低于19331元台币者，每月发给7200元台币。[②] 截至2013年6月，台湾地区领取中低收入老年人生活津贴的老年人共119619人，占65岁以上老年总人口的比例为4.5%。第二，不以缴费为基础的基本养老金总体上属于国民年金的范畴，于2008年开始实施，主要为那些在其他社会保险计划（例如强制推行的劳工保险计划及劳工退休金计划）下未获得妥善保障的老年人提供基本的经济保障，该养老金不需要以缴费为基础，且需要以收入调查为

---

① 2005年5月，世界银行提出多层次老年经济保障模式，其建构的五层保障模式包括：第零层，非缴费型社会救助制度（保障最低生活）。这是一种全民式补助，主要适用于有效保障资源不足或者无法获得任何法定年金保障的非正式部门或正式部门的老年人。在一国国民收入稳定或收入常态化之后，这一保障模式会逐渐缩小，属于非缴费型的社会福利保障。第一层，强制性社会保险制度（公共年金）。这是最传统的公共年金制度，由社会保险的保险费作为最主要的保险财源，主要通过社会连带方式发挥其功能，实现世代之间的转移所得。第二层，任意性员工退休金制度即私人年金，包括职业年金或个人年金，主要由企业提供并由员工自愿参加。第三层，自愿性商业保险储蓄制度（个人年金保险）。这种模式主要采取自愿性的退休前提取的方式，由商业性保险公司运作，以保证个人在退休后能够获得长期的保障。第四层，伦理性家庭供养制度（家庭养老）。这一层次的保障主要为没有工作的家庭成员提供晚年生活照顾。世界银行将这第四层次保障纳入保障模式的范畴，主要是参考了发展中国家中传统社会家庭重视孝道的伦理道德思想及相互扶持的共济观念。事实上，部分国家不少老年人退休后的消费资源和生活支出并非来自于社会正规的保障制度，而主要源自子女的供养或家庭间资源的转移。

② 参见邱贞婷：《台北市与上海市老年福利政策之比较——以老人年金与社会救助为例》，中国文化大学与中国大陆研究所2012年硕士学位论文，第91页。

基础,满足资格要求的老年人每月可领取3500元台币的基本养老金,但是,满足领取中低收入老年人生活津贴条件的老年人不得同时领取基本养老金。截至2013年6月,领取基本养老金的人数为782319人,占65岁以上老年总人口的比例为29.6%。[①] 第三,不动产逆向抵押贷款制度,是指老年人可以自有产权的房屋抵押给金融机构或政府,并以老年人死亡或者移转自用住宅为到期日,于抵押期间每月(或每年)收取固定的收入作为回报,达到老有所养的目的。台湾政府于2010年10月核定"以房养老"政策,并于2012年7月开始实施,适用对象为65岁以上单身、无子女(无继承问题)且因为拥有房产而不符合低收入资格的贫困老年人。抵押房屋房龄、位置不限,只需要经专业机构估价后抵押给政府,即可终身按月领取固定生活费,具体数额根据老年人性别、年龄、土地和房屋评定现值精算得出,并有简单易懂的对照表作为参考。

鉴于部分中高龄老年人就业困难、收入降低的现实情况,为提高老年人的整体收入,同时鼓励老年人参与社会、推进延迟退休,台湾政府采取了一系列措施推进老年就业。首先,加强中高龄老年人就业服务,提高老年人的就业能力。通过为中高龄老年人提供培训以及编印就业手册等方式,增进老年人的专业技能,协助老年人做好后期职业生涯规划。为保证失业时中高龄老年人参加职业训练期间的基本生活,使其能安心参加训练并促进其迅速就业,每月按社会基本工资的60%(10368元台币)发放补助,最长以6个月为限。除此之外,政府还加强与社会教育机构的合作,完善中高龄老年人的在职训练和第二专长训练。政府每年编制专项预算,为企业向老年人提供的训练提供财政支持,以提升老年人适应多变的就业环境,提升老年人就业的稳定性。其次,鼓励企业雇佣中高龄老年人,并努力改善老年人的就业环境。政府为雇佣老年人的企业提供雇佣奖励津贴,以提高老年人就业率。企业雇佣由公立就业服务机构推荐的中高龄老年人,可以向推荐机构申请雇佣奖励,依劳工人数每人每月可获得10000元台币或每人每小时10元台币,最长12个月为限。政府鼓励企业为适应老年人的身体条件,改善

---

① 参见香港特别行政区立法会:《内务委员会辖下扶贫小组委员会访问团前往台湾及日本进行职务访问以考察当地扶贫经验的报告》(香港立法会CB(2)1266/13-14号文件附件1),2013年,第19~20页。

工作环境，减少体力劳动，调整工作流程，以使老年人能够胜任工作。鼓励企业以弹性工时、部分工时或按件计酬等方式，留用65岁以上员工，在发挥老年人专长的同时促进企业的发展。再次，加强社会立法，倡导延迟退休，做好舆论宣传工作，消除社会上对老年人就业的歧视。罗马法学者构建了公私法分野的理论，但随着经济的发展和社会的变迁，尤其是进入资本主义社会后，面临着突出的社会问题如劳动和弱势群体保护等。因而，在国家本位和个人本位之外，社会本位的理念受到重视。同时，法学的发展出现公私法交融的趋势，“公法私法化”和“私法公法化”特征日益明显，“第三法域”社会法成为解决社会问题的重要手段。当前，人口老龄化速度不断加快，老龄化社会问题日益突出。所以，构建与时俱进的老年就业制度、保护老年人合法权益、促进老年人社会福利权益的实现、完善老年人权利保障法律制度的意义日益彰显。随着社会平均寿命的增加以及出生率的下降，台湾政府通过广播、电视等舆论工具宣传延迟退休的价值，同时采取严格的法律措施禁止老年歧视。台湾政府倾向于将老年人社会发展负担转换为人力资本价值，构建以能力建设为导向的舆论、政策体系，为老年人就业创造一个良性的支持环境，使老年人保有健康而有尊严的社会公共环境和生活方式。最后，建立银发就业中心，免费提供就业信息服务。台湾也仿效日本建立了银发就业中心，2014年10月，台湾第一家银发就业中心在新北市开始营业。银发就业中心努力促进老年人与企业的结合，运用现有公立就业服务机构，有效结合民间资源，建立人才资料库，协助有工作能力和意愿的老人贡献社会，继续参与社会活动。另外，台湾政府目前在研究适度补助雇主负担的中高龄员工健康保险、劳工保险或公教人员保险费用、劳工退休金等费用，以减轻雇佣成本，提高企业雇佣中高龄者劳动者的主观意愿，提高老年人的就业率，减少老年贫困问题的发生。

除上述救助外，贫困线以下的家庭还可以领取低收入家庭补助金，这使贫困家庭中的老年人可以同时受益。《台湾社会救助法》以“主动关怀，尊重需求，协助自立”为原则，努力使贫困、孤苦无依者得到照顾，以保障国民最低生活水准，减少收入差距过大。2010年，《台湾社会救助法》修订贫困线标准，并在低收入户外增加中低收入户。中低收入户家庭可以领取中低收入户补助金，有65岁及以上老人的家庭也可以领取该项救济。

三、老年居住安养救助

面对老龄化背景下老年人居住安养和长期照顾的压力，台湾政府从1998年开始陆续推出“建构长期照护先导计划”“新世代健康领航计划”“加强老人安养服务方案”“照顾服务福利及产业发展方案”和“长期照顾十年计划”等各项方案，积极应对老龄化问题。为保证老年人的正常生活，使老年人的安养和照护问题得到有效解决，台湾地区每年增加老年人福利经费，补助地方政府或社会组织兴建养老机构，督促提升服务质量。同时政府鼓励老年人居家养老，做好居家服务、日间照顾、营养餐饮等服务措施。现行的老年人居住安养服务主要包括居家养老服务、社区养老服务和机构养老服务。

居家养老能够使老年人在熟悉的环境中生活，并在享受天伦之乐的同时获得家人的照顾。鉴于家人照顾能力和时间精力有限，政府为老年人提供的居住安养救助主要包括居家服务、设置居家服务支援中心、改善中低收入老人住宅环境以及提供中低收入老人特别照顾津贴。首先，所谓居家服务，是指政府为居家生活的老年人提供服务支持，主要体现在老年人居家生活需要家政服务的帮助，政府为家政服务的花费提供一定时长补助，通常低收入户老年人限定时长内的服务费由政府全额补助，中低收入老年人可获得70%的补助。其次，居家服务支援中心可以为老年人或老年照顾者提供老年照顾的教育训练课程服务和咨询服务，必要时可提供直接的社区福利服务。再次，改善中低收入老年人住宅环境以减少老年人由于身体机能衰减可能造成的行动不便，鼓励老年人居家生活，主要措施是政府为老年人改造洗浴、厨房、厕所、卧室等硬件设施，加装扶手，拓宽活动空间以及减少室内高低差等提供经济补助，通常以户为单位，既可是自有住宅也可是租赁住宅，但通常要求至少居住三年。为协助失能老人能够借助辅具及无障碍环境满足日常生活需要，减少照顾人员的工作压力，确保失能老人权益，失能老人家庭还可申请居家无障碍环境改善及生活辅具补助。依据台湾《失能老人接受长期照顾服务补助办法——辅具购买及居家无障碍环境改善辅助项目表》的规定，失能老人家庭可向长期照顾管理中心或社会局老人福利科提出申请，自核定补助起十年内以补助100000元台币为限。地方政府根据财政状况可提供额外补助，例如台东县2011年《失能老人接受长期照顾服务辅具购买及居家无障碍环境改善辅助作业要点》规定：经评估有特殊需要者，专案可增加补助最高20000元台币。最后，为鼓励老年人居家生活，减轻社会福利机构负担，台湾政府配合《老人福利法》的修订，制定《中低收入老年人特别照顾津贴实施办法》，为中低收入老年人的照顾人员发放特别照顾津贴。领取该项津贴须同时满足如下条件：被照顾的老年人有资格领取中低收入老年人生活津贴；老年人未接受机构收容安置、居家服务、未雇佣看护、未领有政府提供的日间照顾服务补助或其他照顾服务补助；老年人失能程度经市县主管机构指定或委托的评估组织根据日常生活功能量表评估为重度以上；老年人实际由家人照顾。中低收入老年人特别照顾津贴每月5000元台币，以弥补老年家庭照顾者因照顾家中老年人而丧失的经济来源。[①] 能够领取照顾津贴的人员必须是16岁以上65岁以下不存在因犯罪被羁押或监禁等问题的下列成员：应是领取中低收入老年人生活津贴应计算家庭总收入全家人口的家庭成员；应是被照顾老年人已结婚的儿子或者出嫁的女儿及他们的配偶；应是被照顾老年人二亲等之内的直系血亲中的卑亲属，即被照顾人的同父母弟妹以及被照顾者的孙子女或外孙子女。另外，由于台湾部分中低收入老人缺乏自有房屋，仍需租房居住，为照顾老人生活减轻其租房负担，台湾部分地区如新竹、基隆等地政府为户籍在本市并实际居住于本市的65岁及以上中低收入老人租赁房屋提供租金补助。根据2013年6月《新竹市中低收入老人修缮住屋及租屋补助办法》第5条规定的补助标准，低收入户老人每户每月补助3000元，中低收入户老人每户每月补助1500元。

社区养老服务主要帮助的对象是子女无法提供必要照顾的老年人。该项服务通过整合社区的人力、物力及财力资源，并发挥社会组织的积极功能，为老年人提供安全保护、日间照顾、餐饮服务及短期照顾等。以餐饮服务为例，台湾彰化县长期照护管理中心为在本地有户籍且实际居住，失能且无法自行准备餐饮或购买餐饮的65岁以上低收入和中低收入老年人提供老年人营养餐饮服务。补助标准如表4-14。

① 参见陈月娥：《社会福利服务》，千华数位文化股份有限公司2014年版，第315～316页。

表 4-14　　台湾彰化县补助标准

<table>
<tr><th>失能程度</th><th>一般家庭老年人</th><th>中低收入家庭老年人</th><th>低收入家庭老年人</th></tr>
<tr><td>轻度失能</td><td colspan="3">补助额度：每天最高补助一餐，每餐以 50 元台币计</td></tr>
<tr><td>中度失能</td><td rowspan="2">政府补助后，民众自付 40 元台币/餐</td><td rowspan="2">政府补助 90%，民众自付 10%</td><td rowspan="2">政府全额补助</td></tr>
<tr><td>重度失能</td></tr>
</table>

机构养老服务是老年人福利服务的关键环节，也是社会福利的重要体现。根据《台湾老人福利法》第 9 条规定，地方政府应视需要设立并奖助私人设立下列各类老人福利机构：(1)长期照护机构，以照顾罹患长期慢性疾病且需要医护服务之老人为目的；(2)养护机构，以照顾生活自理能力缺损且无技术性护理服务需求之老人为目的；(3)安养机构，以安养自费老人或留养无扶养义务之亲属或扶养义务之亲属无扶养能力之老人为目的；(4)文康机构，以举办老人休闲、康乐、文艺、技艺、进修及联谊活动为目的；(5)服务机构，以提供老人日间照顾、临时照顾、就业资讯、志愿服务、在宅服务、餐饮服务、短期保护及安置、退休准备服务、法律咨询服务等综合性服务为目的。为满足低收入、中低收入及失能老人接受长期照顾机构的服务需求，减轻家庭照顾者负担，落实全天候照顾服务以提升老人照顾品质，政府以公费安置的方式进行居住安养救助。公费安置通常以公立机构(老人之家、仁爱之家、老人养护中心)为主，但如果老年人有其他特殊照顾需求而公立机构无法安置，也可将老年人转入与政府订立照护协议的私营机构(安养机构、长期照顾机构、护理机构)，由政府承担费用。根据 2015 年 1 月适用的《台中市政府社会局办理低收入户孤苦无依老人及低收入户、中低收入户及中低收入 1.5 倍失能老人长期照顾机构安置服务计划》，对于户籍隶属于本市且年满 65 岁以上经评估符合资格要求的老人，可安置于本市签约且经认定为甲等(合格)以上的长期照顾机构或护理之家等。该服务计划第四项“服务标准”详细列明了不同类型需要老年人的补助费用，最高每人每月达 18600 元台币，经费来源为 2015 年公益彩券盈余分配基金和 2015 年社政业务—社会福利—推行老人福利—奖补助费。领有政府提供的特别照顾津

贴、生活津贴、重病看护补助费、日间照顾补助费等其他费用补助的中低收入老人不得在同一期间内申请该项安置。

鉴于台湾地区现有长期照顾资金不足、照顾机构和服务人员数量欠缺以及照顾服务标准缺少统一规范等问题，为构建完善的长期照顾服务制度，健全长期照顾服务体系，规范服务机构、服务人员以及保证服务的品质，保障接受长期照顾老年人的尊严及权益，使长期照顾服务有法可依，台湾从2010年开始制定长期照顾的根本性法律，历经五年左右立法，于2015年6月立法院通过《长期照顾服务法》，于2017年6月实施。该法共7章66条，包括长期照顾服务的范围和内容、长期照顾服务人员的管理、长期照顾服务机构的管理、接受长期照顾服务者的权益保障、长期照顾服务发展奖励措施等内容，预计该法实施后将会有上百万台湾家庭受益。首先，该法扩大了长期照顾服务对象的范围。目前，台湾长期照顾的服务对象限于65岁以上的老年人、55岁以上的山区原住民、50岁以上的身心障碍者和日常使用器具能力丧失的独居老人。新法规定，只要身心部分失能或全部失能持续六个月以上、需要生活或医疗服务方面的人士，均可通过长期照顾服务机构聘请接受专业训练的人员或外籍看护，采用居家式、社区式和机构住宿式或家庭式等服务模式，得到最佳照顾。家庭照顾者也属于长期照顾服务的对象，由政府提供服务技能和知识的培训。其次，规范长期照顾服务人员的服务标准，扩大长期照顾服务人员的范围。服务者必须是经过训练、备案、领有资格证明的人员，并需接受法律、医疗和心理等方面的继续教育，同时对因业务而知悉的个人隐私负有保密义务。另外，为扩大服务人员的范围，外籍护工也被首次纳入长期照顾服务人员的范畴。再次，加强长期照顾服务机构管理。面对服务机构管理主体多元化、服务能力不一的问题，新法确定在实施后五年内，将整合现有的护理之家、老人之家和养老院等长期照顾服务机构，并要求在规定期限内完成改制，如未能在期限内获得重新许可，将不得提供长期照顾服务。最后，确定长期照顾服务资金来源，增加财政支持。立法过程中，长期照顾服务资金来源的问题争议最为突出。经过讨论，最终确定成立长期照顾服务基金，以政府预算、烟草税收、捐赠收入以及基金孳息作为资金来源，五年内至少投入120亿元台币。目前，尽管台湾地区的养老照护体系已经基本确立，但仍在不断规划和建设中，还需要不断完善多层次的网络体系，构建居家式、社区式和机构式的照护体系以及做好照护人力资源的准备等。长期照护法律的制定,能够促进长照体系的完善和稳定运营,可以推进社会就业率和社会经济的发展,尤为重要的是,它能够通过社会互助、分担风险,使民众获得长期照护服务的终生保障,中低收入老年人和失能者都可获得基本的长期照护,能够大幅减轻老年人家庭的经济与精神负担。

四、老年医疗救助与其他救助

通常老年人退休经济来源以退休金和个人储蓄为主,但事实上常常面临支出过大的困境,主要是因为老年人由于年龄原因身体功能衰退,各种慢性和急性疾病不断产生,致使医疗支出增加,造成严重的经济负担。台湾医疗保险开始于20世纪50年代的劳工保险,后来陆续推出军人保险、公务员保险、低收入户健康保险等13种保险制度,主要以职业和收入层次进行划分,提供医疗保险服务。当时,尽管医疗保险种类众多,但并非社会强制保险,而且由于保费与支付标准参差不齐,因而未能获得社会的认可,仍存在部分群体无法参加任何已有医疗保险制度的问题。截至1994年,台湾地区仍有40%的民众未能加入任何医疗保险。为实现全民皆有医保的目标,台湾于1995年推出全新的健康保险形式,将原有的13种保险制度整合为统一的全民健康保险制度,要求台湾民众必须参保,建立了强制性社会医疗保险制度。新的制度要求拥有台湾户籍满四个月以上的居民和持有台湾居留证并居住超四个月以上的外籍人员均需参保,保险覆盖率达到99%。全民健康保险制度重视老年人的医疗福利安排,尤其重视对中低收入老人的医疗救助,在疾病防治、医疗辅助、护理救助等多方面均有针对性的健康维护措施。全民健康保险的主管机关为台湾卫生主管部门,经办机构为其下属的健康保险局,在台湾地区内设有6个分局和21个联络办公室,具体负责各辖区内全民健康保险的承保和支付工作。此次改革实现了保险费率与保险给付的单一化。保险费率按照家庭实际收入(工薪阶层)或平均收入(非工薪家庭)的一定比例支付保险费,收入越高支付保险费越高。鉴于无收入或经济困难群体可能存在支付困难,《台湾社会救助法》第19条规定:低收入户参加全民健康保险的保险费,由台湾主管机关全额补助;中低收入户参加全民健康保险的保险费用由台湾主管机关补助1/2。尽管保费支付存在差别,但参保对象到定点机构进行诊疗时,享受的医疗待遇相同,个人按照规定支付一定比例(个人平均负担20%左右)的医疗费用,其余费用由经办机构统一支付给医院。个人部分负担医疗费用,能够防止医疗资源的滥用,但也会造成部分低收入群体个人负担部分的困难,《全民健康保险法》第37条规定,低收入户就医时,其应自行负担的费用由台湾社政主管机关提供相应补助。

为保证中低收入老年人获得需要的医疗服务,《老人福利法》第22条规定,老人或其法定抚养义务人就老人参加全民健康保险之保险费、部分负担费用或保险给付未涵盖之医疗费用无力负担者,直辖市、县(市)主管机关应予补助。前项补助之对象、项目、基准及其他相关事项之办法,由台湾主管机关定之。根据该项规定,台湾政府于2000年制定了《老年人参加全民健康保险无力负担费用补助办法》,并于2007年和2011年两次进行修订。补助对象包括:符合社会救助法规定的低收入户老年人,其本人和法定抚养义务人均无力负担保险费用;领取中低收入老年人生活津贴的中低收入老年人,其本人和法定抚养义务人均无力负担保险费用。低收入户老年人的全民健康保险费及部分负担费用,由台湾主管机关进行补助,对于保险给付未能涵盖的医疗费用,以疾病、伤害事故为限,补助标准和比例由地方主管机关根据财政情况订立办法进行补助。中低收入老年人全民健康保险的保险费,如果老年人已满70岁,由台湾主管机关全额补助;如果未满70岁,由地方主管机关根据财政情况订立补助办法进行补助。中低收入老年人全民健康保险的部分负担费用或保险给付未能涵盖的医疗费用,以疾病和伤害为限,且以老年人近三个月内自行负担金额不超过50000元台币为限,具体补助标准和比例也由地方主管机关根据财政情况订立补助办法进行补助。以台湾新竹市2014年的补助办法为例,符合领取中低收入老年人生活津贴条件的要求、已参加全民健康保险、最近三个月自行负担医疗费用累计达20000元台币以上的老年人,如果未获得其他医疗补助或保险给付,可获得中低收入老年人参加全民健康保险无力负担医疗费用补助。补助标准为:家庭总收入平均每人每月未达最低生活费用1.5倍的老年人,政府补助其自行负担医疗费用之70%;家庭总收入平均每人每月未达最低生活费用2.5倍的老年人,政府补助其自行负担医疗费用之50%;每人每年度最高补助15万元台币;特别情况下由政府派人实地走访并核准,以每人每年度最高补助30万元台币为限。

根据台湾全民健康保险制度的规定，装置假牙并不属于医疗保险项目，但根据台湾卫生署国民健康局开展的老年健康调查显示，65岁以上的老年人全口无牙的比率超过20%。为保障老年人更好地饮食和健康生活，在提高生活品质的同时减轻经济负担，台湾政府自2008年开展“中低收入老年人补助装置假牙实施计划”，由政府编制经费补助预算补助各市、县政府，同时要求各市、县政府提供最低的自筹经费。根据2015年7月最新修订的《中低收入老人补助装置假牙实施计划(核定本)》，办理该项业务的主管机关是台湾卫生福利部，服务对象是年满65岁以上、符合下列条件之一、经医生评估缺牙需装置活动假牙的老年人：第一，经认定属于低收入户或中低收入户范围；第二，有资格领取中低收入老年人生活津贴；第三，有资格领取身心障碍者生活津贴；第四，经各级政府全额补助收容安置；第五，经各级政府补助身心障碍者日间照顾及住宿式照顾费用超过50%。依据装置假牙类别，每人最高补助40000元台币。受到补助的老年人再次就同一假牙类别获得补助须满三年以上，但假牙的维修费用不受限制。地方政府也可根据本地情况出台补助标准，以不低于上述补助标准为限。以台北市为例，其对低收入户老年人的假牙补助金额最高可达到5.5万元台币，对中低收入户老年人的假牙补助金额最高可达到4.5万元台币，另外，低收入户老年人及台北市政府全额补助收容安置的老年人的假牙补助年龄限制放宽至60岁。

除基本养老、医疗、住房等方面的补助外，为保证低收入老年人身体健康和正常生活，部分地方政府以地方法规的形式提供形式多样的救助。根据《台北市政府补助低收入老人、孕产妇及婴幼儿营养品代金实施要点》，老年人身体营养不良经医生诊断或社会工作人员评估需要补充营养的可以向政府申请营养品代金补助，每次申请补助金额不超过1000元，并以每两个月申请一次为限，所需经费由社会局编列年度预算支付。除专门为低收入老年人提供的补助或服务外，政府针对所有老人提供的补贴或服务对低收入老人也有一定的救助作用，如重阳节敬老礼金、三节(春节、端午和中秋)礼金等。台湾政府每年都会在农历春节前向福利机构中的老年人提供“加菜金”和红包，2013年向每家老人福利机构赠送2万～5万元台币“加菜金”以改善生活，向公费安置照顾的65岁及以上老人赠送每人1000元台币红包。

结　语

老年社会救助制度不仅是一个道德问题、一个社会问题，更是一个法律问题。中国早在20世纪末就已经进入老龄社会，老龄社会问题日益凸显。进入21世纪以来，人口老龄化速度不断加快，老年救助不可避免地成为老龄社会的突出问题。完善老年人救助法律体系，制定专门的老年救助法律，是应对人口老龄化和老龄社会问题的重要举措。老年救助制度在老年人权益保障法中具有重要的地位，它关联着老年人生存权利、生命尊严、社会福利等相关问题，是应对老龄化社会的必然选择。应当根据我国老龄化的现实国情，及时发现制度的疏漏与实施中存在的问题，与时俱进，保证老年人福利的积极增长，最终使新型的老年救助制度得到社会的认可。

我国老年社会救助制度立法任重道远，应当积极借鉴国外的老年救助的法律制度。发达国家较早进入老龄化社会，我国基本是在没有充分准备的情况下进入"老龄化社会"，老年相关法律目前仅处于形成阶段，需要借鉴欧美国家和亚洲国家的老年救助立法经验。同时，老年社会救助制度的构建必须充分考虑本国的社会经济文化环境，也需与经济社会发展水平相匹配。

一、应当确立救助的立法依据，实现老年救助的法治化

美国、加拿大、日本以及我国台湾地区的诸多老年救助项目均以相应立法作为保证，专门制定法律和行政法规等不仅能使老年救助计划和项目的管理运作有着明确的规范，实现老年救助的法制化，而且能使救助计划和项目的持续性得以保证。尤其是救助的预算能够提前列入财政预算，不会因领导人的更迭与关注点的变化发生改变，实现老年救助的法治化，从而有效地提升救助的效果，减少老年贫困人口的比例。相比较而言，我国《老年人权益保障法》的多数条款都是概括性和原则性的规定，因此，应当特别重视围绕《老年人权益保障法》配套措施的建立与健全。[①] 目前，我国的老年救助还缺乏明确规范的法律制度，许多救助更多依靠行政部门的规定或政策确

① 参见相焕伟：《台湾地区老人福利法制及其借鉴》，载《法学论坛》2013年第3期。

定执行，且各地出台的实施办法在救助调查、机构审批、救助实施、监督审查等方面缺乏规范性和专业性。我国应当加快社会救助法的立法进程，并在社会救助法制定的基础上，出台老年救助的统一规范和实施细则，实现老年工作法治化和规范化，保证老年救助工作的稳定性和提高老年救助效率。

二、应当扩大社会保障范围，丰富老年救助的内容

做好老年基本生活保障工作应当未雨绸缪，尽快扩大社会保障的覆盖面，努力实现全民保障。社会保险制度能够实现风险分担和收入再分配的职能，也是老年收入安全保障的主体，应当努力扩大社会保障的覆盖范围，将全体国民纳入社会保障的范围并提供最基本的养老保障，避免存在被遗漏的社会群体，从而减少老年贫困发生的可能性。政府应当服务于老年人的物质文化生活需要，有效回应老年人在收入安全、住房、医疗、照护等领域的需求，融管理于服务之中，同时以服务实现对老龄化社会的管理，以社会资源支持中低收入老年人。既要设置类似于公共援助制度的增加老年人收入的救助措施，体现生存权保障的理念，也应专门设置类似于高龄者医疗保险、老年房租债务担保等都能够体现较强的人文关怀的救助措施。以老年人就业服务为例，在人口持续老龄化的背景下，各国普遍趋势是延迟领取退休金的年龄，增加老年就业的比例。我国应当加快设置老年人就业服务中心，提供咨询服务和职业训练，做好老年人职业生涯规划。

三、应当加强立法，减少老年歧视，优化老年人就业的环境

采取老年人就业的激励性措施，如对自愿延迟退休的老年人提供更高额度的退休金奖励，或者对愿意雇佣老年人的企业提供补贴，或者对愿意雇佣老年人的非营利组织提供更多的政府购买的机会等，将老年人纳入政府促进就业的对象。完善和健全老年人社会救助的范围与类型、老年人社会救助条件和标准、老年人社会救助方式与机制、老年人社会救助管理体系与方法，以及明确政府的救助责任，是老年人社会救助制度建设的重点。[①]

---

① 参见肖金明.:《构建完善的中国特色老年法制体系》，载《法学论坛》2013 年第 3 期。

四、应当减少老年贫困人口增量，实现由贫困救助向贫困预防的转变

应对老年贫困问题，除应对已经陷入贫困的老年人提供救助外，还应努力减少老年贫困人口的增量。在建立全民年金制度的同时，应当建立中低收入老年津贴。减贫机制中既要有对低收入老人的保障，也要有对中等收入老人的保障。我国应当进一步扩大基本养老保险覆盖范围，扩大制度的覆盖率，减少老年贫困发生的可能性。我国现行的老年救助制度主要面向低收入老年群体实施，目的是绝对减少贫困人口数量，缺乏对中等收入老年人等边缘贫困群体提供有效的救助措施，应当扩大老年救助的覆盖范围，减少老年人由于物价提升、医疗或看护费用支出增加等返贫现象的发生。增加救助项目的同时还应注重减贫的效果。除完善基本养老保障制度外，还应当丰富补充收入制度、医疗救助制度和住房救助制度的具体救助形式，以实现良好的减贫效果。在基本的营养、医疗、住房支持外，如增加老年牙科补助、房屋租赁补助、老年照顾人员补助等，体现政府的人文关怀。基于社会政策可以起到预防风险和管理风险的作用[①]，在人口老龄化过程中，应当注重增加社会整体福利，完善应对社会风险的老年福利政策，这不仅能够促进减贫过程的公平，也能提高减贫工作的效率，真正实现由贫困救助向贫困预防的转变。

① 参见徐月宾：《中国政府在社会福利中的角色重建》，载《中国社会科学》2005年第5期。

第五章

我国老年人社会救助制度的完善

《中国养老机构发展研究报告》显示，截至2014年底，中国60岁以上老年人口达2.12亿，80岁以上高龄老年人口达到2400万，失能老年人口接近4000万。[①] 到2050年，中国老年人将达4.35亿，占到总人口31%，到那时每三个人中就有一个老年人。在老龄化程度越来越高的今天，因老致病、因老致贫的因素也日益增多，很多没有养老金或养老金不足的老年人及其家庭极易陷入贫困，因此相对于其他人群老年人更容易出现贫困。老龄化的快速发展使得贫困老人在数量上已形成一定规模，成为了一个特殊的贫困阶层。国家和社会各界都要来关心、帮助他们，给予他们各种社会救助。但由于我国老龄化是建立在“未富先老”的情况下，受经济发展水平等因素所限，多年来并没有建立专门针对贫困老年人口的社会救助制度，导致目前我国老年人社会救助立法理念落后、社会救助原则缺乏系统性和完整性、社会救助法律制度不完善、缺乏合理的资金统筹制度和程序保障制度等一系列制度问题。而老年人社会救助制度的完善与否直接关系到每一个人的生活态度、每一个家庭的生活质量以及整个社会秩序的稳定与社会的顺利发展。为了有效应对老龄化危机，维护社会公平，保证我国经济正常发展和社会的

① 《60岁以上老年人达2.12亿》，载2015年7月17日《人民日报》(海外版)。

稳定有序，有必要从老年人社会救助理念、原则及制度等方面来完善我国老年人社会救助制度。

第一节　老年人社会救助理念

17世纪初，英国第一次建立社会救助制度，自此以后，老年人社会救助的制度理念就一直在不断地发展变化。老年人社会救助的立法理念选择，关系到立法价值选择和立法的基本定位，可以说，是统筹整个老年人社会救助体系建立的核心。我国传统的施恩、恩赐思想导致目前我国老年社会救助立法理念的落后，现有的老年社会救助法律制度的设计和构建基本是为了满足现实生活中迫切需要解决的问题，可以说是在迫切的现实需求下的被动立法，这样的立法理念不可能做到主动及时地安排老年人救助工作，更不可能长远地解决贫困老年人的基本生存问题。落后的立法理念不光会影响老年人社会救助法律制度的建设，而且还会给民众造成片面的认识，认为制定和完善法律制度都仅仅是为实现政府管理而服务的，是政府完成管理职能的一种手段或工具。现代社会老年人社会救助制度是建立在国家责任和公民人权保障的基础之上，与我国传统的消极、单向、恩赐式的“救济”内涵已不相同。因此，我国老年人立法理念的选择应当以保证基本生活、维护社会公平、促进社会发展、稳定社会秩序等为逻辑出发点，以体现现代老年人社会救助发展的特性。对老年人社会救助还要针对老年人自身的特殊情况，从不同角度解读老年人社会救助理念，具体包括：从责任理念上讲，应为国家责任与社会责任并重；从公平理念上讲，应为城乡一体化；从方式理念上讲，应为“造血”与“输血”同步；从内容理念上讲，应为常规与应急结合；从功能理念上讲，应为救助与保险协调。

一、老年人社会救助基本理念

（一）保障人权

西方人权思想在古希腊、罗马时期就已经萌芽，到中世纪有了进一步的发展，尤其是伴随着欧洲“文艺复兴”运动而明确形成了“人权”概念。[①] 在现

① 付子堂主编：《法理学进阶》，法律出版社2006年版，第147页。

代社会，每个人都有生存权、财产权等基本权利，社会不因个体的差异而对其基本权利的保护有所不同。老年人要生存、发展必须得到基本的保障，这是公民的权利，而不是国家对公民的恩惠。因此，国家应赋予每位老年人基本权利，使他们在年老的时候有权要求国家和社会为他们提供基本的物质帮助，并能够享受到社会发展和进步所带来的新成果。在实际生活中，老年人因生理原因无法依靠自身力量实现个人权利，只能由国家和社会予以帮助。现代社会对向需要社会援助的个人提供援助，已成为国家义不容辞的责任。权利救济作为保障公民合法权益、衡平社会成员利益的调节器，越来越成为完善国家公正机制和人权保护的一项重要内容。[①]

对老年人来说，最基本的权利是他们的生存权。只有在能够维持基本生活的情况下才可能实现其他权利；如果连基本生活都不能解决，而去赋予老年人参与社会生活权、受教育权、发展权等是不切实际的。由于我国老年人口逐年增多，而且又是在“未富先老”的情况下进入老龄社会，这都使得部分老年人的生活水平很低，有的甚至处于贫困状态。特别是偏远农村地区的大多数老年人，没有养老金也没有退休金，完全丧失劳动能力后，只能依靠子女养老，勉强维持基本生活，而一旦出现意外，他们的生活就会陷入困境。要保障贫困老年人的生存权，社会救助是必不可少的，这不是社会的施舍，而是老年人的权利。生存权的本质含义是权利人在无法维持基本生活时有权接受社会救助。

生存权是人应该享有的维持生命存在的基本权利，或者说，这是一个国家对它的公民所应尽的最基本的义务。一个文明的社会有义务也有责任保护好每一位老年人，让他们无忧地幸福生活。2008 年，69 岁的湖南老汉付某因持刀在北京站广场抢劫而成为公共话题，原因在于付老汉的抢劫动机竟然是为了“入狱养老”。央视特邀观察员王锡锌先生就此事件发表评论，直指“当下农民所遭遇的中央财政对农民养老零投入、福利院变味和养老求助无门的境况”[②]。

保障弱势老年人的基本生存，是建立老年人社会救助制度的初衷，同时也是完善老年社会救助制度的基本意义和价值。世界人权宣言中提及，生

---

① 参见林喆：《公民基本人权法律制度研究》，北京大学出版社 2006 年版，第 93 页。

② 王琳：《社会保险法难以终结“入狱养老”悲剧》，载 2008 年 12 月 30 日《新闻晨报》。

存权是最基本的人权,若连基础的自我生活能力都得不到实现,其他权利更不可能获得保障和满足。当社会中老年群体的生活条件由于某种状况不能满足最低生存需求时,有权利要求政府为其提供救助,来维持最低生活水平所需的物质帮助和精神援助。当然,老年社会救助不能仅停留在让老年群体满足基本生存需要的最低保障层次上,而是应该有所提高,最好能够为老年人进一步发展和实现其价值提供相应的帮助,创造必要的条件、环境,尽可能地帮助他们摆脱困境,实现社会和谐。

由于文化传统、历史背景、风俗礼仪等的不同,不同国家对老年人权利内容、保护程度等方面的规定也有所不同。从我国有关权利保护的法律、法规来看,老年人当然享有人身权利、政治权利、财产权利等所有人共同享有的权利。但这里所说我国老年人应享有的权利是指老年人除享有宪法和其他法律所赋予的每个公民所共同享有的权利(如生存权、居住权、参与社会权等)之外,还应享有作为社会中的特殊群体需要全社会予以特殊保护的权利。

老年人由于身体生理机能的衰退,自己的劳动所得不能维持自身的生存需要,为了维持老年人的生存,就需要有被赡养的权利。所谓老年人被赡养的权利,是指老年人生活在社会中享有被他人和社会所赡养或抚养的权利。赡养是赡养人对被赡养人经济上供养、生活中照料以及在精神上给予慰藉的一种义务。

按照目前我国法律规定,赡养是指晚辈对长辈的供养,比如子女对父母或孙子女对祖父母的照料。由于我国从古至今一直是“反哺式养老”,所以我们更多是指晚辈对长辈的赡养。子女赡养父母历来被认为是天经地义的事情,这既是道德规范,同时也是法律规范。在封建社会,子女如果不赡养父母,不仅被视为“不孝子”受到全社会的谴责,而且属于法律中不可饶恕的“十恶”罪中“不孝罪”。现代社会《宪法》《民法通则》《婚姻法》《继承法》等法律都相继对子女赡养父母作出了规定,使老年人被赡养的权利有了法律制度上的保障。

赡养可以分为子女亲自赡养和特殊情况下支付赡养费两种方式。《老年人权益保障法》第 15 条第 2 款规定,赡养人不履行赡养义务,老年人有要求赡养人付给赡养费的权利。《婚姻法》第 15 条规定,子女不履行赡养义务时,无劳动能力的或生活困难的父母,有要求子女付给赡养费的权利。不论是子女亲自赡养，还是向老年人支付赡养费用，有一点是不容忽视的，就是对老年人的精神慰藉。随着空巢老人的增多，越来越多的老年人已不满足吃饱穿暖这种纯粹的物质赡养，更渴望享受传统的儿孙绕膝的天伦之乐。《老年人权益保障法》第18条规定："家庭成员应当关心老年人的精神需求，不得忽视、冷落老年人。与老年人分开居住的家庭成员，应当经常看望或者问候老年人。"有些地方也将子女定期回家看望父母立法[①]，但实际生活中操作起来难度很大。

这是传统社会主要的养老形式，但随着老龄化的到来，传统的家庭养老模式已不适应社会的发展，赡养老人的责任亦同时转向社会，要求我们的社会承担起对老年人赡养的义务。赡养既包括向老年人发放养老金，也包括社会要建立完善的养老机制，使老年人能够安度晚年。

现代国家以民主政治为核心内容，以人权保障、民主、法治为发展目标，所以对人权的保障始终是现代社会文明进步和现代化发展的必然要求。尤其是"国家尊重和保障人权"的入宪，在使民众拥有了要求国家为其基本权利实现提供条件这一权利的同时，也使国家具有了与之相对应的义务或责任，即要为民众基本权利的享有提供各种保障，使制度变为现实。现代社会的发展其本质应是社会的发展成果由每位公民共享，而不应区分贫富、贵贱、年老等。为社会发展做出过重大贡献的老一代人，他们的权利能否得到保障，能否分享社会发展的成果，是社会文明进步的重要体现，是社会制度优越的表现。建立完善的老年人救助体系，强调社会对陷入困境中的老年群体进行积极援助，是现代国家的重要理念，更是我国法制建设过程中应确立的重要观念，它正渗透于国家及社会生活的方方面面，并与社会发展、进步联系在一起。

(二)维护社会公平

公平、正义是人类普遍推崇的价值追求，追求公平、正义是社会发展进步的价值目标。如果个人在年轻时为社会发展做出了自己的贡献，而当年老体弱时却遭到社会的抛弃，这显然是不公平的。现代社会把为全体劳动者提供最基本的生活保障作为国家的基本义务，应从立法上加以规定。任

---

① 《辽宁省老年人权益保障条例》第31条规定："赡养人应当履行对老年人的精神慰藉义务，与老年人不在一起居住的应当经常问候、看望。"

何一个国家的发展都是预先享有权利来取得的。无论是根据哪种理论建立起来的国家，它们的存在和发展都离不开社会成员，特别是劳动者在经济、政治、文化和社会生活各个方面的全方位参与，否则整个社会和国家只能是一个空洞的逻辑概念或理论家头脑中的"乌托邦"。而社会成员的社会参与活动又往往是通过履行一定的义务来实现的，只是这种义务与一般的民事义务不尽相同而已。[①] 因此，当劳动者因年老丧失劳动能力的时候，国家就应该通过一定的方式来偿还劳动者前期所尽的义务，以确保每位公民在这一时期能够得到基本的保障。在现代社会，尊重、平等保护社会中的每位成员已成为现代法治国家义不容辞的责任。

进入 20 世纪 90 年代以后，我国经济在取得长足发展的同时，各个社会群体开始产生利益分化和群体分化，由此形成了大量的弱势群体，比较明显的是城乡之间的差异、分化越来越明显，这也成为制约我国经济社会快速、健康、和谐发展的障碍性因素之一。长期以来，二元制的城乡经济结构使得城市老年居民一直比农民老年居民享受更多的社会福利。在困难时期，城市居民也比农民能从政府和社会那里得到更多的社会救助，我国农民在生产、生活、住房、教育、医疗等几乎所有领域都只能靠自己来解决。一方面，各地普遍规定城市最低生活保障线高于农村，并按照这个标准来确定医疗救助对象资格，从而使得这些地区的城市老年群体比农村老年群体更容易享受到生活和医疗救助；另一方面，我国城乡居民收入差距不断增加，1964 年的城乡居民收入差距之比为 2.2∶1，1978 年为 2.4∶1，1994 年达到了 2.8∶1，2001 年进一步上升到 2.9∶1，2010 年更是达到了 3.23∶1，成为城乡收入差距比最大国家之一。[②] 在已建立农村最低生活保障制度的县(市、区)中，只有 1509 万人享受最低生活保障[③]；农村现有贫困人口 3000 多万，其中大部分人尚未得到有效救助。所以，我国应建立全国统筹的城乡一体老年人社会救助制度，以缓解因地区差异、城乡差异带来的社会不公平。

老年社会救助体现人人平等精神，而且这种平等是不带任何附加条件的。当代社会对老年贫困群体的社会救助仅停留在同情和道义的层面是远

---

① 张新民：《养老金法律制度研究》，人民出版社 2007 年版，第 179 页。

② 《中国城乡收入差距比 3.23∶1，成差距最大国家之一》，载"国际在线"：http://www.sina.com.cn，2011 年 9 月 20 日。

③ 《中国首次在全国范围内为农民提供最低生活保障》，载"新华网"，2007 年 3 月 5 日。

远不够的，老年弱势群体需要的不仅仅是生存权，还有他们在社会中的利益诉求。也就是说，我国老年人社会救助应该将社会公平、权利均等原则作为其相对独立的价值取向，并在制度执行过程中，贯彻社会公平的价值理念。根据现代社会老年贫困群体社会保障目标的新定位，应把改善老年人的生活境遇、参与机会的平等和自由的非补偿性公平联系起来，促进老年群体自立、自强，提升他们参与社会的机会与能力，消除社会隔阂，实现社会整合，并以此为出发点，建立更加完善的老年弱势群体社会救助的长效机制和制度性安排。因此，社会公平是老年人社会救助过程中应确立和体现的核心理念之一。①

（三）促进社会发展稳定社会秩序

现代国家老年人社会救助制度的发展都是与社会经济的发展密切相关的。一方面，经济的增长与发展是扩大和改善老年人社会救助的前提和物质基础，给付对象的扩大以及给付标准的提高都依赖于社会经济的不断发展；另一方面，经济的快速发展使得年轻人的生活节奏加快、压力增大，在家闲暇时间的减少又使得原来单纯家庭养老模式受到非常大的冲击。尤其在农村，年轻人为生计所迫都到大城市打工，很多农村都只剩下依然处于贫困中的老人。老年社会救助对社会发展的促进作用表现为社会救助通过保障老年人的生存权以及其他权利，让老年人能安享晚年，使年轻人能安心工作，以此稳定社会秩序，推动经济发展，并最终促使社会的发展。另外，通过倡导积极的老龄化战略、采取多种手段、大力鼓励老年人主动参与社会建设，还可以发展老年产业，为繁荣老年经济创造必要的条件，让整个社会和老年群体本身都可以适应老龄化的趋势。广泛动员社会各界力量兴办社会化养老事业，促成多种所有制养老机构共同发展的局面。一个社会只有处在这种有序化的状态下，才能保持经济的发展、社会的稳定。

老年人社会救助的目的，一方面在于使民众的生活保持稳定，消除生活中的不确定因素，使社会秩序保持稳定；另一方面能够带动经济发展，即直接表现为提高老年贫困者的购买力，使商品的流通渠道保持畅通，促使经济有序运行，间接表现为能够安定民心，使民众了解社会救助制度，可以安心

---

① 参见陈秀峰、叶贵仁：《公平、权利与发展：论中国弱势群体的社会救助》，载《社会保障研究》2009年第5期。

生产、消费,从而促进经济的发展,稳定社会秩序。

老年人社会救助可以减轻老年人的痛苦,使他们增强自信与其他社会成员共同发展,增进他们对政府和社会的信任以及对社会发展的认同度,因而能起到稳定社会秩序、促进社会发展的重要作用。

从整体来看,保障人权、维护社会公平以及促进社会发展、稳定社会秩序,构成老年人救助所应遵循的基本理念。对老年人社会救助除应遵循上述基本理念之外,还要针对老年人自身的特殊情况,从不同的角度具体解读老年人社会救助理念。

二、老年人社会救助理念的构建

(一)老年人救助责任理念:国家责任与社会责任并重

保障老年人基本生活是国家和政府的法定义务。从大到制度建设、小到具体保障措施,国家都应肩负自己的责任。国家在老年人社会救助中起主导作用,同时也不能忽视社会责任。

现代老年人社会救助对国家而言是一种行政给付行为,天然就是国家的责任。正如洛克所认为,人们将自然状态中享有的权利让渡给国家是为了更好地保护自己,而国家的存在亦只能是为了实现民众的和平、安全和公共福利。[①] 老年人随着年龄的不断增加,身体各项机能逐步退化,能为国家所做的贡献越来越少。而社会急剧发展,两者冲突日益显现,这时社会救助就成为了国家干预分配、实现社会公平的非常重要的方式。在社会救助法治实践中,除了受助对象,国家(主要是指政府及其职能部门)往往是最积极也是最根本的救助主体,是社会救助责任最基本的承担者。[②]

然而,过分强调国家社会救助责任也有可能走向反面,如西方“福利国家时代”所实施的“从摇篮到坟墓”的福利政策,就导致了有限社会救助资源配置的失灵,造成国家的社会救助有时会流于形式或功利化,而且现代政府也往往受制于财政负担等因素,社会救助完全由国家包揽可能会出现力不从心的状况。在政府与市场的社会救助出现“盲点”时,作为主体参与自我

---

① 参见[英]洛克:《政府论》下篇,叶启芳、瞿菊农译,商务印书馆 2010 年版,第 77～80 页。

② 参见蒋悟真:《我国社会救助立法理念及其维度——兼评〈社会救助法(征求意见稿)〉的完善》,载《法学家》2013 年第 6 期。

利益配置机制而建构的社会中间层主体[①]的出现，就能够对政府与市场在社会救助中的失灵作出必要的补充。社会组织之所以有此功能，从法益角度来看，是基于对主体的博爱而建构，以实现主体生存权和平等发展权为最终目标，与社会救助法法益内在契合，天然具有正义性；从功能角度看，与市场相比，社会组织不以赢利为目的，不存在市场提供公共物品失灵的现象，保障了社会救助资源的有效供给，与政府相比，其具有更大的灵活性和活动范围，弥补了政府作用的不足；从效率角度看，社会组织能够克服市场和过于强调国家单一主体在老年人社会救助中的低效性，促进老年人社会救助供给的多元化，有助于平衡各方利益。[②]

在现代老年人社会救助立法中，强调国家与社会救助责任并重，构建"政府——社会中间层主体——市场主体"的多元化社会救助主体，对于实现各救助主体间的良性互动和功能互补具有重要作用。国家在救助立法中除了提供救助资金以外，最大的职责就是为社会救助提供政策、法律等方向上的引导和监管；社会组织是国家与民众间协调的桥梁，国家通过社会组织协调老年人社会救助活动、增强社会救助效果，民众也借助社会组织对国家的救助活动予以监督，使国家权力受到社会组织的制约。同时，社会组织还能够扩充救助资金的来源，弥补国家在救助中信息的不对称，以此来实现救助活动的合理化。

1. 明确政府的救助责任

现代社会强调国家责任与社会责任并重的理念已成为各国社会救助立法的共识。面对转型时期被救助老年群体基数庞大，而社会组织力量相对薄弱，社会资源大多为政府控制等客观现实情况，我国老年人社会救助立法应首先彰显国家救助理念，突出政府的社会救助职责。

第一，应明确政府作为老年人社会救助的主体责任。现代社会，老年人社会救助不是国家对老年人的施舍而是老年人应得的权利，所以明确政府对老年人社会救助的给付责任是至关重要的。社会组织的救助就其实质来说是一种道德性救助。从法理上讲，社会组织和公民个人都对国家负有不

---

① 社会中间层主体是指"独立于政府与市场主体，为政府干预市场、市场影响政府和市场主体之间相互联系起中介作用的主体"，具有中介性、公共性、民间性等特征。（参见王全兴：《经济法基础理论专题研究》，中国检察出版社 2002 年版，第 524～531 页）

② 参见王素芬：《非营利组织参与社会保障的理论基础与实现路径》，载《当代法学》2012 年第3 期。

可推卸的义务,而国家对社会组织和公民个人也有保障其享有权利的义务。但社会组织对公民个人来说,则没有法律上必须履行的义务。所以说,社会组织所实施的救助只是一种补充性救助,只有政府才是老年人社会救助中最基础的责任主体,具有兜底的作用。

第二,应明确政府在社会救助活动中的引导与监管责任。现代社会,政府对老年人社会救助活动的保障责任主要表现在引导、规范社会组织以及设立、运行与社会救助相关的行政机构。为此,国家应完善相关立法,明确社会救助组织的权利。首先,简化社会救助组织的设立程序。其次,在政策和税收上给予社会组织合理倾斜,鼓励其健康发展。如江苏省对社会救助组织实行的资金、技术、人才等多元扶持机制及《江苏省慈善事业促进条例》第五章相关规定就值得借鉴。再次,应当在社会救助法中对慈善组织行为进行明确规范。一方面,要建立透明的信息公示制度以加强监督;另一方面,也应当对慈善组织运行中可能出现的违法行为予以明确的制裁。

2. 明确社会组织的补充作用

现代社会中,为贫困老年人提供社会救助是政府不可推卸的责任。但除此之外,社会组织等提供的服务也起到不可或缺的作用。社会组织往往比政府机构提供的养老服务更具有灵活性和适应性,应鼓励它们积极地投入到老龄事业服务之中,为老年人提供资金和物质方面的服务,发挥其对老年人社会救助制度的补充作用。

动员全社会共同建设老年服务设施,鼓励个人、企事业单位投入养老事业。由政府部门制定一系列扶持政策,在相关的法律如《企业所得税法》《银行法》中规定,对获得有关部门资格认证的为老年人提供服务的单位和个人给予税收、贷款上的优惠等补偿,多渠道、多形式地筹集社会资金发展养老福利实业。对于兴办老年公寓、老年活动中心、老年护理院等设施的企事业单位和个人给予更多的政策优惠。

(二)老年人社会救助公平理念:城乡一体化

1. 老年人社会救助城乡一体化的含义

我国上世纪老年人社会救助事业是沿着城乡分割的路径向前发展的,有时侧重于农村,如农村五保供养制度的起步早于城市“三无”老年人员的救助;有时则侧重于城市,如城市低保制度的全面建立早于农村,两者交错向前发展,但总体格局是城市老年人社会救助制度优先于、好于、高于农村。

进入本世纪以来，统筹城乡经济社会发展成为国家战略，为老年人社会救助城乡一体化奠定了基础。2007年，农村低保制度的全面推行，成为我国社会救助一体化进程中一个重要的里程碑，也是国家实现城乡基本公共服务均等化的具体体现。农村低保制度的实施，从根本上解决了困扰我国农民数千年的温饱问题，是我国社会发展的一个伟大成就，具有重大而深远的历史意义。从此，农村居民也可以和城市居民一样，有了可靠的制度性生存保障，不再有衣食之忧。

老年人社会救助城乡一体化是一个长期的过程，也是社会发展的必然结果。但是，社会救助一体化并不等于城市和农村救助标准简单的统一化，没有任何差别。老年人救助城乡一体化应主要体现在制度设计、管理运作、资金筹集等方面，以防止城乡两种制度体制、两个运行机制长期并存造成城乡居民在身份上的对立、待遇上的差别和心理上的落差。①

对老年人的保护其实是社会全体成员利益的体现，所以老年人社会救助不应有城乡之区分。老年人社会救助立法作为对老年人社会救助关系的调整之法，要反映老年人社会救助关系的本质，公平正义理应成为其建构时必须秉承的原则，而城乡一体化理念正是这一原则的具体体现。老年人社会救助立法的城乡一体化理念是指立法者在制定老年人社会救助法律法规时应全面考虑城乡政治、经济、文化等的发展情况，构建均衡的法律制度，给城乡老年人以平等的权利，对城乡老年人实施平等的保护。具体而言，这一理念包含着制度统一、权利平等、标准统一、信息同步等几个维度：

一是城乡老年人社会救助制度逐步实行统一。在今后一段时间内，户籍制度改革将加速推进，城乡居民身份甄别将越来越困难，城乡两个低保并行的“双轨制”难以适应社会发展的需要，在一些城乡结合部，失地农民要求享受城市社会救助的呼声日益高涨，甚至成为影响社会稳定的因素，客观上要求两个低保“并轨”。同时，城市低保工作中探索出的一些成功经验，如分类施保制度、低收入家庭认定等，将在农村低保工作中逐步推行，包括节日补贴、价格补贴、取暖补贴等也将逐步扩大到农村低保对象。

二是城乡老年人权利平等。所谓权利平等，即老年人社会救助法律制度在规定城市和农村的救助对象、措施等方面取消差别对待。社会救助权

① 参见姬升峰：《中国社会救助制度发展研究》，载《社会福利（理论版）》2012年第3期。

是“人依据其自然属性和社会本质所应当享有的”人权之一。《世界人权宣言》第7条规定:“在法律前人人平等,并有权享受法律的平等保护,不受任何歧视。人人有权享受平等保护。”社会救助权的城乡一体化是世界各国的普遍趋势。从宪法上来看,社会救助权脱胎于公民的物质帮助权,无论我国公民的具体特征有多大差异,均应平等地享有社会救助权利。目前的城乡二元化救助结构造成社会救助资源分配不均,严重阻碍了社会救助法“安全阀”功能的发挥。因此,在社会救助法律规范中,城乡老年主体应当平等地享受各项社会救助权利。比如,农村五保供养制度被划入了社会救助的范畴,而事实上是一种福利制度,城市“三无”人员在性质上与农村五保对象没有任何区别,目前只享受了城市低保待遇。因此,从保障同类人员同等权利的角度,今后应该厘清两大制度,把农村五保供养对象与城市“三无”人员列入同等类型的制度保障,实现城乡一体化。

三是老年社会救助的标准要统一。所谓标准统一,即要实现城乡老年人救助标准一体化。城乡社会救助应该统一考量最低生活保障、医疗、卫生、教育等基本生活服务项目,满足被救助主体的基本生活需求。但主体是同一性与差异性的统一,要实现实质的公平,就必须因不同主体而异。由于现阶段城市和农村的实际消费水平、人均收入等方面存在较大差别,在确定城乡具体的社会救助资金或物资方面有所区分才是社会救助公平的体现。

四是老年人社会救助的信息要同步。所谓信息同步,即实现城乡老年人社会救助信息的一体化,构建救助信息联网和信息流通统一渠道。城乡经济条件差异导致大量农民涌向城市,而这些流动人口的社会救助信息单纯依靠城乡二元分垒的体制是无法实现共享的,必然会导致社会救助制度出现各类问题和漏洞。因此,社会救助立法必须明确规定建立全国统一的社会救助信息网络,确保每一个城乡主体都可以充分、及时、便捷地享有相关的保障权利。

2. 注重农村老年人社会救助以增强救助的公平

从我国城乡二元社会结构来看,在坚持机会平等原则的前提下运用差别原则以协调好城乡老年人社会救助工作,是我国目前老年人社会救助立法实现公平正义的关键。相对而言,目前我国城市的社会救助立法较为完善,如城市低保、廉租房、医疗救助等制度都已较为健全。所以,今后老年人社会救助立法的理念倾向应更多地结合农村发展的现实需要,注重农村老年人口的社会救助法制建设,在确保城乡老年人机会均等的基础上,达到发展利益的共享,从而真正实现城乡老年人社会救助一体化目标。

第一,完善农村老年人社会救助法律体系。就目前农村老年人社会救助法律规定的整体而言,不仅立法层次、位阶不高,而且相关内容较为分散,需要进行内部调和与完善,应当注重现有法律间的协调。社会救助立法应当注意各子系统之间的耦合性,避免重复,形成一个有机的体系。如将农村五保制度纳入最低生活保障制度之中,就可减少制度的重复构建。应以城乡一体化理念建构全国统一的社会救助法,规范全国的老年人社会救助活动,或者直接建构全国统一的老年人社会救助法。这样不仅可以为城乡一体化的老年人社会救助提供法律上的支持,为城乡老年人平等地提供保障,而且可以提升社会救助法的位阶,从而保证法律适用中的高效性和平等性。

第二,构建合理的农村老年人社会救助资金保障体系。当前农村老年人社会救助资金多由市、县以下财政和村集体共同负担,只有少数地区获得省级财政的支持,这样导致农村老年人社会救助制度的实施普遍缺乏稳定的资金筹集机制。今后应注重在相关立法中完善农村老年人社会救助资金保障体系。一是要明确加强中央财政对农村老年人社会救助的投入。中央财政给予了城市老年人社会救助大力支持,而给予农村的支持力度却相对薄弱。要实现农村老年人社会救助资金的稳定,中央的财政支持是至关重要的。二是应在整体上加强各级政府的财政投入,以保障资金的稳定,我国政府用于民生的投入应逐年提高。三是加大各级财政支持,明确中央与地方在农村社会救助中各自负责的项目和财政负担比例。在我国农村社会保障财政投入上,无论是《农村五保供养工作条例》还是《社会救助暂行办法》,都没有明确中央政府与地方政府负担项目和财政分担比例。应以中央财政为主,根据各地的实际情况,合理明确地配置各级政府责任,才能实现事权与财权的统一,调动各级政府在发展农村老年人社会救助活动中的积极性,也才能更好地追究各级政府不作为的责任。另外,政府要引导和规范社会组织的慈善活动,为农村老年人社会救助拓宽资金或物资来源。

(三)老年人社会救助方式理念:“造血”与“输血”同步

1.“输血”与“造血”是老年人社会救助的两种方式

就老年人社会救助而言,最完善的救助方式无疑是最大限度地保障被救助老年人的权益,增进最大多数老年人的幸福,实现有限社会救助资源的最优配置。现代社会最基本的救助手段可分为输血式和造血式两种类型。输血式救助主要指直接性和暂时性措施，造血式救助则强调救助的长期性和再生性。老年人社会救助必须正确处理“输血”与“造血”两种救助方式间的复杂关系，协调好二者的共生性与互补性，以提高老年人社会救助立法的有效性。

对于缺乏收入来源人员的生活救助或灾难救助，使用金钱或实物等直接的“输血”救助方式显然可以对其人格尊严和生命健康的保护起到明显效果。然而，现代社会救助状况日趋复杂，针对不同救助对象必须采取不同的救助方式，否则既可能产生养“懒汉”现象，也可能出现有限资源的不合理配置。鉴于此，现代社会救助立法越来越注重对“造血”方式的规定。贫困作为人类社会普遍存在的一种客观现象，伴随着社会的运行及其结构转型而生。一方面，救助主体需要积极消除由贫困所造成的现实损害，“输血”救助是脱困的必要形式；另一方面，提高受助对象生存发展能力，改善全社会经济文化环境，“造血”救助是脱困的根本途径。从消除物质资源贫困向消除受助群体能力贫困的过渡是社会救助立法理念客观性和科学性的体现。

现代社会由于老龄化的快速发展导致政府养老压力空前增大，而另一方面物质生活条件的提高以及医疗水平的发展，许多60多岁的老年人身体状况非常健朗，他们完全有能力通过自身劳动或从事与退休前相关的职业来使自己脱贫。老年人社会救助不仅保护被救助者的发展权，也要求被救助者切实履行提升自身发展能力的义务。事实表明，激励机制的缺乏正是我国救助力度低下的根本原因。倡导老年人社会救助“输血”与“造血”的同步理念，通过正向激励机制的建构，引导弱势群体提高自身素质，以适应生存发展的需要，是老年人社会救助实现对公民发展权全方位保护的有利途径。

2. 老年人社会救助应倡导“造血”理念

纵观各国救助立法，追求造血式救助理念是社会救助立法渐趋成熟的必经之路。如以“高福利”著称的“北欧模式”，曾一度堪称福利国家的典范，在面临福利危机挑战时，也是从提升造血能力角度对相关救助政策进行了改革。近年来，我国经济的长足发展对逐渐走向市场竞争领域的社会救助事业提出了更高的要求，明确造血救助方式在救助立法中的法律地位，这不仅是国际大势所趋，更是国内现实需要。

随着老龄化程度的提高，我国劳动者数量在急剧下降，同时随着对老年人服务、护理人员的大量需求，我国还将出现劳动者数量缺乏的局面。为有效应对出现的问题，我们应加大对老年人劳动力的供给数量，加大他们自身的造血功能。同时，随着生活条件的逐步提高以及医疗卫生条件的改善，人们的身体状况也将不断增强，许多70岁左右的老年人无论从体力还是脑力都很旺盛，他们有劳动能力也有劳动愿望，应鼓励他们做一些力所能及的劳动，并为他们的劳动提供法律上的支持和保障。

老年人再就业对老年人自身发展也具有诸多积极作用，是老年人重新融入社会的过程，这无论是对他们身体健康还是精神需求的满足，都是一个重要途径。许多老年人退休后，离开多年的工作岗位，由以前的忙忙碌碌到无所事事，导致生活突然失去重心，轻者导致情绪消沉，不愿出门；重者则产生心理疾病。这都对老年人的身体健康造成极大伤害。老年人再就业则能够满足老年人的工作需求，是老年人实现其自身价值的有效途径。首先，老年人再就业，有利于老年人身体各器官的正常运转，延缓衰老，促进身体的健康。老年人在外面不断接触新事物，学习新知识，感受新变化，能够使其精神充沛、心情舒畅，与老年人在家里闭门不出的生活相比较，更有利于老年人实现身心健康。[①] 其次，老年人辛苦工作了几十年，早已适应这种生活方式，一旦退休，他们就会觉得不能再为社会做贡献了，自己被社会所抛弃了，是一无用的人，就会认为自己的生活没有了意义。只有让老年人重新回到社会，继续了解、接触社会，积极为社会做力所能及的工作，才能排遣出他们寂寞空虚的感觉，觉得自己老当益壮，依然是社会不可或缺的人，自己的人生才有价值。最后，老年人再就业，可以改善自身的的生活状况。受救助老年人收入较低，这会给老年人带来心理上的不适，感觉自己不如其他老人。而增加老年人再就业，可在一定程度上改善这一状况，提高老年人的收入，增强他们的自信。

当然，老年人再就业的实现需得到社会各方的帮助和支持。首先是积极转变传统观念。有的老年人子女受传统观念的影响，通常不愿意老人再参加工作。他们认为，老人已操劳大半辈子了，老了就该在家颐养天年。再说中国是熟人社会，子女也怕自己的父母年龄大了还出去工作，自己脸上无

① 参见张静：《论我国老年人精神赡养》，河北大学2008届硕士学位论文，第29页。

光。随着老龄人口的急剧增加与劳动人口数量的减少,应淡化这种观念,鼓励更多的老年人发挥余热,为社会做贡献。其实老年人再就业有助于老年人排解心中的空虚,有利于老年人的身心健康。其次是社会的支持。主要包括就业机会和就业服务两方面:一是老年人的就业机会少。一次性调查资料显示,被调查的城市老年人中,有60.5%认为适合自己的工作机会很少,有21.2%认为适合自己的工作机会较少。有11.1%的人认为工作机会一般,有5.5%认为工作机会较多,有1.7%认为工作机会很多;认为工作机会很少和较少的老年人占81.7%,认为工作机会较多和很多的仅占7.2%。可见,适合老年人的工作机会少是制约老年人再就业的一大不利因素。社会应该提供和创造适合老年人的就业机会,充分满足他们再就业的意愿。二是为老年人就业服务的机构少。目前,我国职业介绍平台有很多,职业介绍所、网络、媒体上招聘信息随处可见,但是为老年人提供职业介绍的场所却非常少。很多老年人拥有丰富的经验和阅历、娴熟的专业技能,社会应该重视老年人力资源,拓宽老年人再就业渠道,为老年人再就业提供服务。①

我国现行的《老年人权益保障法》《社会救助暂行办法》及《城市居民最低生活保障条例》等法律、法规中没有涉及老年人主动参与劳动时权利的保障问题。随着社会的发展,老年人主动要求劳动的情况日益增加,而且随着老龄化程度的加强、劳动者数量的急剧下降,我们也需要身体条件良好的老年人从事一些他们力所能及的劳动,所以,有关这部分的规定应予以加强。但我国当前的社会救助制度如《城市最低生活保障条例》《国家自然灾害救助应急预案》《自然灾害救助条例》等都带有鲜明的输血救助特征,因此我国老年人社会救助法应设立相应条文,以调动受助对象的积极性为前提,注重发展性,采取精神激励与物质激励相结合的救助模式,着重加强对造血救助方式的鼓励与引导。首先,发挥教育的促进作用,以改变受助对象的传统认知为首要任务。老年人在力所能及的情况下继续工作是受到全社会尊重的,无论何种工作,都比不劳而获要光荣。其次,鼓励社会资本积极参与形成多元化的救助格局。再次,强调社会对他们的接纳程度,创造更多适合老年人的就业机会。最后,还应规定适当减少对具备劳动能力的老年人的输血救助力度,以增加他们的就业紧迫感,进一步提高受助者的造血积极性,

① 参见张静:《论我国老年人精神赡养》,河北大学2008届硕士学位论文,第29页。

把救助外力转化为内生动力。这是实现社会救助标本兼治的重要途径。

特别需要指出的是，当前我国市场经济体制尚处于完善之中，在贯彻相关造血式救助的立法理念、发挥造血式社会救助积极功能的同时，需要相关配套机制予以牵引，如对于弱势对象必要时可依靠一定的资金扶持（如小额贷款）或鼓励创业的优惠政策（如税收减免）等，这些我们可借鉴先进国家的做法。首先在立法上予以确定，如日本早在1985年就颁布了《高龄人力雇用安全法》。为应对人口老龄化，减轻业已到来的劳动力数量的减少，也为了更好地帮助老年人就业，实现其劳动权，日本政府就成立了一些专门服务于老年职工就业的机构，为老年人就业提供有效的帮助，如日本的“老年人力资源中心”，专门为64岁以上的老年人提供各种就业机会，发挥他们的技术、经验，使之既能为社会发展做贡献，又能丰富自己的老年生活，还能为自己的养老增加一部分收入。韩国也于1992年颁布了《老年就业促进法》。该法规定，要为年龄在55～64岁之间的再就业员工建立老年员工银行，还规定政府要为老年人创设一些最适合他们的工作职位，并鼓励雇主雇佣老年员工，而且该法还建议全职雇员人数在300人以上的工厂，其老年员工的人数要占30%以上。所有这些都是对老年人再就业过程中相关权利的保护，我们在以后相关立法中也要加强有关老年人再就业过程中相关权利的保护。

（四）老年人社会救助内容理念：常规与应急结合

1. 常规与应急结合的含义

老年人社会救助制度是国家为了应对老年人遭遇风险而建构的一种机制，应急措施与常规措施则是国家在老年人社会救助中采取的基本内容。前者指国家在突发性急难救助中为了维护主体的人格尊严、生命及安全等权益而采取的救助手段或措施，或者是指国家为了应对特殊的社会、政治、经济情形，实现社会稳定、经济协调发展，而对特定主体采取的临时性的应急策略，具有特定性、临时性、应急性和被动性；后者指国家在一般性救助中为了维护主体人格尊严、生存及安全等权益而采取的救助手段或措施，具有一般性、普适性、主动性和激励性。

常规措施和应急措施作为老年人社会救助法价值的实现和承载机制，贯穿于老年人社会救助立法理念的变迁、发展和成熟之中，具有互补性。针对特殊情形，应急措施比常规措施具有更大的适应性，可以依据不同情形对不同主体采取不同的救助方式，但存在救助主体自由裁量权过大及权力可能滥用的弊端。而且，应急措施以输血为主，无法兼顾紧急状态之后的救助工作，不利于实现充分救助和有限资源的优化配置。相对而言，常规措施可以弥补应急措施之不足。主要表现为：常规措施中相关制度的建构可以提高应急措施的合理性和实效性，如常规措施中的急难预警机制，可以减少应急措施在急难中的不确定性，提高救助的针对性，而相关救助程序和主体救助责任制度的建构亦可以限制权力的滥用。急难救助后，采取以造血为主的常规措施，可以发挥激励功能实现救助效率和公平的统一。

常规措施制度上的优点使其比应急措施能更好地表达社会救助法的价值，增大其效力。当然，社会救助立法的过程是各方主体力量比较的过程，是不同法律价值抉择的过程，是对社会救助整体运行机制审慎甄别与归纳的过程，更是常规措施与应急措施建构和组合的过程。只有在坚持常规措施与应急措施相结合、充分发挥各自优势的基础上，当代老年人社会救助立法才能更好地承载与实现社会救助的价值目标。

2. 老年人社会救助应突出常规救助

在社会救助立法中突出常规性社会救助理念，是实现社会救助规范化、普适化的关键。老年人由于身体机能的下降，成为社会中的弱势群体，他们有权要求分享社会经济发展带来的各项福利。所以在老年人社会救助中应突出常规救助，以保障贫困老年人老有所养。

常规性社会救助理念在立法设计上要求完善各类救助机制。第一，实现常规性立法和应急性立法的衔接，通过甄别制度的构建，将过去应急立法进程中产生的制度经验转化为常规性法律规定，形成统一的社会救助法，以实现社会救助活动的规范性、统一性。第二，建构应急措施特别程序，降低自由裁量带来的风险。孟德斯鸠曾说过，一切有权力的人都容易滥用权力，这是万古不易的一条经验。有权力的人们使用权力一直到遇有界限的地方才休止。政府社会救助权力的行使必须有相应的监管措施来保障其中立性和公正性。第三，加强常规性救助就必须强化对社会救助的监督力度，应以社会救助行政权为核心，立足不同的制约力量，设计完善的监管体系。一方面，通过行政主体间权力的合理配置实现行政主体内部间的权力制约；另一方面，强化立法权和司法权对行政权的监督作用，通过行政问责制的创设来制约行政权的滥用。此外，要加强社会力量对社会救助的参与，通过广泛的公民监督来保证社会救助的公平。

(五)老年人社会救助功能理念:救助与保险协调

1. 救助与保险是老年人救助保障手段

从社会保障发展历史来看,社会救助是最早的社会保障形式,社会保险实质上由其衍生而来。随着经济、社会的发展,社会保险越来越取代社会救助成为社会保障体系之核心。在当今社会,社会救助与社会保险已成为相互依存、相互支持和相互配合的社会保障手段,共同托起人民生活的底线。社会救助以实现被救助主体的人格尊严、安全及生存等权利为基点,救助是第一位的,也是最后的托底;社会保险则以克服主体在养老、健康、工伤及失业等方面的"风险"为基点,推崇保险功能,特别强调国家与社会作为投保人和保险人的责任、义务,在落实社会保险过程中彰显一定的(间接性的)救济目标。社会救助法与社会保险法功能的协调性为两法的组合与互补提供了现实可能。

社会救助法是社会公平的实现机制,是主体基本权利实现的"最后安全网",但面对多元化的风险社会,要合理实现其法益目标,需注意社会救助立法与其他社会保障法系统功能的协调,尤其是与其最密切的社会保险法的协调配合。

第一,从脱困机制上看,社会保险是国家强制力干预下的自力救助,而社会救助则是公民失去脱困能力时的外力救助。单纯依靠内力或者外力往往很难实现充分救助,只有内、外力结合才能实现救助实效的最优化。因此,针对不同主体的不同情形强调社会保险与社会救助功能的组合,比单纯的社会救助无疑更能减少社会救助主体的负担,优化资源的配置。

第二,从风险防治时机上看,社会保险是事前预防,社会救助是事后化解。社会保险伴随着中国的工业化发展逐渐成为社会保障法体系的核心,但其自身局限性也会导致其风险防治效用不够全面,而社会救助法可以较为全面系统地降低甚至消除风险危害。二者在风险防治机制的建构上需特别注意彼此功能协调上取长补短。现代国家大多要求职工或鼓励有经济能力者加入保险,而对不能解决基本生活问题者,通过社会救助予以协助,以弥补保险制度之不足,从而全面应对各种风险。

第三,从对收入分配的影响上看,社会保险通过基金化筹资管理模式调节代际收入的再分配;而社会救助则通过多元化筹资渠道实现对社会资源的再配置，以降低市场化带来的代内财富不均等和外部效应，却对代际收入的调节无能为力。因此，两者的有机结合无疑有助于实现代内和代际间资源配置的平衡。总而言之，现代社会救助立法应保持开放的姿态、秉承社会救助与社会保险功能相协调的法治理念，以实现对公民社会救助权的维护。

2. 大力发展老年人社会保险

目前我国老年人人口基数大，且农村无任何收入的老年人又占多数，社会保险对他们来说是一陌生且新生的事物，所以以解决风险为目标的社会保险并不能完全适合社会的现实需求。而在秉承救助与保险相协调理念的基础上，以"公力救济"为基础的社会救助法，却能更好地发挥其在社会救助中的基础和兜底作用，更好地实现各主体权益的最大化和社会的安全稳定。国家必须强化社会救助立法的科学性、建构合理的救助责任落实机制和救助标准，在充分彰显社会救助兜底性功能的同时实现对受助主体的人文关怀。但一般来说，各国社会救助金的标准都比社会保险金低。目前，很多发达国家为了应对"高福利、高支出、高压力"所采取的一个方法就是降低救助标准。例如，加拿大的很多地区对救助标准进行了不同程度的降低，特别是减少一些专门的项目救助费用，并且采取调控手段减少其他费用来减轻现金救助的压力控制救助资金的投入。[①] 所以，在完善老年人社会救助法律体系的同时，也要完善我国养老、医疗等老年人社会保险制度。

我国的社会化养老保障制度起步较晚，至今仍没形成完善的体系。目前的社会养老保障制度主要针对城镇职工和居民，广大农村地区覆盖较少。2010 年 10 月，党的第十七届五中全会通过的中共中央关于制定"十二五"规划的建议指出：健全覆盖城乡居民的社会保障体系，实现基础养老金全国统筹。目前，我国正在逐步扩大向农村的社会养老保险。2009 年 9 月 1 日，国务院下发的《关于开展新型农村社会养老保险试点的指导意见》（国发[2009]32 号）规定，2009 年试点覆盖面为全国 10%的县（市、区、旗），以后逐步扩大试点在全国普遍实施，2020 年之前基本实现对农村适龄居民的全覆盖。新农保基金由个人缴费、集体补助、政府补贴构成。

第一，个人缴费。参加新农保的农村居民应当按规定缴纳养老保险费。缴费标准目前设为每年 100 元、200 元、300 元、400 元、500 元五个档次，地

---

① 参见曹明睿：《社会救助法律制度研究》，厦门大学出版社 2005 年版，第 161 页。

方可以根据实际情况增设缴费档次。参保人自主选择档次缴费,多缴多得。国家依据农村居民人均纯收入增长等情况适时调整缴费档次。

第二,集体补助。有条件的村集体应当对参保人缴费给予补助,补助标准由村民委员会召开村民会议民主确定。鼓励其他经济组织、社会公益组织、个人为参保人缴费提供资助。

第三,政府补贴。政府对符合领取条件的参保人全额支付新农保基础养老金,其中中央财政对中西部地区按中央确定的基础养老金标准给予全额补助,对东部地区给予50%的补助。《意见》还规定,地方政府应当对参保人缴费给予补贴,补贴标准不低于每人每年30元;对选择较高档次标准缴费的,可给予适当鼓励,具体标准和办法由省(区、市)人民政府确定。对农村重度残疾人等缴费困难群体,地方政府为其代缴部分或全部最低标准的养老保险费。这相对于以前农村传统"养儿防老"而言无疑是一大进步。

目前,我国城乡居民生活水平差异仍比较大。以山东省为例,2013年,山东省城镇居民家庭人均可支配收入28264.1元,而同期农民人均纯收入10619.9元;城镇居民家庭人均消费性支出17112.2元,而农民家庭人均生活消费支出额7392.7元。[①] 今后相当长时间内应逐步提高农村养老金,使农村人口养老金与城镇人员养老金差距逐步缩小,以确保所有人都能做到老有所养。

在法律层面,目前我国有关养老保险的立法除2010年10月28日通过的《社会保险法》外,主要是一些部门规章或地方政府规章,立法层次较低,缺乏较高的法律约束力和必要的法律责任制度,导致许多方面的养老保障工作只能靠政策规定和行政手段推行。在我国养老保险制度进一步完善的过程中,加强立法是一个亟待解决的问题,尤其应该在立法上加强对养老金的收缴、管理和发放的规定,明确相关法律责任,以求"老有所养"拥有切实的法律保障。《社会保险法》规定,职工应当参加基本养老保险,由用人单位和职工共同缴纳基本养老保险费。无雇工的个体工商户、未在用人单位参加基本养老保险的非全日制从业人员以及其他灵活就业人员可以参加基本养老保险,由个人缴纳基本养老保险费。国家建立和完善新型农村社会养老保险制度,新型农村社会养老保险实行个人缴费、集体补助和政府补贴相

① 统计数据来源于"山东统计信息网":http://www.stats-sd.gov.cn/tjnj/nj2014/indexch.htm。

结合。该法规定了用人单位不依法参保缴费可处罚和强制，用人单位不办理社会保险登记的，由社会保险行政部门责令限期改正；逾期不改正的，对用人单位处应缴社会保险费数额1倍以上3倍以下的罚款，对其直接负责的主管人员和其他直接责任人员处500元以上3000元以下的罚款；用人单位未按时足额缴纳社会保险费的，由社会保险费征收机构责令限期缴纳或者补足，并自欠缴之日起按日加收5‱的滞纳金；逾期仍不缴纳的，由有关行政部门处欠缴数额1倍以上3倍以下的罚款。这相对来说是一大进步，但也仅仅局限于有工作单位的职工，而对于个人缴纳养老保险费及农村社会保险则无强制要求。我国应加快推进覆盖城乡居民的社会养老保障体系，力争在最短时间实现新型农村社会养老保险制度全覆盖，完善城镇职工和居民养老保险制度，实现基础养老金全国统筹。同时发展企业年金和职业年金制度，发挥商业保险补充性作用，以满足不同人群的不同需求。实现城乡社会救助全覆盖，并积极稳妥推进养老基金投资运营。要将对老年人口的养老保险义务设定为政府的法定义务，将老年人享受养老保险设定为公民的基本权利。每个公民必须加入已经建立起来的养老保险制度，国家从财政支出中拿出一定比例为每位公民强制投保。目前，在英国、法国、德国、荷兰、奥地利、瑞典等国包括养老保障在内的整个社会保障（主要是养老保障）支出已经占到中央财政支出的30％～50％。[①] 而我国用于医疗卫生、社会保障的支出仅占中央财政支出的1/4，用在经济事务上的财政支出在2008年已达到了21.2％，占财政支出的比重最高，远远高于发达工业国家5％～10％的水平。这几年由于国内外经济依然增长乏力，导致政府的经济事务支出比重有增无减。政府应削减用于经济事务上的财政支出，提高用于民生项目的财政支出。

除尽快制定完善《养老保险法》外，还应根据我国实际并考虑到老年群体的差异性，特别是为那些需要帮助的老年人提供最基本的生存权保障，进行与《养老保险法》配套的其他法律、法规的制定，比如针对高龄津贴的立法、确保特困老人能够达到最低生活保障的立法等。[②]

---

① 参见张新民：《养老金法律制度研究》，人民出版社2007年版，第46页。

② 参见谢秀珍：《老龄化背景下我国养老保险及医疗保险制度的构建》，载《兰州学刊》2011年第12期。

（六）老年人社会救助实现理念：实体与程序配套

1. 老年人社会救助：实体法与程序法的融合

老年人社会救助法律制度的建构必然是实体法与程序法的融合，只有这样，老年人社会救助法律制度才能体现其对生存、发展、安全、公正、秩序等特定价值的追求。老年人社会救助法律制度的实体法部分主要是对救助主体和救助对象权利、义务的规定，这些规定更多地表现为一种宣示性、形式性的规定，并非老年主体现实拥有的权利。被救助主体要真正地获得救助利益必须借助于相关程序机制。纵观各国老年人社会救助立法，程序法制的建构不可或缺。这些程序的设置为实体性的权利规定转化为真实的、公平的权利提供了可能和保障。在此意义上，老年人社会救助程序法成为实体法价值——老年人权益保障和实现的必不可少的工具。

当然，老年人社会救助程序法还具有独立于老年人社会救助实体法的价值。社会救助实体法为了彰显对老年人权益的宣示性，必然具有相对的确定性，这种确定性往往难以跟随社会变化的步伐而表现出相对的滞后性。为了克服此滞后性则需要发挥程序法的功能，以此来填补实体法的空白，从而实现对主体权益的维护，如现代救助机构遵循正当的程序对出现的新型被救助主体资格的推导和认定等。更重要的是，合理、合法的程序适用过程可以对主体行为态度起到暗示作用，使主体认同在此程序下作出结论的正义性。社会救助法程序的合理创设，不仅有助于社会救助机构树立相应的合法程序意识，在公平、公开、公正的程序下行使社会救助行为，也有利于被救助主体在维护自身利益、实现被救助权益的过程中，感受到各方主体行使权利（力）过程的公正性，培养其遵循合法程序行使正当权利的习惯。社会救助立法需要从实体立法和程序立法双重角度予以关注。

2. 强调程序救助以确保老年人社会救助的公平

社会救助活动的正当性不仅在于社会救助权力（利）彰显和运行的结果，更在于相关权力或结果取得的过程。转型期老年人社会救助立法尤应重视程序法治理念及其相关制度建设，不仅要规定主体的权利、义务，更要规定主体资格、救助程序、权利义务的实现方式，特别是社会救助对象的认定、突发事件的应对及相关救助组织的准入（退出、监督）等基本程序。因此，救助对象认定程序的细化、救助主体（机构）资格认定、准入及退出程序的建构以及救助主体权利、义务实施程序的完善，已成为转型期社会救助立法的重点内容。以《社会救助暂行办法》规定的申请最低生活保障程序为例，申请最低生活保障按照下列程序办理：(1)由共同生活的家庭成员向户籍所在地的乡镇人民政府、街道办事处提出书面申请；家庭成员申请有困难的，可以委托村民委员会、居民委员会代为提出申请。(2)乡镇人民政府、街道办事处应当通过入户调查、邻里访问、信函索证、群众评议、信息核查等方式对申请人的家庭收入状况、财产状况进行调查核实，提出初审意见，在申请人所在村、社区公示后报县级人民政府民政部门审批。(3)县级人民政府民政部门经审查，对符合条件的申请予以批准，并在申请人所在村、社区公布。这些程序机制的设定不仅使各主体明确最低生活保障申请、审批流程，也有利于提高结果的公平、公正和可接受性，实现实体公正与程序公正的统一。

转型时期社会救助更多地表现为直接的金钱和物资救济，作为资金和物资一般提供主体的政府部门深受计划经济和人治思想残余的影响，存在行政权力恣意的风险，对社会救助权益的实现形成严重的阻碍。正当程序对政府权力的恣意行使具有先天的控制性。在程序法治理念导引下，以预防和控制权力恣意、实现社会被救助主体权利最优化保障为目标的社会救助正当程序的构建便成为我国社会救助立法的题中之意。完善社会救助相关程序立法应从以下几点着手：首先，必须将各级救助资金纳入预算程序，使政府社会救助资金的总量透明化，同时增加救助资金变更和执行的程序以及各级政府间转移支付的规定，保证在政策变动导致各部门或各级政府财政责任不平衡的情况下救助资金流动的畅通。其次，明确救助标准设立、变更和执行的程序，减少政府权力滥用的可能。再次，完善社会救助事后救济程序，如对救助行政过程中的复核、复议程序的完善，对政府互相推诿责任或过分依赖行政强制具有重要的限制作用。最后，加强社会救助的法律监督程序的构建。要想使监督程序发挥应有作用，在发挥财政部门和审计部门政府内部监督作用的同时，还必须调动人大和社会组织等多元化监督力量，建立说明理由程序——即被救助主体对社会救助机关作出的救助决定不认同时可以要求救助机关说明理由，提升社会救助的实效。

另外，在老年人社会救助相关立法时，还应注意老年人的精神需求，也就是要物质与精神并重。随着我国社会的进步、物质生活水平的提高，对老年人的社会救助不能仅停留在物质救助上，当老年人的物质生活基本解决、物质需求相对得到满足后，高层次的需要——精神需求就会凸显。由于现代生活节奏的加快及竞争的激烈，子女们忙于工作，和老人情感交流的时间越来越少，使老人难以得到心理慰藉，老人的孤独感随之增强，直接影响到他们的生活质量。而20世纪70年代中后期实行的独生子女政策以及经济的增长、城市化进程的加快、社会制度的变迁、教育的发展等因素，导致人口流动越来越频繁。农民进城务工、城镇居民异地就业等现象都导致我国“空巢”或独居老人数量日益增加。有数据显示，2000～2010年间，中国城镇空巢老人比例由42%上升到54%，农村由37.9%上升到45.6%。2013年，中国空巢老人人口超过1亿。随着第一代独生子女的父母陆续进入老年，2030年中国空巢老人人口将增至2亿多，占老年人总数的九成。而自身身体机能的衰退、个人价值的丧失以及子女陪伴的缺失等，都让空巢老人备感失落，导致他们对生活失去希望。据北京、上海、武汉、厦门等多个地方对城乡空巢老人精神状况的调查显示：心情沮丧、孤寂、食欲减低、睡眠失调、脾气暴躁或愁眉不展、不好与人相处、得过且过等等，都是空巢老人常见的心理体验与情绪状态，一些空巢老人甚至想到了自杀。上海老龄办、宁波老龄办入户调查显示，90%以上的空巢老人都希望与人交流、老有所乐、老有所用。南京鼓楼区对空巢老人的活动需求的调查显示：希望子女多打打电话、常回家看看成为众多空巢老人的首要情感寄托；多组织老年公益活动、创办老年活动室则成为空巢老人排遣孤寂生活的主要心理诉求。[①] 针对越来越多需要精神救助的老年群体，老年社会救助也应由传统的单纯物质救助转向物质与精神并重。

精神方面的社会救助是对老年人进行社会救助的主要内容，是根据老年人的个体差异给予他们情感支持和心理慰藉，其核心是满足老年人的精神需求。具体有以下几点：

第一，尊重老年人的人格。在对老年人，尤其是空巢老人进行社会救助时，要尊重老年人的各项权利，比如老年人有自主决定个人事务（如经济支配、去养老机构养老等）的权利，其生活自由和个人自由不受干涉。自尊需求是每一生命个体最基本的精神需求，老年人有自己的生活和思维方式，对老年人救助时要尊重老年人的意愿，不强迫、不干涉老年人交友、参加文体

---

① 参见《关爱空巢老人》，http://www.people.com.cn/32306/366956/369444/index.html.

活动以及其他精神生活的追求。[①] 要多与他们进行情感上的交流和沟通，为其排忧解难，使其保持愉悦情绪和祥和心境。

第二，关心老年人的生理、心理健康。对于精神极度贫瘠的老年人来说，最好的救助就是多一点关怀和问候，让他们有一个愉快的心境，这对老年人的身体健康无疑是极为有益的。政府、社区、居委会以及其他社会组织应该创造机会让老年人多参加社会活动，扩大他们的社会交往范围，鼓励他们走出家门，参与各种社会活动，以获得精神上的相互慰藉。

第三，经常探望老年人。"树老怕空心，人老怕冷清。"没有子孙绕膝的天伦之乐，老年人时常会感到空虚无聊，晚年生活也无幸福可言。因此，社区、居委会工作人员或志愿者应当经常探望老人尤其是因身体原因不能外出的老人。他们渴望与外界的交流，陪他们聊聊天，给他们讲讲外面精彩的世界，或者做一名倾听者，耐心听老年人的倾诉，以慰藉老人孤独的精神世界。

第四，丰富老年人文体活动。政府通过建立社区老年活动中心或开办老年大学等形式，让老年人一起看电影、听音乐、读书、看报等，丰富他们的文化生活，增加生活乐趣，使老年人的晚年生活多姿多彩。针对部分老年人可能出现的心理问题，可以请心理专家或老年专家，为老年人定期举办健康知识讲座或心理讲座，进行专业心理辅导，帮助他们疏导心理问题，解开心结。

第五，构建尊老爱老的社会环境。重视关于老年人的一些节日，比如重阳节、父亲节、母亲节等，营造尊老爱老的社会氛围，让老人们感受到国家和社会对他们的尊重。

从立法理念上把握整个老年人社会救助法律制度，虽然可以指导并影响具体法律规范和法律制度的建构甚至实施，但却不能代替法律规范、法律制度本身。老年人社会救助立法理念与法律制度不能混同。我们应以相应的立法理念作指导，考虑老年人社会救助立法时应注意与其他相关法律制度（理念）的衔接（如社会保险法等），改变以往与其他法律之间存在的错位、矛盾和脱节问题，从而增强未来老年人社会救助法律制度适用过程中的可操作性和实用性。

---

① 参见王蓓：《老年人精神赡养的法律思考》，郑州大学2008届硕士学位论文，第5页。

第二节　老年人社会救助原则

目前，我国还没有建立专门的针对贫困老年人口的社会救助法律制度，对于贫困老年人的社会救助依据，零散见于《城市居民最低生活保障条例》《农村五保供养工作条例》《社会救助暂行办法》等单行法规中。由于老年人社会救助制度关系到整个社会秩序的稳定与社会的顺利发展，有必要在完善《社会救助暂行办法》的基础上尽快出台《社会救助法》，将老年人社会救助进行专章立法；制定专门的老年人社会救助单行法律、法规，尽快完善老年人社会救助的具体规范。老年人社会救助应遵循保障基本生活、维护个人尊严、与经济社会发展水平相适应、与其他社会保障制度相衔接，以及公平、公正、公开、及时的原则。

一、保障基本生活原则

对于老年人社会救助来说，保障其基本生活是最为基本的原则。

（一）保障基本的、有尊严的生活

近代国家对公民的生存权是以旁观者的身份出现的，现代国家则把自己变成生存权的关系人，生存权作为基本人权，国家具有保障的职责。保障基本生活不仅是指让老年人吃饱穿暖，而且还包括让所有老年人都能获得基本的居住条件、健康保健服务条件等。更为重要的是，国家应保障每一位老年人能平等地享受有质量、有尊严的生活。有尊严的生活首先要求能够满足其基本的物质生活需求，物质生活极为贫困以至于不能维持基本生存的生活，就不能认为是有尊严的生活。要想维持他们生活的尊严，就需要国家和社会通过各种途径和方式来予以救助，提高他们的生活水平。若要使一个国家绝大多数人都能有尊严地生活，则要提高国家的经济发展水平。

老年人要有尊严地生活，不仅需要一定的物质财富，还包括老年人的合法权利要得到充分保障。人的自由分为内在自由与外在自由，捍卫人的外在自由的基本要求是尊重人的合法权利，侵犯他人的合法权利等于践踏他人的尊严。有尊严的生活首先是人的基本权利得到法律保障的生活，如果基本人权都得不到法律保障，那肯定是毫无尊严的生活。当老年人因各种原因缺乏保障自己合法权利的条件或能力时，国家和社会应当给予必要的救助，以维护他们的尊严。老年人有尊严地生活，还指其人格要受到平等的尊重与保护。

（二）保障基本生活的内容

保障老年人的基本生活应以基本生活需要为出发点，在此基础上进行医疗、住房等其他方面的救助。由于基本生活保障线是一个相对的概念，随着社会的发展和人们生活水平的提高，即便实际生活水平与年轻时相比并没有降低也可能已达到被救助范围。

国家对老年人基本生活的保障，无论在数量还是质量方面都应达到一定的层次，使其过上与社会普通居民一样有尊严的生活。就数量而言，国家提供的救助应满足老年人在吃、穿、住、医等方面的需要；从质量上看，国家提供的应是有质量保证的物资。《经济、社会和文化权利国际公约》第 11 条规定，人人有权为他自己和家庭获得相当的生活水准包括足够的食物、衣着和住房，并能不断地改进生活条件。《公约》还明确了缔约国最低限度的核心义务，认为每个缔约国均有责任承担最低限度的核心义务，确保每种权利的实现至少能达到“最基本”的水平。以充足食物权为例。《公约》第 11 条第 2 款规定，国家负有核心义务，需采取必要行动，减缓饥饿状况，甚至在发生自然灾害或其他灾害时也应这样做。经济、社会和文化权利委员会认为，充足食物权的内容是：“食物在数量和质量上都足以满足个人的饮食需要，无有害物质并在某一文化中可以接受；此类食物可以可持续、不妨碍其他人权的享受的方式获取。”概括起来就是食物的提供和获取的适足性和持久性。①

老年人社会救助的目的在于保障老年人的基本生活，而基本生活的标准不是一成不变的，而是跟随经济发展、社会进步而不断变化的。所以，国家应在科学调查、评估的基础上确立合理的给付标准，并使这一标准跟随生活水平的提升不断提高。

保障基本生活原则不仅指保障老年人的物质生活，使老年人吃饱穿暖，而且包括满足老年人的精神需求。当然这需要跟随社会的发展、经济的增长逐步实现。精神需求是相对复杂的需求，是需要专业知识和技巧才能满足的需求。当前，社会介入重点是解决老年人心理层面的问题，帮助他们建

① 参见林莉红、孔繁华：《社会救助法研究》，法律出版社 2008 年版，第 80 页。

构新的人际关系，改善外部环境，增进社会参与，减少社会排斥。

二、维护个人尊严原则

人类社会认识到人的尊严的重要性是源于第二次世界大战。二战中，法西斯的野蛮暴行令人发指，人的尊严受到极大挑战。战后，人类对此进行了深刻的反思，开始认识到人的尊严具有至高无上的价值，越来越多的国家把维护人的尊严奉为神圣的信条写入国内法和国际人权文件，20 世纪中期以后，保障人的尊严更为各国宪法和法律所遵从和认可。

纵观中国老年社会救助的历史，特别是近几十年来社会救助立法理念的发展，不难发现维护被救助者作为人的尊严已经成为当代社会老年人救助立法的终极理念。老年人是社会的财富，他们作为家庭的尊长和社会的资深公民在劳动年龄阶段完成了国家、社会和家庭赋予的生产和生育的责任。国家、社会以及家庭都应当感谢和尊重他们，保障他们“老有所养”。老年人是社会的财富，不仅体现在他们在劳动年龄阶段为物质资料生产和人类自身生产所做出的贡献，也体现在他们的成果和成就在现在和将来仍继续发挥积极作用。尽管人到老年由于劳动能力衰退，退出了劳动队伍，不再直接参加生产，但是他们在劳动阶段所创造的财富和价值仍然在社会进步和经济发展中继续发挥着作用。所以，在服务老年人时必须坚持以人为本，注重对老年人的人文关怀，维护老年人的尊严。老年人不是单向地向国家索取，他们是为国家做出过贡献的，只不过由于人人无法抗拒的自然规律，使他们当前在社会中处于弱势。因此，必须注重保护老年群体的基本权益，从“公民权利”的视角去审视救助和服务的内容并及时调整；必须将人文关怀贯穿到救助和服务的各个环节和各个方面，让老年人真正感受到来自政府和全社会的尊重和关爱，避免以损害老年人的尊严来换取救助和服务。社会救助法律制度的核心价值在于平等，即救助者与受助者的地位是平等的，因此在对老年人实施社会救助时应维护其个人尊严。老年人不仅要生存，而且要体面地生活，享受人的尊严。

长期以来，我国社会救助制度都要求对被救助者的家庭状况进行调查。如《城市居民最低生活保障条例》第 7 条第 2 款规定：“管理审批机关为审批城市居民最低生活保障待遇的需要可以通过入户调查、邻里访问以及信函索证等方式对申请人的家庭经济状况和实际生活水平进行调查核实。申请人及有关单位、组织或者个人应当接受调查如实提供有关情况。”这种对申请救助者申报的家庭财产状况进行核查的程序比较严格，有时会对申请救助者的心理造成伤害，因此被认为是对被救助者尊严的忽视。更有甚者，有些地方在对家庭财产进行调查后毫无顾忌地把被调查对象的个人隐私张榜公示，对申请救助者的精神和心理造成极大压力，伤害了被救助者的尊严，这种救助方式长期以来饱受诟病。现实生活中大多数的救助活动以公示老年弱势群体的名单作为形式条件，以便公众监督，杜绝暗箱操作。制度设计是好的，但具体操作过程中却使老年弱势群体置于尴尬的境地，导致老年弱势群体在得到物质救助的同时失去了做人的应有尊严和价值，这也就是部分弱势群体宁愿坚守贫困也不愿意接受救助的原因。为此，应当进行改革，采用税单验证申请者收入的调查方式代替要求全面出示收入和财产的清单与证据的调查方式。①

维护个人尊严原则的要求主要有以下几方面：

首先，在救助主体上要树立正确的价值观念。老年群体只是需要帮助的对象而不是可怜的对象，因此救助主体不论是代表政府或是代表社会团体进行老年人社会救助的组织或个人，在救助行为中不能有高人一等的思想和行为，使老年群体感到被边缘化甚至耻辱化。

其次，在具体救助行为方式上要尊重和理解老年救助对象。老年人从工作岗位上退下来后，认为社会对自身的认同度降低。由于自身生活条件较差导致这一受救助群体同社会其他群体相比，在心理上更容易产生压抑、郁闷、自卑等脆弱心理。如果在救助行为中不注意方式、方法，就会加大对他们的伤害。因此，应该以人文关怀为价值归宿，渗透对人的生命、尊严的真切关心、尊重和爱护。

最后，应更多地赋权、增权，从老年弱势群体的角度考虑救助问题。也就是说，对那些身体条件还允许的老年救助者，应坚持给他们创造发展、就业的机会，坚持参与性、民主与开放的理念，在所有活动中始终贯穿公民权利意识，使老年弱势群体作为社会发展的参与者、实践者，而不是单纯的受益者。转变老年群体自我边缘化的观念，开发他们的潜能，培养他们自信、

---

① 参见熊勇：《维护人的尊严——社会救助立法的终极理念》，载《长春理工大学学报（社会科学版）》2013年第4期。

自立的观念。[①]

总之,由于人的尊严的重要性,所以应将维护老年人的尊严作为老年人社会救助的原则,并且这一原则应贯穿于老年人社会救助整个环节中,使老年救助者的生存权在得到保障的同时享受作为人应有的尊严。只有这样,才能体现出国家和社会对老年人的真正关怀,老年社会救助制度也才能发挥它应有的作用。

三、与经济社会发展水平相适应原则

中共十六届三中全会以来,建立与经济、社会发展水平相适应的社会保障体系已经成为我国经济社会发展的一个全局性目标,成为建设社会主义和谐社会的一条重要途径。我国目前社会救助方面的立法中都将其作为一个主要原则。如《中华人民共和国宪法》明确规定:"国家建立健全同经济发展水平相适应的社会保障制度。"《社会救助暂行办法》第 2 条规定:"社会救助制度坚持托底线、救急难、可持续与其他社会保障制度相衔接社会救助水平与经济社会发展水平相适应。"《山东省实施〈城市居民最低生活保障条例〉办法》(省政府令第 126 号)第 7 条规定:"城市居民最低生活保障标准,按照当地维持城市居民基本生活所必需的衣、食、住费用,适当考虑水、电、燃煤(燃气)费用以及未成年人义务教育费用确定,并根据当地经济发展和居民基本生活必需品价格变动情况适时调整。"《深圳市居民最低生活保障办法》第 4 条规定:"最低生活保障标准按照维持本市居民基本生活所必需的费用予以确定,并根据国家有关政策规定和本市经济社会发展水平随本市居民消费价格总指数变化适时调整。"

由于我国是在未富先老的情况下进入老龄化社会的,生产力发展水平相对还不高,再加上庞大的老年人数量,所有这些都决定了我国在今后较长时间内经济发展水平与发达国家相比都将存在明显的差距。但从另一方面讲,经过改革开放,经济的持续较快发展使我国的经济实力以及政府实施公共政策的调控能力都已明显增强,我国社会保障体系建设的物质基础已较为雄厚。所以,老年人社会救助要与经济整体发展水平相适应,经济与社会

① 参见陈秀峰、叶贵仁:《公平、权利与发展:论中国弱势群体的社会救助》,载《社会保障研究》2009 年第 5 期。

发展所带来的成果应该全民共享，而对推动社会发展起过重要作用的老年人有权要求国家和社会给予与社会发展水平相适应的生活水准，并且其生活应该随着经济与社会的发展而逐步提高。

综上所述，建立健全与经济社会发展水平相适应的老年人保障体系是促进我国社会保障体系朝着保障项目更多、享受保障人群更广、保障程度更高、体现经济发展成果方向发展的积极方针。简单地说，老年人社会保障体系与经济社会发展水平相适应就是老年人社会保障的总体水平要充分体现经济发展成果，老年人有权分享社会发展所带来的物质条件。而现实生活中，老年人养老金的增长速度远低于物价上涨速度，使老年人不能享受到社会发展成果。退休养老金是我国大多数城市老年人主要甚至是唯一的生活来源，养老金的多少直接影响着老年人的生活水平。近年来，尽管国家一直在提高老年人的养老金金额，但皆因涨幅较小，远不及通货膨胀的程度，致使他们的生活质量并没有因社会经济发展而有较大改观。所以说，老年人社会保障应与经济社会发展水平相适应。

20 世纪末，我国老年人社会保障覆盖人口主要是城镇老年居民。城镇老年居民社会保障的构成主要是社会保险，社会保险又主要是基本保险，因而层次比较单一。近年来，新型农村合作医疗、农村最低生活保障、城镇企业年金制度、各种医疗救助等项目有的已经基本建立，有的正在试点或在部分地区实施。农村老年人社会保障体系的建设已经启动，社会保障的覆盖面逐年扩大，老年社会福利事业也有所发展，所有这些都是建立在经济快速发展的基础上的。随着经济的持续较快增长和全面建设小康社会进程的推进，我国老年人社会保障体系未来将会发生以下两个方面的深刻变化：第一，农村老年人社会保障体系将逐渐建立，让广大农村老人能够享受经济发展带来的物质条件。我国农村人口占总人口的 60％以上，农村老年居民由于没有退休金，体力又达不到农村生产的要求，所以农村老年人收入明显低于城镇老年人收入，甚至很多农村老年人目前只有国家每人每月发放的 70 元基础养老金。[①] 所以农村老年人的生活风险明显大于城镇老年居民，农村老年人社会保障的建设远远落后于城镇。因此，无论从解决“三农”问题、建设社会主义新农村、巩固计划生育成果、控制农村人口超计划增长，还

① 《2015 年农村养老金发放标准》，载“金投保险网”：insurance. cngold. org。

是从构建和谐社会、实现公平正义原则的角度，农村老年人社会保障体系的建设都具有全局性的意义，应当成为在新的发展阶段建立健全与经济社会发展水平相适应的社会保障体系的重中之重。没有农村老年人社会保障体系的建立健全，就没有全国老年人社会保障体系的建立健全。农村老年人社会保障体系应当包括养老保险、医疗保险（新型农村合作医疗）、最低生活保障、灾害救助和其他社会救助、社会福利。第二，长期以来，资金来源始终是制约农村老年人社会保障体系建设的第一位因素。只要我们能够明确社会保障体系的合理水平，明确财政用于社会保障支出的总盘子，把财政投入的增加部分重点用于农村老年人的民生，我们就能够在近期内建立起达到适度水平的农村老年人社会保障体系框架。随着经济持续增长和财政投入的同比增加，经过持续不断的努力，我们相信一定能够建立起与经济社会发展水平相适应的完善的农村老年人社会保障体系。

城镇老年人社会保障也要跟随经济发展水平而不断发展。首先是覆盖人口将进一步扩大，不仅覆盖到所有城镇老年居民而且还要覆盖到所有在城市化进程中农转非人员，使他们年老时有权享受和城镇老年人同样的各项社会救助。其次是在健全完善基本社会保险的基础上发展各类补充保险，如覆盖所有老年人的医疗保险、老龄特护保险、失能老人照护保险等。最后是增加老年人社会救助项目，要在完善最低生活保障的基础上，建立和发展针对老年人口的医疗救助等其他专项社会救助。①

四、与其他社会保障制度相衔接原则

我国老年人社会救助不是单一的体系而是与其他社会保障制度相衔接的全方位的立体的保障老年人基本生活的安全网。“建立健全社会救助制度事关困难群众基本生活和衣食冷暖是一项保民生、促公平的托底性、基础性制度安排。建立与经济社会发展水平相适应，与其他社会保障制度相衔接，保基本、可持续的社会救助制度，编织一张兜住困难群众基本生活的安全网，确保网底不破，可以保障他们的基本生存权利和人格尊严，避免陷入生存窘境，防止冲击社会道德和心理底线，也能让人民群众消除后顾之忧、安心创业就业，这对于推进市场化改革、促进社会公正、使全体人民共享改

---

① 参见陈颐：《论建立健全与经济发展水平相适应的社会保障体系》，载《江海学刊》2006 年第6 期。

革发展成果具有重要意义。”[①]

老年人社会救助应与养老、医疗等社会保险制度相衔接。针对不同的救助需求分别制定准入条件不同的专项救助新模式，完善城乡一体的医疗、教育、住房、法律援助等专项老年救助制度。

老年人医疗保险同样是社会保障的一个重要组成部分。由于老年人身体机能的衰退，其患病几率随之增加，所以老年医疗保险尤为重要。现代意义上的医疗保险立法以1883年德国颁布实施的《疾病保险法》为标志，至今发达国家基本都已建立起全民医疗保险制度。但由于文化背景、习俗、观念等的差异，各国形成了各自不同的法律术语，如日本称为“健康保险”，美国称为“医疗保险”等，尽管术语不同，但疾病保险的内涵基本相同。

老年人身体机能的老化和身体素质的下降，决定了老年人在医疗保健上的花费会大大增加，而个人及单个家庭经济承受能力有限，使得个人或家庭的经济承受能力满足不了老年人健康保障的需要。这需要有相应的社会机制来分担，于是社会化的医疗保障机制应运而生。可以说，医疗保险与养老保险一样都能为老年人能够安心生活提供保障。贫困与不健康之间的紧密联系已经获得了人们的广泛承认。因此，医疗健康服务被视为即使对最低生活水平来说也是不可少的组成部分。[②] 当人们满足了吃、住等基本生活需要后最为关注的就是人们的健康保障。世界卫生组织的数据显示：在低收入国家每年2%～7%的人口因病致贫，在中国的贫困人口中因病致贫、因病返贫的因素要占30%～40%，个别地区高达70%。[③] 老年人随着年龄的不断增长，生理机能日益衰退，健康状况逐步下降。据国家卫生部门1994年统计，我国城市65岁以上的老年人患病率为60.2%，城市总人口患病率为23.7%，老年人口患病率高出总人口1.54倍。农村老年人患病率为22.6%，农村总人口患病率为7.4%，老年人比总人口患病率高出2.1倍。[④] 我国虽已建立全民医疗保险制度，但由于起付标准相对较高，自负比例较大

---

① 李克强：《政府要为社会救助工作提供制度保障》，载“中国政府网”，2013年10月30日。

② 参见李超：《老年维权之利剑——老年人法律保障制度研究》，上海人民出版社2007年版，第132页。

③ 参见唐均、詹初航：《现行医疗救助制度缺陷多》，载《中国卫生》2007年第6期。

④ 参见陈锡文：《中国农村经济体制变革和农村卫生事业发展》，载《中国卫生经济》2001年第1期。

等问题，导致仍有部分民众看不起病，对家庭生活较为困难的农村人口来说“小病挨，大病拖，重病才往医院抬”的情况仍屡见不鲜。67岁的退休职工王某某住在东北乡下，尽管心脏不好，但他从不轻易去医院做检查：“看病至少要去县城，不仅太麻烦，花费也很大。五年前我曾因肺炎在市里住过院，可是2000多元医疗费至今没报。”他说当地财政状况不好，因为积攒的医疗费很多，县里根本无力解决，他从不抱什么希望。

生活中像老王这样的人不在少数。近年来，我国社会保障面在不断扩大，但还是有一部分人游离在制度之外。一些地区保障标准偏低，负担偏重，特别是教育、医疗等基本公共服务因对象不同、不能实现均等化服务，成为当前社保建设面临的主要问题。在农村社会保障短板更明显。① 据统计，88%以上的农民没有一定程度的医疗保障，农民看病问题成为一个难题；根据调查，农民应看病而不去看病的有1/3～2/3，应该治疗而没有治疗的也有1/3。农民已经负担不起日益昂贵的医疗费用，农民看病难、看不起病、因病致贫、因病返贫的问题普遍存在。因此，我们需要对农村合作医疗制度进行改革和重建，推动医疗保险的发展。② 2002年10月，《中共中央、国务院关于进一步加强农村卫生工作的决定》明确指出，要“逐步建立以大病统筹为主的新型农村合作医疗制度”，“从2003年起，中央财政对中西部地区除市区以外的参加新型合作医疗的农民按人均10元安排合作医疗补助资金，地方财政对参加新型合作医疗的农民补助每年不低于人均10元”，这是我国政府历史上第一次为解决农民的基本医疗卫生问题进行大规模的投入。从2003年开始，本着多方筹资、农民自愿参加的原则，新型农村合作医疗的试点地区正在不断增加。截至2004年12月，全国共有310个县参加了新型农村合作医疗，有1945万户6899万农民参合，参加率达72.6%。按照“十一五”规划的要求，新型农村合作医疗到2010年的覆盖面达到农村的80%以上。这是农村改革的一大进步，但实践表明，这项规定使得农民实际受益没有预想的那么大。目前，虽已基本实现全民医保，但仍有部分民众看不起病。我国应逐步完善农村合作医疗制度，加强对农村医疗保健的投入，并适

---

① 两成多职工五年未涨工资，交税却渐多。资料来源于“人民网”：http://www.e23.cn，2010-11-3。

② 参见张桂琳、彭润金等：《七国社会保障制度研究——兼论我国社会保障制度建设》，中国政法大学出版社2005年版，第289～290页。

当向农村老年人倾斜，使我国广大农村老年人都能看得起病。

我国现有的医保制度主要有城镇职工基本医疗保险、新农合、城镇居民基本医疗保险三个险种。《社会保险法》第23条规定，职工应当参加职工基本医疗保险，由用人单位和职工按照国家规定共同缴纳基本医疗保险费。无雇工的个体工商户、未在用人单位参加职工基本医疗保险的非全日制从业人员以及其他灵活就业人员可以参加职工基本医疗保险，由个人按照国家规定缴纳基本医疗保险费。第27条规定，参加职工基本医疗保险的个人达到法定退休年龄时，累计缴费达到国家规定年限的退休后不再缴纳基本医疗保险费，按照国家规定享受基本医疗保险待遇；未达到国家规定年限的，可以缴费至国家规定年限。第24条规定，国家建立和完善新型农村合作医疗制度。新型农村合作医疗的管理办法由国务院规定。第25条规定，国家建立和完善城镇居民基本医疗保险制度。城镇居民基本医疗保险实行个人缴费和政府补贴相结合。享受最低生活保障的人、丧失劳动能力的残疾人、低收入家庭60周岁以上的老年人和未成年人等所需个人缴费部分由政府给予补贴。非常明显，这三个险种处于“各自为政”的阶段，筹资标准、报销待遇等都不相同，而划分这几个险种的依据是人的户籍，这显然不符合现代法制的精神。医保制度就是要让公民不分职业、地位、地区以及收入差别，能公平地在社会基本医疗保险制度中享受宪法赋予的基本权利和同等待遇。在社会基本医疗保险制度中应扩大国家财政投入，可适当削减政府行政费用。对2007年预算科目改革前的政府行政费用情况，学者及政府部门的研究结果表明，到2006年，中国政府行政费用占财政支出的比重已超过18%，而国际上多数国家的比重多为10%左右。“目前，行政费用占财政支出的比重大概在20%左右，这是从来没有过的。”中国社科院荣誉学部委员何振一说。新中国成立后前三十年，也总说行政经费高了，那时最多时也就百分之十几，一般不到10%。[①] 将政府行政费用控制在10%以内，削减的部分用于增加农村合作医疗中国家补助部分，或增加低收入家庭60周岁以上的老年人个人缴费部分由政府给予补贴的条款，使偏远农村老人不至于因贫困缴不起合作医疗中自己交纳部分而被排除在社会保障以外。

老年人因身体处于衰老过程，其医疗费用负担随年龄增加而迅速增加。

---

① 《中国行政费用之高前所未有 “十二五”减税可能落空》，载2010年11月15日《中国证券报》。

据1993年和1998年国家卫生服务调查显示，城市居民每年住院费用0～4岁为817元，10～19岁增加到2244元，40～49岁为4577元，65岁以上则增加到5096元。可见，老年人疾病多而且大多属慢性病，需终生服药或护理，所以需要消耗更多的医疗资源。很多发达国家在建立全民医疗保险的同时，也针对老年人制定了专门的老年人保健法、护理保险法等法律。我国也应借鉴国外的先进做法，制定专门的老年人医疗保险制度，免除老年人生病后因经济原因看不起病的后顾之忧。①

老年人社会保障制度除养老保险、医疗保险制度之外，还有失能老人照护保险制度。失能老人是指生活不能自理，需依靠他人照料才能生活的老年人。对失能老人而言，他们的权利更容易受到侵害。据统计，截至2009年底，全国城乡失能老年人口为960万，其中城市为194万，农村746万；生活半自理老年人约为1894万，且这个群体还在迅速扩大。目前，我国的基本养老服务正在逐步发展和完善，而当因疾病或衰老失去生活自理能力的老年人口数量日益增多时，对生活不能自理老人的照料就成为我国养老工作的最大挑战。“一人卧床全家忙。”当下家庭养老功能弱化，专业养老护理机构数量有限，费用高昂，专业的养老护理员大量短缺。怎样才能让这些失能老人“生活得更加幸福、更有尊严”而不是成为“风烛残年的等死队”？答案只有一个：尽快建立和完善适合我国国情的长期照料服务体系。② 建立老年长期照护服务体系将成为继养老金制度、老年医疗制度之后的老年生活保障制度的第三大支柱。③ 失能老年人口数量日益增多，而这部分老年人因家庭成员工作的忙碌或护理知识的欠缺，使得他们居家养老的难度增大。对于失能老人来讲，更多的照料责任也应转移到政府或社会，应有更多的专业护理院。

首先，要健全和完善失能老人照护的法律体系，制定《失能老人长期照料法》。在法律层面强化社会服务功能，把对失能老人照料的责任部分地转移到社会：一是能够解放更多的劳动力，以缓解即将到来的劳动力短缺问题。二是由专业人士予以护理，可最大限度地提高失能老人的生存质量。

---

① 参见谢秀珍：《老龄化背景下我国养老保险及医疗保险制度的构建》，载《兰州学刊》2011年第12期。

② 参见张海宁：《给失能老人“有尊严”的依靠》，载2010年3月21日《贵阳日报数字报》。

③ 参见《1500万失能老人急需长期照护》，载2010年10月29日《健康报》。

其次，要努力形成城乡一体化的社会保障体系，以保障农村失能老人和城市失能老人处于同等的法律地位，共同分享社会发展成果。国家应每年拿出国民生产总值的一定比重，专门用于保障失能老人。

最后，应当建立健全长期照料服务体系，形成有效的管理和监督机制，合理发展长期照料服务事业；通过政策引导、财力补贴、服务购买等方式有效调度社会资本投资养老服务；有条件的地区可考虑建立自愿性质的长期照料商业保险和强制性质的长期照料社会保险，并鼓励社会力量大力兴办老年服务机构，为失能老人提供专业化、规范化的长期照料服务。

我国现阶段的老年人社会保障体系虽然已经包括了许多老年性的社会福利，但基本都是保障性的社会福利，即主要是针对有生活困难的老年人。保障性福利是狭义的社会福利。广义的社会福利不仅包括保障性福利，而且包括非保障性福利。非保障性福利主要包括住房、教育、公共卫生、各种津贴等，是全民性的、普惠性的福利。从各国老年人社会福利的发展历程来看，在保障性福利充分发展的基础上，发展越来越多的非保障性福利，提高全社会老年人的福利度也是一个普遍的趋势。而且非保障性福利更加直接地体现一个国家或地区经济发展的程度，也就是说，一个国家经济越发达，其非保障性福利越多，民众越能感受到社会经济发展所带来的充足的物质享受。欧美国家饱受诟病的福利病也主要集中在非保障性福利方面，但是这并不意味着中国广大老年人就不能享受经济发展所带来的非保障性福利。事实上，中国日趋严峻的老龄化趋势，教育、医疗现代化产生的城乡中低收入家庭教育和医疗费用支出的负担，由收入差距造成的居民家庭消费能力和水平的分化，都已经产生出发展非保障性福利的客观需要。因此我们认为，我国的老年人社会福利事业也应该有一个较大的发展：在整体规划和社会政策方面，广义的老年社会福利概念将取代狭义的老年社会福利概念；通过增加财政投入和进一步扩大慈善捐赠事业，使保障性福利得到比较充分的发展，享受人数将明显增加，城乡之间的差距将显著缩小，保障水平逐年提高；同时有选择地发展一些非保障性福利，形成由老年福利、残疾人福利、孤残儿童福利、教育福利、医疗福利、社区服务等构成的与经济发展水平相适应的社会福利体系。①

---

① 参见陈颐：《论建立健全与经济发展水平相适应的社会保障体系》，载《江海学刊》2006 年第6 期。

中国目前老龄化速度非常快，老年人口规模大，为保障老年人的基本生活，维护老年人合法权益，我国政府应不断完善老年救助制度，建立多层次养老保险体系，努力实现老年救助制度的可持续发展。

五、公平、公正、公开、及时原则

老年社会救助工作应当遵循公平、公正、公开、及时的原则。

（一）公平原则

公平原则是指所有老年受助者应受到一视同仁、无差别的平等对待。老年社会救助是以人权保障为出发点，不歧视贫困群体，也不把贫困的主要原因归咎于个别老年人或其家庭，对需要救助的老年人平等地给予救助。也就是说，政府或其他社会组织不得选择性地给付，凡符合法定条件的老年人均有给付请求权，政府及相关组织应依法给付，不得差别对待。受救助权是每一位公民的权利，是一种潜在的权利，真正能够享受到这一权利的是那些收入低于贫困线的老人及其家庭。社会救助是最后一道安全网，在保障对象的选择上应实行无差别的平等待遇，老年人都有获得相应救助的权利。

新中国建立六十年来，包括社会保障在内的二元政策造成了城乡之间严重的不平等，城乡居民之间福利政策和保障待遇差距很大，这实际是对农村居民社会保障权利的长期忽视，究其本质来说，是对一部分国民的歧视。改革开放三十多年以来，实现了社会经济的全面发展，经济条件有了较大改观，这时应从维护社会公平出发，覆盖城乡居民的社会保障制度需要平等地对待包括农民在内的每个公民。具体到养老保障制度体系的构建，就是保障农民最基本的老年生活需要，免除农民养老的后顾之忧，保证农民享有与其他公民相同的基本权益，即应增进农村居民的福祉，不允许再出现老人被饿死的情况。当然，由于城乡居民生活成本存在差异，农村居民的生活费用低于城市居民，所以国家为之提供的社会保障，特别是养老保障水平也应该有所差别。一般而言，农村可以稍低于城市，但在制度建设上必须确立二者平等共享的目标和价值取向，并按照社会公平正义与共享发展成果的原则来推进农村养老保险等农村社会保障制度的建设。①

① 参见徐文芳：《中国农村养老保障制度研究》，武汉大学2010年博士学位论文，第104页。

(二)公正原则

公正原则是行政法的一项基本原则，在老年社会救助领域同样适用。不同的老人所需救助的类型是不同的。老年社会救助贯彻公正原则，应了解受助老年人的实际需求，根据不同的需求来予以不同的救助，这样才能体现实质公正。

为保障公正原则具体实施，老年社会救助时要采取告知制度和说明理由制度。告知制度是指行政主体在实施行政行为时采用法定的方式，并在法定期限内将行政行为的根据、内容、理由、救济等明确告诉相对人，以使相对人知晓的制度。[①] 说明理由制度是指行政主体在作出对行政相对人合法权益产生不利影响的行政行为时，除法律有特别规定外，必须向行政相对人说明其作出该行政行为的事实根据、法律依据以及进行自由裁量时所考虑的政策、公益等因素。[②] 这两个制度在社会救助的相关立法中都已作了明文规定，相关规定当然包括老年人。2014 年 5 月 1 日起施行的《社会救助暂行办法》第 11 条规定：“申请最低生活保障，按照下列程序办理：(1)由共同生活的家庭成员向户籍所在地的乡镇人民政府、街道办事处提出书面申请；家庭成员申请有困难的，可以委托村民委员会、居民委员会代为提出申请。(2)乡镇人民政府、街道办事处应当通过入户调查、邻里访问、信函索证、群众评议、信息核查等方式，对申请人的家庭收入状况、财产状况进行调查核实，提出初审意见，在申请人所在村、社区公示后报县级人民政府民政部门审批。(3)县级人民政府民政部门经审查，对符合条件的申请予以批准，并在申请人所在村、社区公布；对不符合条件的申请不予批准，并书面向申请人说明理由。”《城市居民最低生活保障条例》第 8 条第 2 款规定：“县级人民政府民政部门经审查，对不符合享受城市居民最低生活保障待遇条件的，应当书面通知申请人，并说明理由。”《城市生活无照的流浪乞讨人员救助管理办法》第 6 条第 2 款规定：“救助站对属于救助对象的求助人员，应当及时提供救助，不得拒绝；对不属于救助对象的求助人员，应当说明不予救助的理由。”《农村五保供养工作条例》第 7 条规定：“享受农村五保供养待遇，应当由村民本人向村民委员会提出申请；因年幼或者智力残疾无法表达意愿的，

① 参见林莉红、孔繁华：《社会救助法研究》，法律出版社 2008 年版，第 86 页。

② 姜明安主编：《行政法与行政诉讼法》，北京大学出版社、高等教育出版社 1999 年版，第274 页。

由村民小组或者其他村民代为提出申请。经村民委员会民主评议，对符合本条例第六条规定条件的，在本村范围内公告；无重大异议的，由村民委员会将评议意见和有关材料报送乡、民族乡、镇人民政府审核。乡、民族乡、镇人民政府应当自收到评议意见之日起20日内提出审核意见，并将审核意见和有关材料报送县级人民政府民政部门审批。县级人民政府民政部门应当自收到审核意见和有关材料之日起20日内作出审批决定。对批准给予农村五保供养待遇的，发给《农村五保供养证书》；对不符合条件不予批准的，应当书面说明理由。乡、民族乡、镇人民政府应当对申请人的家庭状况和经济条件进行调查核实；必要时，县级人民政府民政部门可以进行复核。申请人、有关组织或者个人应当配合、接受调查，如实提供有关情况。”

为防止行政机关独断专行，维护公民的合法权益不受侵犯，行政机关在作出与公民权益息息相关的行政决定时，可应公民要求或主动举行听证。听证制度的实施可以使行政机关广泛听取各方面意见，有利于行政机关全面、公正地查清案件事实，作出合法、合理的行政决定。在社会救助领域，目前没有一部法律法规对听证制度作出规定，但在实践中，有些地方在城市居民最低生活保障的审批中已开始实行听证会制度。①

（三）公开原则

行政公开是现代社会行政活动所遵循的一项基本原则，是指行政机关应将行政权力运行的依据、过程及结果等向公众公开，以便使公众知晓。基本含义为“政府行为除依法应保密的以外，应一律公开进行；行政法规、规章、行政政策以及行政机关作出影响行政相对人权利义务的行为的标准、条件、程序应依法公布，让相对人依法查阅、复制；有关行政会议、会议决议、决定以及行政机关及其工作人员的活动情况，除依法应保密的以外，应允许新闻媒体依法采访、报道和评论。”②行政公开可以实现公民的知情权，以满足公民对信息的需要。在现代社会，公民有权了解政府的行为及所有活动，政府对其制定的法规、规章以及作出的其他行政行为，有义务向公众公开，接受公众的监督。另外，行政公开也有利于公民对行政事务的参与，增强公民对行政机关的信任感。知情权是公民实现自身权利的前提条件，只有在充

---

① 林莉红、孔繁华：《社会救助法研究》，法律出版社2008年版，第87页。

② 姜明安主编：《行政法与行政诉讼法》，北京大学出版社、高等教育出版社1999年版，第51页。

分了解、知晓政府活动的基础上，才能有效地参与国家事务和社会事务的管理。为了能更好地发挥老年社会救助的作用，至少应在以下几个方面做到公开：首先，有关老年救助的法律、法规以及相关政策应公开，要让所有人知晓，如救助条件、救助标准、救助程序等，只有在了解、知晓相关规定的前提下才能行使自己的权利。其次，有关老年救助的行为要公开，如救助行为的过程、结果至少要向相对人和利害关系人公开。再次，有关老年救助的争议的解决途径、解决程序、解决过程等都应公开，老年救助经费的使用情况也必须公开、透明。

公开首先是对救助单位的要求，但公开相关信息就会涉及个人隐私。那么，对享受最低生活保障待遇的老年居民及其家庭的相关信息是否应予以公开？公开其个人及家庭信息是否会侵犯老年人及其家庭成员的隐私权？《城市居民最低生活保障条例》第 9 条规定："对经批准享受城市居民最低生活保障待遇的城市居民，由管理审批机关采取适当形式以户为单位予以公布，接受群众监督。任何人对不符合法定条件而享受城市居民最低生活保障待遇的，都有权向管理审批机关提出意见；管理审批机关经核查，对情况属实的，应当予以纠正。"《北京市实施〈农村五保供养工作条例〉办法》第 9 条规定："村民委员会应当自收到申请材料之日起 10 日内组织民主评议，评议结束后将申请人的基本情况和评议意见在本村范围内公告 10 日；公告期满后 10 日内将申请材料、评议意见和公告情况报送乡、镇人民政府。"《山东省实施〈城市居民最低生活保障条例〉办法》(省政府令第 126 号)第 14 条规定："街道办事处、乡镇人民政府和社区居民委员会应当按照公开、公正、公平的原则，分别对申请和被批准享受城市居民最低生活保障待遇的家庭张榜公布，接受群众监督。"《深圳市居民最低生活保障办法》第 18 条规定："街道办事处完成调查核实工作后，应当将调查核实结果在申请人户籍所在地和现居住地张榜公示。公示期限为三日。""任何单位和个人对公示结果有异议的，街道办事处应当对异议进行核实，在公示期满后十个工作日内作出处理决定，并将处理结果告知提出异议的单位或个人。经核实异议不成立，申请人符合申请条件的，由街道办事处向申请人发放《低保证》。"《杭州市城乡居民最低生活保障实施办法》第 20 条规定："区、县(市)民政部门应当在收到街道办事处或镇(乡)人民政府报送的审批材料之日起 7 个工作日内完成审批，并将审批结果函告街道办事处或镇(乡)人民政府；

由街道办事处或镇（乡）人民政府书面通知申请人，并委托社区居民委员会或村民委员会在社区（村）内公布准予享受最低生活保障待遇的家庭名单及其月补助金额、享受期限等有关内容，接受群众监督。”《济南市城镇居民最低生活保障实施办法》第 7 条规定：“社区居民委员会职责：（一）负责接受辖区内居民最低生活保障金的申请，并对申请者的家庭成员、收入、生活困难程度进行调查、核实，准确核算最低生活保障金数额，上报街道办事处；（二）按要求张榜公布保障对象，公开保障金额，接受群众监督……”从以上规定我们不难看出，涉及救助申请人的公开事项有以下特点：

（1）公开的时间包括事前公开和事后公开两种情况。所谓事前公开是指申请人提出申请后，审批机关于审批之前，在收入等调查阶段予以公开（如《北京市实施〈农村五保供养工作条例〉办法》《深圳市居民最低生活保障办法》）；事后公开是指审批机关已审批通过之后，将救助对象、救助具体事项、救助金额等予以公开（如《杭州市城乡居民最低生活保障实施办法》《济南市城镇居民最低生活保障实施办法》）。

（2）公开的期限。事前公开的期限从三天（如《深圳市居民最低生活保障办法》）到十天（如《北京市实施〈农村五保供养工作条例〉办法》）不等，事后公开的则没有期限。

（3）公开的内容，包括救助对象、救助金额（如《济南市城镇居民最低生活保障实施办法》），有的还规定了享受期限（如《杭州市城乡居民最低生活保障实施办法》）。

（4）公开的范围，一般是在申请人或救助对象所在的社区（村）内（如《农村五保供养工作条例》《北京市实施〈农村五保供养工作条例〉办法》《杭州市城乡居民最低生活保障实施办法》）或者是在申请人户籍所在地和现居住地（如《深圳市居民最低生活保障办法》）。

（5）公开的原因，主要是接受群众监督（如《城市居民最低生活保障条例》《山东省实施〈城市居民最低生活保障条例〉办法》《杭州市城乡居民最低生活保障实施办法》《济南市城镇居民最低生活保障实施办法》）。

公开原则要求救助信息以公开为原则、不公开为例外，只有在法定例外情形下才可以拒绝公开救助信息，其中个人隐私就属于受法律保护不予公开的信息之一。凡个人信息公开后对个人隐私造成明显侵犯的，就不得予以公开。

(四)及时原则

及时原则是行政法中效率原则在老年人社会救助制度中的体现,效率原则是指行政程序中的各种行为方式、步骤、时限、顺序的设置都必须有助于确保基本的行政效率,并在不损害相对人合法权益的前提下适当提高效率。[①] 老年人社会救助不仅直接影响受助老年人的生存利益,而且还关系到国家和社会的稳定和发展,所以更应强调效率原则,在遵守法律时限的前提下,及时对受助老人的申请进行审查并作出决定。为了保障及时原则,在老年社会救助中应贯彻相关制度。

1. 时限制度

时限制度是指享有救助权的主体应在法定期限内作出是否救助的决定,如不作为就要承担相应法律后果的制度。老年社会救助制度中的时限制度更多的是对享有救助审批权的行政主体提出的要求,即享有老年救助管理、审批权的行政主体在法定期限不作为的要承担相应的法律后果。

时限制度要求法律为行政机关明确规定一个履行职责的期限。由于我国关于老年社会救助的立法极为欠缺,实体法律规范中有关受理、审批期限的规定就更少了。《城市居民最低生活保障条例》第 8 条规定:"管理审批机关应当自接到申请人提出申请之日起的 30 日内办结审批手续。"《农村五保供养工作条例》第 7 条规定:"乡、民族乡、镇人民政府应当自收到评议意见之日起 20 日内提出审核意见,并将审核意见和有关材料报送县级人民政府民政部门审批。县级人民政府民政部门应当自收到审核意见和有关材料之日起 20 日内作出审批决定。对批准给予农村五保供养待遇的,发给《农村五保供养证书》;对不符合条件不予批准的,应当书面说明理由。"

我们认为上述 30 日和 20 日的审批时限是一般性的规定,也是社会救助审批机关审批的最长期限。在上述期限内完成社会救助的审批行为虽不违法,但未必恰当,因为老年社会救助行为关涉老年人的生存权,因此救助机关应在法定期限内尽快办结相关事项。对于一些简单的申请,法律可以规定较短的审批时间;对于紧急事项,可以不受审批时限的限制,即时办结。因此,在制定老年社会救助立法时,建议有关时限制度作如下规定:"管理审

① 参见姜明安主编:《行政法与行政诉讼法》,北京大学出版社、高等教育出版社 1999 年版,第 268 页。

批机关应当自接到申请人提出申请之日起的 30 日内办结审批手续；适用简易程序的应当在 7 日内办结；紧急情况下应及时办结。”

2. 简易程序制度

行政程序制度的建立是现代行政法控制行政权的重要途径之一，通过行政程序既可以保障相对人的合法权益又能监督行政机关依法行政。行政程序是由一系列方式、步骤、时限等构成，因此行政程序的设置在一定程度上是以牺牲效率为代价的。行政程序是一把双刃剑，如何扬长避短是立法者应当考虑的问题。我们认为，简易程序和一般程序的结合既可以发挥行政程序控制行政权的作用，又可以提高效率，以满足不同案件的需求。

目前，我国有关老年社会救助的法律规范中，最低生活保障制度和农村五保户供养制度都有较为完善的程序规定。以最低生活保障制度为例，老年人要想得到最低生活保障，一般要经过个人申请——居委会落实——街道办事处审核——区民政部门审核——市民政部门复核备案等程序。申请城市居民最低生活保障待遇，一般由户主向户籍所在地的街道办事处或者镇人民政府提出书面申请，并出具相关证明材料，填写城市居民最低生活保障待遇审批表，由其所在地的街道办事处或者镇人民政府初步审查，初步审查合格后将有关材料报送县级人民政府民政部门审批。居民委员会根据管理审批机关的委托，可以承担城市居民最低生活保障的日常管理及服务工作。管理审批机关为审批城市居民最低生活保障待遇的需要，可以通过入户调查、邻里访问以及信函索证等方式对申请人的家庭经济状况和实际生活水平进行调查核实。管理审批机关应当自接到申请人提出申请之日起的 30 日内办结审批手续。

基于有的老年人有强烈的自尊心，再加上家丑不可外扬的心理作祟，导致有些老年人被发现生活极度贫困后需要立即实施救助，这时，一般社会救助制度的审批程序就显得太过繁琐，周期太长。对于一些事实清楚、情况又比较简单的救助申请，就可以适用简易的审批程序。当然，如果在适用简易程序无法在 7 日内办结的情况下，可以转入一般程序。

3. 先予执行制度

先予执行是最早在民事诉讼中所采用的一种做法，是指人民法院为了满足权利人生活或生产经营之急需，在法院判决作出之前经当事人申请或人民法院依照职权作出的，强制被裁定执行一方先履行一定的义务并立即执行的一种法律制度。先予执行制度的设立是为了满足权利人生活或生产的迫切需要。《最高人民法院关于执行〈中华人民共和国行政诉讼法〉若干问题的解释》也借鉴了民诉法中的规定，该解释第48条第2款规定："人民法院审理起诉行政机关没有依法发给抚恤金、社会保险金、最低生活保障费等案件，可以根据原告的申请，依法书面裁定先予执行。"老年人因社会救助与行政机关发生争议而诉至法院，为保障老年人的基本生活，人民法院可以采取先予执行的制度，在案件未审结的情况下，可以裁定行政机关先向老人支付救助费用。

由于社会救助制度直接关系到老年人的生存权，所以在救助程序中也应该规定先予执行制度。这同样只适用于特殊情况，需要有严格的条件限制：要以老年人提出申请为前提；事实清楚；情况紧急，如不先予执行将威胁老年人的生存。必要时可以要求居民委员会或有关单位提供证明和担保。如发生灾害的情况下，老年人的生存受到了严重的威胁，即便按照简易程序办理相关审批事项，时间仍来不及，这时除了可以采取及时救助外，也可以采用先予执行的方式，先提供救助，事后再补办相关手续。

第三节　老年人社会救助制度

目前，我国有关社会救助的法律规范呈现相对分散的状态，分别体现在法律、法规及相关政策文件中，即使已有的社会救助制度也并不规范、完善，而其中关涉老年社会救助的法律规范就更为缺乏。我国老年人社会救助制度的完善应当注重建立完备的法律制度，建立健全资金筹措制度，建立健全程序保障制度，完善社会互助制度，完善监督制度，健全信息管理制度以及建立健全法律责任制度。

一、建立完备的法律制度

英国是最早通过立法建立社会救助制度的国家，《济贫法》的确立强调了社会救济属于公民应该享有的基本权利，也逐步明确了政府在社会救助中的主体责任，可以说这部法律奠定了英国乃至欧美各国现代社会救助立法的基础，开创了用国家立法来推动社会救助事业的先河。

1942年，著名的《贝弗里奇报告》更是为西方"福利国家"的构建奠定了一定的基础。而美国、德国、瑞典等国家每一次的社会救助制度改革，都会进一步完善和补充本国的社会救助相关法规，如瑞典的《社会服务法》、美国的《社会保障法》。各国在不断地修改旧法和创立新法的过程中，进一步推进社会救助体系的发展和完善。①

与西方国家相比，我国的社会救助立法还比较滞后。2014 年 5 月 1 日，《社会救助暂行办法》正式施行，这是我国第一部统筹各项社会救助制度的行政法规。在目前全国统一立法已经基本实现的大背景下，政府部门应该加快健全各项法律制度，建立完善的社会救助法律体系。

自我国《老年人权益保障法》颁布实施以来，我国老年人社会救助在制度建设方面有了较大突破，但远不能适应老龄化快速发展的今天。总体来说，无论是从立法理念还是法律体系上来讲，我国老年人社会救助法制建设还比较落后。因此，要完善我国老年人社会救助法律制度，就要从立法理念和法律体系着手。

（一）立法理念

我国对老年人社会救助的立法理念是跟随社会发展而不断变迁的，从家庭养老、国家恩赐到国家义务、公民权利，表现出人类文明的进步与老年人社会救助立法理念的更新。目前，我国老年人社会救助立法理念的选择应包含以下内容：

1. 生存权保障理念

生存权作为公民的一项基本权利，已经被民众认识到并已得到国家的认可。在大多数国家，保障每一位公民的生存权已成为一种宪法性权利。保障老年人的基本生存权是建立老年人社会救助制度的初衷。当老年人的生活条件不能满足最低生活需求时，其有权要求国家和社会为其提供救助，以维持其基本的生活状况。所以，在老年人社会救助立法时应从保障老年人生存权的基本理念来进行构建，而不是更多满足政府管理的需求，从“发扬社会主义制度优越性”等政治性口号来宣示。②

---

① 参见张茜茜：《秦皇岛市社会救助现状调查及对策研究》，燕山大学 2014 年硕士学位论文，第 8 页。

② 参见曹明睿：《社会救助法律制度研究》，厦门大学出版社 2005 年版，第 221 页。

2. 物质、精神共同保障理念

生存权是最基本的人权,但当老年人满足了基本的生活需求后,他们更渴望精神上的满足,而且随着社会经济水平的提高,老年人的精神需求越来越重要。我国《老年人权益保障法》对此已有笼统规定。但从老年人救助相关法律整体来看,我国立法偏重满足老年人的生活需求,以后的老年人救助立法应该适量加强对老年人精神需求的关注。

3. 国家义务理念

以现代国家理论来看,国家是人民的国家,它的存在始于人民的合意,并且是依赖人民的赋税供养起来的。按照权利义务一致性的原则,公民在身强力壮时履行了对国家的义务,在他们年老丧失劳动能力后,国家应履行其对公民相应的义务。法治社会中的双方权利义务关系应该是有制度化保证的,国家对于老年人承担义务是责无旁贷的。其他社会救助主体如慈善组织等只能居于辅助地位,绝对不可能取代国家义务成为主力,国家也绝对不应该将自己的义务转嫁给其他社会组织和团体。

4. 社会化管理理念

现代社会奉行"大社会、小政府"理念,虽然政府的扩张是不争的事实,但推崇社会自治的呼声也不绝如缕,并越来越强。由于政府机构臃肿、人浮于事导致工作效率低下,使得老年人应所得的救助利益被层层盘剥,甚至很多情况下都是被媒体曝出老人饿得皮包骨头时才能获得救助。而社会化机构则由于受到政府部门的各种监管,其市场化运作精神以及与民众的亲密接触关系,都使得其管理和发放社会救助利益效率要高得多,并且还可以减轻政府相关部门的工作压力。[①] 所以,社会化管理也应该是老年人社会救助立法所应遵循的一个理念。当然,社会化管理理念和国家义务理念并不矛盾,国家义务理念是指国家对公民有保障其基本生活的义务,这与公民有对国家的基本义务是相对应的;而社会化管理理念则是着眼于将可供分配的救助利益分配到具体的需救助老人手中。同时,社会化管理理念还包括社会捐助、慈善事业等本身就属于社会化的社会救助事业。我国传统上一直是个强政府弱社会的国家,政府一直包揽所有事物,但从实施效果来看却差强人意,因此应树立社会化管理的立法理念,正确安排政府与社会的权能,

① 参见曹明睿:《社会救助法律制度研究》,厦门大学出版社 2005 年版,第 223 页。

优化政府与社会职能的配合,更好地发挥老年人社会救助制度的作用。

上述四个立法理念的确立可以为具体老年救助制度的建构提供一个大的方向,只有坚持正确的方向,才能制定出符合老年人等弱势群体利益的社会救助法。

(二)立法体系

目前,我国有关老年人社会救助法律制度的内容比较混乱,相关的法律制度缺乏系统的安排和稳定的制度框架。我国还没有专门有关老年人社会救助的法律,带有老年人社会救助法律制度的规范性法律文件主要有《老年人权益保障法》《城市居民最低生活保障条例》《农村五保供养工作条例》《农村敬老院管理暂行办法》等,其中许多规定都还是在一种模糊的状态下运行,相关方面权利、义务、责任并不明确,制度执行并不理想,对老年人的救助效果也是差强人意。

在完善老年社会救助法律体系的过程中,我国应借鉴国外先进的老年立法的经验。随着老龄社会的到来,全球140多个国家的法律中都有涉及老年人合法权益的条款。特别是一些老龄化较早的国家,如美国、日本等,其老年法律体系已比较完善,几乎涉及老年人生活的各个方面。如美国针对老年人先后颁布了《社会保障法》(1935)、《医疗保险制度》(1965)、《美国老年人法》(1965)、《低收入医疗救助制度》(1965)、《年龄歧视就业法》(1967)、《雇员退休收入保障法》(1974)、《禁止歧视老年人法》(1975)、《退休平等法》(1984)等一系列法律,而且所有这些法律都有详细内容、有经费保证且有组织落实。在学习借鉴国外先进养老经验的同时,我们也应吸取国外养老立法的教训,如有些国家在发展社会养老过程中过分强调社会福利,从而使国家财政背上沉重的包袱,随着老龄社会的进一步加剧,引发社会保障危机。如巴西,老年人权益保护的法律可谓完备,但由于缺乏雄厚的财政支持,《国家老年人政策》中提出的许多目标成了一种摆设。鉴于此,我国有关老年人权益保护的法律法规既要保证所有老年人基本生活,又要和我们的经济发展水平相适应。

要建构比较完善的符合我国发展水平的全方位的老年人社会救助法律体系,具体来说,应从以下几个方面入手:

第一,要进一步优化《社会救助暂行办法》,并在此基础上尽快制定和颁布《社会救助法》,使老年救助工作法制化、规范化。尽管目前我们有了《社会救助暂行办法》,但从法律位阶上来说,它只是国务院制定的行政法规,法律效力显然不够高。所以,应在《社会救助暂行办法》的基础上尽快出台《社会救助法》。相对于《社会救助暂行办法》,《社会救助法》可从以下几个方面加以改进:首先,应进一步明确社会救助信息的知情权、监督权等公民权利,公民有权了解救助实施的具体情况,也有权对违法救助的行为进行检举、投诉。其次,应进一步规范社会救助程序,在国家立法层面采取统一标准,并允许在不同地方立法存在差异性,但要避免地方立法的随意性。再次,明确公民参与的地位。《社会救助暂行办法》已经使社会参与合法化,因此,应在此基础上进一步明确公民参与的地位,使政府部门在制定标准时能够启用听证程序,听取公民意见,保证救助标准的合理化。最后,统筹城乡社会救助体系。2014 年,国务院印发了《国务院关于进一步推进户籍制度改革的意见》,要求建立城乡统一的户口登记制度,并取消农业户口与非农业户口性质的区分。在社会救助体系完善面,也应该紧跟户籍制度改革的步伐,加快提高农民尤其增进农民困难群体的社会救助水平,尽快建立城乡统筹的社会救助体系。①

第二,尽快制定、完善老年社会救助法。目前,我国已经有了一部统筹性的社会救助行政法规——《社会救助暂行办法》,为社会救助法律体系的发展指明了方向。其实我国的民政等部门已经就最低生活保障、农村五保供养、城镇廉租住房等出台了相关的法规或文件,目前需要根据《社会救助暂行办法》对现有的文件、制度加以整合与整理,在现有《老年人权益保障法》《城市居民最低生活保障条例》《农村五保供养工作条例》《农村敬老院管理暂行办法》等老年人救助法规的基础上尽快制定《老年人社会救助法》。

第三,尽快出台地方性的老年人社会救助法规。我国地域辽阔,人口众多,地域性差异非常大,各地的经济发展水平也不平衡。《社会救助法》《老年人社会救助法》等法律只是一般性、统筹性规定,综合性的地方法规的出台不仅有利于贯彻落实国家老年人社会救助制度,更有利于老年人社会救助法在地方上开展具体实践。只有因地制宜,才能更好地使国家法律、政策转化为保障民生的重要力量。

---

① 参见张茜茜:《秦皇岛市社会救助现状调查及对策研究》,燕山大学 2014 年硕士学位论文,第 32 页。

第四，通过立法壮大社会力量，逐步实现老年社会救助的多元化和社会化。由于老年人社会救助是一种政府或社会行为，政府主导的公共权利是保证老年人社会救助制度健康发展的基础，所以政府理应是第一责任主体。但是由于政府能力有限，政府对老年人的救助往往存在很多"死角"，使得老年人社会救助的水平无法稳健提升，而有些社会组织就能够比较专业地开展救助服务。因此，我们应该从我国当前的国情出发，来营造社会组织协助政府部门实施老年社会救助的良好氛围，建立政府与社会组织社会救助的协作机制。《社会救助暂行办法》中虽然对社会力量参与有所规定，但仅仅停留在鼓励参与的层面，对很多事项未作明确的规定。所以，应该通过立法制定一整套具有法律效力与可操作性的程序，让各种社会力量积极进入老年人社会救助领域，整合、优化各种社会资源，使老年人社会救助的主体由政府逐步向社会转移，促进老年人社会救助社会化，以提高老年人社会救助的规范性、透明度和公信力，使老年社会救助体系相对稳定、健康地可持续发展。

第五，建立健全老年救助机构。根据老年人社会救助工作的需要，在符合机构精简、效率提高的前提下，合理增加社会救助机构的人员编制，下拨足够经费，保证老年救助工作的顺利实施。

二、建立健全的资金筹措制度

社会救助正常运行的重要保障是有效的资金投入以及稳定的资金来源。资金筹措机制不完善导致资金来源不稳定，严重制约了我国老年社会救助工作的发展。当前我国基本国情是：老年弱势群体的人口数量在不断增加，需要国家和社会增加相应的救助投入，以满足不同程度的援助需求。国家负担所有救助经费在现有条件下是不太可能的，不少地区也因为资金有限，不能达到老年社会救助的目标要求。城乡老年社会救助经费严重不足，加之人口老龄化进程加快的社会现实，使救助需求和救助资源之间的缺口短期内难以协调好。所以，综合来看，我国社会救助的财政保障还存在不少问题：首先，财政投入量不足。国家财政在老年人社会救助等主要救助项目上的财政支出比重仍处于较低水平。如 2010 年，我国城乡最低生活保障平均标准分别为 251.2 元/月、117 元/月，仅达到城镇居民全年人均可支配收入和农村居民全年人均纯收入的15.7%和23.7%。[①] 其次，财政资金投入缺乏稳定性。不少关于社会救助的地方性法规、政府规章，没有规定预算额度的确定机制，缺少省、市、县三级政府之间的财政分担机制。再次，稳定的中央财政转移支付机制没有建立。目前我国社会救助主要依靠地方财政，中央财政只是对财政困难的地区提供经费资助，但对资助比例、分担比重等都没有制度化的规定，直接导致了中央财政支付的不确定性和波动性。[②]

健全的财政保障体系是社会救助运行良好的物质保障，我国必须通过加强立法强化社会救助中政府的责任观念，将财政对社会救助的保障制度化、规范化。

首先，加大政府资金投入力度。充足的资金来源是老年人社会救助制度建立的前提，也是老年人社会救助制度实施的有力保障。政府应在老年人社会救助领域增加资金投入力度。要确立中央地方财政的负担比例，建立稳定的中央财政转移支付机制。1994年我国分税制改革后，财政收入分配更多地保证了中央财政，而包括老年人社会救助在内的社会救助等公共事务主要下放到地方政府。但随着社会救助水平的不断提高，势必要求中央财政通过转移支付的方式分担地方财政的支出压力。近年来，社会救助资金的中央转移支付比例不断上升，在低保资金上中央财政支出已经超过了60%。立法应当确立中央财政对社会救助支出的主要责任以及政府财政的投入责任，提高财政投入量。立法中应当规范财政投入的总量测算方法，根据救助对象数量与救助标准等因素对财政资金规模进行计算，摒弃完全由地方政府财政自由衡量的做法。投入总量预算上，要以基本生活水平为基准，并划分不同的困难群体，衡量食品、衣物、医疗、教育等基本需求，科学制定救助标准和财政投入量。[③]

为防止过大增加中央财政负担可以采取合理确定中央和地方政府资金

① 参见林嘉、陈文涛：《论社会救助法的价值功能及其制度构建》，载《江西社会科学》2013年第2期。

② 参见林嘉、陈文涛：《论社会救助法的价值功能及其制度构建》，载《江西社会科学》2013年第2期。

③ 参见林嘉、陈文涛：《论社会救助法的价值功能及其制度构建》，载《江西社会科学》2013年第2期。

投入的比例关系，以保证常规化和制度化的资金投入机制。目前，我国老年社会救助倾向采用的是地方负担模式，地方政府结合地区特点自主决定救助项目，自主承担救助经费，中央只在特殊情况下才会给予个别地区以更多的补贴。这一点在《老年人权益保障法》的专家试拟草案中的第55条也有明确的说明："社会救助所需资金，由地方各级人民政府列入财政预算，专项管理，专款专用；对财政困难的地区和遭受特大自然灾害的地区，中央财政按照规定给予适当补助。"这种方式可因地制宜，政府根据地方情况发挥作用，救助更加有针对性。但其缺陷是极易造成不同地区老年救助标准差距过大和救助项目随意等问题。因此，应该考虑由中央、省、市的财政来明确分摊的比例，合理承担相应的资金。建立地方各级政府之间合理的财政分担机制，《社会救助法》应实行社会救助资金的省级统筹，可以对地方各级政府的财政支出分担作出原则性规定。各省市可以考虑辖区内不同市、县政府的财政状况、救助对象总量、经济状况等因素，在《社会救助法》的限制范围内合理确定适用于本地区的分担比例，平衡各地社会救助的发展。中央政府资金投入可适度向中西部经济欠发达地区倾斜，对于"老、少、边、穷"地区，中央财政应加大投入，建立科学合理的财政投入机制。而且，应该考虑建立需求变动情况下的资金投入调节机制，保证有效的预算增长控制机制。

其次，应鼓励民间组织发挥自身作用。在老年人社会救助中，除中央政府和地方政府共同承担一定比例外，还应充分调动社会各方面的积极力量，鼓励民间组织发挥自身作用，广泛开展各种形式的救助工作，以此来稳步扩大资金投入。我国作为发展中国家，是在经济发展并不充分的情况下进入老龄化社会的，老年人社会救助的任务非常繁重，所以要积极鼓励社会力量的参与。

将地方和中央按比例承担的制度确立下来，并把老年社会救助保障资金的内容通过法律加以明确。在保证困难地区的困难老人得到救助的前提下，应当充分调动民间力量的积极性，通过制定相关的鼓励政策，大力推动慈善事业的发展，解决更多老年群体的救助问题；也可以开展福利彩票工作，为老年社会救助制度贡献更多的力量；建立各类救助基金，拓宽资金来源，整合资金投入，保证财政稳定。政府机构与民间组织之间应该加强合作，互相促进，在不干涉彼此独立性的同时充分发挥各自作用，使贫困老年人能够同样享受经济社会发展成果。

三、建立健全程序保障制度

规范的程序设置是防止政府救助资源配置异化的有效手段，应贯穿于老年人社会救助制度实施的各个阶段。结合其他国家的立法经验，我国社会救助的程序应当包括三方面内容：

第一，社会救助标准制定程序。一方面，我国地区差异性很大，无法在国家立法层面采取统一标准，但《社会救助法》应当规定系统的标准制定程序，包括救助标准应当涵盖的生活项目、老人和残疾人等特殊群体标准的浮动、统计口径等，避免地方立法的随意性。另一方面，要有保障公民参与的程序性规定。比如政府部门在制定救助标准时，就需要通过听证程序，公开资料信息，听取公民意见，保证救助标准的合理化。

第二，社会救助申请、审核程序。申请程序上，主要包括困难人员需要提交的申请材料、救助机关的申请受理时限等。审核程序上，要明确审核作出决定的时限，以防止出现救助机关无故拖延；作出不予救助决定的，要书面说明理由。另外，审核程序还有一点最重要的内容就是经济情况调查程序，它决定了申请对象是否符合救助条件。建议要详细规定以下内容：家庭收入的计算范围、豁免计算的财产类别、家庭人口计算范围、调查方式及有关部门的配合义务、劳动能力、调查结果公示等。老年申请人的收入和财产状况以及实际生活水平状况往往比较复杂，仅通过单一手段很难调查清楚。可以借鉴欧美国家的经验，通过入户访问、社区了解以及产权凭证等方式进行验证。对申请救助的老年人还可以对其家庭成员的财产状况进行细致的了解，当然这些程序都需要老年社会救助法律制度的规范和指导。

第三，老年人社会救助的监督程序。一方面，社会救助机关应在提供救助给付后，健全动态监督程序和救助退出程序。每个老年人的家庭收入和健康状况都是不断发展变化的，社会救助资源的稀缺性与国家财政的有限性之间的矛盾短期内很难得到化解。庞大的受助群体也使老年社会救助制度面临着不小的挑战，所以需要有救助标准和救助条件的限制，这也必然要求老年社会救助退出程序的存在。对于和救助条件不相符的受助者要及时清退出受助体系，这就需要动态监督程序和退出机制的存在。老年社会救助不仅要达到帮助老年人摆脱生存危机的目的，还要在此过程中避免老年人产生依赖习惯。动态监督和清退程序的实施主体最好是之前负责审查和核准的部门，在对老年申请人开展相关救助后，继续审查受助老年人的生活条件是否得到改善，是否改善到可以降低救助标准的程度，又或是情况好转到可以退出救助范围。如果通过实际的调查，确定当老年人可以自己维持最低生活标准时，通过认证程序后可减少对他们社会救助行为，直到这部分老年群体退出社会救助制度还能自立和发展。[①] 另一方面，要赋予公民对老年人社会救助机关的监督权力，确定救助信息公开的方式，明晰举报、投诉等具体监督的程序。另外，对于不服救助机关行政行为的，直接适用《行政复议法》《行政诉讼法》的有关规定，公民可以申请行政复议或提起行政诉讼。[②]

四、完善社会互助制度

当前我国仅靠政府和社会的救助制度难以满足老龄化的迅猛发展，因此近年来，越来越多的社会工作者和社会救助工作者提出，应该在老年救助工作中引入老年人互助机制，将社会救助与老年人互助结合起来，以提高老年人社会救助的实际效果。

老年社会互助是指以社会互助的形式，即部分有条件的社会成员（包括老年人）对部分处于贫困境遇的老年人给予服务，以提供物质等多样化的帮助。社会成员互助意识的提高、互助意愿的增强，都有助于完善我国老年社会救助体系，提高救助水平和效率。当然，提高社会成员的互助意识和互助意愿可以通过一定的措施和制度进行辅助。

建立社会互助机制，完善老年社会救助制度的具体思路是：一是充分发挥各界社会力量。无论是民间慈善团体还是政府慈善组织，只要其愿意为老年事业服务，都可以发挥其特长，以继续完善经常性社会捐赠体系。积极推进红十字等群众性团体组织发展社会公益事业，在加快建立公众捐赠的常态机制的基础上，鼓励更多的社会成员主动捐赠，以此激发民间的救助帮扶力量，完善各项救助和服务工作，强化不同项目的救助实效。重点建设老年群体的生活救助和法律援助领域，保证老年弱势群体的基本需求和救助

---

① 参见肖金明：《老年人权益保障法律制度研究》，山东大学出版社 2013 年版，第 166 页。

② 参见林嘉、陈文涛：《论社会救助法的价值功能及其制度构建》，载《江西社会科学》2013 年第 2 期。

不畅时的申诉途径。二是鼓励志愿者队伍发挥作用。比如,社区托老所的建设就可以通过团结周围志愿者的力量切实关照老年人的生活。特别是可以通过上门、托老所等各种社区服务的方式为老年弱势群体提供支持。三是推进非物质救助项目。心理、情感等非物质救助对老年救助对象来说尤为重要,而且会随社会的发展越来越重要。只有将社会互助的制度落到实处,才能通过心理救助和精神帮助的方式让老年人得到情感慰藉,才能体现我国老年社会救助制度的层次化和立体性。通过科学的心理干预减轻老年人精神或心理上的负担,使他们拥有良好的心理机制,恢复健康的心态。作为一项复杂的系统工程,只有社会的各个方面认真根据各项制度的要求,规划救助工作,落实救助内容,才会形成一个完善的老年社会救助制度。①

另外,还可以借鉴德国的老年互助模式。老年互助模式主要有以下几种:一是老人与老人互助模式,即由低龄老年人帮助高龄老年人,与养老院不同的是,老人可继续住在自己家里,由几个低龄老人牵头,组成邻里互帮互助的小组,轮流到每家活动。二是老人与单亲家庭互助模式,这种模式主要是将有照顾孩子需求的单亲家庭与有照顾需求的老人结合起来的"三代同堂"的特殊照顾模式,在一定程度上能满足部分失能老人的情感需求和精神需求。三是老人与大学生互助模式,即将有住宿需求的在校大学生与有房子、有照顾需求的老人结合起来的互助形式,由民政局与大学服务中心介绍大学生到孤寡老人家居住,可免去房租,但学生要承担部分照顾老人的义务等。

五、完善监督制度

公平、公正是老年人社会救助工作的生命。要想使老年人社会救助工作做到公平、公正,就要有完善的监督制度。老年人社会救助,应当建立多元化、全方位的监督体系,最大限度地防止暗箱操作,努力提高社会救助的公开、公正。

一是群众监督。在办理老年人社会救助过程中,必须经过法律规定的程序,实行张榜公示,并成为刚性的制度。谁享受了哪项救助,享受多少金额,必须经得起群众的评议和检验,确保群众的参与权、知情权、决策权和监

---

① 参见肖金明:《老年人权益保障法律制度研究》,山东大学出版社 2013 年版,第 167 页。

督权。各级民政部门都要公开监督电话，及时受理群众咨询、投诉、举报，认真查处群众来信、来访，最大限度地杜绝错保、漏保等情况的发生。

二是行政监督。民政、财政、审计等部门每年都联合或单独开展社会救助专项检查，发现问题及时纠正，对违规问题严肃认真处理，确保救助资金有效使用，救助结果准确公正。

三是人大、政协监督。各级人大、政协组织要定期开展执法检查，听取工作报告。人大代表、政协委员将越来越多地直接参与低保申请人家庭收入调查和社会救助资格评估，或者通过会议提案和议案来反馈社情民意，影响政府政策。

四是媒体监督。各级各类新闻媒体在加大政策宣传的同时，还会及时报道社会救助工作中存在的违规违纪现象，对“关系保”“人情保”和优亲厚友等予以揭露，形成对社会救助工作和基层干部强有力的监督。在做到救助监督多元化的同时，还要进一步建立健全问责制，对于救助对象，做到“谁调查、谁签字，谁审核、谁负责，出了错、要问责”，加强对有关人员的约束。①

六、健全信息管理制度

信息化是社会救助工作必不可少的重要手段，也是当前老年人社会救助工作中一项十分迫切的任务。老年人社会救助信息化有利于进一步提高老年人社会救助工作的效率和精准度。多年来，全国很多市、县自行开发了相对独立的低保信息系统，有的初步实现了省内的统一管理，但目前的信息化水平普遍还比较低，还没有实现全国联网，一些社会救助业务还处于信息化的试点阶段。未来一个时期，全国将加快推进老年人社会救助信息化步伐，应重点在以下几个方面取得突破性发展：

一是实现老年人社会救助信息系统全国联网。由民政部牵头，完成全国统一的老年人社会救助信息管理系统软件开发，建立上下各级业务互通、省际之间信息互联的老年人社会救助综合管理网络。国家建立老年人社会救助超级数据库，省建立数据转换中心，市县普遍建立服务器和终端采集系统，老年人社会救助政策发布、数据统计、报表分析等主要通过网络完成。

二是基层逐步实现城乡低保网上审核审批。今后，县、乡两级具体的管

---

① 参见姬升峰：《中国社会救助制度发展研究》，载《社会福利》2012 年第 3 期。

理审批机关不再主要依靠传统人工方式报送各种纸质材料、表格、档案等，网上申报、审核、审批将成为主要的工作方式。各地将普遍建立健全低保对象电子档案，实现网上办公、网上审核审批，审批时限大大缩短，行政成本大大降低。

三是全面推行医疗救助"一站式"结算。各地将继续积极开展医疗救助与新农合、城镇居民基本医疗保险"一站式"结算，完成从试点到普及的过程，除城乡低保对象和农村五保对象之外，其他特殊困难群众，包括救助制度逐步覆盖到的低保边缘和低收入家庭，都将纳入"一站式"结算的轨道，极大地方便了困难群众。

四是全面建立城市居民经济状况核对信息系统。按照民政部部署，在各省统一指导下，市、县（市、区）两级民政部门将配合廉租住房保障制度的实施，全面开展城市低收入家庭认定工作，通过民政部门与相关部门信息交换，对救助申请人的家庭存款、收入、纳税、车辆、房屋、保险、公积金、婚姻等状况进行比对，实现信息共享。社会的发展使得居民经济状况核对将成为民政部门管理和统筹协调社会救助的一项重要任务和手段。国家将逐步认识和重视居民经济状况信息核对工作，民政部门要利用这一重大机遇，实现自身职能和地位作用的进一步提升。[①]

七、建立健全法律责任制度

老年人社会救助法律责任是指老年人社会救助法律关系当事人违反法定义务时所应承担的相应的不利后果。老年人社会救助法律关系当事人包括管理方、供给方和接受方，所承担的法律责任因三者在老年社会救助法律关系中的地位不同而有所差异。[②]

（一）管理方责任

管理方是指国家社会救助事务行政管理机关，包括各级人民政府的民政部门。当然，具体管理执行部门是民政部门中的内设机构，但承担相应法律责任的主体是相应的民政部门，如民政部、民政厅、民政局等。管理方责任主要体现在民政部门要为其错误或不当的具体行政行为或者是行政不作

① 参见姬升峰：《中国社会救助制度发展研究》，载《社会福利》2012年第3期。

② 参见曹明睿：《社会救助法律制度研究》，厦门大学出版社2005年版，第244～246页。

为承担相应的行政法责任。如果具体执行人员严重违法导致犯罪的,还要承担刑事责任。具体违反法定义务的行为如贪污、挪用、克扣老年社会救助款项的渎职行为、审查接受救助资格失职行为(如该批准的不予批准、不够条件不该批准却给予批准的等)、监管失职行为等。行政相对人对管理方管理的救济方式有异议的,可申请行政复议或提起行政诉讼,以有效维护自己的社会救助权益;管理方违反法律义务后果严重导致犯罪的,则由司法机关追究单位和具体工作人员的刑事责任。管理方责任制度的设计主要是促使管理方履行自己义务,使其恪尽职守,严格依法办事,以切实维护老年人的合法权益。

(二)供给方责任

供给方主要是提供相关老年社会救助服务的救助设施机构,有公立救助机构和私立救助机构。公立救助机构一般从属于管理方管理,与受助方的关系一般是管理与被管理、服务与被服务的关系,因此,在违反法律义务时他们也需要承担相应的行政法责任和民事责任。行政法责任是相对于管理方的制度规定,民事责任则是相对于受助方的制度规定。私立救助机构一般仅接受行政主管机关的监督,与管理方不构成直接隶属关系,与受助方也仅仅是服务与被服务的关系,所以,在违反法律义务时最多是承担民事责任,但在接受行政监督检查时如被发现有违法行为,也需承担相应的行政法责任,如罚款、勒令限期更改等。供给方对受助方造成伤害的,也需要承担相应民事责任,如补偿损失等。由于供给方安排了部分救助利益的分配,因此对它的责任制度设计也是为了保证能更好地提供相应的社会救助服务,在更大的程度上实现受助者的利益。

(三)受助方责任

受助方责任也是由其所应该履行的相应法律义务所决定的。受助者作为老年社会救助法律关系中的一方当事人,所有救助制度设计的最终目的都是要保证社会救助利益能够被最大限度地落实到他们身上。受助者的生存权和发展权得到国家和社会的保障,他们也应该力所能及地履行一些国家为他们设计的义务,如受助者中的有能力者有参加社区公益劳动的义务,有接受就业培训以尽快就业的义务,有如实汇报自己收入和财产状况的义务,有接受管理方和供给方提供就业岗位的义务等。这种义务的设计和履行不是索取给付社会救助利益的对价,而是确保社会救助利益能够发放到最需要者手中，尽可能挖掘受助者的工作潜能，相对扩大社会救助的效果。受助者如违反这些义务，则需要承担相应的法律责任，如返还已领取的利益、取消救助资格等，情节严重的可能还要追究刑事责任。现实生活中，弄虚造假、冒领有限救助利益的事情时有发生，受助方责任制度的设计就是为受助者的权利设定一个边界，以保证适格的受助者能够接受救助，并促使能够自力更生的受助者积极自救，使有限的救助资源发挥其最大价值。

总之，我国老年人社会救助制度的完善应当注重建立完备的法律制度，建立健全的资金筹措制度，建立健全程序保障制度，完善社会互助制度，完善监督制度，健全信息管理制度以及建立健全法律责任制度。另外，针对贫困老人还要适度发展公共养老的福利设施。

第一，规划和建设好老年公寓、养老院等养老机构。对于养老院等养老机构，国家要根据经济发展水平不断增加投入，改善设施，提高居养水平。从目前情况来看，尽管选择去养老机构的老人不多，但却有很多老年人在关注着养老机构，许多老年人说：好的养老机构进不了，差的养老机构不想去。50.30%的受访老人呼吁：政府应加大养老机构投入。什么是好的养老机构？老人们强调，不是豪华，主要是“收费合理”“服务到位”。[①] 制定优惠政策鼓励和扶持社会上民办企业发展参与福利性公共养老设施。第二，从实际出发，建立托老所。托老所可针对老人不同情况，分为全托、日托、半托等不同形式。第三，建立老年服务中心。服务中心里可设老年医院、老年诊所、老年大学、老年活动中心等多种功能服务体系。第四，建立社区精神卫生中心。老年人精神疾病的发病率要高于其他年龄阶段的人们，因此对老年人精神疾病的防治是非常必要的。在预防精神疾病方面，社区要配备专业心理工作者，随时对社区内老年人进行心理咨询，特别是要专门针对失去配偶的鳏寡老人咨询，帮助他们与志愿者结成对子，使他们能够在失去亲人的时候得到及时的感情支持，并在安排今后生活的时候得到必要的帮助。

老年人社会救助制度是现代社会保障制度的重要内容，具有维护社会和谐与稳定的重要功能。对处于社会边缘地位的老年贫困群体进行救助，不仅有利于整个社会经济的发展，而且有利于维护社会稳定，增强社会凝聚力，促进社会主义和谐社会的发展。

---

① 《调查显示4成老人认同居家式社区养老》，载2009年10月26日《长江日报》。

当今世界上许多国家都已建立较为完善的老年人社会救助法律体系，但我国关于老年人社会救助的各项制度还只是散见于各种规章及法规中，没有一部位阶较高的《社会救助法》或《老年人社会救助法》。这就导致现实生活中老年人被饿死或病死家中多日才被发现的悲剧不断出现，所以我国需尽快制定老年社会救助相关法律，建立和健全符合我国文化传统和经济发展水平的现代老年人社会救助法律制度，早日实现我国老年人社会救助的程序化及法制化。我国在建立和完善老年人社会救助制度体系中，应当专门为老年弱势群体建立具体、详细、可实际操作的老年人社会救助法律或法规，以体现社会公平的原则，实现老年弱势群体的社会融合与发展。建议进一步优化《社会救助暂行办法》，并在此基础上尽快制定和颁布《社会救助法》，使老年救助工作法制化、规范化；在现有《老年人权益保障法》《城市居民最低生活保障条例》《农村五保供养工作条例》《农村敬老院管理暂行办法》等老年人救助法规的基础上尽快制定《老年人社会救助法》；尽快出台地方性的老年人社会救助法规。在制定和完善老年人社会救助法过程中，要树立先进的老年人社会救助立法理念，完善立法体系；提高立法层次，完善配套立法。通过立法壮大社会力量，逐步实现老年社会救助的多元化和社会化；规范社会救助程序，加强监督，鼓励民众和社会组织的参与；建立健全老年救助机构。根据老年人社会救助工作的需要，在符合机构精简、效率提高的前提下，合理增加社会救助机构的人员编制，下拨足够经费，保证老年救助工作的顺利实施。明确规定中央及地方财政投入中所占的比例，从制度设计层面上促进和保证弱势群体的社会救助措施得到落实，明确弱势群体社会救助项目的管理与监督机制。最后还要明确社会救助法律责任，以保障老年社会救助工作的顺利进行。老年人社会救助法制的系统化、专门化、科学化和规范化，必将使中国老年人社会救助工作真正走向制度化、社会化，并获得健康的发展。

结　语

截至 2014 年底，中国 60 岁以上老年人口已达 2.12 亿，80 岁以上高龄老年人口达到 2400 万，失能老年人口接近 4000 万。庞大的老年群体中有相当数量的老年贫困人口。对处于贫困中的老年人予以救助，让他们过上有尊严的、幸福的晚年生活，是国家的责任，也是社会的责任。但由于我国是在“未富先老”“未备先老”的情况下快速进入老龄化，使得目前我国支撑老龄化需求的经济基础还比较薄弱，针对老年贫困人口的社会救助还存在许多问题，亟须解决。除前面所提到的我国老年人社会救助制度方面的完善外，针对快速发展的老年群体，我国还应积极发展老龄产业，在为贫困老年人再就业创造条件的同时为所有老年人服务，使老年人的生活更为便捷、舒适，同时也促进经济的发展。

现代社会政府养老压力空前增大，而物质生活条件的提高以及医疗水平的发展，使得越来越多的低龄老年人身体健康状况良好，他们完全有能力通过自身劳动或从事与退休前相关的职业来使自己生活脱贫。但目前老年人再就业在我国还未受到应有重视，除缺乏相应法律制度外，相关配套机制也不健全。主要表现在两方面：一是老年人的就业机会少，尤其是贫困老年人。他们大多文化层次不高，适合他们的工作机会就更少。二是为老年人就业服务的机构少。我国职业介绍平台有很多，职业介绍所、网络、媒体等招聘信息随处可见，但是为老年人提供职业介绍的场所却非常少。政府及相关老年人社会救助机构应充分发挥老年人拥有的丰富经验和阅历、娴熟的专业技能，为老年人创造工作平台，积极发展老龄产业。

未来老年社会事业发展需要大力发展老龄产业。老龄产业是以满足老年人特殊需求的养老服务设施、日常生活用品和老年服务、老年文教产业等在内的新型产业。大体可分为以下几类：一是养老服务业，如各类养老服务机构、居家养老服务业、社区养老等；二是老年卫生保健业，如老年人药品、保健品及老年医疗辅助设备等；三是老年日常生活用品业，如老年人的服装、生活用品等；四是老年金融业，如专为老年人设计的健康储蓄计划、证券投资规划等；五是老年保险业，如与涉老相关的人寿、健康和养老保险等；六是老年房地产业，如老年人住宅、老年社区、养老院等；七是老年文化娱乐业，如老年旅游业，老年文化、体育和娱乐业等；八是老年教育产业，如老年大学、老年培训班等；九是老年咨询服务业，如为老年人进行法律维权、心理、职业、婚姻咨询服务等；十是其他老年相关产业。[①] 老龄产业总体上还可

---

① 参见陆杰华、王伟进、薛伟玲：《中国老龄产业发展的现状、前景与政策支持体系》，载《城市观察》2013 年第 4 期。

分为老龄产业非竞争性行业和老龄产业竞争性行业两大类。老龄产业非竞争性行业主要是指老年人社会救助、社会保障等，主要是以政府财政为主，是不以营利为目的的。老龄产业竞争性行业主要是指老年人生活用品、家政服务、文化娱乐等，是以营利为目的、以市场为主导的。在大力发展老年产业尤其是竞争性行业时，政府及相关社会机构应对老年人的用工比例做一大体规定，如招用相应老年人，可在税收等方面予以减免或有其他优惠措施，以引导社会关注并重用老年人，在为贫困老年人再就业创造条件的同时，也可缓解当前社会劳动力的短缺。比如以专门针对老年人开发的老年保健品和老年医药用品、老年人康复器具、老年日用品、助行器具、老年电子产品以及老年文化产品等的研发和销售和老人养老所需要的医务人员、护理人员、心理咨询人员等，都可规定老年人的用工比例。由于老年人更知道同龄人的需求，所以与年轻人相比，老年人工作起来更能得心应手、有的放矢，能起到事半功倍的效果。尤其是部分高龄老年人及失能老人，身体机能衰退和健康状况的恶化使得他们对医疗、照护需求非常大，而家庭服务人力资源以及整个社会老龄服务人力资源严重匮乏，也促使政府及相关社会组织应尽快出台相应制度，比如成立专门为老年人提供家政服务的家政公司，其家政服务人员也主要是由身体健康的老年人所组成，为需要帮助、照顾的老年人提供各种服务，包括生活上的排忧解难和情感上的交流、沟通。这既能解决老龄服务人员不足的社会问题，也能为有就业意愿的贫困老年人提供就业平台和就业机会，增加老年人收入。老年人再就业对老年人自身来说，有助于其自身价值的实现，也有助于帮助贫困老年人提高生活质量，摆脱生活上的贫困，并能促进社会经济的发展。所以，社会应该重视老年人力资源，拓宽老年人再就业渠道，为老年人再就业提供服务。

人口的快速老龄化带来一系列社会问题，只有不断完善老年人社会救助制度，使老年人基本做到老有所养，才能逐步解决这些问题。与此同时，老年产业也为社会经济发展提供了良好机遇，如何将老年人社会救助制度与老年产业的发展有机结合，使之能够更好地为老年人服务是当前非常现实的问题，也是社会各界为之努力的方向。

附　录

一、《第二次老龄问题世界大会的报告》[①]
(节选)

A　优先方向一:老年人和发展

问题 6:消除贫穷

为消除老年人的贫穷而与之作斗争是《老龄问题国际行动计划》的一个基本目标。尽管国际社会最近更加积极关注消除贫穷的各项目标和政策，但在许多国家，这些政策和方案往往仍将老年人排除在外。在贫穷问题比较普遍的地方，那些受了一辈子穷的人到老年往往更穷。

对妇女来说，社会保护制度中的体制偏见，尤其是基于连续工作年限的社会保护制度，加剧了贫穷妇女人数越来越多的现象。在分享经济权力方面，男女之间存在不平等和差异，无报酬工作在两性之间分配不均，妇女创

① 节选自2002年《第二次老龄问题世界大会的报告》(A/CONF. 197/9)第18～21页(http://www.un.org/chinese/esa/ageing/pdf/Aconf1979.pdf)。

业缺乏技术和财政支持，没有平等机会获得和掌握资本，特别是获得土地和信贷及进入劳动力市场的机会，存在各种有害的传统习惯做法，这些都限制了妇女获得经济能力，使贫穷妇女人数日增。在许多社会，女户主家庭，包括离婚、分居和未婚妇女及寡妇尤其有贫穷之虞。必须采取特别的社会保护措施，解决贫穷妇女特别是老年贫穷妇女人数日增问题。

残疾老年人也比非残疾老年人更可能遭受贫穷，部分原因是工作场所歧视，包括雇主的歧视以及没有能满足他们需要的工作场所。

目标 1：减少老年人的贫穷。

行动

(a)最迟在 2015 年把赤贫人口所占比例降低一半；

(b)将老年人纳入为实现减少贫穷目标而制订的政策和方案；

(c)推动老年人获得就业、赚取收入、信贷、市场和资产的平等机会；

(d)确保消除贫穷战略和执行方案能具体满足老年妇女、高龄老年人、残疾老年人和独居老年人的特殊需要；

(e)视情况及在所有适当级别制订与年龄及性别相关的贫穷指标，用来确定年纪较大的贫穷妇女的需要，并鼓励利用现有贫穷指标，以便按年龄组和性别进行审查；

(f)支持加强老年人特别是妇女能力的创新方案，增加他们对消灭贫穷的发展努力的贡献以及从中获得的利益；

(g)加强国际合作，支持各国符合国际商定目标的消灭贫穷努力，以实现对老年人的可持续社会和经济支持；

(h)加强发展中国家克服障碍以参与日益全球化的经济的能力，以便协助它们努力消灭贫穷，特别是消除老年人的贫穷。

问题：收入保障、社会保护/社会保障和预防贫穷

收入保障和社会保护/社会保障措施，不论是否自缴费用，都包括非正式的、结构非常严谨的办法。这种措施是经济繁荣和社会融合的基础的组成部分。

人们普遍认为，全球化、结构调整方案、财政紧缩以及老年人口日益增加的情况，给正式的社会保护/社会保障制度造成压力。能否持续提供足够的收入保障非常重要。在正式社会保护/社会保障制度规模较小的发展中国家，市场冲击和个人不幸耗尽非正式的家庭支持，人们很容易受其影响。在经济转型国家，经济转型使人口各部分、尤其是老年人和许多有孩子的家庭遭受贫穷。在发生恶性通货膨胀的地方，养恤金、伤残保险、保健福利和人们的储蓄几乎变得一文不值。

必须采取适当的社会保护/社会保障措施，解决贫穷妇女尤其是贫穷老年妇女人数日增的问题。

目标1：推动各种方案，使所有工作人员都能够获得基本的社会保护/社会保障，包括适用的养老金、伤残保险和保健福利。

行动

(a)制定并实施各项政策，以确保所有人老年时都有足够的经济和社会保护；

(b)努力确保社会保护/社会保障制度中的两性平等；

(c)酌情确保社会保护/社会保障制度能够覆盖正规和非正规部门越来越多的工作人口；

(d)为非正规经济部门工作的人们设计具有创新性的社会保护/社会保障方案；

(e)采用各种方案，促使低技能的老年职工就业，使他们能够享用社会保护/社会保障制度；

(f)尽力确保养老金计划和适当的伤残保险的完整性、可持续性、清偿能力和透明度；

(g)为私营和起补充作用的养恤金及适当的伤残保险建立管理框架；

(h)向老年人提供社会保护/社会保障各方面的顾问和咨询服务。

目标2：保证所有老年人有足够的最低收入，特别关注社会上和经济上处境不利的群体。

行动

(a)考虑酌情建立一个不自缴保费的养恤金制度和残疾抚恤金制度；

(b)在没有社会保护/社会保障制度的地方，紧急建立这种制度，确保无其他赡养手段的老年人(大多为妇女)的最低收入，尤其是独居和容易陷于贫困的老年人；

(c)在改革养恤金制度和伤残保险时，考虑到老年人的生活水平；

(d)采取措施，抵消恶性通货膨胀对养恤金、伤残保险和储蓄安排的影响；

(e)请国际组织，尤其是国际金融机构，按照其任务规定，协助发展中国家及所有有需要的国家努力建立基本社会保护，特别是保护老年人。

二、社会救助暂行办法

中华人民共和国国务院令

（第649号）

现公布《社会救助暂行办法》，自2014年5月1日起施行。

总理　李克强
2014年2月21日

第一章　总　则

第一条　为了加强社会救助，保障公民的基本生活，促进社会公平，维护社会和谐稳定，根据宪法，制定本办法。

第二条　社会救助制度坚持托底线、救急难、可持续，与其他社会保障制度相衔接，社会救助水平与经济社会发展水平相适应。

社会救助工作应当遵循公开、公平、公正、及时的原则。

第三条　国务院民政部门统筹全国社会救助体系建设。国务院民政、卫生计生、教育、住房城乡建设、人力资源社会保障等部门，按照各自职责负责相应的社会救助管理工作。

县级以上地方人民政府民政、卫生计生、教育、住房城乡建设、人力资源社会保障等部门，按照各自职责负责本行政区域内相应的社会救助管理工作。

前两款所列行政部门统称社会救助管理部门。

第四条　乡镇人民政府、街道办事处负责有关社会救助的申请受理、调查审核，具体工作由社会救助经办机构或者经办人员承担。

村民委员会、居民委员会协助做好有关社会救助工作。

第五条　县级以上人民政府应当将社会救助纳入国民经济和社会发展

规划，建立健全政府领导、民政部门牵头、有关部门配合、社会力量参与的社会救助工作协调机制，完善社会救助资金、物资保障机制，将政府安排的社会救助资金和社会救助工作经费纳入财政预算。

社会救助资金实行专项管理，分账核算，专款专用，任何单位或者个人不得挤占挪用。社会救助资金的支付，按照财政国库管理的有关规定执行。

第六条　县级以上人民政府应当按照国家统一规划建立社会救助管理信息系统，实现社会救助信息互联互通、资源共享。

第七条　国家鼓励、支持社会力量参与社会救助。

第八条　对在社会救助工作中作出显著成绩的单位、个人，按照国家有关规定给予表彰、奖励。

第二章　最低生活保障

第九条　国家对共同生活的家庭成员人均收入低于当地最低生活保障标准，且符合当地最低生活保障家庭财产状况规定的家庭，给予最低生活保障。

第十条　最低生活保障标准，由省、自治区、直辖市或者设区的市级人民政府按照当地居民生活必需的费用确定、公布，并根据当地经济社会发展水平和物价变动情况适时调整。

最低生活保障家庭收入状况、财产状况的认定办法，由省、自治区、直辖市或者设区的市级人民政府按照国家有关规定制定。

第十一条　申请最低生活保障，按照下列程序办理：

（一）由共同生活的家庭成员向户籍所在地的乡镇人民政府、街道办事处提出书面申请；家庭成员申请有困难的，可以委托村民委员会、居民委员会代为提出申请。

（二）乡镇人民政府、街道办事处应当通过入户调查、邻里访问、信函索证、群众评议、信息核查等方式，对申请人的家庭收入状况、财产状况进行调查核实，提出初审意见，在申请人所在村、社区公示后报县级人民政府民政部门审批。

（三）县级人民政府民政部门经审查，对符合条件的申请予以批准，并在申请人所在村、社区公布；对不符合条件的申请不予批准，并书面向申请人说明理由。

第十二条 对批准获得最低生活保障的家庭，县级人民政府民政部门按照共同生活的家庭成员人均收入低于当地最低生活保障标准的差额，按月发给最低生活保障金。

对获得最低生活保障后生活仍有困难的老年人、未成年人、重度残疾人和重病患者，县级以上地方人民政府应当采取必要措施给予生活保障。

第十三条 最低生活保障家庭的人口状况、收入状况、财产状况发生变化的，应当及时告知乡镇人民政府、街道办事处。

县级人民政府民政部门以及乡镇人民政府、街道办事处应当对获得最低生活保障家庭的人口状况、收入状况、财产状况定期核查。

最低生活保障家庭的人口状况、收入状况、财产状况发生变化的，县级人民政府民政部门应当及时决定增发、减发或者停发最低生活保障金；决定停发最低生活保障金的，应当书面说明理由。

第三章 特困人员供养

第十四条 国家对无劳动能力、无生活来源且无法定赡养、抚养、扶养义务人，或者其法定赡养、抚养、扶养义务人无赡养、抚养、扶养能力的老年人、残疾人以及未满16周岁的未成年人，给予特困人员供养。

第十五条 特困人员供养的内容包括：

(一)提供基本生活条件；

(二)对生活不能自理的给予照料；

(三)提供疾病治疗；

(四)办理丧葬事宜。

特困人员供养标准，由省、自治区、直辖市或者设区的市级人民政府确定、公布。

特困人员供养应当与城乡居民基本养老保险、基本医疗保障、最低生活保障、孤儿基本生活保障等制度相衔接。

第十六条 申请特困人员供养，由本人向户籍所在地的乡镇人民政府、街道办事处提出书面申请；本人申请有困难的，可以委托村民委员会、居民委员会代为提出申请。

特困人员供养的审批程序适用本办法第十一条规定。

第十七条 乡镇人民政府、街道办事处应当及时了解掌握居民的生活情况，发现符合特困供养条件的人员，应当主动为其依法办理供养。

第十八条 特困供养人员不再符合供养条件的，村民委员会、居民委员会或者供养服务机构应当告知乡镇人民政府、街道办事处，由乡镇人民政府、街道办事处审核并报县级人民政府民政部门核准后，终止供养并予以公示。

第十九条 特困供养人员可以在当地的供养服务机构集中供养，也可以在家分散供养。特困供养人员可以自行选择供养形式。

第四章 受灾人员救助

第二十条 国家建立健全自然灾害救助制度，对基本生活受到自然灾害严重影响的人员，提供生活救助。

自然灾害救助实行属地管理，分级负责。

第二十一条 设区的市级以上人民政府和自然灾害多发、易发地区的县级人民政府应当根据自然灾害特点、居民人口数量和分布等情况，设立自然灾害救助物资储备库，保障自然灾害发生后救助物资的紧急供应。

第二十二条 自然灾害发生后，县级以上人民政府或者人民政府的自然灾害救助应急综合协调机构应当根据情况紧急疏散、转移、安置受灾人员，及时为受灾人员提供必要的食品、饮用水、衣被、取暖、临时住所、医疗防疫等应急救助。

第二十三条 灾情稳定后，受灾地区县级以上人民政府应当评估、核定并发布自然灾害损失情况。

第二十四条 受灾地区人民政府应当在确保安全的前提下，对住房损毁严重的受灾人员进行过渡性安置。

第二十五条 自然灾害危险消除后，受灾地区人民政府民政等部门应当及时核实本行政区域内居民住房恢复重建补助对象，并给予资金、物资等救助。

第二十六条 自然灾害发生后，受灾地区人民政府应当为因当年冬寒或者次年春荒遇到生活困难的受灾人员提供基本生活救助。

第五章 医疗救助

第二十七条 国家建立健全医疗救助制度，保障医疗救助对象获得基本医疗卫生服务。

第二十八条 下列人员可以申请相关医疗救助：

（一）最低生活保障家庭成员；

（二）特困供养人员；

（三）县级以上人民政府规定的其他特殊困难人员。

第二十九条 医疗救助采取下列方式：

（一）对救助对象参加城镇居民基本医疗保险或者新型农村合作医疗的个人缴费部分，给予补贴；

（二）对救助对象经基本医疗保险、大病保险和其他补充医疗保险支付后，个人及其家庭难以承担的符合规定的基本医疗自负费用，给予补助。

医疗救助标准，由县级以上人民政府按照经济社会发展水平和医疗救助资金情况确定、公布。

第三十条 申请医疗救助的，应当向乡镇人民政府、街道办事处提出，经审核、公示后，由县级人民政府民政部门审批。最低生活保障家庭成员和特困供养人员的医疗救助，由县级人民政府民政部门直接办理。

第三十一条 县级以上人民政府应当建立健全医疗救助与基本医疗保险、大病保险相衔接的医疗费用结算机制，为医疗救助对象提供便捷服务。

第三十二条 国家建立疾病应急救助制度，对需要急救但身份不明或者无力支付急救费用的急重危伤病患者给予救助。符合规定的急救费用由疾病应急救助基金支付。

疾病应急救助制度应当与其他医疗保障制度相衔接。

第六章 教育救助

第三十三条 国家对在义务教育阶段就学的最低生活保障家庭成员、特困供养人员，给予教育救助。

对在高中教育（含中等职业教育）、普通高等教育阶段就学的最低生活保障家庭成员、特困供养人员，以及不能入学接受义务教育的残疾儿童，根据实际情况给予适当教育救助。

第三十四条 教育救助根据不同教育阶段需求，采取减免相关费用、发放助学金、给予生活补助、安排勤工助学等方式实施，保障教育救助对象基本学习、生活需求。

第三十五条 教育救助标准，由省、自治区、直辖市人民政府根据经济社会发展水平和教育救助对象的基本学习、生活需求确定、公布。

第三十六条 申请教育救助，应当按照国家有关规定向就读学校提出，按规定程序审核、确认后，由学校按照国家有关规定实施。

第七章 住房救助

第三十七条 国家对符合规定标准的住房困难的最低生活保障家庭、分散供养的特困人员，给予住房救助。

第三十八条 住房救助通过配租公共租赁住房、发放住房租赁补贴、农村危房改造等方式实施。

第三十九条 住房困难标准和救助标准，由县级以上地方人民政府根据本行政区域经济社会发展水平、住房价格水平等因素确定、公布。

第四十条 城镇家庭申请住房救助的，应当经由乡镇人民政府、街道办事处或者直接向县级人民政府住房保障部门提出，经县级人民政府民政部门审核家庭收入、财产状况和县级人民政府住房保障部门审核家庭住房状况并公示后，对符合申请条件的申请人，由县级人民政府住房保障部门优先给予保障。

农村家庭申请住房救助的，按照县级以上人民政府有关规定执行。

第四十一条 各级人民政府按照国家规定通过财政投入、用地供应等措施为实施住房救助提供保障。

第八章 就业救助

第四十二条 国家对最低生活保障家庭中有劳动能力并处于失业状态的成员，通过贷款贴息、社会保险补贴、岗位补贴、培训补贴、费用减免、公益性岗位安置等办法，给予就业救助。

第四十三条 最低生活保障家庭有劳动能力的成员均处于失业状态的，县级以上地方人民政府应当采取有针对性的措施，确保该家庭至少有一人就业。

第四十四条 申请就业救助的，应当向住所地街道、社区公共就业服务机构提出，公共就业服务机构核实后予以登记，并免费提供就业岗位信息、职业介绍、职业指导等就业服务。

第四十五条 最低生活保障家庭中有劳动能力但未就业的成员，应当接受人力资源社会保障等有关部门介绍的工作；无正当理由，连续3次拒绝接受介绍的与其健康状况、劳动能力等相适应的工作的，县级人民政府民政部门应当决定减发或者停发其本人的最低生活保障金。

第四十六条 吸纳就业救助对象的用人单位，按照国家有关规定享受社会保险补贴、税收优惠、小额担保贷款等就业扶持政策。

第九章 临时救助

第四十七条 国家对因火灾、交通事故等意外事件，家庭成员突发重大疾病等原因，导致基本生活暂时出现严重困难的家庭，或者因生活必需支出突然增加超出家庭承受能力，导致基本生活暂时出现严重困难的最低生活保障家庭，以及遭遇其他特殊困难的家庭，给予临时救助。

第四十八条 申请临时救助的，应当向乡镇人民政府、街道办事处提出，经审核、公示后，由县级人民政府民政部门审批；救助金额较小的，县级人民政府民政部门可以委托乡镇人民政府、街道办事处审批。情况紧急的，可以按照规定简化审批手续。

第四十九条 临时救助的具体事项、标准，由县级以上地方人民政府确定、公布。

第五十条 国家对生活无着的流浪、乞讨人员提供临时食宿、急病救治、协助返回等救助。

第五十一条 公安机关和其他有关行政机关的工作人员在执行公务时发现流浪、乞讨人员的，应当告知其向救助管理机构求助。对其中的残疾人、未成年人、老年人和行动不便的其他人员，应当引导、护送到救助管理机构；对突发急病人员，应当立即通知急救机构进行救治。

第十章 社会力量参与

第五十二条 国家鼓励单位和个人等社会力量通过捐赠、设立帮扶项目、创办服务机构、提供志愿服务等方式，参与社会救助。

第五十三条 社会力量参与社会救助，按照国家有关规定享受财政补贴、税收优惠、费用减免等政策。

第五十四条 县级以上地方人民政府可以将社会救助中的具体服务事

项通过委托、承包、采购等方式,向社会力量购买服务。

第五十五条 县级以上地方人民政府应当发挥社会工作服务机构和社会工作者作用,为社会救助对象提供社会融入、能力提升、心理疏导等专业服务。

第五十六条 社会救助管理部门及相关机构应当建立社会力量参与社会救助的机制和渠道,提供社会救助项目、需求信息,为社会力量参与社会救助创造条件、提供便利。

第十一章　监督管理

第五十七条 县级以上人民政府及其社会救助管理部门应当加强对社会救助工作的监督检查,完善相关监督管理制度。

第五十八条 申请或者已获得社会救助的家庭,应当按照规定如实申报家庭收入状况、财产状况。

县级以上人民政府民政部门根据申请或者已获得社会救助家庭的请求、委托,可以通过户籍管理、税务、社会保险、不动产登记、工商登记、住房公积金管理、车船管理等单位和银行、保险、证券等金融机构,代为查询、核对其家庭收入状况、财产状况;有关单位和金融机构应当予以配合。

县级以上人民政府民政部门应当建立申请和已获得社会救助家庭经济状况信息核对平台,为审核认定社会救助对象提供依据。

第五十九条 县级以上人民政府社会救助管理部门和乡镇人民政府、街道办事处在履行社会救助职责过程中,可以查阅、记录、复制与社会救助事项有关的资料,询问与社会救助事项有关的单位、个人,要求其对相关情况作出说明,提供相关证明材料。有关单位、个人应当如实提供。

第六十条 申请社会救助,应当按照本办法的规定提出;申请人难以确定社会救助管理部门的,可以先向社会救助经办机构或者县级人民政府民政部门求助。社会救助经办机构或者县级人民政府民政部门接到求助后,应当及时办理或者转交其他社会救助管理部门办理。

乡镇人民政府、街道办事处应当建立统一受理社会救助申请的窗口,及时受理、转办申请事项。

第六十一条 履行社会救助职责的工作人员对在社会救助工作中知悉的公民个人信息,除按照规定应当公示的信息外,应当予以保密。

第六十二条 县级以上人民政府及其社会救助管理部门应当通过报刊、广播、电视、互联网等媒体，宣传社会救助法律、法规和政策。

县级人民政府及其社会救助管理部门应当通过公共查阅室、资料索取点、信息公告栏等便于公众知晓的途径，及时公开社会救助资金、物资的管理和使用等情况，接受社会监督。

第六十三条 履行社会救助职责的工作人员行使职权，应当接受社会监督。

任何单位、个人有权对履行社会救助职责的工作人员在社会救助工作中的违法行为进行举报、投诉。受理举报、投诉的机关应当及时核实、处理。

第六十四条 县级以上人民政府财政部门、审计机关依法对社会救助资金、物资的筹集、分配、管理和使用实施监督。

第六十五条 申请或者已获得社会救助的家庭或者人员，对社会救助管理部门作出的具体行政行为不服的，可以依法申请行政复议或者提起行政诉讼。

第十二章 法律责任

第六十六条 违反本办法规定，有下列情形之一的，由上级行政机关或者监察机关责令改正；对直接负责的主管人员和其他直接责任人员依法给予处分：

(一)对符合申请条件的救助申请不予受理的；

(二)对符合救助条件的救助申请不予批准的；

(三)对不符合救助条件的救助申请予以批准的；

(四)泄露在工作中知悉的公民个人信息，造成后果的；

(五)丢失、篡改接受社会救助款物、服务记录等数据的；

(六)不按照规定发放社会救助资金、物资或者提供相关服务的；

(七)在履行社会救助职责过程中有其他滥用职权、玩忽职守、徇私舞弊行为的。

第六十七条 违反本办法规定，截留、挤占、挪用、私分社会救助资金、物资的，由有关部门责令追回；有违法所得的，没收违法所得；对直接负责的主管人员和其他直接责任人员依法给予处分。

第六十八条 采取虚报、隐瞒、伪造等手段，骗取社会救助资金、物资或者服务的，由有关部门决定停止社会救助，责令退回非法获取的救助资金、物资，可以处非法获取的救助款额或者物资价值 1 倍以上 3 倍以下的罚款；构成违反治安管理行为的，依法给予治安管理处罚。

第六十九条 违反本办法规定，构成犯罪的，依法追究刑事责任。

第十三章 附 则

第七十条 本办法自 2014 年 5 月 1 日起施行。

主要参考文献

一、中文著作

（一）古籍资料

（清）昆冈等修：《钦定大清会典事例》，光绪十二年石印本。

（清）徐松：《宋会要辑稿》，国立北平图书馆 1936 年影印本。

（北宋）王溥：《唐会要》，中华书局 1955 年版。

（清）刘锦藻：《清朝续文献通考》，商务印书馆 1955 年版。

（清）龙文彬：《明会要》，中华书局 1956 年版。

（晋）陈寿：《三国志》，中华书局 1959 年版。

（北宋）王钦若等编：《册府元龟》，中华书局 1960 年版。

（清）郭庆藩撰，王孝鱼点校：《庄子集释》，《新编诸子集成》本，中华书局 1961 年版。

（东汉）班固：《汉书》，中华书局 1962 年版。

（南宋）范晔：《后汉书》，中华书局 1965 年版。

（清）冯桂芬：《显志堂稿》，台北文海出版社 1967 年印行。

（清）张廷玉等撰：《明史》，中华书局 1974 年版。

（后晋）刘昫等：《旧唐书》，中华书局 1975 年版。

(元)脱脱等:《宋史》,中华书局 1977 年版。

睡虎地秦墓竹简整理小组:《睡虎地秦墓竹简》,文物出版社 1978 年版。

杨伯峻译注:《论语译注》,中华书局 1980 年版。

(西汉)司马迁:《史记》,中华书局 1982 年版。

(唐)房玄龄等:《晋书》,中华书局 1982 年版。

(清)焦循撰,沈文倬点校:《孟子正义》,《新编诸子集成》本,中华书局 1982 年版。

(清)王先谦:《汉书补注》,中华书局 1983 年版。

(唐)长孙无忌等撰:《唐律疏议》,中华书局 1983 年版。

(清)董浩等编:《全唐文》,中华书局 1983 年版。

(北宋)韩琦:《韩魏公集》,中华书局 1985 年版。

(宋)李焘:《续资治通鉴长编》,中华书局 1986 年版。

(东汉)葛洪撰,王明校释:《抱朴子内篇校释》,《新编诸子集成》本,中华书局 1986 年版。

蒋礼鸿:《商君书锥指》,中华书局 1986 年版。

(唐)杜佑撰,王文锦等点校:《通典》,中华书局 1988 年版。

(明)李东阳等撰,申时行等奉敕重修:《大明会典》,江苏广陵古籍刻印社 1989 年版。

何建章注释:《战国策注释》,中华书局 1990 年版。

(西汉)董仲舒撰,苏舆义证:《春秋繁露义证》,中华书局 1992 年版。

王卡点校:《老子道德经河上公章句》,中华书局 1993 年版。

(清)王先谦,沈啸寰、王星贤点校:《荀子集解》,《新编诸子集成》本,中华书局 1996 年版。

(清)王先慎撰,钟哲点校:《韩非子集解》,《新编诸子集成》本,中华书局 1998 年版。

(宋)程颢、程颐:《二程遗书》,上海古籍出版社 2000 年版。

(清)沈之奇:《大清律辑注》,法律出版社 2000 年版。

(清)清高宗敕撰:《大清会典》,《四库全书》本,齐鲁书社 2001 年版。

孙诒让撰,孙以楷点校:《墨子闲诂》,《新编诸子集成》本,中华书局 2001 年版。

徐元诰撰:《国语集解》,中华书局 2002 年版。

(北宋)宋敏求:《唐大诏令集》,中华书局2003年版。

杨天宇译注:《礼记译注》,上海古籍出版社2004年版。

李民、王健撰:《尚书译注》,上海古籍出版社2004年版。

黎翔凤校注,梁运华整理:《管子校注》,《新编诸子集成》本,中华书局2004年版。

杨天宇译注:《周礼译注》,上海古籍出版社2004年版。

(魏)王弼注,楼宇烈校释:《老子道德经注校释》,《新编诸子集成》本,中华书局2008年版。

胡平生译注:《孝经译注》,中华书局2009年版。

许维遹撰:《吕氏春秋集释》,《新编诸子集成》本,中华书局2009年版。

(二)今人著作

徐百齐编:《中华民国法规大全》,商务印书馆1937年版。

国务院法制局、中华人民共和国法规汇编编辑委员会编:《中华人民共和国法规汇编(1956年1～6月)》,法律出版社1956年版。

王德毅:《宋史研究论集》第二辑,鼎文书局1972年版。

徐朝阳:《中国亲属法溯源》,台湾商务印书馆1973年版。

李华编:《明清以来北京工商会馆碑刻选编》,文物出版社1980年版。

苏州博物馆编:《明清苏州工商业碑刻集》,江苏人民出版社1981年版。

孙中山:《孙中山全集》第2卷,中华书局1982年版。

陶大镛主编:《社会发展史》,人民出版社1982年版。

中央人民政府法制委员会编:《中央人民政府法令汇编(1951年)》,法律出版社1982年版。

蔡枢衡:《中国刑法史》,广西人民出版社1983年版。

甘肃省文物工作队、甘肃省博物馆编:《汉简研究文集》,甘肃人民出版社1984年版。

中国社会科学院经济研究所中国经济思想史组编:《中国经济思想史论》,人民出版社1985年版。

宋恩常:《云南少数民族研究文集》,云南人民出版社1986年版。

方广锠:《佛教典籍百问》,今日中国出版社1989年版。

万绳楠:《魏晋南北朝文化史》,黄山书社1989年版。

刘俊文:《敦煌吐鲁番唐代法制文书考释》,中华书局1989年版。

丁冰:《当代西方经济学流派》,北京经济学院出版社 1993 年版。

尚海、傅允生主编:《四大宗教箴言录》,中国广播电视出版社 1993 年版。

邓伟志:《近代中国家庭的变革》,上海人民出版社 1994 年版。

郑功成:《中国社会保障论》,湖北人民出版社 1994 年版。

刘海年、杨一凡主编:《中国珍稀法律典籍集成》,科学出版社 1994 年版。

徐达深主编:《中华人民共和国实录》第 1 卷,吉林人民社 1994 年版。

毛佩琦主编:《中国社会通史》(明代卷),山西教育出版社 1996 年版。

曹文柱主编:《中国社会通史·秦汉魏晋南北朝卷》,山西教育出版社 1996 年版。

朱汉国主编:《中国社会通史·民国卷》,山西教育出版社 1996 年版。

王德睦、吕朝贤:《人口老化与贫穷·人口老化与老年照护》,台湾人口学会 1997 年版。

杨泽波:《孟子评传》,南京大学出版社 1998 年版。

中国保险学会编:《中国保险史》,中国金融出版社 1998 年版。

郑功成:《中华慈善事业》,广东经济出版社 1999 年版。

谢振民编:《中华民国立法史》,张知本校订,中国政法大学出版社 1999 年版。

王泽应:《自然与道德——道家伦理道德精粹》,湖南大学出版社 1999 年版。

姜明安主编:《行政法与行政诉讼法》,北京大学出版社、高等教育出版社 1999 年版。

郑功成:《社会保障学:理念、制度、实践与思辨》,商务印书馆 2000 年版。

俞可平主编:《治理与善治》,社会科学文献出版社 2000 年版。

夏明方:《民国时期自然灾害与乡村社会》,中华书局 2000 年版。

康学伟:《先秦孝道研究》,吉林人民出版社 2000 年版。

郭伟和:《福利经济学》,经济管理出版社 2001 年版。

多吉才让:《中国最低生活保障制度研究与实践》,人民出版社 2001 年版。

李立志:《变迁与重建—— 1949～1956 年的中国社会》,江西人民出版社 2002 年版。

蔡勤禹:《国家、社会与弱势群体——民国时期的社会救济(1927～1949)》,天津人民出版社 2003 年版。

于学军:《老年人口贫困问题研究》,载中国老龄科学研究中心编:《中国城乡老年人口状况一次性抽样调查数据分析》,中国标准出版社 2003 年版。

郑功成主编:《社会保障学》,中国广播电视大学出版社 2004 年版。

孙月平、刘俊、谭军:《应用福利经济学》,经济管理出版社 2004 年版。

瞿同祖:《瞿同祖法学论著集》,中国政法大学出版社 2004 年修订版。

谢元鲁、王定璋:《中国古代敬老养老风俗》,陕西人民出版社 2004 年版。

薛晓源、周战超主编:《全球化与风险社会》,社会科学文献出版社 2005 年版。

张桂琳、彭润金:《七国社会保障制度研究——兼论我国社会保障制度建设》,中国政法大学出版社 2005 年版。

曹明睿:《社会救助法律制度研究》,厦门大学出版社 2005 年版。

刘拯:《当代中国社会救助政策与实务研究》,中国社会出版社 2005 年版。

郭文佳:《宋代社会保障研究》,新华出版社 2005 年版。

周秋光、曾桂林:《中国慈善简史》,人民出版社 2006 年版。

付子堂主编:《法理学进阶》,法律出版社 2006 年版。

林喆主编:《公民基本人权法律制度研究》,北京大学出版社 2006 年版。

姚建平:《中美社会救助制度比较》,中国社会出版社 2007 年版。

王卫平、郭强:《社会救助学》,群言出版社 2007 年版。

熊得山:《中国社会史论》,上海世纪出版集团、上海书店出版社 2007 年版。

王文涛:《秦汉社会保障研究——以灾害救助为中心的考察》,中华书局 2007 年版。

张新民:《养老金法律制度研究》,人民出版社 2007 年版。

李超:《老年维权之利剑——老年人法律保障制度研究》,上海人民出版社 2007 年版。

林莉红、孔繁华:《社会救助法研究》,法律出版社2008年版。

冯英、聂文倩:《外国的社会救助》,中国社会出版社2008年版。

甄尽忠:《先秦社会救助思想研究》,中州古籍出版社2008年版。

乐章:《社会救助学》,北京大学出版社2008年版。

吴宁:《社会弱势群体权利保护的法理》,科学出版社2008年版。

杨思斌:《中国社会救助立法研究》,中国工人出版社2009年版。

张中秋:《中西法律文化比较研究》,法律出版社2009年版。

何怀宏:《良心论——传统良知的社会转化》,北京大学出版社2009年版。

张岱年:《中国伦理思想研究》,江苏教育出版社2009年版。

高冬梅:《新中国成立初期中国共产党社会救助思想与实践研究(1949～1956)》,人民出版社2009年版。

张恺悌、郭平主编:《美国养老》,中国社会出版社2010年版。

叶至诚:《老人福利国际借鉴》,(台北)秀威资讯科技股份有限公司2011年版。

郑功成主编:《中国社会保障改革与发展战略》(救助与福利卷),人民出版社2011年版。

郅玉玲:《和谐社会语境下的老龄问题研究》,浙江大学出版社2011年版。

黄鸿山:《中国近代慈善事业研究——以晚清江南为中心》,天津古籍出版社2011年版。

赵俊康:《我国的贫困特征与社会救助制度的完善》,载杨立雄、刘喜堂主编:《当代中国社会救助制度回顾与展望》,人民出版社2012年版。

杨立雄、刘喜堂主编:《当代中国社会救助制度回顾与展望》,人民出版社2012年版。

樊浩:《中国大众意识形态报告》,中国社会科学出版社2012年版。

邹海贵:《社会救助制度的伦理考量》,人民出版社2012年版。

李小尉:《新中国建立初期的社会救助研究》,社会科学文献出版社2012年版。

邹海贵:《社会救助制度的伦理考量》,人民出版社2012年版。

叶至诚:《老人长照政策》,扬智文化事业股份有限公司2012年版。

肖金明主编:《老年人权益保障法律制度研究》,山东大学出版社 2013 年版。

王子今、刘悦斌、常宗虎:《中国社会福利史》,武汉大学出版社 2013 年版。

杨立雄:《老年福利制度研究》,人民出版社 2013 年版。

张新生:《我国弱势群体社会救助研究》,经济科学出版社 2013 年版。

厉以宁:《中国经济双重转型之路》,中国人民大学出版社 2013 年版。

曾桂林:《民国时期慈善法制研究》,人民出版社 2013 年版。

俞德鹏等:《社会救助专项立法研究》,中国社会科学出版社 2014 年版。

陈月娥:《社会福利服务》,千华数位文化出版有限公司 2014 年版。

二、中文期刊报纸

王兴亚:《明代养济院研究》,载《郑州大学学报》1989 年第 3 期。

国家统计局"中国城镇居民贫困问题研究"课题组:《中国城镇居民贫困问题研究》,载《统计研究》1991 年第 6 期。

童星、林闽钢:《我国农村贫困标准线研究》,载《中国社会科学》1994 年第 3 期。

周秋光:《民国时期社会慈善事业研究刍议》,载《湖南师范大学社会科学学报》1994 年第 3 期。

李向军:《清代救灾的制度建设与社会效果》,载《历史研究》1995 年第 5 期。

陈小月:《"健康老龄化"社会评价指标的探索》,载《中国人口科学》1998 年第 3 期。

[英]格里·斯托克,华夏风译:《作为理论的治理:五个论点》,载《国际社会科学(中文版)》1999 年第 1 期。

李万禄:《我国古代退休官员的经济待遇》,载《昌吉师专学报》1999 年第 1 期。

汪雁、慈勤英:《城市贫困人口社会救助理念建设滞后的探讨》,载《人口学刊》2000 年第 6 期。

陈锡文:《中国农村经济体制变革和农村卫生事业发展》,载《中国卫生经济》2001 年第 1 期。

查昌国:《论西周孝尊祖敬宗抑制父权——兼论古史研究中经史方法的运用》,载《史学理论研究》2001 年第 2 期。

孙健忠:《台湾老年经济安全保障试析》,载《台湾政策论坛》2002 年第 3 期。

郑航生等:《全面建设小康社会与弱势群体的社会救助》,载《中国人民大学学报》2003 年第 1 期。

万闻华:《NGO 社会支持的公共政策分析——以弱势群体为论域》,载《中国行政管理》2004 年第 3 期。

高强:《断裂的社会结构与弱势群体构架的分析及其社会支持》,载《天府新论》2004 年第 1 期。

祁亚辉《家庭在社会保障制度变迁中的作用》,载《社会科学研究》2004 年第 1 期。

仇雨临:《加拿大社会保障制度对中国的启示》,载《中国人民大学学报》2004 年第 1 期。

牛凌峰:《老年人的精神赡养权利应给与保护》,载《河北农业》2004 年第 5 期。

乔春晓等:《对中国老年贫困人口的估计》,载《人口研究》2005 年第 2 期。

穆光宗:《解析"老年弱势群体"》,载《社会科学论坛》2005 年第 3 期。

杨雪冬:《风险社会理论述评》,载《国家行政学院学报》2005 年第 1 期。

袁鹰:《我国现行最低生活保障法律制度浅探》,载《山西广播电视大学学报》2005 年第 1 期。

杨昆:《社会救助制度中的政府责任及其合理定位》,载《重庆社会科学》2005 年第 12 期。

褚鸣:《新剑桥学派的现状与未来》,载《国外社会科学》2006 年第 4 期。

郭爱妹、石盈:《"积极老龄化":一种社会建构论观点》,载《江海学刊》2006 年第 5 期。

杨建宏:《论宋代官方谕俗文与基层社会控制》,载《湖南社会科学》2006 年第 3 期。

王娟:《清末民初北京地区的社会变迁与慈善组织的转型》,载《史学月刊》2006 年第 2 期。

王伟:《日本少子老龄化的成因与影响分析》,载《人文与社会》(台湾)2006 年第 12 期。

陈颐:《论建立健全与经济发展水平相适应的社会保障体系》,载《江海学刊》2006 年第 6 期。

丁成际:《试论传统"孝道"文化——传统孝道的历史擅变以及孝与忠、刑的关系》,载《兰州学刊》2006 年第 9 期。

汪朝霞:《论社会救助制度的福利经济学思想渊源》,载《理论观察》2007 年第 6 期。

梁学平:《社会转型期弱势群体的困境与政府的社会保障责任》,载《统计与决策》2007 年第 2 期。

唐均、詹初航:《现行医疗救助制度缺陷多》,载《中国卫生》2007 年第 6 期。

韩君玲:《我国最低生活保障标准的法制现状与完善》,载《法学杂志》2008 年第 1 期。

周春发、朱海龙:《老年人住房政策:国际经验与中国选择》,载《人口与经济》2008 年第 2 期。

方世荣、孙才华:《平等发展权的行政法保护初论》,载《湖北社会科学》2008 年第 8 期。

马艳、张峰:《利益补偿与我国社会利益关系的协调发展》,载《社会科学研究》2008 年第 4 期。

杨思斌:《社会救助权的法律定位及其实现》,载《社会科学辑刊》2008 年第 1 期。

刘旭东:《我国最低生活保障制度的历史演进》,载《学术界》2007 年第 6 期。

柏桦:《明清"收养孤老"律例与社会稳定》,载《西南人学学报(社科版)》2008 年第 6 期。

王朝明:《中国农村 30 年开发式扶贫:政策实践与理论反思》,载《贵州财经学院学报》2008 年第 6 期。

牟云磊:《构建"四位一体"的社会利益关系协调机制》,载《世界经济情况》2009 年第 10 期。

童星:《社会救助是城乡统筹的"突破口"》,载《中国社会保障》2009 年第

9 期。

徐少祥:《法律语境中弱势群体概念构建分析》,载《中国法学》2009 年第 3 期。

李振纲、吕红平:《中国的尊老敬老文化与养老》,载《人口学刊》2009 年第 5 期。

北京大学老年学研究所:《持续的人口老龄化挑战与战略应对——第五届中国老年学家前沿论坛综述》,载《人口与发展》2009 年第 6 期。

郑杭生:《改革开放三十年:社会发展理论和社会转型理论》,载《中国社会科学》2009 年第 2 期。

肖林生:《农村五保供养制度变迁研究:制度嵌入性的视角》,载《东南学术》2009 年第 3 期。

蔡玉石:《日本因应高龄化国民年金制度改革及对台湾的启示》,载《经济研究》(台湾)2009 年第 9 期。

陈秀峰、叶贵仁:《公平、权利与发展:论中国弱势群体的社会救助》,载《社会保障研究》2009 年第 5 期。

施锦芳:《国际社会的贫困理论与减贫战略研究》,载《财经问题研究》2010 年第 3 期。

蒲新微:《中国养老保障中的文化基因——中国尊老文化的传承与发展》,载《长春市委党校学报》2010 年第 2 期。

谭磊:《英国近代自由主义的济贫法批判》,载《社会保障研究》2010 年第 5 期。

谢秀珍:《我国老年人权利法理分析》,载《经济与社会发展》2010 年第 6 期。

姜丽美:《马尔萨斯济贫思想的客观评判及对当代的启示》,载《华北电力大学学报(社科版)》2010 年第 3 期。

章向平:《凯恩斯的基本经济思想及政府干预论》,载《北京政法职业学院学报》2010 年第 3 期。

干承武:《吉登斯的风险社会理论及其对规制我国科技伦理的启示》,载《探索》2010 年第 3 期。

唐白玉:《创新救助理念推动社会救助工作科学发展》,载《中国民政》2010 年第 8 期。

郭靖:《福利经济学视角下的社会救助政策改革》,载《赤峰学院学报(汉文哲社版)》2011 年第 9 期。

罗锐、谢圣远:《论我国农村五保供养制度的完善》,载《社会保障研究》2011 年第 3 期。

杨红燕:《中央与地方政府间社会救助支出责任划分——理论基础、国际经验与改革思路》,载《中国软科学》2011 年第 1 期。

杨立雄:《中国老年贫困人口规模研究》,载《人口学刊》2011 年第 4 期。

许建良:《老子道家"慈"论》,载《伦理学研究》2011 年第 1 期。

程欣:《老年人生活照料研究综述》,载《赤峰学院学报(汉文哲社版)》2011 年第 10 期。

于喆、林文洁:《为老年人构筑可持续居住环境——以日本高龄者住宅为例》,载《城市建筑》2011 年第 1 期。

杨红燕:《中央与地方政府间社会救助支出责任划分——理论基础、国际经验与改革思路》,载《中国软科学》2011 年第 1 期。

谢秀珍:《老龄化背景下我国养老保险及医疗保险制度的构建》,载《兰州学刊》2011 年第 12 期。

孙伟:《流浪乞讨老年人救助问题初探》,载《中国民政》2012 年第 10 期。

肖金明:《建构完善的老年人社会照料制度》,载《浙江学刊》2012 年第 5 期。

陈理:《构建社会主义和谐社会的提出》,载《当代中国史研究》2012 年第 6 期。

孙伟:《流浪乞讨老年人救助问题初探》,载《中国民政》2012 年第 10 期。

刘建华、丁重扬:《马克思主义经济学的贫困理论及其当代价值》,载《政治经济学评论》2012 年第 2 期。

杨思斌:《社会救助的程序法治——价值、原则与制度构建》,载《山东社会科学》2012 年第 2 期。

詹浩勇、陈再齐:《加拿大社会保障住房的发展及其启示》,载《商业研究》2012 年第 4 期。

陈洪娇:《论地方社会救助立法的地方性》,载《学理论》2012 年第 31 期。

田莉:《农村贫困老年人医疗救助体制探究》,载《经营管理者》2012 年第 8 期。

朱春奎、陆娇丽:《美国食品券项目的历史发展与运营管理》,载《南京社会科学》2012 年第 7 期。

王素芬:《非营利组织参与社会保障的理论基础与实现路径》,载《当代法学》2012 年第 3 期。

杨雅华:《生存权保障的新课题:老年人护理福利之探究》,载《福建论坛(人文社科版)》2013 年第 1 期。

宋全成、崔瑞宁:《人口高速老龄化的理论应对——从健康老龄化到积极老龄化》,载《山东社会科学》2013 年第 4 期。

梁妙荣:《论公平正义是社会主义和谐社会的核心价值观》,载《当代世界与社会主义》2013 年第 5 期。

张丽君、马博伦:《加拿大养老保障体系对我国建立养老保障制度的启示》,载《开发研究》2013 年第 4 期。

孙洁、孙守纪:《非缴费型养老金计划及其减贫效果比较研究——美国和加拿大的比较分析》,载《学习与实践》2013 年第 8 期。

李文静:《高龄化背景下老年人医疗保险之立法因应——日本老年人医疗保险立法之考察》,载《比较法研究》2013 年第 3 期。

蒋悟真:《我国社会救助立法理念及其维度——兼评〈社会救助法(征求意见稿)〉的完善》,载《法学家》2013 年第 6 期。

林嘉、陈文涛:《论社会救助法的价值功能及其制度构建》,载《江西社会科学》2013 年第 2 期。

熊勇:《维护人的尊严——社会救助立法的终极理念》,载《长春理工大学学报(社科版)》2013 年第 4 期。

中国公益研究院养老研究中心:《日本老年人就业走在世界前列》,载《每周养老动态》2014 年总第 88 期。

张晓玲:《社会稳定与弱势群体权利保障研究》,载《政治学研究》2014 年第 5 期。

杨荣:《社会工作介入社会救助:策略与方法》,载《苏州大学学报(哲社版)》2014 年第 4 期。

刘杰、鲁文静、李杨:《中国社会救助制度前沿问题——第三届中国社会救助研讨会暨中欧社会救助政策比较研讨会会议综述》,载《社会保障研究》2014 年第 2 期。

关信平:《朝向更加积极的社会救助制度——论新形势下我国社会救助制度的改革方向》,载《中国行政管理》2014 年第 7 期。

史焕平、沈鑫伟:《对新剑桥学派经济增长理论的质疑:理论、实证及再拓展》,载《南昌大学学报(人文社科版)》2014 年第 2 期。

赵欢春:《论社会转型风险中国家治理能力现代化的建构逻辑》,载《南京师大学报(社会科学版)》2014 年第 4 期。

王瑜、汪三贵:《人口老龄化与农村老年贫困问题——兼论人口流动的影响》,载《中国农业大学学报(社科版)》2014 年第 1 期。

仇凤仙、杨文健:《建构与消解:农村老年贫困场域形塑机制分析》,载《社会科学战线》2014 年第 4 期。

吕学静、康蕊:《社会救助中的政府责任探究——基于亚洲五地区的比较分析》,载《领导科学》2014 年第 26 期。

住房城乡建设部:《住房救助是“兜底线” 要优先安排 应保尽保》,载《城乡建设》2014 年第 3 期。

石绍斌:《论我国社会救助中的监督管理机制——基于“张海超事件”后续发展的思考》,载《江汉大学学报(社科版)》2014 年第 6 期。

张茜茜:《秦皇岛市社会救助现状调查及对策研究》,燕山大学 2014 年硕士学位论文。

王方兵、吴瑞君、桂世勋:《老龄化背景下国外老年人住房发展及经验对上海的启示》,载《兰州学刊》2014 年 11 月。

刘文、焦佩:《国际视野中的积极老龄化研究》,载《中山大学学报(社科版)》2015 年第 1 期。

陈友华、苗国:《老年贫困与社会救助》,载《山东社会科学》2015 年第 7 期。

郑功成:《中国社会救助制度的合理定位与改革取向》,载《国家行政学院学报》2015 年第 4 期。

林治芬、魏雨晨:《中央和地方社会保障支出责任划分中外比较》,载《中国行政管理》2015 年第 1 期。

赵妍:《人口老龄化背景下的中国经济增长研究》,载《甘肃理论学刊》2015 年第 2 期。

季璐、白维军、刘红光:《我国城镇住房救助体系研究综述》,载《河北经贸大学学报》2015 年第 4 期。

王倩、崔彩贤等:《加拿大多支柱养老保障制度对我国农村养老体系创新的启示》,载《中国劳动》2015 年第 4 期。

柳砚涛:《行政给付制度研究》,苏州大学 2005 年博士学位论文。

王伟:《人口老龄化对日本经济的影响及日本政府的对策研究》,东北财经大学 2007 年硕士学位论文。

朱靖:《城市流浪乞讨人员社会救助制度探析》,复旦大学 2007 年硕士学位论文。

张珂:《加拿大养老保障制度研究》,武汉科技大学 2008 年硕士学位论文。

万斌霞:《论我国社会救助立法的完善》,南京大学 2009 年硕士学位论文。

钟妮:《中国社会救助法律制度研究》,复旦大学 2009 年硕士学位论文。

孙健忠:《台湾贫穷老人的社会给付》,两岸社会福利学术研讨会论文,2010 年。

徐文芳:《中国农村养老保障制度研究》,武汉大学 2010 年博士学位论文。

何平:《社会救助权研究》,湖南大学 2010 年博士学位论文。

杨凡:《农村五保供养的法律机制研究》,西南政法大学 2011 年硕士学位论文。

邱贞婷:《台北市与上海市老年福利政策之比较——以老人年金与社会救助为例》,中国文化大学与中国大陆研究所 2012 年硕士学位论文。

香港特别行政区立法会:《内务委员会辖下扶贫小组委员会访问团前往台湾及日本进行职务访问以考察当地扶贫经验的报告》,香港立法会 CB(2)1266/13-14 号文件附件 1,2013 年。

周鹏飞:《我国老年公寓发展问题研究》,财政部财政科学研究所 2014 年博士学位论文。

王琳:《社会保险法难以终结“入狱养老”悲剧》,载 2008 年 12 月 30 日《新闻晨报》。

胥会云:《北京师范大学中国收入分配研究院执行院长李实:我国基尼系数将在 0.5 高位徘徊》,载 2013 年 6 月 5 日《第一财经日报》。

宣金学:《农村老人自杀的平静与惨烈》,载 2014 年 7 月 30 日《中国青年报》。

谢樱:《社会救助要突破城乡二元思维》,载 2014 年 3 月 14 日《北京日报》。

谭庆琏:《我国人口老龄化现状与对策》,载 2015 年 7 月 8 日《中国建设报》。

周亮:《社会救助城乡统筹的有益尝试》,载 2015 年 8 月 6 日《中国社会报》。

梁捷:《司法部:进一步降低老年人法律援助门槛》,载 2015 年 4 月 14 日《光明日报》。

《中国 60 岁以上老年人达 2.12 亿》,载 2015 年 7 月 18 日《人民日报》(海外版智利专版)周六专版。

三、外文译著

[英]亚当・斯密:《国民财富的性质和原因的研究》上卷,郭大力、王亚南译,商务印书馆 1972 年版。

[英]J. 罗宾逊:《经济理论的第二次危机》,载《国外社会科学》1978 年第 5 期。

[英]琼・罗宾逊、约翰・伊特韦尔:《现代经济学导论》,陈彪如译,商务印书馆 1982 年版。

[英]凯恩斯:《就业、利息和货币通论》,徐毓枬译,商务印书馆 1983 年版。

[法]托克维尔:《论美国的民主》上卷,董果良译,商务印书馆 1988 年版。

[美]詹・库伊曼、范・弗利埃特:《治理与公共管理》,载詹・库伊曼等主编:《管理公共组织》,萨吉出版公司 1993 年版。

[英]A. J. M. 米尔恩:《人的权利与人的多样性——人权哲学》,夏勇、张志铭译,中国大百科全书出版社 1995 年版。

[英]R. A. W. 罗茨,木易编译:《新的治理》,载《马克思主义与现实》1999 年第 5 期。

[德]柯武刚、史漫飞:《制度经济学:社会秩序与公共政策》,韩朝华译,

商务印书馆 2000 年版。

[日]大须贺明:《生存权论》,林浩译,元照出版有限公司 2001 年版。

[英]安东尼·吉登斯:《失控的世界——全球化如何重塑我们的生活》,周红云译,江西人民出版社 2001 年版。

[美]詹姆斯·N·罗西瑙:《没有政府的治理》,张胜军、刘小林等译,江西人民出版社 2001 年版。

[德]乌尔里希·贝克、约翰内斯·威尔姆斯:《自由与资本主义》,路国林译,浙江人民出版社 2001 年版。

[印]阿马蒂亚·森:《以自由看待发展》,任赜、于真译,中国人民大学出版社 2002 年版。

世界卫生组织:《积极老龄化政策框架》,中国老龄协会译,华龄出版社 2003 年版。

[日]小浜正子:《近代上海的公共性与国家》,葛涛译,上海古籍出版社 2003 年版。

[德]乌尔里希·贝克:《风险社会》,何博闻译,译林出版社 2004 年版。

[英]W. H. 贝弗里奇:《贝弗里奇报告——社会保险和相关服务》,劳动和社会保障部社会保险研究所译,中国劳动社会保障出版社 2004 年版。

[英]马尔萨斯:《人口原理》,黄立波编译,陕西人民出版社 2007 年版。

[英]洛克:《政府论》下篇,叶启芳、瞿菊农译,商务印书馆 2010 年版。

[美]南希·莫罗-豪厄尔:《生产性老龄化:理论与应用视角》,载《人口与发展》2011 年第 6 期。

四、外文著作期刊

Martin Rein, *Social Policy: Issues of Choice and Change*. New York: Random House, 1970.

Caplan G, *The Family as a Support System in Support System and Mutual Help: Multidisciplinary Explorations*. New York: Grune Stratton, 1974.

Palmore, E. *Ageism: Negative and Positive*. New York: Springer, 1990.

Carol Walker, *Managing Poverty: The Limits of Social Assistance*. London & New York: Routledge, 1993.

Rothman, *Practice with Highly Vulnerable Clients: Case Management and Community-Based Service*. New Jersey: Prentice Hall, 1995.

Wolfe W S, Olson C M, Kendall A, et al. "Understanding Food Insecurity in the Elderly: a Conceptual Framework," *Journal of Nutrition Education*, 1996.

John Ditch, et al, *Comparative Social Assistance: Localisation and Discretion*. Ashgate, 1997.

OECD, The Battle against Exclusion. Paris: Organization for Economic Cooperation and Development, 1998.

Howell, Social Assistance: Theoretical Background. In Isabel Ortiz (Ed1), Social Protection in Asia and the Pacific. Asian Development Bank, 2001.

Degeneffe, Charles Edmund, "What is Catholic about Catholic Charities," *Social Work*, 2003.

Cosidine, M. & Lewis J. M, Bureaucracy, "Network, or Enterprise? Comparing Models of Governance in Australia, Britain, the Netherlands, and New Zealand," *Public Administration Review*, 2003.

Ailsa McKay, *The Future of Social Security Policy: Women, Work and A Citizens Basic Income: A Feminist Economics Perspective*. London Routledge, 2005.

Haley, Barbara A, and Robert W. Gray. *Section 202 Supportive Housing for the Elderly: Program Status and Performance Measurement*. Washington, DC: US Department of Housing and Urban Development, 2008.

Milligan, Kevin. "The Evolution of Elderly Poverty in Canada," *Canadian Public Policy*, 2008.

Wiseman, Michael, and Martynas Ycas. *Canadian Safety Net for the Elderly*. The Social Security Bulletin, 2008.

Nicholas, Joyce, and Michael Wiseman. *Elderly Poverty and Supplemental Security Income*, The Social Security Bulletin, 2009.

Senior and Healthy Aging Secretariat Department of Healthy and Inclusive Communities. Seniors' Guide to Services and Programs. 6th edition, 2013.

Office of Retirement and Disability Policy of Social Security Administration. Fast Facts & Figures About Social Security, 2014. SSA Publication No. 13-11785, 2014.

Social Security Administration, Annual Report Supplemental Security Income, 2013, 2014.

Office of Retirement and Disability Policy of Social Security Administration. Fast Facts & Figures About Social Security, 2014. SSA Publication No. 13-11785, 2014.

后记

人口老龄化大潮已席卷全球。除非洲和中东部分地区外，世界大多数国家和地区都不同程度地面对着人口老龄化所带来的复杂社会局势、难以估测的社会风险以及巨大的经济负担和政治压力，应对人口老龄化已经成为世界多数国家和地区必须共同面对的时代课题。中国自20世纪末进入老龄社会以来，人口老龄化进程不断加快，老龄人口规模加速增长，尤其是高龄老人、空巢老人、失能老人、失独老人数量剧增，这无疑对传统养老体制、现行人口政策、政府社会管理与公共服务能力，以及社会文化、家庭道德等提出了严峻的挑战。确立和实施积极应对人口老龄化国家战略，不断完善老年人权益保障立法，加快构建老年人权益保障法律制度体系，有效推进老龄社会及其相关风险的法律应对，无疑具有重大的现实意义和深远的战略意义。

2011年5月，受邀参加由全国人大内务司法委员会组织的老年人权益保障法修改调研、论证和起草工作，山东大学为此成立了老年人权益保障立法研究课题组，组织部分青年教师、硕士和博士研究生，以及校外青年学者参与课题研究，围绕老年法制主题开始了长达五年的连续作业。从国内外老年法制资料整理到主办老年人权益保障立法学术研讨会，从单一的老年人权利保障立法研究到社会法视野中的老年法制理论创新，从侧重于国家立法和法律制度完善和发展到老年社会政策与老年法制融通和互动，从拟定老年人权益保障法修改专家建议稿到一系列老年法制研究成果发表和出版，课题组前期在国家立法的牵领下，后期在山东大学自主创新项目和人文社科青年学者成长项目的支撑下，面向重大社会现实问题展开持续研究。尤其是在新的《中华人民共和国老年人权益保障法》颁行后，课题组在推进社会法学理论研究和学科建设的过程中，继续关注老年法制建设，保持着对老年人权益保障法律制度的后续研究，最终形成了包括老年人权益保障立法、法律制度、社会救助、社会参与以及应对老龄化对策与法制等在内的老年法制研究成果，《老年人社会救助制度研究》是“人口老龄化社会法制建设”系列研究的重要成果之一。该书的导论是在各章撰写的基础上由主编整理而成的。各章的分工如下：第一章：苗红培；第二章：苗雨；第三章：赵延聪；第四章：杨志超；第五章：谢秀珍。

《老年人社会救助制度研究》一书入选“十二五”国家重点图书出版规划，并得到了国家出版基金的资助。在持续多年的老年法制研究中，全国人大内务司法委员会、民政部、全国老龄办的信任和支持为老年法制研究提供了不间断的动力，我们由衷地感谢全国人大内司委内务室于建伟主任，民政部许立群司长、张时飞副司长，全国老龄办朱勇副主任等，他们是老年法制研究真正的前沿专家；衷心感谢东南大学孟鸿志教授，西南政法大学陈苇教授，浙江工业大学张学军教授，山东政法学院刘炳君教授，山东大学李芹教授、申政武教授、王丽萍教授，他们基于不同学科的独到见解扩展了老年法制研究的广度和深度。作为课题组负责人，我要感谢五年来参与课题研究的每一位学者和学生，他们付出的努力保证了老年法制研究的进展和质量，感谢曾经的和现在的课题组成员李卫华、冯威、苗雨、相焕伟、张强、龙晓杰、胡明、王洁、陈爱敏、王珂瑾、苗红培、白玉荣、赵延聪、马驰骋、王汝洋、刘宇、陈铭聪、陈一远、王永、罗鑫、李成玲、田甜、左娟娟、王强、韩雨雷、董康伟、张允春、刘蕾、姚澍峥等，他们曾经或正在山东大学法学院、政治学与公共管理学院攻读硕士或博士学位，一直保持着令人满意的学习、工作和生活状态，他们的人生态度、处世风格以及常年保持的相互提携、彼此关照的风气尤其令人鼓舞。我还要特别感谢青岛大学李芳副教授、山东建筑大学董蕾红副教授、山东政法学院谢秀珍副教授的参与和带动作用，山东大学宪政专业博士研究生朱恒顺的筹划和推动作用，以及宪政专业与行政管理专业博士研究生杨志超、董菁、王晨在后期成果形成过程中的组织协调作用，这无疑是长达五年之久的老年法制课题研究能够做到过程愉快并且善始善终的重要保证。最后，我必须感谢山东大学出版社长期以来对我所负责和主持的学科和团队的关爱和支持。

肖金明
2015 年 9 月 9 日